JN418134

| 미주 한인 이민 역사를 만든 16인 |

길 위에 길을 내다

미주 한인 이민 역사를 만든 16인

길 위에 길을 내다

2022년 12월 10일 초판 1쇄

대표편저 이상명
펴낸이 서진한
펴낸곳 대한기독교서회

등록 1867년 8월 26일 제1967-000002호
주소 서울시 강남구 테헤란로103길 14(삼성동)
전화 출판국 553-0873~4, 영업국 553-3343
팩스 출판국 3453-1639, 영업국 555-7721
e-mail editor@clsk.org
http://www.clsk.org
facebook.com/clskbooks
instagram.com/clsk1890

책번호 2360
ISBN 978-89-511-2121-0 03230

The Christian Literature Society of Korea, Seoul
Printed in Korea

* 책값은 뒤표지에 있습니다.

| 미주 한인 이민 역사를 만든 16인 |

길 위에 길을 내다

미주한인재단LA 발간 | 이상명 대표편저

대한기독교서회

발간사

이병만(미주한인재단LA 회장)

미주 한인 이민 역사 120주년과 미주 한인의 날 20주년을 맞이하는 2023년은 미주 한인 역사에 아주 뜻깊은 해입니다. 일제강점기 102명의 한인은 갤릭(Gaelic)호를 타고 요코하마를 거쳐 1903년 1월 13일 하와이 호놀룰루항에 도착합니다. 그리고 하와이 사탕수수 농장 노동자로 미국 땅을 밟은 이들로 인해 미주 한인 역사가 시작됩니다. 1910년까지 하와이에 온 한인 7,400여 명 중 약 2,000명이 미국 본토로 이주했고 이후 캘리포니아를 중심으로 미국 전역에 진출했습니다. 이들이 가는 곳마다 구현했던 개척정신(frontier spirit)은 재미 한인 사회 건설의 기반이 되어 220만 재미 한인의 굳건한 위상과 민족적 자부심의 축으로 지금까지 이어지고 있습니다.

지난 120년 동안 미주 한인 이민자들은 세계 속 한민족 공동체 형성과 발전에 큰 기여를 해왔습니다. 한인 공동체가 미국 사회의 일원으로서 견고하게 자리매김할 수 있도록 힘을 기울였을 뿐 아니라 모국이 어려움에 처할 때면 한마음으로 지원을 아끼지 않았습니다. 수많은 한인들의 눈물겨운 희생이 미주 한인 이민사에 아로새겨져 있습니다. 미주 한인 이민사는 한인교회사와도 밀접한 관계에 있습니다. 한민족 문화와 전통은 물론 영성(靈性)으로 깊이 맞물려 함께 이룩한 역사이기 때문입니다.

이러한 역사의 과정에는 훌륭한 인품과 출중한 재능, 탁월한 리더십으로 한인 커뮤니티와 미국 주류 사회는 물론 전 세계에 한민족의 우수한 위상을 널리 선양한 인물이 많습니다. 국권회복·독립운동에 투신하거나 정치·경제·스포츠·언론·과학·기독교 등 다양한 분야에서 걸출한 업적을 남김으로써 그들은 한국 근현대사와 미주 한인 이민사를 빛내주었습니다. 그들의 생애와 업적을 살피는 일은 곧 우리의 지난 역사를 회고하고 앞으로 나아갈 미래를 전망하는 일입니다.

이러한 회고와 전망 작업이 절실하기에 미주 한인 역사 120주년을 맞이하여 『길 위에 길을 내다』를 출간합니다. 이 책에 소개된 16인의 삶은 한인 이민사의 축소판이자 우리 모두의 자랑스러운 유산입니다. 이를 기리고 후대에 전수하여 계승·발전시키는 것이 우리 세대의 몫일 것입니다. 『길 위에 길을 내다』에 담긴 16인의 삶과 정신이 한민족 문화와 역사 발전에 앞으로도 계속 밑거름이 되기를 바라면서 발간사를 갈음합니다.

책임편저자의 글

이상명(미주장로회신학대학교 총장)

역사는 기록하는 자의 것이라는 말이 있습니다. 기록되지 않은 역사는 기억되지 않습니다. 미주 한인 역사에는 반드시 채워야만 하는 '잃어버린 고리들'이 많습니다. 미주 한인들의 이야기가 누락된 우리 역사는 불완전하고 왜곡된 역사일 수밖에 없습니다. 잃어버린 고리에는 이민의 땅에서 우리 앞서간 선진(先進)들의 아픔과 슬픔, 열정과 도전이 있습니다. 오늘의 미주 한인 역사를 형성하고 윤택하게 한 자양분이라 하겠습니다. 이런 점에서 우리 모두는 선진들에게 빚진 사람들입니다. 이들의 헌신과 희생을 기리고 후세에 알리는 일은 우리 몫이자 책임입니다.

역사의 뿌리를 잃은 채 부유(浮遊)하는 민족에게 내일은 없습니다. 민족은 문화와 역사의 뿌리를 공유한 공동체입니다. 그 뿌리가 잘리지 않기 위해 이역만리에서 이름 없이 빛도 없이 민족을 위해 고군분투하다 스러진 이들은 헤아릴 수 없이 많을 것입니다. 일제강점기에 조국 독립을 위해 자신의 생애를 돌보지 않은 선진들의 애환 어린 이야기를 듣노라면 마음이 저절로 숙연해집니다. 이들은 한인 이민 역사를 수놓은 민족혼과 같은 존재들입니다.

하와이 사탕수수 농장에서 시작된 한인 이민 역사에는 고통과 희망이 혼재합니다. "설탕이 있는 곳에 노예가 있다."(에릭 윌리엄스)라는 한 역사가의 말처럼 사탕수수 농장을 일군 한인 이민자들에게 현실의 삶은 노예와 다름없었지만, 그들의 삶과 사상은 민족 독립과 후세 교육을 우선으로 할 만큼 미래지향적이었습니다. 그들로 하여금 이민의 땅을 기경하고 삶의 터전을 만들게 한 것은 미래를 향한 희망이었습니다. 이런 희망이 뜨거운 신앙과 만나 이민의 땅을 개간하게 한 '강철 쟁기'가 된 것입니다.

미주 지역에서 민족 역사를 삶으로 써내려간 이들 가운데에는 사탕수수 농장 노동자와 항일 독립운동가만 있는 것은 아닙니다. 이민의 땅에서 관료, 교육자, 정치인, 언론인, 기업인, 문학가, 예술가, 과학자, 목회자, 체육인으로 한 생을 살면서 미국은 물론 세계 앞에 그 이름을 내놓아도 부끄럽지 않은 이들이 있습니다. 이들 삶의 궤적을 더듬고 되돌아보는 일은 지금의 우리 한인 개개인과 사회로부터 분리될 수 없습니다. 그들의 삶과 정신은 현재 우리를 있게 한 뿌리와 출발점이며 한인 이민 역사의 얼과 혼입니다. 우리 한인 이민 사회의 문화와 역사와 영성을 빚은 터전이기도 합니다.

잃어버린 고리를 하나씩 찾아 서로 연결하여 우리 한인 이민 역사를 총체적으로 재구성할 수 있다면 얼마나 좋겠습니까. 큰 족적을 남기고 선 굵은 삶을 산 이들의 생애를 스토리텔링 형식으로 소개하는 일은 그러한 작업의 일환입니다. 미주 한인 역사의 한 획을 그은 인물들의 삶을 탐색하는 일은 우리 인생의 좌표를 설정하고 한인 사회의 미래를 전망하는 데 중요한 요소가 될 것입니다. 2023년 미주 한인 이민 역사 120주년 및 미주 한인의 날 20주년 기념 프로젝트의 하나로 『길 위에 길을 내다』를 출간하게 된 것은 이러한 필요를 인식했기 때문입니다. 이민 역사가 깊어질수록 세대 간 단절과 갈등은 점점 심화되고 공유해야 할 민족의 뿌리 역사와 정신문화는 갈수록 희미해집니다. 함께 나누고 전할 '우리 이야기'가 사라진 때문입니다. 역사는 이야기로 만나야 생생합니다. 살아 있는 이야기로서의 역사는 세대를 연결하는 강한 힘이 있습니다. 이야기가 끝나면 역사도 끝납니다. 지난 역사를 기억하고 되살리는 것은 정체성 잃기 쉬운 디아스포라 한인들이 우선으로 해야만 하는 일입니다.

미주 한인 이민 역사 120주년을 준비하면서 필자는 미주한인재단LA 이병만 회장께 한인 이민 역사상 가장 의미 있는 기념사업의 일환으로 『길 위에 길을 내다』 출간 프로젝트를 제안한 바 있습니다. 이를 흔쾌히 수락한 이 회장님과 미주한인재단LA의 재정적 지원이 있어 『길 위에 길을 내다』는 세상의 빛을 보게 된 것입니다.

『길 위에 길을 내다』 출간 취지는 미주 지역에서 활동하다 타계한 인물 가운데 미주 한인 사회와 한국을 넘어 미국과 세계에 공헌한 한인 16인을 선별, 그들의 생애와 업적을 조명하고 한인이민사(韓人移民史)를 회고하기 위함입니다. 현재에 이르기까지 한민족의 위상을 더 높여준 16인의 생애를 되돌아보아 미주 한인 사회에 끼친 공헌을 기리고 그들의 업적을 후세대에 전하는 데 이번 출간의 참된 목적이 있다 하겠습니다.

이번 출간의 취지에는 인물의 '영웅화'에 있지 않습니다. 각 인물이 '한국인'(Korean), '코리안-아메리칸'(Korean American)과 '세계인'(cosmopolitan)으로 활동하면서 한인 사회는 물론 조국과 미국 사회를 위해 어떤 활동을 했는지를 서술하는 데 집중합니다. 나아가 그 인물의 공헌과 유산이 인류의 보편적 가치에 어떻게 잇닿는지를 제시합니다. 참 지도자를 찾기 힘든 이 시대에 한인 1세대와 다음 세대를 위한 사표와 롤 모델로 16인의 생애와 업적을 소개하는 일은 한인 역사를 잇게 하고 한민족의 혼을 지닌 코스모폴리탄(cosmopolitan)을 키우는 것과 무관하지 않습니다. 지면의 한계 때문에 각 인물의 생애를 깊이 있게 그려내지 못한 것은 아쉽지만 그럼에도 그들의 생애를 일별하고 기리는 데에는 조금도 손색이 없을 것입니다.

이 뜻깊은 출간 프로젝트를 위해 바쁘신 중에도 원고를 탈고하신 모든 기고자께 깊이 감사드립니다. 이제껏 한인 사회의 척박한 상황 속에서도 여러 행사를 기획하고 실행해오신 미주한인재단LA 이병만 회장님의 관심과 지원은 이번 출간 프로젝트를 추진할 수 있었던 원동력입니다. 모든 원고를 세세히 검토하면서 교정 작업을 해준 장덕영 씨에게 감사한 마음을 전합니다. 처음부터 출간 프로젝트에 함께 참여하면서 도움을 주신 양성전 목사님(대한민국 국회 조찬기도회 파송 선교사)과 이명철 교수님(미주장로회신학대학교), 이 도서의 출간을 기꺼이 수락하신 대한기독교서회 서진한 사장님과 편집을 위해 아낌없는 지원을 해주신 권오인 국장님, 편집자들에게도 지면을 빌려 감사드립니다.

추천사 1

김경진(기쁜우리교회 담임목사)

"총명불여둔필"(聰明不如鈍筆)이라는 말이 있습니다. 뛰어난 기억이라도 서투른 기록보다 못하다는 뜻입니다. 아무리 총명한 사람의 기억이라도 시간이 지나면 흐려지고 사라지지만 기록은 반영구적으로 남습니다. 특히 과거 역사의 기록은 오늘의 변화와 내일의 사건을 만들어갑니다. 역사의 기록은 시공간을 넘어 한 공동체의 뿌리와 정체성을 지켜주고 그 공동체의 사명을 발현해주는 근원이 됩니다. 특히 하나님의 역사가 기록된 구약성경이 유대 민족의 정체성과 존속의 중심이 되었다는 것을 역사는 증명하고 있습니다. 내년 2023년 미주 한인 이민 역사는 120주년을 맞이합니다. 이런 역사적인 시기에『길 위에 길을 내다』의 출간은 한인 이민 사회뿐만 아니라 한민족의 역사에도 매우 미래지향적인 의미를 지닙니다. 특히 북미는 물론 전 세계에 흩어진 한인 디아스포라의 긍지와 다음세대의 정체성 확립에 소중한 자산이 될 것입니다.

이 저서가 개인적으로 특별한 의미가 있는 것은 저 자신이 기독교인이며 목회자이기 때문입니다. 이 책에 수록된 대부분의 인물이 독실한 기독교인이며 그중에는 이민목회자도 포함되어 있습니다. 이 책을 통해 필자는 한인 사회는 물론 한민족의 독립과 계몽을 위해 활동한 주요 인물들이 기독교인이었다는 사실을 거듭 확인하게 되었습니다. 참된 기독교 신앙은 한 개인의 삶에 머물지 않고 민족과 나라로 그 지평을 넓혀갑니다. 기독교정신을 바탕으로 역경과 시련을 넘어서고 열정적으로 사명에 헌신했던 선구자들의 모습은 우리 1세뿐만 아니라 한인 2세, 3세에게도 어떻게 살아가야 하는지를 보여줍니다. 또한 교회가 한인들의 가정과 사회에 얼마나 큰 선한 영향력을 끼칠 수 있었는지를 이 책의 인물들을 통해 다시 볼 수 있었습니다. 이 책을 통해 미주 한인 역사를 빛낸 분들의 행보를 살피면서 오늘날 우리의 모습을 반추하고 더 소망 찬 미래를 다음세대와 함께 꿈꾸는 시간을 가질 수 있기 바랍니다.

추천사 2

김동수(제20기 민주평통오렌지샌디에고협의회 회장)

우리 선조 102명이 인천 제물포항을 떠나 하와이에 도착한 지 이제 120년이 되었습니다. 300여 년의 미국 역사 중 미주 한인 이민 역사는 그것의 3분의 1에 해당하는, 비교적 짧은 부분을 차지합니다. 미국은 300년 역사를 통해 지난 100년간 세계를 제패하는 초강대국으로 자랐고, 미주 한인들은 첫 이민 후 5-6세대 동안 주류 사회에 진출하며 대한민국 성장의 밑거름이 되어왔습니다.

120여 년의 이민 역사를 돌아보는『길 위에 길을 내다』의 출간을 진심으로 축하합니다. 이 책은 대한민국 독립을 위해 초기 이민사의 기초를 놓았던 서재필 박사와 이승만 초대 대통령, 미주 한인 이민사의 정신적 지주인 도산 안창호 선생, 제2의 도산으로 불리다가 최근에 작고한 홍명기 회장까지 독립운동가, 정치인, 교육자, 경제인, 문학가, 체육인, 종교인, 음악인, 과학자 등을 망라하고 있습니다. 미주 이민 사회 발전에 기여한 분이 많지만 지면상 16인으로 선별한 줄 압니다.

일제강점기와 한국전쟁을 거쳐왔던 조국 대한민국은 이제 원조를 받던 나라에서 원조를 해주는, 세계 경제 10대국의 선진국으로 발돋움했습니다. 미주 한인 이민 120주년을 맞아 인천과 하와이는 물론 한인 이민자가 가장 많이 사는 로스앤젤레스와 미국 정치의 중심지인 워싱턴에서 경축 행사가 열립니다. 하루가 다르게 변하는 국제 사회에서 민족의 부흥과 발전을 위해 우리 모두 단결하여, 조국에서는 우리 선조의 꿈인 남과 북의 통일을 이루고 이곳 미주에서는 사회에 공헌하는 모범적인 민족이 되기를 기원합니다.

끝으로 이 책이 출간되기까지 재정 지원과 홍보에 온 힘을 기울이신 이병만 미주한인재단LA 회장님, 책임편집으로 수고하신 이상명 총장님과 그 밖의 모든 필진에게 깊이 감사드립니다. 우리의 여정이 어디서 끝날지는 모르지만 하나님의 복이 우리 대한민국과 제2의 고국 미국 땅에 풍성하기를 기원합니다.

추천사 3

김영길(한미연합회 총회장)

지난 역사의 흔적을 되돌아볼 수 있음이 큰 복입니다. 그만큼의 전통이 세워졌다는 증거이기 때문입니다. 미국 땅에 발을 디디고서 어려운 상황을 이겨내며 뿌리내린 분들이 있었기에 이민 역사가 시작될 수 있었습니다. 미국에서 조국 대한민국의 근대화 과정을 위해 중추적 역할을 감당한 분들뿐 아니라 미국 전역에 흩어져 있는 한인 이민자의 위상을 높이기 위해 헌신해왔던 분들이 있었습니다.

이 책은 독립운동가, 기업가, 예술가, 과학자 등 다양한 분야에서 활동한 열여섯 분을 엄선하여 그들의 생애와 활동을 기술하고 있습니다. 독자들은 당시의 역사 현장을 생생하게 마주하며, 미주 한인의 정체성 형성에 직간접적으로 영향을 끼쳤던 그들의 노고에 감탄하게 될 것입니다. 한 가지 아쉬운 것은 그들 못지않게 헌신했으나 이 책에 수록되지 못한 분도 무척 많다는 것입니다. 이번 출간을 계기로 이들에 대한 저술이 지속적으로 이어지기를 소망합니다.

미국은 이민자의 나라입니다. 누가 먼저 왔느냐에 상관없이 삶의 질을 높이기 위해 공조하며 살아가는 나라입니다. 우리보다 앞서 이민 온 분들은 대부분 주인의식을 가지고 미국 사회에 공헌하셨습니다. 그 혜택을 누린 우리 이민 1세는 언어와 문화의 장벽에도 불구하고 그 정신을 이어가기 위해 노력하고 있습니다. 또한 한인 2세와 3세는 다방면으로 미국 주류에 진출하며 영향력을 넓혀가고 있습니다. 자신의 뿌리에 관심을 지닌 이들을 위해 『길 위에 길을 내다』가 앞으로 영어로도 번역되기를 기대합니다. 지난 역사에 활동하신 분들을 생각하면 지금 이 순간도 역사 흐름의 한 부분임을 깨닫게 됩니다. 훗날 우리 후손은 이 시대에 살고 있는 우리를 기억하고 평가할 것입니다. 미주 한인 이민 역사 120주년과 미주 한인의 날 20주년을 맞이하여 미주 지역 한인들이 각자 삶의 현장에서 힘차게 삶을 영위해나가고 서로를 향한 관심과 기대를 높여갔으면 합니다. 우리는 모두 미주 한인 공동체에 속한 역사의 주인공입니다.

추천사 4

김영완(주로스앤젤레스 대한민국 총영사)

1903년 1월, 102명의 한국인이 하와이에 첫발을 디디면서 미주 한인 역사가 시작되었고 2023년 2월이면 120년이 됩니다. 독립운동은 물론 한국전쟁과 산업화 및 민주화 과정에서도 미주 교포들은 고국을 생각하며 여러 형태의 지원을 아끼지 않았습니다. 이런 유대는 한미 관계의 튼튼한 기반이 되어왔습니다.

미국 정부도 미주 한인의 기여와 역할을 인정하여 2005년부터 미 의회는 '미주 한인의 날'을 지정, 매년 이날의 의미를 되새기며 각계각층의 기념 행사를 개최해왔습니다. 미주 한인 역사 120주년을 맞아 『길 위에 길을 내다』 발간이 이뤄진 것을 기쁘게 생각합니다. 자라나는 차세대가 한인으로서의 자부심과 정체성을 갖고 성장하는 데 크게 이바지하리라 기대합니다.

『길 위에 길을 내다』는 각 분야의 주요 인물을 한국인, 코리안-아메리칸, 세계인 이렇게 세 관점으로 바라봅니다. 이들이 한국인으로서 어떠한 정체성(출생 및 성장 배경)을 형성해갔는지, 유학생이나 이민자로 미국에서 살아가며 조국과 한인 사회, 미국 사회를 위해 어떤 활동을 했는지 그리고 이러한 공헌이 인류의 보편적 가치에 어떻게 연결되었는지를 기술하고 있습니다.

세계적인 역사학자 토머스 칼라일(Thomas Carlyle)은 "세계 역사는 사회를 구성하는 개개인의 삶의 총집합이며 따라서 역사는 수많은 위인들의 삶의 기록이다."라고 했습니다. 대표적인 미주 한인 인물로 이 책에도 소개된 도산 안창호 선생은 "우리 중에 인물이 없는 것은 인물이 되려고 마음먹고 힘쓰는 사람이 없는 까닭이다. 인물이 없다고 한탄하는 그 사람 자신이 왜 인물 될 공부를 아니 하는가?"라고 말씀하셨습니다. 『길 위에 길을 내다』가 역사 공부를 위한 자료이자 인물 육성을 위한 지침서로 널리 활용되기를 진심으로 바랍니다. 후대를 위해 의미 있는 프로젝트를 추진하신 미주장로회신학대학교 총장 이상명 박사님 그리고 이번 출간을 위해 애써주신 많은 분의 노고에 진심으로 감사드립니다.

추천사 5

김영진(3·1운동 유엔유네스코등재 기념재단 이사장)

재외동포 750만 시대를 맞아 미주 한인 공동체의 연대, 한민족의 가치를 찾기 위한 역사적 고찰, 한인과 다민족 간 소통 그리고 미주 한인의 사회적·경제적·정치적 활동의 의미가 더욱 커지고 있습니다. 한인 디아스포라에 대한 인식의 전환 그리고 디아스포라 한인과 모국 간 연대도 갈수록 중요해지고 있습니다. 미주 한인 이민 역사 120주년을 맞이하여 하와이 이민 여성들, 항일 독립운동가, 종교인, 언론인, 기업가, 체육인, 예술가 등 전 분야에서 미주 한인 사회와 한민족을 위해 헌신한 분을 모아 한 권의 책으로 내게 됨을 진심으로 축하합니다.

기독교적 사랑과 지구촌 평화는 이 시대 우리 모두가 지향해야 할 목표라 생각합니다. 미주 한인 이민 역사의 처음부터 지금껏 함께하신 하나님의 은혜를 생각하지 않을 수 없습니다. 오늘날 한인 커뮤니티는 많은 아픔과 고통을 이겨내고 코리안-아메리칸으로서 미국 사회를 구성하는 주류 민족으로 당당히 자리 잡았습니다.

한국과 미주 한인 사회의 역사를 빛낸 16인의 삶을 조명하고 그 의미를 되새기는 책이 출간된다는 소식에 저는 개인적으로 너무 기뻤고 추천사를 쓰게 된 것을 무한한 영광으로 생각합니다. 『길 위에 길을 내다』가 미주 한인 사회뿐 아니라 국내에서도 많은 사람에게 지난 역사를 회고하면서 소중한 감명을 받는 계기가 될 것을 확신하며 추천합니다.

이번 출간을 전체적으로 기획하고 책임편집으로 수고한 미주장로회신학대학교 이상명 총장님 그리고 15명의 집필자, 어려운 시기에 출판을 수락해준 대한기독교서회, 재정적 지원을 아끼지 않은 미주한인재단LA 이병만 회장님에게 심심한 감사를 드립니다.

추천사 6

김우승(한양대학교 총장)

나라 없는 설움을 겪고 있던 시기에 102명의 한인은 1903년 1월 13일 하와이 사탕수수 농장에 도착했고, 이것이 미주 한인 역사의 효시입니다. 미주 한인 역사 120주년을 맞아 이 역사에 한 획을 그은 16인을 선정하여 이들의 생애와 업적을 기리는 책을 출간하는 것은 값으로 환산할 수 없을 만큼 역사적으로 큰 의미가 있습니다.

16인은 미주 한인 사회와 한국을 넘어 미국과 세계의 각 분야에서 대한민국의 국격(國格)을 높이는 데 큰 공헌을 한 인물들입니다. 특히 이승만 초대 대통령은 1958년 국내 최초로 설립된 한양대학교 원자력공학과와 인연이 있습니다. 1인당 국민소득이 80달러 정도였던 시절, 이승만 대통령은 원자력 분야의 전문 인력을 육성하기 위해 국비 유학생을 선발하여 해외 선진국에 보내고 국내에서는 원자력공학과 설립을 이끌었습니다. 지금으로부터 60여 년 전 먹고살기도 힘든 시기였지만 원자력이 미래 에너지원이 될 것을 이미 알고 원자력 엔지니어를 육성하고자 했던 것입니다. 그의 혜안이 놀라울 뿐입니다. 이승만 대통령뿐 아니라 이 책에 소개된 인물들 모두의 삶의 궤적은 지금의 우리에게도 감동을 주기에 충분합니다.

『길 위에 길을 내다』 출간 프로젝트를 주관한 미주장로회신학대학교 이상명 총장님을 비롯하여 16인의 생애를 기록으로 남긴 집필자들, 이 출간을 위해 재정적 지원을 아끼지 않은 미주한인재단LA 이병만 회장님의 수고에 보답하는 길은 이 책을 많은 분이 읽도록 권유하여 미주 한인들의 표상인 16인을 기억하고 현재를 살고 있는 우리 각자의 삶에 조금이나마 적용하는 것이라 생각하여 이 책을 적극 추천합니다.

추천사 7

김일권

(이민 120주년 미주 한인의 날 기획총괄 위원장, 고려대학교 뇌과학 융합센터 객원연구원)

미주 한인 이민사는 단순히 이민자의 역사 그 이상의 의미를 지닙니다. 이들은 나라 잃은 설움과 민족의 한을 승화시켜 낯선 이국땅에서 조국 독립을 위해 앞장서고 미국과의 외교적 교량 역할을 하는 데 크게 이바지했습니다. 이러한 역사적 과정에서 두드러진 공헌을 한 이민자 16인의 삶과 업적을 한 권의 책으로 출간하게 되었으니 이는 정말 뜻깊은 일이고 한인 이민사에 참으로 귀한 유산이 되리라 생각합니다.

과거 우리 조국은 오랜 세월 동안 봉건주의와 세습주의가 만연했기에 정치, 경제, 문화 등 사회 전반이 침체의 늪에 빠져 있었습니다. 새로운 발전의 계기가 필요했던 바로 그 시절에 미주 한인들은 조국의 다양한 분야에 선진 교육과 산업기술을 전수하는 데 큰 역할을 했습니다. 특히 아시아 전역에 퍼져 있던 공산주의 사상의 물결 속에서 자유 대한민국을 건설하는 데 산파 역할을 했습니다.

격동의 시대에 온갖 역경 속에서도 각 분야에서 귀한 업적을 남긴 이민자들의 발자취가 훌륭한 집필진에 의해 이제 세상에 나올 수 있게 되었습니다. 무엇보다 『길 위에 길을 내다』는 대한민국 건국의 아버지인 이승만 대통령을 비롯하여 관료, 독립운동가, 예술가, 과학자, 기업인, 목회자 등 다양한 분야에서 걸출한 업적을 남긴 16명의 생애와 활동을 한 권으로 묶은 최초의 책이라는 점에서 의미가 매우 큽니다. 집필진을 비롯해 출간에 도움을 주신 모든 분께 진심으로 감사드립니다.

미주 한인 이민 역사 120주년을 맞이하여 발간되는 『길 위에 길을 내다』가 미주 지역뿐만 아니라 세계 곳곳에 흩어져 이민자로 살아가는 모든 한민족에게 긍지를 심어주고 이민 후세대에게는 도전정신과 헌신의 마음을 불어넣는 좋은 길잡이가 되길 바랍니다.

추천사 8

김지훈(동양선교교회 담임목사, 월드미션대학교 부총장)

2023년 미주 한인 이민 역사 120주년, 미주 한인의 날 20주년을 맞아 『길 위에 길을 내다』 출간을 진심으로 축하드립니다. 근 몇 년 동안 미국 내 한국인의 위상은 그 어느 때보다 빛을 발하고 있습니다. BTS를 비롯한 K-pop과 〈미나리〉, 〈기생충〉 등 한국 영화의 아카데미상 수상은 이제 미국 내 주류가 된 한국 문화의 높은 위상을 잘 보여주고 있습니다.

이렇게 한국인의 위상이 미국 사회 전반에 큰 영향을 끼치기까지는 지난 시간 수많은 미주 한인들의 숨은 노력과 열정적 헌신이 있었습니다. 120년의 한인 이민 역사 가운데 미주 한국인들은 사회적·문화적 갈등과 고난 속에서도 좌절하지 않고 변혁과 발전을 이뤄왔습니다. 많은 난관과 굴곡 속에서도 한국인의 정체성을 놓치지 않고 코리안-아메리칸으로서 다양한 분야에서 활동하며 미주 한인 커뮤니티와 미국 사회에 큰 공헌을 했습니다.

특별히 이번 책에 소개된 16명의 인물은 미국 이민 초기부터 현재까지 시대를 초월하여 중요한 역할을 감당하셨던 사표(師表)들입니다. 저는 동양선교교회를 담임하는 목사로서 16인 가운데 한 분인 임동선 목사님의 미주 이민자들을 향한 헌신과 열정, 사랑의 수고를 교회와 이민 사회 곳곳에서 마주하게 됩니다. 임 목사님은 미주 한인 이민자뿐만 아니라 전 세계에 흩어져 살아가는 디아스포라 한인 이민자들의 마음을 헤아리며 헌신하신 분입니다. 또한 한인들이 이방 땅에서 소외당하지 않고 살아갈 수 있도록 사랑으로 돌보셨기에 목사님의 삶은 그 궤적을 살펴보는 것만으로도 큰 의미가 있습니다.

역사를 기억해야 제대로 된 현재와 미래가 있다는 말처럼 『길 위에 길을 내다』에 담긴 16인의 삶을 통해 오늘을 살아가는 미주 한인들이 큰 교훈을 발견하게 되길 바랍니다. 더 나아가 다음세대가 미국 사회에서 선한 영향을 미칠 수 있는 역사의 선순환이 일어나기를 간절히 기대해봅니다.

추천사 9

서정숙(국회의원)

지금으로부터 120년 전인 1902년 12월 22일, 제물포항에서 아이들을 포함한 남녀 121명이 '겐카이마루(玄海灘)호'에 몸을 실었습니다. 그리고 일본 고베(神戶)에 도착하여 신체검사를 통과한 102명이 '갤릭(Gaelic)호'를 타고 3주 만인 1903년 1월 13일 하와이 호놀룰루에 도착했는데, 바로 이들이 우리나라 이민의 역사를 연 분들이었습니다. 가축우리와 같은 '농막'에서 먹고 자며 하루 10시간씩 사탕수수밭에서 중노동을 한 그들은 그렇게 어렵게 번 돈을 고국의 독립운동 자금으로 보냈습니다. 미주 한인의 생존을 위한 투쟁의 여정은 우리 근현대사의 쓰라린 궤적과 같이하고 있었습니다.

거대한 역사의 파고를 넘어 피땀과 눈물로 살아온 코리안 디아스포라의 그 120년 역사는 고난으로 점철된 생존의 몸부림이기도 했지만 한편으로는 희망을 붙들고 오늘날의 자랑스러운 영광을 만들어낸 시간이기도 했습니다.

올해 11월 8일 미국 중간 선거에서 한인 이민 120년 역사에 자랑스러운 금자탑을 세운 쾌거가 있었습니다. 4명의 한인 연방하원의원 전원이 당선된 것입니다. 뉴저지의 앤디 김(Andrew Kim)이 연방하원의원 3선에, 시애틀의 매릴린 스트릭랜드(Marilyn Strickland)와 캘리포니아주의 영 김(Young Kim), 미셸 박 스틸(Michelle Park Steel)이 각각 재선에 성공하였고, 하와이에서는 실비아 장 루크(Sylvia Chang Luke)가 부지사로 당선되었습니다. 이제 미주 한인들은 미국 주류 사회의 당당한 일원으로 자리 잡게 되었습니다.

이민 120주년의 역사를 되돌아보고, 그 역사 속에서 찬란하게 빛나는 열여섯 분의 삶을 담은 『길 위에 길을 내다』는 앞으로 한인 사회의 미래를 밝히고 그분들의 업적을 길이길이 후세에 전하는 기록이 될 것으로 확신합니다. 이 책이 나오기까지 애쓴 모든 분에게 진심으로 감사를 드리고, 이국땅에서 조국의 발전과 번영을 염원하는 750만 재외동포의 건승을 항상 기원합니다.

추천사 10

서정운(미주장로회신학대학교 4대 총장, 장로회신학대학교 명예총장)

인류 역사가 유랑 이야기이지만 현대사에서 우리 민족만큼 온 누리에 동서남북으로 흩어져 산 민족은 없을 것입니다. 그중에서도 미주 이민이 가장 많았고 그만큼 그 의미와 역할과 영향이 컸습니다. 역사적 의미가 중요했다는 것입니다. 미주 한인 이민자로 살아가신 분들 가운데 각계에서 두각을 나타낸 열여섯 분을 선별하여 그들의 삶을 기록으로 남기기 위해『길 위에 길을 내다』를 출간한 것은 의미심장한 작업이라고 생각합니다. "진정한 역사는 전기"라 했던 영국 역사가 토머스 칼라일(Thomas Carlyle)의 말대로 그분들의 이야기가 미주 한인 이민자들의 자취, 그 자체를 기억하는 것이기 때문입니다.

모든 인간의 삶이 역사라 할 수 있지만 모든 사람의 삶이 공적 기록으로 남는 것은 아닙니다. 역사는 기억하고 남길 만한 것을 기록하는 것입니다. 기록되는 역사는 양이 아니라 질입니다.(존 루카스) 그가, 또는 그들이 무엇을 위하여 어떻게 살았는지가 중요합니다. 그들의 의미와 가치와 영향을 생각하고 평가하는 것입니다. 이 책은 그렇게 늘 기억되고 기록될 만한 위인들을 뽑아 그분들에 대한 우리의 경의와 존경과 감사를 표하고 있습니다. 우리와 우리 후손에게 앞으로도 감동과 교훈의 기록으로 이어지리라 확신합니다.

추천사 11

이강평(한국미래포럼 공동회장, 전 서울기독대학교 총장)

2023년 미주 한인 역사 120주년을 앞두고 한인 이민 역사상 가장 의미 있는 기념사업의 하나로『길 위에 길을 내다』를 출간하게 된 것을 축하합니다.

이번 출간의 목적은 미주 지역에서 활동하다가 타계하신 인물들 가운데 미주 한인 사회와 한국은 물론 미국과 세계에 공헌한 한인 16인을 선별하여 그들의 생애를 조명하는 것입니다. 또한 이분들의 생애와 사상과 유산을 소개함으로써 참된 지도자가 없는 이 시대에 한인 1세와 다음세대를 위한 사표(師表)와 롤 모델을 제시하기 위함입니다.

이 책에는 관료, 교육자, 목회자, 항일 독립운동가, 문학가, 예술가, 정치인, 언론인, 기업인, 과학자, 체육인 등이 망라되어 있습니다. 미국 내 다양한 분야에서 활약한 코리안 혹은 코리안-아메리칸 이야기는 여러 전기와 평전으로 나와 있지만, 이렇게 16인을 동시에 한 권의 책으로 묶어 소개한 예는 없기에 이번 출간이 더욱 의미가 있다고 하겠습니다.

일제강점기의 개화파 독립운동가요, 언론인, 정치인, 교육자, 대한민국임시정부의 초대 대통령이자 마지막 주석, 대한민국 제1-3대 대통령 이승만에 관한 기술은 가슴 뿌듯한 역사적 서술이기에 감동적입니다.

또한 체육인의 한 사람으로서 더욱 감사한 것은 새미 리 이야기입니다. 새미 리는 제2차 세계대전 종전 후 첫 번째로 열린 런던 올림픽(1948)에서 미국 대표로 참가하여 10m에서 금메달, 3m에서 동메달을 목에 걸었습니다. 이 업적으로 미국 올림픽 명예의 전당에도 이름을 올렸습니다. 스포츠 영웅 새미 리의 생애와 활동을 상세하게 들여다볼 수 있어 기뻤습니다. 갑신정변 실패 후 도미하여 1889년 컬럼비아대학교 야간학부에 입학, 1892년 한인 최초로 미국 의학사(M.D.)가 되고 이듬해 정식 의사면허를 취득한 서재필에 관한 기술도 감사한 일입니다. 더불어 교육개혁·애국계몽·독립운동에 힘쓴 교육자이자 정치가인 도산 안창호의 이야기 역시 자랑스럽습니다. 그는 1902년 유학 차 도미하여 샌프란시스코에 정착한 후 1912년 11월 샌프란시스코에서 대한인국민회 중앙총회를 조직하고 초대회장을 역임했습니다.

『길 위에 길을 내다』가 앞으로 영어로도 번역되어, 자랑스러운 한인 16인의 생애와 업적이 한인 1.5세와 2, 3세는 물론 미국 사회에도 널리 알려지기를 기대합니다. 한민족의 위대한 전통과 유산이 여러 다양한 민족들에게 공유되기를 소망합니다. 출간을 위해 수고하신 모든 분에게 깊이 감사드리며 출간을 다시 한번 진심으로 축하드립니다.

추천사 12

이우종(청운대학교 총장)

20세기 초 새로운 질서와 소통을 요구하는 변화 속에서 조선의 국운은 한 치 앞을 볼 수 없는 상황이었습니다. 그 당시 미국으로 이주한 한인의 역사가 이제 120년을 맞이하고 있습니다. 그동안 미주 한인은 조국의 아픔과 독립, 전쟁과 분단을 함께 겪으며 시대적 사명과 역할을 다해왔습니다.

단재 신채호 선생(1880-1936)은 "역사를 잊은 민족에게 미래는 없다."고 했습니다. 미주 한인은 정말 치열하고 꿋꿋하게 한인의 역사를 지켜내고 이어가고 또 창조하여 오늘에 이르렀습니다. 이제 그 후손들이 3세대, 4세대를 넘어가고 있습니다. 그동안 많은 영역에서 미주 한인들은 종교적·문화적·교육적 활동을 펼쳐왔고 최근에는 정치적 입지도 많이 넓혀가고 있습니다. 특히 김은국 편(13장)에서는 학창 시절 『순교자』를 감명 깊게 읽었던 기억이 떠올랐습니다. 『순교자』는 고등학교 1학년 때 독서클럽에 들어가자마자 알베르 까뮈의 『이방인』 다음으로 읽었던 책입니다. 한국 출신 작가 중 최초로 노벨문학상 후보에 올랐던 그의 책은 1964년 미국에서 출간되었고 저는 그 첫 번째 번역본을 읽었는데, 당시 두 책을 통해 신의 존재와 인간의 부조리, 위선, 진실 등에 대해 많이 고뇌했었습니다.

이제 우리나라는 물질적 풍요와 경제적 번영을 넘어 새로운 평등과 지속가능한 성장에 주력해야 합니다. 조국의 역동적인 시기에 글로벌 커뮤니티에서 역사를 빛낸 미주 한인들의 생애와 철학은 오늘을 살아가는 우리에게 귀한 혜안을 주리라 생각합니다. 이 책이 나오기까지 수고한 집필진과 관련 기관에 진심으로 감사드립니다.

추천사 13

정정숙(미주한인재단LA 부회장, CSUN 주립대학 교생지도 교수 역임)

역사는 이어지고 반복됩니다. 120년 전 하와이 사탕수수 농장에서 시작된 미주 한인 이민사는 작은 물방울이 모여 폭포의 위력을 쏟아내듯 오늘의 자랑스러운 미주 한인 사회를 이룩해냈습니다. 『길 위에 길을 내다』는 단순히 그들의 업적을 기리는 데 그치지 않습니다. 우리의 후세에게 그들이 일군 업적을 물려준다는 더 큰 의미를 담고 있습니다. 지금은 세계 속 한국의 위상이 어느 때보다 드높은 시기입니다. 미주 한인 이민 사회가 오늘의 눈부신 성장을 이룬 것은 선조들의 빛나는 삶과 정신이 있었기에 가능했습니다. 이 책에 담긴 그 진솔한 삶의 이야기와 개척정신을 후세에게 가르쳐야 할 사명이 우리에게 있습니다. 이 책은 코리안-아메리칸 시민으로 자랑스럽게 살아갈 수 있는 지침서가 될 것입니다. 선진들의 역사를 기억하고 기릴 때 내일을 위한 기틀이 마련됩니다.

이 책이 우리에게 중요한 이유는 선조들의 업적과 위대함을 일깨워주기 때문입니다. 오늘을 열심히 살아내고 선하고도 올바른 가치를 지켜나갈 때 밝은 미래가 찾아옵니다. 미주에서 태어나 성장하는 우리의 후세들이 선대의 업적과 개척정신을 귀감으로 삼아 어떤 난경(難境)도 자신 있게 극복하게 되는 것은 앞선 역사를 기억하고 배울 때 가능합니다. 자녀 세대가 우리 민족에 대한 자긍심을 간직하며 글로벌 시대의 세계 시민으로, 미래 사회의 주역으로 성장하도록 우리는 선조의 정신적 유산을 물려주어야 합니다. 이 책이 그 일의 귀한 밑거름 되기를 기대합니다.

우리는 미국에 살아도 모국을 그리워하고 사랑하는 마음을 늘 가슴속에 지니고 있습니다. 그래서 우리 삶에는 모국으로부터 가져온 전통문화의 향기가 뿜어져 나옵니다. 부디 『길 위에 길을 내다』가 이민자들의 삶의 감동과 향기가 묻어나는 책이 되어 세계에 흩어져 사는 모든 한민족에게 삶의 이정표가 되길 소망합니다.

추천사 14

정종오(세계선교태권도협회장, 미주한의사총연합회 회장)

지난 3년여 동안 세상을 혼란에 빠트린 미증유의 코로나로 인하여 우리 마음은 심란함의 연속이었습니다. 이런 와중에 미주 한인 이민 역사 120주년과 미주 한인의 날 20주년을 기념하여『길 위에 길을 내다』가 출간되었다는 소식은 우리에게 큰 기쁨이 되었습니다. 미주 내에서 동양의학과 한국한의학을 전수하는 한의사로서, 한국의 얼과 문화를 전파하는 태권도 무도인으로서 더더욱 반가운 소식입니다.

『길 위에 길을 내다』는 16인의 생애와 업적을 다룬 책이요, 동시에 땀과 눈물과 애환과 고초로 일궈낸 미주 한인 이민 역사, 곧 우리 디아스포라 한민족의 이야기이기도 합니다. 미주 한인 이민 역사를 개척한 믿음의 선진들의 정신을 계승하고 발전시키는 것은 우리와 우리 다음 세대의 몫입니다.

이 책을 통해 미주 한인 이민 120년의 역사를 회고하고 각 분야의 리더십 16인의 정신을 살펴볼 수 있으니 참으로 감사합니다. 이번 출간 프로젝트를 추진해 주고 이제껏 미주 지역 소수계의 연대를 위해 힘쓴 미주한인재단LA가 더욱 발전하기를 바랍니다. 한인을 비롯한 모든 민족의 이민자가 함께 어우러져 기쁨을 나누는 미주 한인 이민 역사 120주년, 미주 한인의 날 20주년이 되기를 진심으로 기원합니다.

추천사 15

하기환(전 LA한인회장, LA한인상공회의소 회장)

미주 한인 이민 역사 120주년과 미주 한인의 날 20주년을 맞아『길 위에 길을 내다』가 발간된 것을 진심으로 축하합니다. 이 책은 지난 한 세기 동안 '은근과 끈기'라는 한민족 DNA를 바탕으로 미국 땅에서 승리를 일궈낸, 기적의 역사 기록입니다. 한인 이민 선조들이 겪은 어려움은 오늘날 우리의 고난이고, 그들의 희망은 우리의 꿈과 맞닿아 있습니다. 따라서 이 책은 어느 한 개인의 인생 이야기가 아니라 우리 모두를 일깨우는 성공적인 이민 역사 그 자체입니다. 그 중심에는 생명이 있고, 사랑과 나눔이 배어 있으며, 성공의 길이 펼쳐져 있습니다. 우리는 그들의 발자취를 가만히 따라가기만 하면 됩니다.

지난 세월을 돌아보면 미주 한인 이민사는 남다른 개척정신으로 미국 50개 주 구석구석을 거침없이 누비던 한인 이민자의 눈물겨운 노정과 맞물려 있습니다. 이 책은 삼면이 바다인 한반도에서 반만 년 역사를 일군 우리 선조들의 피와 땀의 역사를 그대로 이은 자랑스러운 코리안-아메리칸의 새로운 역사입니다. 이민 초기, 낯설음과 문화적 충격 속에서도 그들은 일제강점기의 고통을 겪는 조국을 외면하지 않고 도움의 손길을 내밀며 작은 나눔을 실천했는데, 이는 세계사적으로도 매우 드문 사건으로 오늘날에도 회자되고 있습니다.

미주 한인 이민 120년 동안 각 분야에서 큰 족적을 남긴 16인의 이야기를 통해 흑인과 히스패닉 등 타 커뮤니티와의 나눔과 연대, 화합이 활성화되길 바랍니다. 나아가 한인 2세, 3세가 다인종·다민족·다문화 사회에서 정치·경제·사회·문화 분야의 훌륭한 리더로 성장할 수 있기를 기대합니다. 한인 이민 사회의 역동적인 성공의 역사와 희망 찬 미래를 기념하는『길 위에 길을 내다』발간을 다시 한번 축하드립니다.

추천사 16

황교안(이민 120주년 미주 한인의 날 대회장, 전 국무총리)

과거의 역사는 우리의 현재 삶과 무관하지 않습니다. 우리가 누군지, 어디에 있는지, 어디에서 어디로 가는지는 역사를 살피지 않으면 알 수 없기 때문입니다. 많은 이민자는 자칫하면 삶에 지쳐 자신의 민족 정체성을 잊고 살아가기가 쉽습니다. 이런 점을 생각할 때 미주 한인 이민 역사 120주년을 기념하여 『길 위에 길을 내다』를 출간하게 된 것은 매우 기쁘고 감사한 일입니다. 이 책은 16인의 발자취를 따라 미주 한인 이민사의 굽이굽이를 생생하게 돌아볼 수 있는 귀한 사료가 될 것입니다. 또한 역사를 잊고 살아가기 쉬운 후세들에게 큰 교훈과 성장의 자양분을 제공할 것이라 확신합니다.

초기 이민자는 얼마나 고달픈 삶을 살았겠습니까? 얼마나 소망이 없었으면 한 번도 가본 적 없는 남의 나라로 삶의 터전을 옮겼을까요? 두고 온 가족과 고향 산천이 얼마나 사무치게 그리웠겠습니까? 그러나 그러한 척박한 환경에서도 여러 분야에서 눈부신 업적을 남겨 민족의 자긍심을 일깨워준 선조들이 있었다는 사실에 벅차오르는 감격을 느낍니다.

스페인 출신의 미국 철학자 조지 산타야나(George Santayana)는 이렇게 주장합니다. "역사를 기억하지 못하는 자, 그들은 그 역사를 다시 살 수밖에 없다."(The one who does not remember history is bound to live through it again.) 우리는 이 말을 새겨들어야 합니다.

우리 선조가 처음 미국 땅을 밟았을 당시, 조선은 사방을 둘러봐도 칠흑뿐인 나라였습니다. 그러나 이제는 더 이상 헐벗고 굶주린 나라가 아닙니다. 제2차 세계대전 이후 독립한 나라 중 선진국 대열에 진입한 유일한 나라가 바로 대한민국입니다. 우리는 암울했던 지난 역사를 결코 잊어서는 안 됩니다. 우리 역시 고난의 터널을 지나왔던 과거가 있었음을 기억하며, 강한 나라와 약한 나라 사이에 서서 더 이상 가슴 아픈 역사가 되풀이되지 않도록 '평화의 가교' 역할을 담당해야 합니다.

이제 선조들이 미주에서 삶으로 배운 자유민주주의를 바탕으로, 조국이 세계 역사의 수레바퀴를 굴리는 초일류 국가로 성장하도록 힘을 모아야 할 때입니다. 건국 대통령 이승만 박사께서 이루어놓은 한미동맹의 토대를 보다 견고하게 다질 때입니다. 남북 간의 골, 지역 간의 골, 세대 간의 깊은 골을 메우고 한 몸으로 연합하여 통일 한국의 새로운 시대를 열어야 할 때입니다. 이 일에 앞장서는 것이 미주 한인 여러분에게 맡겨진 시대적 사명이라 생각합니다.

이 책을 읽는 모든 분에게 당부하기는, 잃었던 나라를 다시 세우는 것이 얼마나 어려운 일인지를 통감하고 자자손손 나라 사랑하는 마음과 역사의식을 심어주는 자료로서 이 책을 소중하게 여겨주었으면 합니다. 귀한 책이 나오기까지 집필과 편집과 모금에 헌신해주신 모든 분께 감사드리며 하나님의 사랑과 축복이 함께하기를 기원합니다.

추천사 17

홍익표(국회의원, 국회 문화체육관광위원장)

미주 한인 이민 역사 120주년, 미주 한인의 날 20주년을 기념한 『길 위에 길을 내다』 출간을 진심으로 축하합니다. 이 책을 출간하기 위해 노력해주신 미주장로회신학대학교 이상명 총장님, 미주한인재단LA 이병만 회장님을 비롯한 모든 관계자께 감사드립니다.

미주 한인 이민은 지난 1902년 12월 인천 제물포항을 떠난 121명이 일본 고베항에서 신체검사를 거친 뒤 이를 통과한 102명이 갤릭(Gaelic)호를 타고 1903년 1월 하와이에 도착하면서 시작되었습니다. 100년 전 사탕수수밭 이민 노동자로 미국에 정착한 한인이 이제는 미국 정계·경제계의 주류 사회로 진출하는 것을 보면서 우리 민족의 위대함을 새삼 느낍니다.

이번에 출간된 『길 위에 길을 내다』에는 하와이 이민 여성들, 항일 독립운동가, 종교인, 언론인, 기업가, 체육인, 예술가 등 다양한 분야 16인의 이야기가 담겨 있습니다. 이 분들의 이야기를 통해 어려운 시기 타국에서 자신과 민족의 역사를 개척한 사람들을 만날 수 있습니다.

실제로 지난 100년 대한민국의 역사는 미국에 정착한 한인들을 포함해 평범한 사람 한 분 한 분이 만든 역사입니다. 대한민국은 식민통치와 분단, 전쟁, 가난 그리고 군부독재를 넘어 산업화와 민주화를 동시에 달성하고 세계 7번째로 3050클럽에도 가입했습니다.

특히 3·1독립운동과 대한민국임시정부를 통해 본격화된 민(民)의 역사는 4·19혁명과 5·18민주화운동을 거쳐 촛불혁명으로 연결되었습니다. 코로나 팬데믹으로 전 세계가 힘들 때도 시민들의 성숙한 민주의식과 의료진의 헌신적인 봉사로 팬데믹 위기를 슬기롭게 극복해오면서 우리나라의 국제적 위상은 더욱 높아졌습니다. 길 위에 길을 낸 승리의 역사가 오늘 미국에서 당당한 한국인의 역사를 써가는 한인 여러분을 통해 더욱 밝혀지기를 바랍니다.

차례

천연희 · 심영신 · 이금례

1장 하와이 한인 이민 여성들 : 질곡의 삶 그러나 희망

- **최윤정**(월드미션대학교 입학 및 대외협력처장, 실천신학 교수)

하와이 이민과 사진 신부

내가 그의 이름을 불러주기 전에는
그는 다만 하나의 몸짓에 지나지 않았다.
내가 그의 이름을 불러주었을 때,
그는 나에게로 와서 꽃이 되었다.[1]

여태껏 생소하기만 한 '사진신부'라는 말, 어쩌면 이 말은 고향을 등지고 바다 건너 이역만리로 떠난 하와이 여성 이민자에 대한 가벼운 호칭일지 모른다. 그러나 그녀들의 삶은 결코 가볍지도, 의미 없지도 않다. 그녀들의 이야기가 우리에게 전해질 때 그것은 연약하지만 아름다운 꽃이 되어 가슴 먹먹하고도 영롱한 여운을 남기게 된다.

때는 바야흐로 1882년, 마침내 조미수호통상조약이 체결되고 미국 공사관이 서울에 설치되자 미국 감리교와 장로교 선교사들이 조선으로 입국

---

1 김춘수, 『그는 나에게로 와서 꽃이 되었다』(서울: 시인생각, 2013), 14.

하여 선교 사역을 시작하게 되었다. 1897년 주한 미국 공사가 된 알렌(H. Allen)은 하와이사탕수수경작주회(Hawaiian Sugar Planters' Association)에 한인 이민 주선을 약속했다. 처음에는 모집에 어려움을 겪었으나, 조선 땅에 연이어 기근이 들어 살기 어려워지자 이주를 희망하는 노동자들이 몰려들어 1903년 121명의 신청자가 최초로 하와이로 떠났다.[2] 경제적인 안정을 기대하고 고국을 떠난 한인들은 하와이 사탕수수 농장과 파인애플 농장에서 되레 어려운 생활에 놓이게 되었다. 언어가 통하지 않는 데다가 지주들이 일방적으로 노동력을 착취하고 비인간적인 대우를 일삼았기 때문이다. 한인 노동자들은 삶의 희망을 하와이섬 곳곳에 묻어버리고 그저 모진 시간에 자기 몸뚱어리를 내어 맡기는 것 외에는 다른 도리가 없었다.

1905년을 전후하여 하와이 사탕수수 농장과 파인애플 농장에서 일하는 한인 노동자의 남녀 성비는 10대 1 정도였다. 그렇기에 가족 없이 외로움을 달래야 하는 농장의 독신남들은 술과 노름에 빠지기 일쑤였고 일의 능률은 당연히 떨어질 수밖에 없었다. 농장주들은 이들에게 혼사를 성사시켜줄 요량으로 브로커를 통해 한국에 있는 여성들에게 하와이에 있는 한인 남성들의 사진을 보냈고, 사진을 보고 결혼을 원하는 여성이 있으면 미국으로 데려왔다. 이들을 '사진신부'라고 불렀는데, 1910년 이후부터 이 사진신부들이 본격적으로 하와이에 도착했다. 이러한 사진신부 이주는 1924년 미국의 이민법이 개정되기까지 계속되었고, 그때까지 약 800명의 한인 여성들이 미국으로 건너왔다고 전해진다.[3]

10대 후반에서 20대 초반의 사진신부들은 단순히 결혼만을 위해 미지의

---

2 김지원, "조선인 여성들의 미주지역으로의 도래 – 역사적 맥락을 중심으로," 『한국 근대 여성의 미주지역 이주와 유학』(서울: 한국학중앙연구원출판부, 2018), 15.

3 김점숙, "한인 사진신부들의 사회·경제 활동 – 구술 자료를 중심으로," 『한국 근대 여성의 미주지역 이주와 유학』(서울: 한국학중앙연구원출판부, 2018), 30.

세계로 뛰어든 것은 아니었다. 이들은 자기 삶에 대한 자주적인 애착, 일제 식민지의 속박에서 벗어나려는 의지, 경제적으로 좀 더 나은 삶에 대한 동경뿐만 아니라 미국에서 학업을 하고 싶다는 희망도 품고 있었다. 당시 개화사상과 함께 여성교육에 대한 인식이 빠르게 퍼져나갔지만, 범인들에게 여성교육은 아직도 먼 나라의 이야기였고 과년한 여식을 빨리 출가시키려는 것이 대부분의 부모 마음이었다. 그러나 여성들 중에는 어떻게 해서든지 자신의 꿈을 펼쳐보고 싶은 이들도 있었다.

> 그 당시 우리는 집에 머물면서 결혼을 준비하는 길 이외에는 선택의 여지가 없는 것처럼 보였다. 나의 어머니는 나의 결혼에 관해서만 이야기를 했다. 그녀는 내가 어릴 적부터 나에게 초등교육이면 충분하다고 말했다. 어머니는 내가 바느질을 배워서 결혼하기를 원했다. 다른 한편 나는 공부를 더 해서 Miss Mary Whang처럼 되기를 바랐다. 그녀는 많은 여학교를 세웠고, 결혼하지 않은 채 전국을 돌아다니며 강의를 했었다.[4]

이러한 희망에도 불구하고 사진신부의 현실은 난관의 연속이었다. 무엇보다 고향으로 날아온 사진 속의 신랑감과 현지에서 기다리고 있는 남자의 모습이 너무도 달랐다. 최초의 사진신부로 알려진 최사라의 고백이다.

> 안녕들 하시오. 나는 사라 최, 아니 최사라라고 합니다. 조금은 긴 설명이 필요합니다. 나는 남편을 사진으로 처음 만났소. 그때 남편은 태평양 건너 하와이에 있었고, 나는 망해버린 조선 땅에 있었지. 무슨 얘기인지 짐작하시겠지? 나는 사진을 보고 신랑을 정하고, 혈혈단신 태평양을 건너갔던 천

---

4 김점숙, "한인 사진신부들의 사회·경제 활동," 33.

1920년 하와이 사진신부들의 모습

여 명의 사진신부 가운데 1호 사진신부였어요. 1978년께였나 하와이 초대 이민자들에게 왜 이곳에 왔느냐는 여론조사를 한 적이 있어요. 그때껏 살아남아 있던 사진신부들은 이런 대답을 했었지요. "예수쟁이라고 놀림받는 것이 싫어서, 남자들 횡포 때문에, 시부모를 안 모실 것 같아서, 하와이에는 빗자루로 돈을 쓸기 때문에 그걸로 친정을 돕기 위해서…." 1910년 내가 하와이에 발을 디뎠을 때 남편 될 사람이 마중 나와 있었지. 내 나이 스물 셋. 그 당시 풍습으로는 혼기를 놓친 과년한 처자였지만 신랑 얼굴을 보니 고개를 들 수가 없더군. 부끄러워서였냐고? 아니, 너무 기가 막혀서 그 표정을 들키고 싶지 않아서였어요. 신랑 이내수는 나이 서른여덟. 조혼 풍습이 남아 있던 조선으로 따지자면 아버지와 딸이라고 해도 이상할 일이 없는 부부 아니었겠소. 그래도 나는 사진신부들 가운데 나이가 많은 편이었고, 신랑은 신랑 후보군 가운데에서는 평균치였어요. 어떤 처자는 대놓고 신랑을 아버지라고 부를 정도였소.[5]

그녀는 사진신부들이 당시 고국을 떠난 이유를 구구절절 밝히고 있는데 특히 자신이 하와이에서 남편을 처음 마주했을 때의 황당함과 안타까움을 솔직하게 표현하고 있다.

또 다른 사진신부 박순하는 여학교 5학년을 마치고 교장의 주선으로 사진결혼을 하게 되었다. 그녀는 신랑이 24세나 연상인 것을 알았지만 개의치 않고 미국에서의 보다 나은 삶을 꿈꾸며 하와이행을 결심했다. 그러나 하와이에 도착해보니 신랑이 될 사람은 실제 나이가 74세인 노인이었다. 그럼에도 그녀는 고국으로 돌아갈 수 없었다. 고향을 떠날 때 그녀의 부모가 정혼한 사람과 결혼하지 않는 것을 집안의 수치로 여긴다고 말했기 때문이다. 그뿐만 아니라 미국으로 건너오는 일체의 경비를 신랑 될 사람이 부담했기에 박순하는 하와이에 도착했을 때 거의 무일푼에 가까웠다.

사진신부의 수가 늘어나자 박순하와 같은 부정적인 사례가 국내 신문을 통해 전해졌지만 여성들의 희망을 꺾지는 못했다. 당시 「국민보」에 실린 한 기사는 이러한 사실을 자세히 보여주고 있다.

그 여자들의 본국을 떠나는 것은 각각 여러 가지 목적이 있으되 그것을 다 함께 합하여 말하면 다만 애국성이라. 그 본의는 대개 외국 유람한 애국지사의 남편을 얻어 그 힘을 의뢰하여 공부도 더하고 사업도 경영하며 다른

---

5 The Steemit Crypto Academy, "최초의 사진신부 최사라." 참조. https://www.lawtimes.net/3910

날 대조선 독립에 성공한 부부가 되기를 희망함이라.[6]

이렇듯 사진신부들은 그들 나름의 원대한 꿈을 안고 하와이로 건너와서 자신의 거친 삶을 개척하기 시작했다.

사진신부 천연희의 삶

하와이로 건너가다

천연희는 1896년 경남 진주에서 태어났다. 그녀의 어머니는 전주 이 씨였고 외조부가 벼슬을 그만두고 진주에 정착하게 되었다. 부친인 천운서는 진주에서 멀리 떨어진 시골에서 일찍이 부모를 여의고 어렵게 살다가 열두 살 아래인 천연희의 어머니와 결혼하게 되었다. 천운서는 처가의 데릴사위 역할을 하며 부지런히 일해 재산을 모았다. 이들은 천연희를 포함해 모두 8명의 자녀를 두었는데, 천연희는 부모가 50세가 넘어서 낳은 막둥이였다. 그러나 대를 이을 아들 넷이 10대 때 모두 죽고 말았다. 천연희는 하와이로 건너가기 전 어머니와 큰언니 그리고 조카들과 함께 살았다. 당시 그녀의 아버지가 재산을 탕진하고 상당한 채무를 남긴 채 세상을 떠나는 바람에 그녀의 어머니와 언니가 그 빚을 모두 갚아야 했다.

이러한 사실은 그녀가 머나먼 하와이까지 사진신부로 가게 된 까닭과 무관하지 않았다. 천연희의 어머니는 남편과 사별한 후 기독교를 믿게 되었으

6 김점숙, "한인 사진신부들의 사회·경제 활동," 36.

며 천연희를 학교에 보내어 7여 년간 교육을 받게 했다. 이런 천연희가 사진신부로 굳이 그 먼 땅까지 건너갈 이유는 없었으나, 아버지의 존재감이 미약한 데다 나이 많은 어머니와 거의 스무 살 차이가 나는 큰언니가 가계를 꾸리며 빚을 갚아나가야 하는 현실이었기에 그녀는 과감히 미국행을 결정했다.

천연희는 미국으로 간 남자들은 다 농사짓는 무식꾼이라는 소문에도 아랑곳하지 않고, 사진신부로 먼저 하와이로 건너간 신여성들이 있다는 얘기로 꿈에 부풀었다. 시집을 가서 남편과 아들딸 낳고 오순도순 사는 것보다 자유의 나라에 간다는 희망이 그녀로 하여금 서둘러 고향을 떠나게 했다. 나라를 빼앗기고 가난과 기근에 시달리며 살아가야 하는 현실은 당시 젊은 여성들에게 미지의 세계를 동경하게 만들었다. 하와이 이민은 대부분 기독교 선교사들에 의해 주선되었는데, 자식을 차례로 여의고 남편과도 사별하자 기독교에 마음을 의지하게 된 그녀의 어머니는 막내 천연희에게 "내 앞에서 죽지 말고 어디든 가서 장수하라."라며 하와이행을 허락했다고 한다.[7]

봄이 문턱에 찾아온 1915년 2월 28일, 천연희는 드디어 진주를 떠나 일본을 거쳐 시베리아호를 타고 6월 20일 호놀룰루에 도착한다. 거의 넉 달 만에 밟은 하와이 땅이었다. 남편 될 사람이 이민국으로 찾아와야만 수속을 밟고 나갈 수 있었기에 남편 길찬록을 기다리다 천연희는 이민국 청소부로부터 충격적인 말을 듣고 뜬눈으로 밤을 새운다. 청소부가 그녀의 남편을 '마쿨레'(makule)라고 표현했기 때문이다. 마쿨레는 하와이 말로 '늙은이'라는 뜻인데, 그녀는 남편 길찬록과 처음 마주한 순간을 다음과 같이 떠올린다.

과연 마쿨레 영감이 와서 내가 길찬록 씨라 하며 만리타국에 오느라 얼마나

---

7 문옥표, "사진신부로 떠나기 전 진주에서의 삶,"『하와이 사진신부 천연희의 이야기』(서울: 일조각, 2017), 55.

> 고생하였느냐고 묻더라. 그 소리는 귀에 들어오지 않고 천지가 아득하였으나 내색하지 않고 큰마음으로 하나님께 기도하고 꿀꺽 참았다. 이미 당한 일이니 할 수 없지만 내 운명만은 원망했다.[8]

1915년 6월 29일, 천연희와 길찬록은 한인감리교회에서 홍한식 목사의 주례로 결혼식을 올렸으며, 이후 마우이(Maui)섬에서 약 7년 동안 살았다. 사실 길찬록은 평안도 태생으로 고국에서 이미 결혼하여 딸만 다섯을 둔 터였다. 그는 사탕수수를 재배하는 농장에서 일하면서 하루 일당으로 75전을 받았으나 자주 술을 마시고 결근하는 바람에 일당을 챙기지 못하기 일쑤였다. 천연희는 집에 가만히 앉아 남편만 바라볼 수가 없었다. 먹고살기 위해 부업이라도 해야 했기에 닥치는 대로 일감을 찾아 나섰다.

하와이 이민 생활의 시작

그녀는 농장에서 노동자들의 옷을 빨아주는 일을 시작했다. 사탕수수 밭에서 일하는 노동자들의 옷에 배인 황톳물을 깨끗이 없애기가 힘들었다. 처음에는 힘에 부쳤으나 차차 익숙해졌고 그녀에게 빨래를 부탁하는 사람의 숫자도 점점 늘어났다. 그녀는 또 바지 만드는 법을 배워 바지를 팔고 양말도 지어 팔았다. 그녀의 부수입으로 가족들은 평소에 먹기 힘든 생선이나 과일을 사 먹을 수 있었다.

천연희는 시집온 지 석 달 만에 아기를 가져 20세에 첫딸을 낳고, 21세에는 아들을 그리고 23세에는 둘째 딸을 낳았다. 남편에게 정은 못 붙이고 살아도 자식들은 지극정성으로 보살피며 남다르게 키우려고 애썼다. 식구가 다섯으로 늘면서 천연희는 돈을 더 열심히 벌어야 했다. 그녀는 바느질 외에

---

8 김순주, "세 번의 결혼과 가족생활," 『하와이 사진신부 천연희의 이야기』, 62.

혼자 사는 노동자들의 밥을 지어주는 일도 했다. 그러나 어린 자식들을 키우면서 일을 해내기란 여간 벅찬 것이 아니었다. 그녀는 남편이 술만 좋아하고 허구한 날 친구들과 어울리는 것을 한탄하며 스스로 가장이 되기로 결심했다.

이들 가족은 하와이 4개 섬 중 하나인 오아후(O'ahu)섬에 일손이 부족하다는 소문을 듣고서 마우이에서의 7년 생활을 뒤로하고 그곳으로 거처를 옮긴다. 그러나 그곳에서의 생활도 녹록지 않았다. 길찬록은 오아후섬에 가서도 농장 일은 등한시하고 선창에 나가 술친구들과 어울리기 다반사였다. 천연희는 아이들 교육을 생각해서라도 길찬록과 따로 살면서 스스로 생계를 꾸려나가길 원했다. 그녀는 군복 만드는 법을 배워 바지와 코트를 각각 1원과 2원에 만들어 팔기 시작했다.

천연희는 2년여를 남편과 별거하다 마침내 이혼을 결심했다. 길찬록은 첫째와 둘째를 데리고 살기로 하고, 천연희는 막내딸 메리를 데리고 재혼의 길을 택했다. 천연희의 두 번째 남편은 박대성이라는 29세의 젊은 남성이었다. 그녀가 혼자 생계를 꾸려나가기 위해 무리해서 일하다 병을 얻게 되었을 때 박 씨가 친절히 간호해준 것이 계기가 되었다. 무엇보다 그에게는 군부대의 세탁물을 취급하는 안정된 직업이 있었고, 첫 번째 남편과는 달리 열심히 일하는 모습이 그녀의 마음을 움직였다. 재혼 초기에 그들은 비교적 안정된 가계를 꾸리는 듯했다. 그러나 결혼 전에 보여준 모습과는 전혀 딴판으로 박대성은 일을 나가지 않거나 직장을 쉽게 바꾸는 등 성실한 모습을 보이지 않았다. 그가 실직하고 생계가 극도로 어려워지자 천연희는 다시 일터로 나가지 않을 수 없게 되었다.

사업가로 발을 내딛다

1933년 미국 경제 사정이 조금 나아지자 천연희의 형편도 조금씩 펴지기 시작했다. 그녀는 호놀룰루에서 건물을 임대하여 숙박업을 시작했다. 당시 하와이 한인들은 숙박업에 많이 종사했다. 나중에 그녀는 방이 30개나 되는 호텔까지 인수하여 운영했다. 박대성과의 결혼 생활을 15년간 유지하며 슬하에 아들 하나, 딸 둘을 더 낳았으나 그들의 관계는 원만하지 않았다. 특히 자녀교육에 관심 많던 천연희가 전 남편의 막내딸 메리를 대학에 보내려 하자 박대성이 이를 반대하면서 둘의 관계는 더욱 악화되었다. 천연희가 첫 남편 길찬록과 갈라선 것은 자녀들을 자유롭게 공부시키고자 하는 뜻이 남편과 맞지 않았기 때문인데, 이번에도 마찬가지였다. 특히 천연희는 박대성이 자기 핏줄이 아닌 메리를 차별한다고 여겼다. 메리가 하와이대학교(University of Hawaii)에 입학한 해 천연희는 마침내 박대성과도 헤어졌다.

알라케아(Alakea)에서 숙박업을 할 때 천연희는 세 번째 남편 로버트 앤더슨 기븐을 만난다. 이들은 1941년에 결혼하지만 천연희의 기록을 보면 그녀는 이전에 백인과의 결혼에 강한 거부감을 가지고 있었던 것으로 보인다. 그 당시 예절을 따지는 동양 여인들에게는 이것이 보편적인 의식이었다. 천연희는 그럼에도 세 번째 결혼을 할 수밖에 없었던 이유를 다음과 같이 술회한다.

> 내가 한국 여자요, 인종 구별이 많은 고로 나는 한국 여자로 한인 기독교 교인이요, 동지회원이요, 대한부인구제회원으로 대한 예절로 잔뼈가 굵어서 차마 대답이 나오지 않지만, 그때 시절에는 한국 남자가 나이 많고 자기 자신도 건사하지 못하는 아저씨만 남아 있고 사진 혼인하여 여자를 데려와서 자식을 놓고 가정을 이루어 사는 사람들만 있었다. 나는 나이가 젊고 자식 다섯을 데리고 여자 혼자서 사업을 해도 도와줄 사람이 있어야 되었다. 아이들이 다 어리고 공부시켜야 되므로 하루는 내가 우리 아이들을 모아놓고 의향을 물어보았다. 아이들 대답이 어머니 생각대로 하라 하였다.[9]

태평양전쟁이 임박하여 미 본토의 군인들이 진주만 근처 기지인 히캄 필드(Hickam Field)로 모여들기 시작했다. 천연희의 남편은 그곳에서 일했다. 군부대 종사자 가족들도 히캄 병영에서 살게 했는데, 천연희의 가족이 히캄 병영으로 들어온 지 약 20일 후 일본군의 폭격이 시작되었다. 거기서도 숙박업을 계속 이어간 천연희는 전쟁이 시작되고 되려 사업이 나아졌다고 회상했다. 휴가 중인 군인들이 그녀가 운영하는 호텔에 모여들었기 때문이다. 딸들은 방위산업과 관련된 일을 하여 수입을 보태기 시작했다. 천연희는 자신이 번 돈과 아들 해리가 갖다주는 봉급까지 차곡차곡 모아 꽤 많은 자금을 가지게 되었고, 그것을 카네이션 밭을 임대하는 데 투자했다. 천연희 가족은 전쟁 직후 당시 미개발지인 코코헤드(Koko Head)에 좋은 집을 구입했다.

이즈음 천연희는 사업에 박차를 가하기 시작한다. 당시 하와이에 살던 한인 부인들은 대부분 바느질 일과 빨래 일을 하며 하루하루 살아갔지만 개중에는 숙박업이나 임대업을 해서 수입을 올리는 이들도 있었다. 천연희는 후자를 택하여 악착같이 돈을 모았다. 하와이에는 미군 기지가 있어 사람들의 왕래가 많았고, 숙박업은 전망 있는 업종으로 자리매김했다. 처음에는 작은 집을 구해서 숙박업을 시작했다. 미국 은행을 자유롭게 드나들며 돈을 융통할 수 없었기에 이주 한인 여성들은 자구책으로 계 조직을 만들어 목돈을 마련했고, 천연희도 계를 여럿 들어 사업 자금을 마련했다. 물론 계라는 것이 늘 위험에 노출될 수밖에 없는 불안정한 장치인 터라 천연희도 계를 하다가 몇 번이나 어려움을 당했다.

천연희는 사업을 확대하면서 포트 스트리트(Fort St.)에 있는 백인 여자의 집을 계약하여 '스탠다드호텔'이라 이름 짓고 영업을 시작했다. 방이 30개

---

9 김순주, "세 번의 결혼과 가족생활," 66.

나 되었으므로 청소하는 데만 온종일 걸렸다. 자녀들이 엄마의 일을 도왔고 특히 메리는 문서 일을 도맡아 했다. 이후 백인 주인이 엄청난 임대료 인상을 요구하자 호텔 경영을 포기, 한인 김 씨에게 전세권을 넘겨주었다. 그 후 천연희는 다시 사우스 베레타니아(South Beretania)에 있는 건물 2층을 임대하여 독신 남성들을 대상으로 여관을 운영했다. 그녀는 살림집을 따로 내어 자녀들과 살았고 여관은 출퇴근을 하며 돌보았다.

1940년경 한인들 사이에서 카네이션 농사가 전망 있다는 얘기가 돌자 천연희는 숙박업을 접고 카네이션 농사에 뛰어들었다. 코코헤드 지역의 야산을 개간해 약 2,000평의 땅에 카네이션을 심었다. 코코헤드에서는 대개 일본인과 한국인이 농사를 지었는데 일본인은 장미나 국화 등 꽃꽂이용 꽃을 주로 재배한 반면, 한국인은 카네이션을 재배하여 상점이나 레이(Lei, 하와이 고유의 장식용 화환) 제작자에게 팔았다. 문제는 카네이션 농사를 짓는 한인들이 너무 많아 가격 경쟁이 붙어 돈을 많이 벌지 못했다는 점이다. 이들은 조합을 만들어 가격 담합을 하는 등 횡포를 부리곤 했으나 천연희는 그 일이 옳지 않다고 느껴 끝까지 조합에 가입하지 않았다. 이것이 빌미가 되어 어느 날 누군가 천연희의 카네이션 밭에 들어와 제초제를 뿌려놓고 가는 바람에 카네이션이 모두 죽어 1년 농사를 망치게 되었다. 하루아침에 모든 것을 잃은 천연희는 망연자실할 수밖에 없었다. 그녀에게 이보다 더 큰 시련이 없을 정도였다.

경제적·정신적으로 타격을 입은 천연희는 카네이션 농사를 접고 다른 사업을 계획했다. 당시 부동산 시세가 좋지 않아 돈이 별로 되지 않는다고 판단하여 가지고 있던 아파트를 팔아 다른 사업을 해보고자 했으나 한국전쟁이 발발하는 바람에 부동산 시세가 크게 오르기 시작했다. 결과적으로 아파트를 판 것은 큰 이익을 놓친 셈이었다. 그녀는 카네이션 사건 이후 경제적으로 큰 손실을 입었을 뿐만 아니라 사람들에 대한 배신감으로 한동안 그

상처에서 벗어나지 못했다.

천연희는 다시 숙박업에 다시 뛰어들었다. 1950년 6월 말 펀치볼 스트리트(Punchbowl St.)에 위치한 호텔을 매입했다. 한국전쟁으로 군인과 군인 가족이 하와이를 오가는 일이 많아 숙박업이 정점에 달하고 있었기에 온 가족이 열심히 호텔 경영에 참여했다. 남편 기븐과 딸 메리가 호텔 경영을 맡았고 천연희는 코코헤드에 남아 카네이션 농장 복구를 위해 발 벗고 일했다. 그녀는 1여 년간 노력을 쏟아부어 농장을 살렸고, 호텔도 가족들이 열심히 운영한 덕에 어느 정도 자리를 잡았으나 남편 기븐의 건강이 나빠지게 되었다.

하는 수 없이 호텔을 다른 한인에게 팔고 남편 기븐은 코코헤드 농장으로 들어와 무리하지 않게 조금씩 일하며 건강 회복에 힘썼다. 원래 코코헤드의 농장은 비숍 재단의 소유였는데 중간에 카이저 부동산 개발회사가 개입하면서 그 땅의 개발 계획이 잡혔다. 이로 인해 그 땅에서 농사를 짓던 사람들은 모두 떠나야 하는 형편에 놓이게 되었다. 그곳 농민들과 카이저의 밀고 당기는 협약 끝에 천연희는 조그만 땅을 계약했다. 남편 건강이 농사를 지을 만큼 좋지는 않았으나 그가 코코헤드 지역을 좋아했기 때문에 집을 짓고 살 요량으로 계약한 것이다. 기븐의 건강은 날마다 악화되었다. 그녀는 코코헤드 농장에서 소소하게 농사를 지으며 남편과 편안히 노후를 보내기를 희망했지만 기븐은 그녀를 홀로 남겨놓고 결국 세상을 떠났다. 천연희가 낳은 네 남매를 자기 자식처럼 돌보아주고, 자식들을 위해 밤낮없이 뛰어다니며 일하는 천연희를 곁에서 묵묵히 도와준 사람이었다. 천연희는 전직 군인인 기븐과 오랫동안 해로하고 싶었으나 운명이 허락하지 않았다. 그녀는 기븐을 좋은 사람이었다고 회상했다.

남편이 세상을 뜨고 4년여 동안 천연희는 농사를 지으며 혼자 살았다. 카이저 부동산 개발회사와의 협약이 잘 진행되는 줄 알았으나 전일제 농사를 지을 경우만 계약 연장이 가능하다고 했다. 그녀는 남편 없이 혼자서는 도저히 감당할 수 없다고 판단했다. 아들 역시 전업 농부가 되기를 원하지 않았으므로 아들과 함께 농장 일을 계속할 수도 없었다. 이후 자신이 지은 집터에 카이저중학교가 들어오기로 하자 그녀는 그곳을 완전히 떠나야만 했다. 1969년 6월의 일이었다.

천연희의 중학교 졸업사진(뒷줄 오른쪽에서 두 번째)[10]

자녀교육과 말년의 삶

그녀는 홀로서기를 마다하지 않고 온 힘을 쏟아 자식들을 뒷바라지했다. 바느질, 빨래, 식당 일 등 허드렛일부터 시작하여 사업을 벌여 일으키기까지, 그 의지의 원동력은 자녀들에 대한 책임감이었다. 특히 천연희는 교육을 강

10 2014년 하와이대학교 한국학연구소는 천연희 씨의 유품과 각종 자료를 모은 '천연희 컬렉션'을 한국학중앙연구원 장서각에 기증했다. 이 사진은 그 자료 중 하나이다.

조하여 자녀들에게 교육의 기회를 제공하려고 노력했다. 교육을 받음으로써 훌륭한 백성이 될 수 있다고 생각했고, 망국을 백성이 깨우치지 못한 죄로 보았다. 덕분에 그녀의 2남 4녀는 모두 고등학교를 졸업했으며, 그중 두 딸은 하와이대학교를 졸업한 뒤 초등학교 교사로 봉직하고, 아들은 미시간대학교를 중퇴하고 자신이 원하는 직업을 가졌다.

그녀는 73세에 사업 일선에서 물러났는데 그 후로도 간간이 공장에 나가 일하며 자식들에게 기대지 않고 살았다. 그 시대의 어머니들이 그러했듯이 천연희도 자식들의 미래를 위해 희생하고 또 희생하여 자식들의 앞날을 위한 넓은 길이 되어주었다. 그녀는 여자로서 살아가는 소박한 꿈을 뒤로한 채 어머니로 사는 여전사가 되기를 선택하여 머나먼 타국에서 개척자의 척박한 삶을 살았다. 자녀들에게는 무한한 희망이 되어준 사진신부 천연희는 그렇게 101세에 세상을 떠났다.

사진신부의 사회 활동

천연희(1896-1997)

사진 결혼을 통해 미국 땅을 밟은 한인 이민 1세대 여성들을 연구한 소니아 신은 그들의 이민 동기를 다음과 같이 세 가지로 정리했다.[11] 첫째는 일본의 압제에서 벗어나려는 '정치적인 동기'이고, 둘째는 유교가 중심이 되어 남녀를 차별하는 봉건사회로부터 탈출하려는 '사회적 동기' 그리고 셋째는 가난

11 김점숙, "천연희의 사회참여 활동,"『하와이 사진신부 천연희의 이야기』, 93.

으로부터 벗어나 부요한 나라로 건너가 잘 살아보려는 '경제적 동기'였다.

대부분의 사진신부들과는 달리 고향에 어느 정도 경제적인 기반이 있던 천연희가 미국행을 택한 것은 본인의 고백에 의하면 정치적인 동기가 컸다. 그렇기에 그녀는 하와이에서의 고된 농장 생활 중에도 바깥세상 소식을 듣고자 노력했다. 신문과 잡지가 배달되는 날을 기다렸으며, 한인단체에서 발행하는 「태평양잡지」와 「국민보」 등은 그녀가 조국과 미주 한인 사회 그리고 세상의 소식을 접할 수 있는 창구가 되었다.

천연희는 고향에서 12세 때부터 교회에 나갔는데, 하와이에 와서도 교회를 다녔다. 그녀가 다닌 교회는 이승만이 중심이 되어 새롭게 개척한 한인기독교회였다. 사진신부라는 역사적 편견을 조금이라도 희석할 방편이 있다면 그녀의 기록을 통해 삶의 단편을 들여다보며 그 편린 가운데서 의미 있는 것들을 찾아내는 것이다. 그녀는 1915년 하와이에 도착하여 하와이국민회에서 활동했고, 이후 1919년에 조직된 대한부인구제회와 1921년에 조직된 대한인동지회에도 가입하여 활동했다.

당시 하와이 한인 사회는 정치적으로 박용만을 지지하는 쪽과 이승만을 지지하는 쪽으로 나뉘어 있었는데, 천연희의 기억에 의하면 박용만이 무장투쟁을 통해 조국의 독립을 되찾으려 한 반면, 이승만은 애국사상에 기조를 두고 외교와 교육 등의 정신적인 힘을 길러 독립을 꾀하고자 했다. 천연희는 이승만을 애국적인 사상가로 전제하고 그의 사상을 적극 지지하며 따랐다. 이승만이 민족을 발전시키고 자녀 세대에 한국의 정신을 고취하는 교육을 했다고 평가하며 한인들을 위한 기독학원과 교회를 세운 훌륭한 분으로 인식하고 있었다. 그녀는 노트에 다음과 같은 기록을 남겼다.

> 내가 하와이에 올 때 이승만 씨가 계시고 민족을 위하여 일을 많이 하셨다. 특별 정치나 신앙으로 우리 민중을 도와서 일을 하시지만 개인의 사업도 많

이 인도하여 무엇을 하면 시대에 좋다 하시고 많이 도와주셨다. …내가 이승만 씨를 인도자라 섬기고 동지로 일한 것도 이승만 씨 개인을 믿고 따라간 것이 아니요, 그의 애국하는 주의를 (따라) 같이 동지로 일한 것이다.[12]

그녀가 1922년 말 오아후섬으로 거처를 옮기고 나서 식당 일을 할 때, 많은 한인들이 일자리를 찾아 스코필드 군영이 있는 지역으로 몰려와 주로 군인들을 대상으로 양복점과 세탁소를 운영했다. 당시 20여 명의 한인들이 모여 예배를 드리기 시작했는데 그것이 한인기독교회의 출발점이었다. 그들은 집을 임대하여 주일에는 교회로 사용하고 주중에는 한글학교를 운영했다. 천연희는 이 한글학교의 교사 제안을 받고 수락했다. 원래 그녀는 감리교회에 출석하고 있었으나 한글학교로 인해 한인기독교회와 인연을 맺은 후 계속 이 교회를 다니게 된 것으로 짐작된다.

한인기독교회는 이승만의 주도하에 하와이 감리교 선교부로부터 독립하여 새로 개척한 교회로 알려져 있다. 천연희의 기록에 의하면 당시 대부분의 한인들이 출석하던 감리교회의 감리사가 친일 성향을 지닌 것에 대해 "나라를 잃었지만 교회에 신앙은 자유로 서야 한다는 생각"에 한인들이 한인기독교회를 개척하게 되었다고 한다.[13]

교육열이 남달랐던 천연희는 첫째 남편과의 사이에서 태어난 세 자녀를 기숙학교인 한인기독학원에 입학시켰다. 이 학교는 기숙비로 한 달에 10달러를 내야 했지만 수업료는 무료였다. 100여 명의 학생을 수용할 수 있는 규모에 7학년까지 있었으며, 각 농장에서 일하던 한인 자녀들에게 영어와 한글까지 가르쳤다고 전해진다.

천연희가 하와이에 도착하기 전 하와이국민회는 이미 조직되어 활동하

12 김점숙, "천연희의 사회참여 활동," 97.

13 김점숙, "천연희의 사회참여 활동," 101.

한인기독교회(1922)

고 있었다. 천연희는 이 조직을 '한인들을 보호하고 이익을 대변해주는 단체'로 기억했다. 그녀는 노트 곳곳에 이 단체를 언급하며 자신의 지지를 밝히고 하와이국민회의 운영과 내부의 분쟁 상황 그리고 이에 대한 자신의 생각을 소상히 기록했다. 무엇보다 민주주의에 대한 이상이 강했기에 그녀는 국민회 안에서 분쟁의 소지가 된 최고지도부의 상향식 의사결정에 대해 비판적이었다.

> 그때 임원들이 옳지 못한 행정을 많이 하여 국민회의 공금을 많이 축내어 그 임원으로 취임식을 하고 다시 총회장을 내었다. …신용이 없고 많이 타락했다 하더라. 그때에 국민이 내는 자치금이 1년에 금화 3원이라 하였다. 그 돈을 공정하게 쓰지 않고 개인이 화려하게 남용한 까닭에 대표원이 1914년에 모여 정리하였다는 말을 내가 들었다.[14]

---

14 김점숙, "천연희의 사회참여 활동," 105-106.

한편 천연희는 1919년 하와이 여성 대표 41명이 대한부인구제회를 조직하자 그곳에 가입하여 평생 회원으로 활동한다. 천연희의 기억에 의하면 이전에 '부인애국회'(실제 이름은 '대한인부인회')라는 조직이 있었으나 영향력이 없었기에 한인 부인들이 '피 흘리며 죽어가는 한국의 청년들을 후원하자.' 라는 취지로 대한부인구제회를 결성했다고 한다. 대한부인구제회는 독립운동을 하는 애국지사들을 도왔다. 하와이 대한부인구제회 지부가 마우이섬에 조직되자 천연희는 여기서 서기를 맡았다. 천연희는 이 지부에서 함께 일한 열성 부인으로 회장 김익선과 그 밖에 장영옥, 임호시, 유분조, 오귀임 등을 기억하고 있다.[15]

천연희의 노트에 의하면 이들은 대한부인구제회를 통해 구제금과 물품을 한국에 보내고 미국을 거점으로 독립운동을 하고 있던 서재필, 이승만 등을 후원했다. 회원들은 자금을 마련하고자 수를 놓거나 떡이나 묵 등의 음식을 만들어 팔았다. 이뿐만 아니라 태평양전쟁 기간(1942-45)에는 다친 병사들에게 사용할 붕대를 접어주는 봉사를 했고, 호놀룰루 샌드아일랜드(Sand Island)의 포로수용소에 수용된 한인 청년들에게 한국 음식을 해다 주었으며, 미국에 입양된 아이들을 실은 배가 호놀룰루에 도착하면 그들을 보살펴주는 봉사도 했다.

천연희는 대한부인구제회 외에도 두 번째 남편인 박대성과 함께 대한인동지회에 회원으로 등록되어 있었다. 이 대한인동지회는 상하이에서 하와이로 돌아온 이승만의 영향으로 1921년에 설립되었다. 기록에 의하면 하와이에 도착한 이승만은 그를 환영하기 위해 모인 한인들 앞에서 임시정부를 지키고 옹호할 것을 강조했다고 한다. 대한인동지회 규정에는 대동단결하고 정부를 절대적으로 옹호한다는 한인들의 다짐이 담겨 있다.[16]

---

15 김점숙, "천연희의 사회참여 활동," 106.

16 김점숙, "천연희의 사회참여 활동," 107.

1924년 11월 27일부터 20일까지 호놀룰루에서는 하와이 한인 대표회가 열렸다. 교민단, 한인기독학원, 한인기독학원찬성회, 태평양잡지사, 한인기독교회, 부인보조회, 대한부인구제회에서 총 34명의 대표가 참석하고 대한인동지회의 24개 지방 대표도 참석했다. 여기에서 대한인동지회의 3대 정강이 제정되고 총재에 이승만이 추대되었다. 3대 정강은 "3·1정신의 기조인 정의와 인도를 주장하고 비폭력적인 희생정신으로 대업을 성취하는 것", "개인 행동을 버리고 조직적 행동으로 질서를 존중하며 지위에 복종하는 것" 그리고 "민족의 생명은 경제적 자유이므로 자족자급을 도모하는 것"이었다. 이로써 대한인동지회의 조직이 크게 강화되었고 대한인동지회의 3대 정강 중 세 번째 항목을 실천하기 위해 동지식산회사가 세워졌다. 동지식산회사는 한인 98명의 투자금으로 설립되었으며, 주식 한 주당 100달러였는데 천연희도 다섯 주를 구입한 것으로 기록되어 있다.

심영신(1882-1975)

『백범일지』에는 김구 선생의 절절한 감사의 표현이 군데군데 들어 있다. 잃어버린 나라를 되찾기 위해 고군분투하던 대한민국임시정부가 절체절명의 위기에 처했을 때 도움을 준 것은 바로 해외의 동포들이었다. "사방을 둘러보아도 정부의 사업 발전은 고사하고 이름이라도 보전할 길이 막연함을 느꼈다. 그러던 중 임시정부가 해외에 있는 만큼 해외동포들에게 의뢰할 수밖에 없다는 사실을 깨닫게 되었다."[17] 광복의 꿈을 이루고자 세운 임시정부가 집세를 못 내고 자금 압박을 받자 백범 김구 선생은 도움을 청할 데는 오직 해외동포밖에 없음을 뼈저리게 깨달았다. 하와이, 미국 본토, 멕시코, 쿠바 등에 사는 동포들이 십시일반 자금을 모아준 덕분에 임시정부는 어려운 고

17 김구, 도진순 주해, 『백범일지』(서울: 돌베개, 1997), 318.

비고비를 넘길 수 있었다.

하와이에서 대한인부인회와 재미한족연합위원회의 위원으로 활동한 심영신 지사는 황해도 송화 출신으로 하와이에 건너간 사진신부였다. 그녀는 독실한 기독교인으로서 젊은 나이에 과부가 되었으나 1916년 어린 아들과 함께 하와이로 건너가 조문칠과 다시 가정을 이루었다. 대한인부인회는 1913년 한인 사회의 민족의식 고취를 위해 황마리아 등이 세운 여성운동단체였다. 여기에 많은 사진신부들이 참여하여 자신들의 어려운 여건 속에서도 민족의 독립을 위해 활발히 활동을 했다.

대한인부인회는 자녀의 국어교육을 장려하고, 일본산 제품 사지 않기, 동포 구제 그리고 교회와 사회단체 후원을 활동 기조로 삼았다. 여기에 지사로 몸담고 있으면서 적극적으로 활동한 심영신은 1919년 3·1운동이 일어나자 이 활동을 지원하기 위해 하와이 각 지역의 부녀 대표자를 소집하는 부녀공동대회 개최에 앞장섰다. 참석자들은 이 대회에서 조국의 독립운동을 위해 후원하기로 결의했다. 심영신은 또한 1920년대 말 임시정부 주석인 김구 선생이 재정 부족을 편지로 호소하자 하와이 동포들에게 이 사실을 알려 십시일반으로 모금하여 보냈다. 김구 선생의 『백범일지』를 보면 그녀의 이름이 또렷이 등장한다.

> 나의 통신이 진실성이 있는 데서 점차 믿음이 생기기 시작하였다. 그리하여 하와이의 안창호, 가와이 현순, 김상호, 이홍기, 임성우, 박종수, 문인화, 조병요, 김현구, 안원규, 황인환, 김윤배, 박신애, 심영신 등 제씨가 나와 임시정부에 정성을 보내주기 시작했다.[18]

18 김구, 『백범일지』, 320.

심영신 지사의 1949년 가족사진(중앙 왼쪽이 심영신, 오른쪽은 남편 조문철)

당시 한인 이민자들의 삶은 결코 넉넉하지 않았다. 가족의 생계를 위해 여성들은 허리띠를 졸라매며 생활 전선에 뛰어들어야 했다. 그들의 애환은 한인 1세들의 삶의 모습을 엮은 르포를 통해 확인할 수 있다. 이들의 피 같은 돈은 조국 독립을 위해 임시정부로, 또 애국지사의 가정들로 고귀하게 수혈되었다.

> 쌀값은 고국보다 비쌌고 고기값도 비싸서 그들은 밀가루로 생활하려 했으나 빵 굽는 법을 몰라 중국인 요리사에게 배울 때까지 곤란을 겪었다. 비싼 채소값을 해결하기 위해 와이와루아의 카후쿠 농장에서 일하던 한인들은 채소를 직접 길러 먹었다. 하지만 죽어라 일하고 받는 월급 16달러 가운데 생활비 12달러 55센트를 빼면 남는 게 없었다. 우리는 희망을 잃었다. 우리가 공부를 하려면 먹는 것을 포기해야 했고 고국으로 돌아가려 해도 배삯을

마련할 길이 없었다.[19]

이러한 척박한 이민살이에서도 조국을 향한 그들의 애국심은 조금도 식거나 퇴색되지 않았다. 조국을 떠나 밖에서 내 조국을 바라보자면 두고 온 산하가 애처롭고, 다시 못 볼 핏줄이 측은하기 짝이 없다. 내 한 몸 부서지더라도 조국만은 건재하기를, 그 땅의 후손만은 잘 살아주기를 염원하고 또 염원한 것이다.

이금례(?-1945)

1912년 또 한 명의 사진신부가 하와이에 도착했다. 그녀는 식민지의 여성으로 남아 있기를 원하지 않았기에 기회가 허락하는 대로 더 나은 곳에서 배움에 힘입어 조국에 기여하고자 했다. 그녀는 1907년 10월에 개교한 신명학교의 첫 졸업생이었다. 신명학교는 미국 선교사 마사 스코트 브루엔(한국명 부마태) 여사가 세운 학교였는데, 이 학교를 졸업한 이금례가 사진신부로 미국행을 결심했다는 사실은 신여성으로서 조국에서 느꼈을 좌절감과 그것을 극복하려는 그녀의 이상과 꿈이 얼마나 컸는지를 능히 짐작할 수 있게 한다.

그녀는 사진 한 장을 들고 미지의 세계로 향하는 배에 몸을 실었다. 그리고 1912년 10월, 하와이에 도착하여 경상북도 출신의 권도인과 혼인했다. 배움의 꿈을 배에 함께 싣고 온 그녀였지만 모든 사진신부가 겪었듯이 현실은 암울하기 짝이 없었다. 생계를 위해 배움의 꿈은 멀리 던져놓고 고된 농사일을 하며 생계를 이어가야 했다. 그러나 그녀의 꿈은 언제나 안에서 꿈틀거렸다. 일본에게 나라를 빼앗긴 설움은 이민자의 삶 역시 비굴한 것으로

---

19 이윤옥, "사진신부 심영신, 하와이로 건너가 독립운동가 되다," 「우리문화신문」(2017년 5월 1일 자).

만들기 일쑤였다. 그녀는 조국이 독립을 해야 이역만리에 떨어져 사는 한인 동포들도 제대로 대접받을 수 있다고 생각했다. 무엇보다 자녀들이 이 땅에서 떳떳하게 살아야만 했다.

그녀는 미주 한인들이 힘을 모아야 한다고 판단하고 독립운동을 후원하기 위해 주변 여성들의 힘부터 모았다. 그녀는 대한인부인회와 영남부인회 등에서 활동했다. 그리고 이러한 활동이 지속되기 위해서는 경제적인 지원이 절실하다고 여겨 남편과 함께 가구 사업을 시작했다. 이금례는 '포인시아나'(Poinciana)라는 대나무 발을 만들어 팔았다. 다행히 이 포인시아나는

1912년 신명학교 첫 졸업생들(앞줄 오른쪽이 이금례)

하와이뿐만 아니라 다른 지역에서도 잘 팔렸고 사업은 성공적이었다.

「국민보」에 의하면 이금례와 그 가족이 1935년부터 해방 때까지 독립운동 자금으로 지원한 금액은 1만 달러가 넘는다. 오늘날의 가치로 따지면 20만 달러가 넘는 금액이다. 하와이 이민 노동자들이 받던 노임을 생각하면 엄청난 금액이다. 미주 한인 노동자들은 저임금에 시달렸고 1938년 당시 법적으로 보장받을 수 있는 최저임금은 시간당 0.25달러였다. 하루 10시간 노동을 할 경우 2.5달러를 벌 수 있었고, 일주일이면 약 15달러, 한 달이면 약 60달러를 벌 수 있었다. 이렇게 계산하면 1만 달러는 한인 노동자의 약 166개월 치 임금이고 14년간 한 푼도 쓰지 않고 모아야 하는 큰돈이었다.[20]

사진신부로 하와이에 발을 들여놓은 이후 이금례는 원래 꿈과는 성격이 조금 달랐지만 조국의 독립을 위해 헌신했다. 1945년, 조국의 해방을 통해 그녀는 마침내 자신의 꿈을 이루게 되었다.

사진신부가 보여준 희망의 노래

사진신부는 어찌 보면 슬픈 단어이다. 망국의 역사가 들어 있고, 여성의 아픔이 녹아 있으며, 미래 없는 암울한 현실이 드리운 시대의 망령 같은 단어이다. 실제로 그랬다. 사진신부가 하와이행 배에 올랐을 때는 나라가 망해 없어졌고, 여성들은 여전히 질곡의 삶 가운데 방치되어 있었으며, 아무도 미래에 대한 희망을 노래하지 못하는 시기였다. 사진신부의 주인공들은 하나같이 이러한 어둠의 사진틀에 갇힌 채 삶의 현실로 내몰렸다.

---

20 신효승, "사진 한 장에 운명 맡긴 여인… 하와이서 가구 팔아 독립운동 후원," 「서울경제」(2019년 7월 23일 자).

그러나 그들은 강인했다. 질곡의 삶을 통해 희망의 반전을 이루어냈다. 가족의 생계를 위해 몸을 아끼지 않았고, 자식들을 교육하기 위해 험난한 삶도 마다하지 않았다. 민족의 독립을 위해 강인한 정신으로 십시일반 자금을 모아 임시정부와 독립운동가의 가정에 전달했다. 밝은 날이 오기를 고대하며 결코 희망을 버리지 않았다. 그들은 어떤 순간에도 한인이라는 정체성을 놓지 않았고, 무엇보다 여성으로서 황야와 같은 이국땅에서 개척자의 삶을 거뜬히 일구어냈다. 사진신부가 더 이상 슬픈 단어가 아니기를 바란다. 사진신부는 이제 희망의 상징이요, 미래의 노래이며, 강인한 디아스포라 한인 여성을 대표하는 새로운 사전적 의미로 자리잡기에 충분하다.

서재필

2장 민주적 시민운동의 길을 연 선구자

– **송인서**(미주장로회신학대학교 학생인재개발처장, 역사신학 교수)

개화·개혁의 선구자

한국 근대사에서 서재필이라는 이름만큼 일반 대중에게 잘 알려진 인물은 드물다. 대한민국 국민이라면 서재필의 업적에 대해서 한두 번쯤은 들어보았을 것이다. 그러나 서재필이 누구였고 그가 어떤 시대를 살았는지, 한국의 자주독립과 민주개혁을 위해 어떤 일을 했는지 정확하게 아는 사람은 많지 않다. 서재필이라는 이름의 인지도에 비해 실제로 구체적인 그의 삶이 대중에게 생소한 이유 중 하나는 아이러니하게도 그 삶의 다채로움과 복합성 때문이지 싶다.

한국 근대사에서 서재필처럼 여러 직업을 가지고 여러 나라에서 많은 사건에 깊이 관련된 인물도 참 드물다. 서재필의 일생은 구한말과 일제강점기, 해외를 중심으로 전개된 독립운동 시기를 지나 해방과 분단의 역사까지 두루 걸쳐 있다. 그의 조국이 오랜 세월 심한 풍파를 겪은 것처럼 동시대의 서재필 또한 일본 유학생으로서, 미국에서의 망명자이자 노동자로서, 또 성공한 의사이자 사업가로서, 언론인이자 독립운동가로서 역동적 삶을 살았다.

34세의 청년 서재필

서양교회사, 그중에서 16세기 종교개혁을 전공한 필자가 서재필의 삶에 관한 집필을 제안받았을 때 선뜻 응한 이유도 바로 그의 다채롭고 복합적인 삶을 좀 더 자세히 들여다보고 싶었기 때문이다. 무엇보다 현재 미국에서 이민자의 삶을 살고 있는 입장에서 서재필의 삶을 보다 깊이 들여다보고 싶은 개인적인 동기가 있었다. 이 글을 읽는 독자 중 해외에 거주하고 있는 이민자들은 아마 공감하리라 생각한다. 고국을 떠나 낯선 타국에서 살아가는 삶이 얼마나 불확실하고 불안정한지, 허허벌판에서 자신의 삶과 운명을 홀로 개척해나가며 가족의 생계를 책임지는 일이 얼마나 어려운지 모두 잘 알 것이다. 이민자의 삶을 살면서 누구나 한 번쯤은 심한 자괴감과 패배감에 눈물을 흘려본 적이 있을 것이다. 모든 것을 다 정리하고 고국으로 돌아갈까 망설이며 고뇌의 밤을 지샌 적이 있으리라. 이민자로서 겪는, 차마 가족에게도 터놓기 어려운 혼자만의 설움과 외로움은 말로 표현할 수 없다. 필자가 집필을 하면서 서재필의 삶을 통해 개인적으로 용기와 도전 그리고 위로를 받은 것처럼, 이 글을 읽는 독자들, 특별히 이민자의 삶을 사는 이들 또한 삶에 대한 용기와 위로를 받았으면 좋겠다.

필자에게는 곧 열 살이 되는 딸이 있다. 필자가 미 동부에서 유학할 때 태어났기에 필자와는 달리 딸은 나면서부터 미국 시민권자이다. 집필을 위해 서재필의 삶을 연구하는 동안 계속 딸아이에 대한 생각이 머릿속을 맴돌았다. 솔직히 고백해야겠다. 한편으로 이 글은 처음부터 '코리안-아메리칸'

으로 미국에서 태어나 자라고 살아갈 필자의 딸을 염두에 두고 썼다. 필자의 딸과 같은 미주 한인 2세들에게도 서재필이라는, 그들에겐 낯선 이의 삶이 흥미롭게 들렸으면 하는 바람이다. 서재필에게 그러했듯이, 그들에게도 코리안-아메리칸이라는 이름이 자랑스러웠으면 한다. 이 글이 미국에서 소수인종 중 하나로 살아갈 우리 다음세대에게도 그들의 정체성을 이해하는 데 도움이 되면 좋겠다.[1]

처음부터 밝혀야겠다. 서양교회사를 전공한 필자가 서재필에 관한 전문적인 글을 쓰는 데에는 한계가 있다. 서재필에 관한 연구서는 한국사 전공자들을 통해 이미 많이 출판되어 있다.[2] 서재필 자신이 직접 쓴 글과 그의 연설문을 엮은 자료집도 있다.[3] 서재필의 삶에 관한 필자의 이 짧은 글은 전체적으로 최근에 출간된 이황직의 『서재필 평전: 시민 정치로 근대를 열다』(신서원, 2020)의 흐름과 내용을 바탕으로 기술되었음을 밝힌다.[4] 이 평전은 서재필의 삶에 대한 자세한 내용과 더불어 그의 성장 과정과 심리 상태까지 매우 설득력 있게 묘사하고 있는데, 이를 통해 필자 또한 서재필의 삶에 대해 더 잘 알게 되었다. 서재필에 대해 더 알고 싶은 독자는 이 평전 읽기를 권해드린다. 이제 서재필의 다채로웠던 삶을 함께 살펴본다.

---

1 서재필기념재단에서 아이들을 위해 영어와 한글로 출판한 만화 전기가 있는데, 영어가 모국어인 어린 자녀들에게 권할 만하다. 서재필기념재단, *My Papa is a Simple Man-Dr. Philip Jaisohn: A Life Story*(Carlsbad, CA: Hollym International, 2015).

2 이 글을 위해 주로 참고한 책은 다음과 같다. 김승태, 『서재필: 독립협회를 창설한 개화·개혁의 선구자』(서울: 역사공간, 2011); 서재필기념회 엮음, 『(선구자) 서재필: 개화 독립운동가로 언론인으로 의사로』(서울: 기파랑, 2011); 현종민 엮음, 『서재필과 한국민주주의』(서울: 대한교과서, 1990).

3 최근의 대표적인 서재필 관련 자료집은 다음과 같다. 최기영 엮음, 『서재필이 꿈꾼 나라: 서재필 국문 자료집』(서울: 푸른역사, 2010); 서재필, 한국고등신학연구원·김승태 엮음, 『서재필: 자주독립 민주개혁의 선구자』(서울: 한국고등신학연구원, 2013).

4 이황직, 『서재필 평전: 시민 정치로 근대를 열다』(서울: 신서원, 2020).

최연소 과거급제자에서 혁명가로

유년 시절, 김옥균과의 만남 그리고 일본 유학

서재필은 1864년 1월 7일 전라남도 동북군 문덕면 가천리에서 아버지 서광원과 어머니 성주 이 씨 사이에서 태어났다. 서재필이 태어난 지 열흘 후 철종이 승하하고 고종이 그 뒤를 계승했다. 서재필은 외가에서 출생했는데, 서재필의 외조부 이기대는 당시 농업으로 큰 부를 얻은 대지주였다. 외조부 이기대의 사후에는 석성현감을 지낸 장남 이지용이 외가를 이끌었는데, 그는 서재필의 아버지 서광언과도 돈독한 관계여서 훗날 서재필의 친가 마을로 이사하여 함께 지내기도 했다. 서재필은 후에 양자로 출계하기 전까지 어린 시절 대부분을 외가에서 보냈기 때문에 외삼촌 이지용과 그의 장남인 이교문이 유년 시절의 서재필에게 큰 영향을 미쳤다.[5]

서재필은 일곱 살 무렵 충청남도 진잠의 재당숙 서광하의 양자로 출계했고, 곧이어 서울에 있던 양외삼촌 집에서 살게 되었다. 양어머니는 당시 세도가이던 안동 김씨 집안 출신이었다. 양외삼촌인 김성근은 외사촌 이교문과 성균관에서 함께 수학한 인물로 1878년에 대사성, 1879년에는 도승지와 부제학을 지냈고, 갑신정변이 일어나기 1년 전인 1883년에는 전라 감사를 역임했다. 서재필은 김성근의 집에서 동갑내기 사촌을 비롯한 여러 아이들과 함께 한문을 배웠는데, 그 가운데는 이완용도 있었다. 서재필은 당시의 일반적인 교육과정에 따라 『천자문』, 『동몽선습』, 『사서삼경』 등을 배우고, 열여덟 살이 되던 1882년 별시 문과에 최연소로 합격했다. 급제 후 하급 관

---

5 이황직, 『서재필 평전』, 25-31.

료로 임용되었지만 서재필은 질병을 이유로 곧바로 사직한 후 교서관에서 근무했다.[6]

서재필이 서울의 양외삼촌 집에서 성장하고 수학한 1870년대와 80년대는 시대적으로 흥선대원군 이하응의 집권 후반기와 고종 친정 체제 구축기가 겹치는 시기였다. 당시 일본은 1868년 메이지유신(明治維新)을 통해 근대화의 문을 열었고 1876년에 조선과 강화도조약을 체결했다. 조선에는 여전히 민씨 척족 중심 권문세족이 득세했으나 기존 중화론 중심의 세계질서가 조금씩 흔들리며 일본을 모델로 한 개화파의 목소리가 등장하기 시작했다. 서재필의 양외삼촌 김성근의 집에는 젊은 개화파 관료들이 자주 드나들었는데 그 개화파의 중심인물이 바로 김옥균이다.

서재필은 자신의 13촌 친척인 서광범을 비롯하여 박영효와 홍영식 등 당시 전도유망한 개화파 관료들을 두루 만났으며, 그중 김옥균으로부터 가장 강렬한 인상을 받았다고 훗날 회고했다. 서재필의 말을 직접 들어본다.

> 이 젊은 지식분자 일당의 지도자는 김옥균이었습니다. 그는 상당한 학자였을 뿐 아니라 그 외에도 다재다예한 인물이었고 나이도 제일 많았습니다. 그는 정적들에게 허다한 비방을 듣기는 했으나, 나는 그가 대인격자이며 처음부터 끝까지 진정한 애국자였음을 확신합니다.[7]

이들 개화당 인사들은 연암 박지원의 손자인 박규수의 서울 재동 사랑에 모여 교류하면서 조선의 개화를 모색했다. 이 시기에 김옥균은 최연소 문과 급제자인 서재필에게 뜻밖에도 일본 군사유학을 권유했고 김옥균의 이 제

---

6 이황직, 『서재필 평전』, 36-37.

7 서재필, "회고 갑신정변," 『서재필: 자주독립 민주개혁의 선구자』, 38. 서재필은 김옥균보다 열 살 정도 어렸으므로 당시 김옥균은 서재필을 동생이라고 불렀다고 한다.

안은 청년 서재필의 진로를 송두리째 바꿔놓게 된다.[8]

조선 정부는 1883년 4월 말부터 여러 차례에 걸쳐 60여 명의 청년을 일본으로 파견했는데, 서재필은 그중 제1진 17명을 대표하는 인솔자로서 일본에 도착했다. 서재필과 조선 유학생들은 같은 해 5월 20일에 도쿄에 도착하여 일본어를 배우기 시작했고 게이오기주쿠대학교, 요코하마 세관, 체신성 산하 전신강습소, 농업학교, 도야마학교 등에 각각 파견되어 일본의 신문화를 체험했다. 서재필은 다른 14명의 학생들과 함께 도야마학교에 진학했는데, 이 학교는 1890년부터 부사관 양성 및 초급 장교 임관을 위한 교육기관으로 운영되는 곳이었다. 최연소 과거급제자이자 양반 관료인 서재필은 처음부터 유일하게 사관 과정 교육 대상자로 선정되었고 제식훈련과 사격훈련을 비롯한 최초의 근대적 군사훈련을 받게 되었다. 장래의 조선 군사학교를 이끌 교관 서재필의 훈련이 본격적으로 시작된 것이다.[9]

그에게 일본 군사유학을 권한 김옥균은 1883년 6월에 박영효와 함께 도쿄에 와서 1년간 머물렀는데, 당시 도야마학교에서 유학하며 부사관, 사관 교육을 받고 있던 서재필을 비롯한 유학생들을 자주 방문하여 격려했다. 서재필을 통해 당시 그들 사이의 대화 내용을 들어본다.

> 그(김옥균)는 우리를 친동생같이 대접하고 숨김없고 남김없이 폐간 속의 말을 우리에게 들려주었습니다. …그리고 그는 늘 우리에게 말하기를 일본이 동방의 영국 노릇을 하려 하니 우리는 우리나라를 아시아의 프랑스로 만들어야 한다고 하였습니다. 이것이 그의 꿈이었고, 또 유일한 야심이었습니다.[10]

---

8 김승태, 『서재필: 독립협회를 창설한 개화·개혁의 선구자』, 24–29.

9 이황직, 『서재필 평전』, 41–44.

10 서재필, "회고 갑신정변," 41.

개항을 통해 일찌감치 서구 문물을 받아들인 일본의 발전상을 목격한 이들이 당시 정예군 양성을 통해 조선을 청나라로부터 독립시켜 부국강병의 길로 나아가고자 했음을 알 수 있는 대목이다. 서양의 여러 나라와 어깨를 나란히 할 수 있는 자주독립국가인 조선을 꿈꾸며 서재필은 약 1년간 도야마학교의 군사훈련 과정을 성실히 수행했다.

갑신정변 후 일본 체류 당시의 사진(1885)
왼쪽부터 박영효, 서광범, 서재필, 김옥균

조선 개화의 꿈, 갑신정변

일본 도야마학교의 군사훈련 교육과정을 마친 서재필은 1884년 7월 말에 조선으로 귀국했다. 당시 서재필의 일본 군사유학은 개화당 세력의 중심인물인 김옥균의 큰 그림 속에 있었다. 김옥균은 사관학교를 설립하여 신식 군인을 양성, 조선을 외세로부터 독립시키고자 했으며, 이를 위해 윤치호를 통해 고종에게 서재필을 조련국 사관장으로 추천했다. 그러나 김옥균의 사관학교 설립 계획은 중전 민씨 세력인 민응식, 한규직의 방해와 임오군란 이후 남별궁에 주둔하며 고종을 압박하던 청나라 황제 권한대행 및 감국대신 위안스카이의 반대로 무산되고 만다.[11] 그해 겨울 김옥균을 중심으로 한 개화당 세력은 갑신정변을 일으킨다. 김옥균, 박영효, 홍영식, 서광범 등의 젊은 개화파 관료들은 1882년 8월 수신사 일행으로 일본을 방문했는데, 그곳에 머무는 동안 훗날 조선에서의 일본식 개혁 정책을 구상했다. 특별히 박영효는 1883년 4월 경기도 광주 유수로 부임한 후 그곳에서 일본 도야마학교의 군사훈련을 통해 양성한 500명의 신식 군대를 조직했다. 윤치호의 부친인 무관 윤웅렬도 함경남도 병마절도사에 부임하여 500여 명의 정예군을 양성하며 정변을 준비했다.[12]

이들은 1884년 12월 4일, 우정총국 낙성식 축하 연회가 열리는 틈을 타 거사를 일으켰다. 이때 서재필은 만 20세의 청년이었다. 그들이 평화적 개혁에 대한 기대를 완전히 접고 정변을 일으킨 이유 중 하나는 내심 기대를 건 민영익이 주미 한국 공사 업무를 마치고 귀국한 후 오히려 개화당을 반대했기 때문인 것으로 보인다. 당시를 회고하는 서재필의 말을 들어본다.

> 그러나 민영익은 나라를 떠날 때와 다름없이 완고하고 무식한 채로 돌아왔습니다. 개혁파는 평화수단으로 국운을 개척하려 온갖 노력을 하였으나 아무런 성과를 얻을 수 없었습니다. 그리하여 나중에는 고종황제와 그의 일족을 강제로라도 그 궁정 내의 썩어빠진 환경으로부터 모셔 내다가 모든 인습

---

11 이황직, 『서재필 평전』, 47-52.

12 백학순, "서재필, 그는 누구인가?," 서재필기념회 엮음, 『(선구자) 서재필』, 22.

과 폐풍을 개혁시키는 새 칙령을 내리도록 계획했습니다.[13]

서재필은 거사 한 달 전부터 조선에 주둔하고 있던 일본군 중대장 무라카미 마사츠미를 만나 계획을 논의하고, 우정총국 낙성식 연회에서의 거사가 시작된 직후에는 고종과 중전을 경우궁으로 모시고 가장 가까운 거리에서 호위했다.[14] 김옥균과 개화당은 박영효와 서광범을 각각 전후 영사와 좌우 영사에 임명하고 서재필을 병조참판 및 정령관에 임명함으로써 단시일 내에 군권 장악을 시도했다. 그러나 거사 셋째 날인 12월 6일, 화포를 앞세운 위안스카이의 청군과 조선의 별초군이 총기를 수리하는 중이던 개화당의 전, 후영 군사들을 모두 진압하여 갑신정변은 3일 만에 허무하게 막을 내리고 말았다.

갑신정변 실패 직후 서재필의 동생 서재창을 비롯한 정변 가담자 21명이 체포되어 처형되고, 아버지 서광원과 형 서재춘은 음독자살했다. 어머니 성주 이 씨와 아내인 광산 김 씨 역시 두 달 후 같은 날에 자진하여 정변 이후 서재필의 가족은 삼족이 멸문당하는 참화를 입었다.[15] 서재필을 포함한 김옥균, 박영효, 서광범 등의 정변 주도 인사와 이규완, 변수, 류혁로, 신응희, 정난교 등의 사관생도들은 다케조에 공사와 함께 일본으로 피신했다. 청년 서재필의 조선 자주독립과 문벌제 폐지 그리고 만민 평등의 권리를 보장하는 근대 민주적 제도 수립의 꿈은 이렇게 멀어져갔다.[16]

---

13 서재필, "회고 갑신정변," 43.

14 이황직, 『서재필 평전』, 55-56.

15 이황직, 『서재필 평전』, 60-62.

16 서재필 자신의 훗날 평가에 따르면, 갑신정변은 당시의 일반 민중으로부터 개혁에 대한 공감대와 지지를 이끌어내는 데 실패했고, 개혁의 성공을 위해 지나치게 일본에 의존한 것이 실패의 주요 원인이었다.

망명자에서 미국 시민으로

민주주의를 배우다

조선의 개화를 꿈꾸던 서재필을 비롯한 젊은 개화파 관료들은 하루아침에 망명자 신세가 되고 말았다. 일본에 남아 다시 한 번 조선의 개혁을 꾀하고자 한 김옥균과는 달리 서재필은 박영효, 서광범과 함께 미국행을 결심한다. 서재필은 일본에 있던 헨리 루미스(H. Loomis) 목사에게 한국어를 가르치는 대신 영어를 배우며 미국행 뱃삯을 마련했다. 1885년 5월 26일효, 서재필은 박영효, 서광범과 함께 시티 오브 페킹(City of Peking)호를 타고 일본을 떠난 후 태평양을 건너 1885년 6월 11일에 마침내 미국 샌프란시스코항에 도착했다. 당시 샌프란시스코는 미국 횡단 철도 공사를 위해 태평양을 건너온 수많은 중국인 노동자들로 북적였기에 미국인들의 눈에 만 20세의 서재필은 그저 또 한 명의 동양인 이민자에 불과했다. 당시 상황을 회고한 서재필의 이야기를 직접 들어본다.

> 우리는 아는 사람도 없고 돈도 없고 언어도 통하지 않으며 이 나라 풍습에도 익숙하지 못하였다. 이처럼 생소한 곳에서 우리는 온갖 고초를 맛보지 않을 수 없었다. 이곳에서는 귀족이던 박영효 씨나 바로 1년 전까지 워싱턴 우리 공관에서 참사관으로 근무하던 서광범 씨의 지위를 알아주는 이가 전혀 없었다. …우리 세 사람은 태평양의 거친 파도에 밀려서 캘리포니아 해안에 표착한 쓰레기처럼 외롭고 가엾어 보이는 존재들이었다.[17]

17 서재필, “체미오십년(滯米五十年),” 「동아일보」(1935년 1월 3일 자).

함께 미국에 온 박영효는 조선으로의 귀환을 꾀하려 다시 일본으로 돌아갔고, 서광범은 일본에서 만난 언더우드 목사의 친형인 사업가 존 언더우드의 소개로 뉴욕을 거쳐 뉴저지주의 러트거즈대학교(Rutgers University)로 가게 되었다.[18] 홀로 남겨진 서재필은 생계를 위해 노동을 택했다. 날마다 일자리를 찾아다녔지만 영어에 능통하지 않은 동양인이 할 수 있는 일은 없었다. 아무리 찾아도 일자리가 없자 서재필은 샌프란시스코 바닷물에 빠져 죽을 생각까지 했다고 한다.[19] 우여곡절 끝에 서재필은 일당 2달러에 가구점 광고지를 배부하는 일을 시작으로 다양한 종류의 노동을 했고 밤에는 YMCA에서 영어를 배우는 주경야독의 삶을 살았다. 청년 서재필에게 이 기간은 조선에서 과거에 급제하여 양반 관료의 삶을 살던 옛 습성을 버리고 노동의 가치와 경제적 자립의 중요성을 배우는 귀중한 시간이 되었다.

서재필은 YMCA 야학을 통해 성경을 읽고 암송하면서 기독교에 귀의했다. 그리고 1886년 4월 4일 부활절에 샌프란시스코 하워드 장로교회(Howard Presbyterian Church)에서 세례를 받고 입교인이 되었다. 훗날 그가 고국에 돌아와서 진행한 라디오 방송 원고의 일부분을 읽어보면 당시 서재필이 서구 문명 발전의 정신적 기초인 기독교의 가르침에 매료되어 있음을 보게 된다.

> 십자가에 못 박혀 돌아가신 예수의 종교는 세계에 새로운 많은 사상을 전해주었고, 이들 사상을 근본으로 문명 세계의 정치적, 사회적 제도들 대부분이 구성되고 실행되고 있습니다. 아버지로서의 신과 형제로서의 인류를 가르침으로써 정부의 민주적 형태의 기본적인 개념이 개발되었습니다.[20]

---

18 김승태, 『서재필: 독립협회를 창설한 개화·개혁의 선구자』, 46-47.

19 김승태, 『서재필: 독립협회를 창설한 개화·개혁의 선구자』, 48.

20 서재필, "정신적 힘," 『서재필: 자주독립 민주개혁의 선구자』, 72.

그러던 중 서재필은 출석하던 교회의 로버츠(J. Roberts) 장로의 소개로 펜실베이니아주에서 광산업으로 성공한 홀렌백(J. Hollenback)을 만나게 된다. 서재필의 성실한 삶에 감명받은 홀렌백은 그를 자신의 탄광이 있는 윌크스베리(Wilkes-Barre)로 데려가서 자신이 이사로 등재되어 있는 해리힐먼고등학교(Harry Hillman Academy)에 입학시켰다. 해리힐먼고등학교는 명문 사립고등학교로서 고전적인 교육법을 강조했다. 유학생이 된 서재필은 이곳에서 자신보다 대여섯 살 어린 미국 학생들과 함께 라틴어, 희랍어, 수사학과 같은 고전 교양교육을 받았다.[21]

입학 후 1년이 지난 해에 서재필은 라틴어, 희랍어, 수학 과목에서 장려상을 받았고, 2년째 과정이 끝날 무렵에 열린 학생회 주최 연설회에서는 "가필드 대통령을 추모하며"라는 블레인(J. Blaine)의 글을 낭독하여 3등상을 받았다. 특별히 서재필은 문과반 학생들의 서클 활동인 '리노니아 토론 클럽'(The Linonia Society)에 가입하여 적극적으로 활동했는데, 이 모임을 통해 미국 민주주의의 기초라고 할 수 있는 연설, 토론 그리고 시민들의 자발적인 의사결정과 정치참여 과정 등을 체험할 수 있었다. 해리힐먼고등학교에서 비교적 늦은 나이에 보낸 학창 시절은 조선에서 개화당을 중심으로 한 '위로부터의 개혁'의 처절한 실패를 맛본 서재필이 서구 민주주의의 근간인 '아래로부터의 개혁'에 본격적으로 눈을 뜬 시기라고 할 수 있다. 서재필은 이 기간에도 경제적 자립을 위해 노동을 병행한 것으로 보이는데, 윌크스베리 웨스트마켓가의 에반스 상점 카운터 뒷자리에서 일본산 수입품을 판매하는 일을 하기도 했다.

---

21 이황직, 『서재필 평전』, 75-79.

미국 시민이자 의사가 되다

졸업 후 서재필은 라파예트대학교에 진학하고자 했으나 그동안 자신을 후원해주던 홀렌백의 신학교 진학 권유를 거절한 후 더는 재정적 지원을 기대할 수 없게 되었다. 이후 그는 해리힐먼고등학교의 스코트(E. Scott) 교장으로부터 도움을 받아 워싱턴에 있는 스미스소니언박물관(Smithsonian Museum)에서 동아시아 미술품 감정과 정리 작업 일을 하게 되었다.[22] 그러던 중 박물관의 큐레이터 메이슨(O. Mason)이 서재필을 미군 육군 군의감 산하 의학도서관 관장인 빌링스(J. Billings)에게 소개했고, 서재필은 그곳에서 정식 사서이자 조선인 최초의 미국 공무원으로서 동양에서 온 의학 서적들을 분류하는 일을 맡게 되었다. 특별채용시험으로 일본어와 중국어로 된 요한복음 15장과 누가복음 15장을 영어로 번역하는 과제가 나왔는데, 이것은 지난날 서재필이 샌프란시스코에 처음 도착하여 영어를 배울 때 외우다시피 하던 구절들이었다.[23]

서재필은 의학도서관 사서로 근무하면서 의사가 되고자 하는 자신의 꿈을 이루기 위해 주경야독의 삶을 이어갔다. 1888년 가을, 서재필은 컬럼비아대학교의 야간부 과정인 코코란과학학교(Corcoran Scientific School)에서 1년간 수학한 뒤, 1889년 가을 워싱턴에 있는 컬럼비아대학교 의과대학에 입학했다. 이 기간 중 서재필은 미국 병리학의 창시자 스턴버그(G. Sternberg)와 육군 군의학의 권위자 월터 리드(W. Reed)를 만났고, 이들을 통해 훗날 자신의 전공이 되는 병리학, 생화학, 세균학 등에 관심을 갖게 되었다. 오전에는 대학 강의를 듣고 오후에는 의학도서관 박물관에서 일하는 3년간의 고된 시간을 거쳐 서재필은 마침내 1892년 3월 17일 컬럼비아대학교에서 의학사(M.D.)를 받았다. 한국인 최초의 서양의학 전공 졸업생이자

---

22 백학순, "서재필, 그는 누구인가?," 27.

23 김승태, 『서재필: 독립협회를 창설한 개화·개혁의 선구자』, 60.

컬럼비아대학교의 첫 아시아계 졸업생이 탄생하는 순간이었다.

한편 서재필은 1887년에 미국 귀화 신청을 한 후 3년 만인 1890년 6월 10일에 미국 시민권을 받았다. 망명객 신세로 미국에 온 지 5년 만에 미국 시민이 된 것이다. 미국 시민권 신청 서류에 기재된 서재필의 영문 이름은 '필립 제이슨'(Philip Jaisohn)이었다. 그의 한국어 이름인 '서재필'을 거꾸로 읽었을 때의 발음인 '필재서'를 참고한 것으로 보인다. 의과대학을 졸업한 미국 시민권자 서재필은 가필드병원(Garfield Hospital)에서 수련의 과정을 거쳐 1893년 4월에 정식 의사 면허를 취득했다. 그해 5월에는 육군 의학연구소에 배치되어 스턴버그 박사와 리드 박사의 병리학과 세균학 연구에 참여할 기회를 얻게 되었고, 당시 최고 권위자 중 한 명이던 존스홉킨스병원(Johns Hopkins Hospital)의 윌리엄 웰치(W. Welch) 박사의 연구에도 참여할 수 있었다. 서재필은 1894년에 의학도서관 박물관 공직을 사임한 후 가필드병원의 병리학과 세균학 실험실 책임자로 근무했고 컬럼비아대학교의 세균학 조교수로도 일한 것으로 보인다.[24] 그 무렵 서재필은 미국 철도 우편 사업의 창설자로 알려진 암스트롱 대령(G. Armstrong)의 딸이자 제15대 미 대통령 뷰캐넌(J. Buchanan)의 5촌 조카딸인 뮤리엘(Muriel Josephine Armstrong)을 만나게 되었다. 이들은 1894년 6월 20일 결혼식을 올린 뒤 워싱턴 중심지에서 신혼 생활을 시작했다.[25]

---

24 서재필의 결혼 소식을 알린 당시 신문 자료에는 서재필이 병원 의사이자 컬럼비아대학교 교수로 소개되었다. 그러나 서재필이 모교에서 정식 조교수로 일했는지, 아니면 실습 강의를 한 것인지는 분명치 않아 보인다.

25 서재필과 뮤리엘의 결혼식은 당시 워싱턴 지역 신문 「워싱턴 스타」(*The Washington Star*)와 「워싱턴 포스트」(*The Washington Post*)에 보도되었고, 지역 유명인사들을 비롯한 200여 명의 하객이 피로연에 참석한 것으로 알려졌다.

11년 만의 귀국

계몽과 교육_ 「독립신문」의 탄생

서재필과 뮤리엘의 평화롭고 안정된 신혼 생활은 박영효의 미국 방문으로 인해 흔들린다. 서재필이 결혼한 그해, 청일전쟁에서 승리한 일본은 1894년 8월 일본에 머물고 있던 박영효를 조선으로 귀국시켰다. 서광범을 귀국시킨 박영효는 1895년 5월 미국에 있는 서재필 또한 외부 협판으로 임명하고 귀국을 요청했다. 그러나 김홍집과 유길준 세력에 밀려 왕비 살해 모의의 혐의를 뒤집어쓰고 1895년 7월 7일 다시 일본으로 망명하게 된다. 한 달 후 박영효는 밴쿠버행 배를 타고 태평양을 건너 뉴욕을 거쳐 워싱턴으로 와서 서재필을 만났다. 그는 서재필에게 청일전쟁 이후 실권을 장악한 개혁정부가 러시아뿐만 아니라 일본의 간섭과 공격을 받게 된 조선의 어지러운 내부 상황을 전했다. 그러던 중 귀국을 망설이던 서재필에게 중전 민 씨가 일본에 의해 시해되었다는 청천벽력과 같은 소식이 미국 신문을 통해 전해졌다. 서재필은 결국 11년간의 미국 생활을 뒤로하고 귀국을 결심한다. 그는 미국 공사관 참서관 자격으로 조선 귀국 비용을 지원받을 수 있었고, 1895년 11월 21일에 자신이 11년 전 처음 도착한 샌프란시스코항에서 일본행 콥틱(S. S. Coptic)호에 몸을 실었다.[26]

1895년 12월 25일, 서재필은 일본 고베를 거쳐 마침내 제물포에 도착했

---

26 서재필은 결혼한 지 5개월이 지났을 무렵 고국으로 돌아왔고 당시 고국의 상황이 어떠한지 정확히 몰랐기에 아내 뮤리엘은 동행하지 않았다. 뮤리엘은 그다음 해인 1896년에 한국에 도착했다. 조선에 머무는 동안 이들 사이에서 첫째 딸 스테파니가 태어나고(1896), 둘째 딸 뮤리엘은 미국으로 돌아온 후 태어났다(1898).

다. 조선의 민심은 매우 흉흉했는데, 개화당의 주역이던 김옥균이 1년여 전 일본에서 암살당하고 을미사변 이후 개혁정부의 강제 단발령까지 내려진 상황이었다. 육로를 통해 한성에 도착한 서재필은 정동에 있는 아펜젤러(H. Appenzeller) 선교사의 집에 머물렀으며, 1896년 1월 8일 친위대 관병식 행사에서 고종을 알현할 수 있었다. 고종은 개혁정부의 실권을 장악하고 있던 유길준에게 서재필이 강연회를 열 수 있도록 명했고, 이에 유길준은 1월 19일 과거 청나라 사신의 숙소로 사용되던 남별궁에서 서재필의 공개 강연회를 개최했다.[27] 300-400명의 관료들이 참석한 이날 공개 강연회에서 서재필은 조정과 국민 사이의 해묵은 불신이 해소되어야 하고 조정과 백성 사이

서재필 박사와 아내 뮤리엘

27 이황직, 『서재필 평전』, 108-12.

의 상호 이해와 협력이 도모되어야 하며 이를 위해 장기적인 계몽과 교육이 필요함을 역설했다. 다음은 당시 강연의 개략이라고 할 수 있는 "조선이 가장 필요로 하는 것은 무엇인가"라는 글의 일부분이다.

> 역사는 우리에게 세상의 어떤 나라도 자국민이 협동하지 않고서는 생존하거나 번영할 수 없다고 말해줍니다. …조정은 국민의 상태를 파악해야 하고, 백성은 조정의 목적을 알아야만 합니다. 조정과 백성 사이의 상호 이해를 도모하는 유일한 길은 양자를 교육하는 것뿐입니다. 현 상태에서 조선이 가장 필요로 하는 것은 인물, 그것도 많은 인물들입니다.[28]

조정과 국민 사이의 해묵은 오해와 불신을 해소하기 위해 서재필은 곧바로 신문 창간을 시도했다. 박영효와 마찬가지로 유길준 역시 이전의 일본 방문을 통해 신문의 계몽적·교육적 기능에 대해 공감하고 있었다. 당시 조선에는 1894년 일본인이 창간한 「한성신보」가 있었는데 이 신문은 1895년부터 1면만 일본어로 제작되고 나머지 3면은 국한문혼용체로 제작되어 조선인에게도 큰 영향을 미치고 있었다.[29] 서재필은 삼문출판사 운영 경험이 있는 미국인 선교사 헐버트(H. Hulbert)에게 인쇄기 구입을 비롯한 신문사 운영에 필요한 견적을 요청했다. 한편 당시 일본 공사였던 고무라 주타로는 미국에서 귀국한 서재필의 활동을 예의주시했고, 그가 조선의 계몽과 교육을 목적으로 신문 창간 활동을 시작하자 암살 위협까지 가했다. 그러나 1896년 2월 11일 새벽, '아관파천', 즉 고종과 세자가 정동 러시아 공사관

---

28 서재필, "조선이 가장 필요로 하는 것은 무엇인가," 『서재필: 자주독립 민주개혁의 선구자』, 43.

29 김승태, 『서재필: 독립협회를 창설한 개화·개혁의 선구자』, 73. 「한성신보」는 명성황후 시해 사건에 관여한 일본인 아다치가 발행한 신문으로, 일본 외무성의 기밀 보조금으로 창간된 것으로 알려져 있다.

으로 피신하는 사건이 발생했다. 이로 인해 친일 개혁정부가 붕괴되면서 실세 김홍집은 살해되고 유길준은 일본으로 망명을 떠날 수밖에 없었다. 고종의 임명으로 새롭게 세워진 박정양 내각은 어수선한 시국을 진정하기 위해 서재필의 신문 발행을 적극 지원했다.[30] 서재필의 「독립신문」이 발행될 길이 열린 것이다.

서재필은 정부의 도움으로 당시 독일 영사관 인근 건물에 신문사를 입주시킬 수 있었다. 헐버트는 신문의 한글 조판을 도와줄 조수로 배재학당에 다니던 한 청년을 소개했는데, 그가 바로 훗날 한글학자로 명성을 날리게 될 주시경(본명 주상호)이었다. 이후 회계 담당 이준일이 합류하고 서재필이 기자 두 명을 더 고용하면서 신문사의 모습이 차츰 갖춰지기 시작했다. 헐버트가 일본에서 사들여온 인쇄기는 시간당 200장만 찍을 수 있는 소형 인쇄기였지만 신문을 발행하는 데에는 큰 문제가 없었다. 신문의 제호는 자주, 자립 그리고 자율을 뜻하는, '독립'(獨立)이라는 한자어로 정했는데, 이는 개화당 시절부터의 개혁사상과 미국에서 직접 경험한 시민민주주의 사상이 적극 반영된 것으로 보인다.[31]

1896년 4월 7일, 마침내 「독립신문」 창간호가 발행되었는데 1-3면은 한글판이었고, 4면은 *The Independent*라는 제목이 달린 영문판이었다.[32] 「독립신문」의 국문 전용은 보다 많은 사람에게 지식과 정보를 나누고자 하는 목적에서 기인했고, 국문의 빈칸 띄어쓰기 방식 도입은 가독성을 높이기 위한 실용적 선택이었다. "독립신문 창간사"에 쓴 그의 취지를 들어본다.

---

30 1896년의 아관파천 이후 서울의 정동구락부에 살고 있던 외국인들과 교류하며 개화를 모색하던 친러파 인사들을 소위 '정동파'라고 불렀는데, 이들 가운데 한 명이 박정양이다.

31 이황직, 『서재필 평전』, 120-21.

32 한국에서 4월 7일로 제정되어 있는 '신문의 날'은 바로 「독립신문」 창간을 기념하는 날이다.

> 우리는 바른 대로만 신문을 할 터인 고로 정부 관원이라도 잘못하는 이 있으면 우리가 말할 것이요, 탐관오리들을 알면 세상에 그 사람의 행적을 펼 것이요, 사사로운 백성이라도 무법한 일을 하는 사람은 우리가 찾아 신문에 설명할 것입니다.[33]

서재필은 「독립신문」의 발행인이자 오늘날의 편집국장 역할을 맡았을 뿐만 아니라 주필로서 논설을 직접 작성하기도 했다. 창간 2년이 지난 시점에서 「독립신문」의 정기 구독자는 1,000명을 조금 상회했으며 「독립신문」 한 부를 약 85명이 돌려 읽을 정도로 열독률이 높았다고 한다.[34]

시민단체가 결성되다_ 독립협회와 만민공동회

서재필이 「독립신문」을 창간한 목적은 정부와 국민 사이의 불신을 해소하기 위한 소통 그리고 양자 모두의 계몽과 교육에 있었다. 갑신정변 때와 같은 '위로부터의 개혁'이 아니라 서구 민주주의 제도 수립에서와 같은 '아래로부터의 개혁'을 위한 전초 작업을 신문 발행을 통해 시작한 것이다. 이와 동시에 서재필은 파리 '에펠탑'과 뉴욕 '자유의 여신상'과 같은 한 나라의 자주독립과 국력을 상징할 수 있는 대형 기념물을 건축하고자 했다. 이 사업을 위해 조직된 단체가 바로 '독립협회'이다. 독립협회는 1896년 7월 2일 창립총회를 통해 안경수를 회장, 이완용을 위원장으로 선출하고 서재필은 협회의 고문 자격으로 기념물 건축자금을 위한 시민모금운동을 활발히 이끌었다. 서재필이 주도한 독립협회는 이듬해인 1897년 5월 23일에 '독립관'

---

33 서재필, "독립신문 창간사," 『서재필: 자주독립 민주개혁의 선구자』, 51.

34 김승태, 『서재필: 독립협회를 창설한 개화·개혁의 선구자』, 76. 「독립신문」은 주 3회 발행되었고, 처음에는 300부를 인쇄했으나 1898년 말경에는 3,000부까지 발행된 것으로 알려져 있다.

을 개관하여 토론장으로 활용했고, 1년여의 공사를 진행한 끝에 그해 11월 20일, 자주국가의 염원을 담은 '독립문'을 완공했다.

서재필의 또 다른 목표였던 '교육을 통한 개혁적 시민 세력 양성'은 1885년부터 아펜젤러 선교사가 설립해서 운영하고 있던 배재학당을 중심으로 시작되었다. 서재필은 배재학당에서 1896년 5월 21일 특강을 시작으로 세계 정치사, 교회사 그리고 세계 지리를 강의했으며, 특별히 미국 역사와 민주적 정치제도, 자발적 시민 문화 등을 가르쳤다.[35] 그의 배재학당 교육은 1896년 11월 30일에 창립된 '협성회'로 이어졌는데, 이 협성회에서 마련하는 토요 정기 토론회를 통해 당시 이승만, 주시경, 양홍묵과 같은 젊은 학생들이 자유로운 의사결정 과정을 배우고 토론 능력과 비판적 사고력을 높일 수 있었다. 마지막 정기 토론회가 열린 1898년 7월 16일까지 배재학당 협성회는 총 50회 이상의 토론회를 개최했으며, 이는 독립협회의 토론회와 1898년 2월 창립된 광무협회 토론회와 같은 본격적인 시민단체들의 정치 토론장이 열리는 데 기여했다. 특별히 서재필의 제안에 따라 윤치호가 주도한 독립협회 토론회는 1898년 3월에 열린 제1차 만민공동회로 발전했는데, 이는 아관파천 이후 친러 보수파의 득세와 고종의 '대한제국' 선포(1897. 10. 12.)를 계기로 진행된, 전제군주화를 견제하기 위한 시민들의 공론장이 되었다.

「독립신문」 발행, 배재학당에서의 교육, 협성회 창설과 독립협회의 만민공동회에 이르기까지 서재필의 '아래로부터의 개혁'은 일관되게 한 목표를 지향하고 있었다. 바로 계몽과 교육 그리고 자발적 공론 형성을 통한 시민 주체의 근대 민주국가 건설이었다. 서재필과 독립협회의 신진 세력은 이 목적을 달성하기 위한 구체적인 방안으로 의회 설립을 추진하게 되는데, 결과적으로 본다면 내외적으로 불안정한 당시의 시국에서 달성하기 매우 어려

---

35 백학순, "서재필, 그는 누구인가?," 39-40.

운 도전이었다. 러시아와 일본을 비롯한 그 추종 세력들과 대한제국의 황제로서 전제군주가 되고자 하는 고종의 압력과 반대는 불 보듯 뻔한 상황이었다. 독립협회 내부에서조차 의회 구성의 시기와 방법에 대한 상반된 의견이 존재했다.[36]

급기야 고종과 황실의 지원으로 1898년 6월 30일 황국협회가 결성되면서 독립협회와 만민공동회 활동, 의회 설립 시도는 큰 위기를 맞게 된다. 그간 서재필을 눈엣가시와 같이 여겨온 일본은 미국 공사인 알렌을 압박하여 서재필의 미국 귀환을 종용했고, 서재필은 그동안 맡고 있던 중추원 고문직에서도 해촉된다. 미국에서 귀국한 직후부터 조선의 개화와 교육, 자주독립을 위한 길을 걸어온 서재필은 결국 대외적으로 고립무원이 되고 만다. 서재필은 그가 설립한 「독립신문」의 운영을 아펜젤러와 윤치호에게 맡기고 1898년 5월 14일 고국을 떠나 미국으로 돌아갈 수밖에 없었다. 조선의 근대화와 근대 시민 세력 양성을 목적으로 고국을 찾은 지 채 3년이 되지 못한 짧은 시간이었다.

서재필은 가족과 함께 일본을 거쳐 1898년 7월 15일 샌프란시스코에 도착했고 7월 하순에 워싱턴의 자택으로 돌아갔다. 한국 최초의 근대 시민 공론장이라고 할 수 있는 독립협회는 서재필이 떠난 뒤 윤치호와 신진 그룹들 사이의 심각한 노선 갈등을 겪기 시작했다. 이 틈을 타 일본에서 망명 중이던 박영효는 국내 세력화를 위해 극비에 귀국을 꾀했고, 러시아는 조병식 등의 보수 세력으로 독립협회를 무산시킬 계략을 꾸미고 있었다. 윤치호는 새로 세워진 박정양 내각과의 협의를 통해 중추원을 근대적 의회로 전환하려고 했다. 그는 1898년 12월 15일에 열린 중추원 회의를 통해 부의장으로 선출됐으나 다음 날 중추원 회의에서 이승만과 최정덕이 내각에 입각할 인사

---

36 이황직, 『서재필 평전』, 180-84.

구미위원부 청사에서 한국 대표단장 이승만(왼쪽)과 함께

중 하나로 박영효를 추천하면서 독립협회의 갈등은 극에 다다르게 된다. 독립협회가 갑신정변의 주역 중 한 명이자 고종의 정적인 박영효의 사주를 받았다는 소문까지 더해지면서 독립협회는 민심을 잃고 만다. 결국 12월 23일 만민공동회는 고종의 군대와 보부상의 합동 작전을 통해 강제로 해산되고 말았다. 윤치호 역시 좌천하여 외직을 전전하게 되었고, 그가 발행을 맡은 「독립신문」도 1899년 12월 4일 자를 마지막으로 폐간의 운명을 맞게 된다.

의사에서 사업가와 독립운동가로

필립제이슨상회 설립과 미주 독립운동

미국으로 돌아온 서재필은 당시 미국과 스페인 간 전쟁터 중 하나인 쿠바에서 귀환한 부상병을 치료하는 군의관으로 지원하여 복무하기 시작했다. 짧은 군의관 복무 후 1898년 11월 10일에는 병원 개업 면허증을 취득했으며 펜실베이니아대학교 부속 위스타 해부학·생물학연구소에서 연구원으로 일하기도 했다. 그러던 중 해리힐먼고등학교 후배인 디머(H. Deemer)를 만나 이미 인쇄업체를 운영하고 있던 그와 동업을 시작하게 된다. 서재필과 디머가 1904년 창업하여 윌크스베리에 본점을, 필라델피아에 분점을 낸 인쇄 및 문구 전문 판매회사가 바로 디머앤드제이슨상회(Deemer and Jaisohn Company)이다.[37]

서재필은 1914년 필라델피아에 자신의 이름을 내건 필립제이슨상회(Philip Jaisohn & Company)를 열었는데 이 회사는 나중에 필라델피아 시내에 두 개의 분점을 내고 직원이 50명에 이를 정도로 성장했다. 의사에서 성공한 사업가로 살던 서재필의 삶은 그러나 조선의 급박한 정세 변화로부터 결코 자유로울 수 없었다. 서재필을 비롯해 당시 조선에서 근대적 개혁정부 설립을 구상하고 있던 인사들은 1904년 러일전쟁에서의 일본 승리가 조선에게 제정 러시아의 압력으로부터 벗어날 기회를 제공해주리라 믿었다. 하지만 이 기대는 1905년 11월 일본이 조선의 외교권을 강제적으로 찬탈한 '을사조약'으로 사라지고 말았다. 1905년 한성감옥에서 투옥 중이던 서재

37 이황직,『서재필 평전』, 213-15.

필의 배재학당 제자, 이승만이 출옥하여 미국을 방문하게 된다.[38]

서재필은 윤병구 목사, 이승만과 함께 미국 대통령인 루스벨트에게 러일 전쟁 이후의 조선 문제에 대한 미국의 적극적인 도움을 요청하는 청원서를 제출하고자 했다.[39] 당시 미국의 극동아시아 정책은 일본의 지지를 통해 아시아에 영향력을 확대하고 러시아의 태평양 진출을 막는 것이 최우선이었다. 미국이 필리핀의 지배권을 얻는 대신 일본의 조선 지배를 승인한 1905년 7월의 '가쓰라·태프트 밀약'(The Katsura-Taft Agreement)과 러시아가 조선에서의 주도권을 일본에 넘긴 1905년 9월의 '포츠머스 조약'(Treaty of Portsmouth)은 조선의 향후 운명을 좌우하는 결정타와도 같았다. 이후 일본은 '정미 7조약'(1907)을 통해 조선의 군대를 강제로 해산하고, '기유각서'(1909)를 통해 조선의 사법권을 찬탈한 후 1910년 8월에는 한일병합조약을 통해 조선을 식민지화하는 데 성공했다. 그 후 서재필은 미국에서 자신이 운영하는 사업에 집중했는데, 향후 조선의 독립을 돕기 위해서는 해외 교포들이 경제적으로 자립하여 자금을 마련하는 것이 중요하다고 판단한 듯하다. 서재필은 1898년 미국으로 돌아간 후 1919년 3·1운동이 일어나기 전까지 고국의 독립운동에 직접적으로 관여하지 않은 채 필라델피아에서 사업가로서의 삶을 살아갔다.

1918년 11월 독일의 패배로 제1차 세계대전이 끝나면서 세계질서 유지와 식민지 처리 문제를 논의하기 위한 '파리강화회의'(Paris Peace Conference)가 열렸지만 이미 국권 및 외교권을 찬탈당한 조선은 한 국가로서 대표자를

---

38 서재필, 한국고등신학연구원·김승태, 『서재필: 독립협회를 창설한 개화·개혁의 선구자』, 107. 이승만은 정부가 독립협회를 해산하려고 할 때 저항하다가 체포되어 옥고를 치렀고 출옥하여 유학차 도미했다. 그는 1904년 11월 하와이에서 목회를 하고 있던 친구 윤병구를 만나 함께 서재필을 찾아가 미국 정부에 조선 독립을 지원해달라고 요청할 생각이었다.

39 이황직, 『서재필 평전』, 219-22.

보낼 수 없었다. 오히려 해외에서 독립운동을 펼치고 있는 여러 단체가 각각 대표들을 파견하기로 결정했는데, 상하이 신한청년단은 김규식을, 미주 대한인국민회는 이승만과 정한경을 파리강화회의에 파견했다. 중국, 만주, 미주를 중심으로 한 독립운동은 1919년 일본 동경조선인유학생학우회가 주관한 '2·8독립선언'으로 이어졌고, 마침내 1919년 3·1운동에서 조선 독립의 염원을 담은 불이 활활 타올랐다.

3·1운동 당시 미국에서는 독립협회 평양 지부에서 활동한 안창호가 독립운동을 주도했고, 이승만과 박용만이 하와이와 샌프란시스코를 중심으로 대한인국민회를 이끌었다. 「신한일보」에도 기고된, 서재필이 안창호에게 보낸 편지의 일부분을 들어본다.

> 오늘날 한국이 일본의 밥이 되어 모든 권리가 박멸되었고, 백성은 승전국의 노예가 되어 구차한 명을 보전하였으나, 아직까지 그 누구도 일본의 불공평한 학대에 항거하여 스스로 보호하려는 자가 없습니다. 또 육체와 영혼을 결박한 일본의 무거운 굴레를 벗고자 꾀하는 이도 없습니다. …우리는 아직 일본인과 병력으로 싸울 수 없으며 또 물질력으로도 싸울 수 없습니다. 오직 우리는 붓과 공의로 싸워 일본이 한국 백성에게 불공정하게 행동하는 것과 한인이 어떠한 처지에 있는지를 세계에 광포할 뿐입니다.[40]

당시 55세이던 서재필은 이들을 후방에서 지원하면서 미국 정치의 중심지인 동부와 필라델피아에서 미국 유학생 및 한인 2세들과 같은 신진 그룹을 양성하는 일에 주력했다.

「신한일보」의 3월 13일 자 호외를 통해 고국의 3·1운동 소식이 교민 사

40 서재필, "대한인국민회 중앙총회장 안창호에게 보낸 편지," 『서재필: 자주독립 민주개혁의 선구자』, 91-92.

회에 전해졌고, 서재필의 기획에 따라 '대한자유대회', '한인자유회의'로도 불리는 '제1차 한인대회'(The First Korean Congress)가 필라델피아의 리틀 극장에서 열렸다. 1919년 4월 14일에서 16일까지 사흘간 열린 이 대회에는 약 150명의 한인 대표와 유학생이 참석했다. 서재필이 의장으로 추대된 제1차 한인대회는 대한민국임시정부 지지, 미 정부의 임시정부 승인 요구, 외교 사무소 설치 등을 결의했고, 이 대회의 참석자들은 민주적인 토론과 운영 방식을 몸소 체험하면서 훗날 미국에서의 독립운동을 이끌 차세대 지도자로 성장하게 된다. 이 대회의 주역들이 바로 장덕수, 윤영선, 조병옥, 임병직, 이춘호, 유일한 등이다.[41] 한인대회의 마지막 날인 4월 16일, 서재필과 참석자들은 필라델피아 독립기념관을 향해 시가를 행진했다. 독립기념관에 도착하자 서재필은 이승만으로 하여금 '3·1독립선언서'를 낭독하게 했고 참석자들은 다 함께 만세 삼창을 했다. 그리고 줄을 지어 '자유의 종'을 쓰다듬으며 지나가는 것으로 대회를 마무리했다.[42]

일본과의 외교전, 파산과 의학계로의 복귀

미국에서의 서재필의 독립운동은 그가 1890년대 말 고국에서 진행한 운동과 일관된 공통점이 있다. 바로 '아래로부터의 운동'이라는 점이다. 갑신정변과 의회 구성과 같은 관료 세력 중심의 '위로부터의 운동'의 한계를 절감한 서재필은 시민들이 자발적으로 독립운동에 참여할 수 있는 재미 한인단체의 필요성을 강조했다. 재미 한인단체들의 연합기구를 통해 교포들을 계몽하고 교육하며, 미국인들을 대상으로 선전하고 홍보하면 고국의 독립과 민주시민사회 수립에 기여할 수 있음을 주장한 것이다. 이러한 서재필의 구

---

41 이황직, 『서재필 평전』, 229-33.

42 서재필, 한국고등신학연구원·김승태 엮음, 『서재필: 독립협회를 창설한 개화·개혁의 선구자』, 118-23.

상에 따라 1919년 4월 22일 대한인국민회 산하 필라델피아 '대한공화국 통신부'(The Bureau of Information for the Republic of Korea)가 설립되었다. 이 기구는 그해 8월 파리위원부와 통합하여 워싱턴에 설립된 구미위원부의 산하기관으로 편입되었는데, 6월부터 출간된 통신부 공식 영문 잡지인 「한국평론」(*Korea Review*)을 통해 한국의 상황과 독립운동 소식 등을 미국에 알리기 시작했다.[43]

또한 서재필은 한국의 독립운동 후원단체를 창립하고자 했는데, 제1차 한인대회에 참석하여 독립운동을 지지하는 미국인들을 중심으로 1919년 5월 필라델피아에 '한국친우회'(League of the Friends of Korea) 본부를 출범시켰다. 이후 한국친우회는 미국 정치의 중심지인 워싱턴으로 본부를 옮겨 정계에 영향을 끼치고자 했고, 미국 전역뿐만 아니라 영국의 런던과 프랑스의 파리에도 지회를 설립하여 후원자를 늘려가기 시작했다. 다음은 1919년 서재필이 「필라델피아 퍼블릭 레저」(*Philadelphia Public Ledger*) 편집장에게 보낸 서한의 일부분이다.

> 실제로 조선인에게는 정부가 무단으로 불리든 문화로 불리든 별반 다르지 않습니다. 그 정부가 일본인의 정부인 한, 조선인은 거기에 복종하지 않을 것입니다. …만약 일본의 정치가들이 진정으로 조선 국민을 만들고, 또 이 복잡한 문제를 해결하려 했다면 원래 조선인의 것이었던 완전하고 구속없는 독립을 조선인에게 즉시 돌려주어야 합니다.[44]

서재필은 한국통신부의 총책임자이자 「한국평론」을 간행하는 일을 진행

---

43 이황직, 『서재필 평전』, 235-38.

44 서재필, "한국인은 진정한 독립을 요구한다," 『서재필: 자주독립 민주개혁의 선구자』, 101.

하면서 동시에 미국 전역을 순회하며 한국친우회 강연을 하는 힘든 일정을 수행했다. 이 모든 일이 미국 사회에 조선 독립의 필요성과 정당성을 알리는 데 꼭 필요한 것임을 확신했기에 가능했다.

서재필은 1921년 4월 김규식을 대신하여 구미위원부 임시 위원장을 맡아 미국 대통령 하딩(W. Harding)과 면담을 갖는 등 조선 독립 문제를 국제적 이슈로 만들기 위해 최선을 다했다. 그러나 필라델피아와 워싱턴을 중심으로 한 서재필과 구미위원부의 활발한 활동과 호소에도 불구하고 미국 정부는 1922년 1월에 열린 워싱턴 군축회의에서 일본과 상의해보겠다는 통상적인 대답만 내놓았다. 서재필은 그가 1914년 세운 필립제이슨상회를 통해 얻은 수익을 「한국평론」 발행과 구미위원부 활동을 위해서도 사용한 것으로 보이는데 회사의 경영 악화로 이마저도 어려운 상황에 놓이게 되었다. 결국 한국의 상황과 독립운동의 타당성을 홍보할 목적으로 발행되던 「한국평론」은 1922년 7월과 8월호를 마지막으로 폐간되었고, 필립제이슨상회 역시 1924년 봄 파산에 이르게 된다. 그 후 서재필은 '라초이식품회사'(La Choy Co.)를 운영하던 유일한이 1925년 창업한 '유한주식회사'(Ilhan New & Company)에 참여하여 사장직을 맡았으나 이듬해에 경영진에서 물러났다. 서재필은 1925년 7월 1일 하와이 호놀룰루에서 열린 제1차 범태평양회의(The Pan-Pacific Union)에 미주 대표로 참석한 이후 독립운동 일선에서 물러나게 된다. 그의 나이 만 61세였다.[45]

누군가 나이는 숫자에 불과하다고 했던가. 서재필은 생계를 위해 다시 미국 의학계로 복귀할 것을 결심하고 1926년 9월 펜실베이니아대학교 의과대학원에 특별학생으로 입학했다. 그는 노년의 나이에도 불구하고 1년간의 재교육 기간 중 매일의 학업뿐만 아니라 존스홉킨스병원 등에서 수련의 과

45 이황직, 『서재필 평전』, 249-57.

정을 성실히 수행했다. 서재필은 이 기간을 거쳐 1927년 11월에 필라델피아 진스병원에서 병리학 전문의 자격을 취득했다. 이후 레딩시의 성요셉병원에서 근무하며 세 편의 연구 논문을, 웨스트버지니아주 찰스턴종합병원 병리과장으로서 두 편의 논문을 발표하는 등 병리학 분야에서 활발한 연구 활동을 이어나갔다.[46]

서재필은 펜실베이니아주 체스터병원 피부과 과장으로 근무하다 건강상의 이유로 1935년 체스터시에 개인 병원을 개원했다. 이후 그는 병원을 자신의 거주지인 미디어시로 옮겨 계속 운영했다. 서재필은 노년의 나이에 의사로 복귀하여 왕성히 일하면서도 지속적인 글쓰기와 투고 등의 활동을 통해 고국의 독립운동을 지원했다. 또한 1926년과 1927년 사이에 「조선일보」와 「동아일보」에 계몽적 논설을 계속해서 투고했으며 개인 병원을 개원한 이후인 1930년대 후반부터 고국의 개화와 독립을 위한 여러 글을 발표했다. 1927년 1월 1일 「동아일보」에 기고한 그의 신년사 중 일부분이다.

> 훈련받은 남녀가 전 민족의 위임을 받아 민족적 갱신의 대사업에 나아갈 날은 위대한 날일 것입니다. 그러한 배경을 가지고 그들은 단기간 내에 빈궁과 질병, 무식을 조선에서 쫓아낼 것이니 우리는 새 용기를 가지고 이 날이 가까움을 믿읍시다. 우리의 장래와 또 우리 자손의 장래가 모든 과거보다 희망에 찬 것을 믿읍시다. 이 날을 기다리면서 우리는 손으로 혹은 머리로 힘써 일합시다.[47]

---

46 이 기간에 발표된 서재필의 연구 논문들은 「펜실베이니아 의학신문」(*Pennsylvania Medical Journal*), 「미의학협회보」(*Journal of the American Medical Association*), 「서부 버지니아 의학저널」(*West Virginia Medical Journal*) 등에 실렸다.

47 서재필, "신년을 당하여 고국동포에게 기쁘라, 일하라, 배우라!," 『서재필: 자주독립 민주개혁의 선구자』, 139–40.

1941년 8월, 동양에서 온 망명자 출신 서재필을 만나 가족의 반대를 무릅쓰고 그와 결혼하여 평생 서재필의 꿈과 조선 독립을 위한 일을 도와준 아내 뮤리엘이 세상을 떠났다.

노투사의 귀환_ 조국을 위한 마지막 봉사

이후 미국 시민권자 서재필은 1942년 1월부터 1945년 4월까지 3년 4개월 동안 제2차 세계대전에 참전할 미국 군인 모집을 위한 징병 검사관으로 자원했으며, 전쟁이 끝날 때까지 총 2,000명이 넘는 병사를 검사하고 진찰한 공로로 1945년 미국 국회 훈장과 트루먼 대통령 표창을 받았다.[48] 전임 대통령 루스벨트와 1945년 4월 그의 사망으로 대통령직을 승계한 트루먼은 모두 소련과 공산주의의 세력 확산을 경계했다. 이미 동유럽으로 확장된 소련 주도의 빠른 공산화를 주시하고 있던 미국은 1945년 2월의 얄타회담과 그 해 12월에 열린 모스크바삼상회의를 통해 일본에서 해방된 조선의 신탁통치를 결의했다.[49] 모스크바회의의 결의에 따라 대한민국임시정부 수립이 선결과제로 제시된 것은 사실이지만 이는 결국 임시정부 구성과 각 정당과 사회단체의 협의가 미소공동위원회의 복잡한 절차를 거쳐야 함을 의미했다.

12월 27일 발표된 모스크바삼상회의 합의문에서 신탁통치가 결정되었다는 사실이 알려지자 좌우를 막론하고 신탁통치를 강력히 반대하고 나섰다. 임시정부 주도하에 12월 30일 결성된 '신탁통치반대 국민총동원위원회'에는 공산당 당수 박헌영이 중앙위원으로 참여하는 등 다수의 좌파 인사들이 반탁운동에 적극적으로 합세했다. 그러나 박헌영을 비롯한 좌파단체들은 1946년 1월 2일을 기점으로 신탁에 찬성하는 입장으로 돌아섰는데 미군정은 이를 소련의 영향이라고 판단했다. 우익 진영 중 반탁운동에 가장 적극

48 이황직, 『서재필 평전』, 267.

49 김승태, 『서재필: 독립협회를 창설한 개화·개혁의 선구자』, 177.

적인 그룹은 김구를 중심으로 한 임시정부 세력이었고, 당시 여운형과 김규식은 좌우합작위원회를 통해 '합작 7원칙'을 제시한 상황이었다.[50] 이처럼 해방 이후 조선은 각각 친탁과 반탁, 좌우합작과 단정 등을 주장하는 정치 세력들로 인해 심각한 분열과 갈등을 겪고 있었다. 김규식은 미군정청 사령관 하지(J. Hodge) 중장에게 이러한 혼란스러운 정국을 헤쳐나갈 적임자로 83세의 서재필을 강력하게 추천했고, 미군정은 1947년 1월 서재필과 그의 차녀 뮤리엘의 귀국을 공식적으로 요청했다.

1947년 6월 미국 정부로부터 한국행을 허가받은 서재필과 뮤리엘은 일본 요코하마를 거쳐 7월 1일 인천에 도착했다. 김규식을 비롯하여 환영하러 나온 100여 명의 인사들은 이제 백발의 노인이 되어 돌아온 서재필이 정치 원로로서 고국을 위해 마지막으로 공헌하기를 기대했다. 서재필은 1947년 7월 3일 미군정 본청 회의실에서 열린 귀국 기자회견을 시작으로 미군정 최고 고문이자 남조선과도정부 특별의정관 업무를 시작했다. 당시는 제1차 미소공동위원회 회담(1946. 3. 20.-5. 9.)이 결렬된 직후였다. 소련 측이 신탁통치 반대를 주장하는 남한 정당과 사회단체의 협력 참여를 배제하려고 했기 때문이다. 이승만과 김구를 포함한 우파 세력은 단독정부 문제에 대한 불일치로 심각한 갈등을 겪고 있었고, 김규식은 미군정청에 적극 협조하는 방향으로 전향한 상황이었다.

한편 오랜 기간 조선의 차별적인 신분제와 일제 식민지 시대의 찬탈을 경험한 대중은 인민이 주체가 되는 평등한 사회 건설과 외세 타파를 외친 좌파 세력의 메시지에 호응하고 있었다. 미국에서 독립운동 시절부터 시민들의 자발적 정치단체 참여의 중요성을 강조해온 서재필이 미군정 고문으로서 수행한 첫 역할은 제2차 미소공동위원회에 참가를 신청한 단체들을 선별

---

50 이황직, 『서재필 평전』, 268.

하기 위해 질의서를 작성하는 것이었다. 통일의 방법과 절차, 민주주의에 대한 견해, 자유시장 경제체제와 사회주의에 대한 의견, 개인의 자유와 소수의 권리 등을 묻는 이 질의서에는 분열된 국내 정치단체들의 이념적 성향을 파악한 뒤 자유민주주의와 자본주의 시장질서를 시민에게 교육하려는 서재필의 의도가 드러나 있다.[51]

노년의 서재필

서재필은 그가 평생 추구한 '아래로부터의 개혁운동'과 오랜 기간 미국에서 몸소 체득한 자유민주주의를 조국에서 구현하기 위해서는 반드시 다수의 계몽된 시민이 필요하다고 확신했다. 그리고 이를 위해 1947년 9월 12일부터 서울중앙방송(구 경성방송국)에서 매주 금요일 저녁 7시 15분부터 15분간 라디오 토크 〈국민의 시간〉을 진행했다. 이 방송을 위해 서재필이 직접 영어로 초고를 작성하고, 딸 뮤리엘의 타자를 거쳐 필라델피아에서 유학하던 적십자병원 원장 손금성이 이를 우리말로 번역한 후, 서재필이 다시 한국어로 녹음하는 여러 단계를 거쳤다. 서재필은 1948년 8월 27일까지 방송된 〈국민의 시간〉에서 주로 민주정치, 경제, 사회개혁, 의학 그리고 정세 분석 등을 다루었다.[52] 그가 진행한 라디오 방송 내용의 일부분을 본다.

---

51 김승태, 『서재필: 독립협회를 창설한 개화·개혁의 선구자』, 182-83.
52 이황직, 『서재필 평전』, 278-85.

> 개인의 기본권 수호는 민주주의의 주된 관심사입니다. 이 원칙을 따르는 데는 부의 소유가 개인의 기본권 가운데 하나라는 점을 기억해야 합니다. 그러나 그러한 권리의 남용, 즉, 다른 사람들로부터 그들의 정당한 권리를 빼앗는 소유권의 과도한 요구는 사회에 해를 끼치는 것으로 제한되어야만 합니다.[53]

서재필은 라디오 방송을 통해 자신의 신념을 적극적으로 피력했는데, 민주주의와 같은 서구의 정치제도는 시민 각자의 자립과 의식의 성장 그리고 산업화를 통한 경제성장과 결코 분리될 수 없음을 강조했다. 또한 개인과 마찬가지로 국가의 경제적 자립이 곧 그 국가의 정치적 독립과 직결됨을 설파했다.

그러나 열강들에 둘러싸인 후기 조선과 마찬가지로 해방 조국의 운명은 북위 38도선을 중심으로 한반도를 분할 점령한 미국과 소련이라는 양대 세력에 의해 건잡을 수 없이 흘러가고 있었다. 1947년 9월에 열린 제2차 미소공동위원회에서 이미 이북 지역을 장악한 소련이 양국 군대의 동시 철수를 주장하면서 협상은 결렬되고 말았다. 이후 미국은 사실상 남한만의 단독정부 수립으로 방향을 틀었고, 한반도의 독립에 관한 문제는 11월 14일 개최된 제2차 유엔 총회에 상정되었다. 유엔 총회의 결의에 따라 1948년 1월 유엔 한국위원회 위원단이 방한하여 당시의 상황을 조사하여 보고했고, 2월에 열린 유엔 소총회에서 우선 선거가 가능한 지역에서만이라도 총선을 치를 것을 결의했다. 남한에서의 단독 선거가 결정되자 그동안 미군정에 협조하던 김규식과 한국독립당의 김구가 연합하여 단독 선거를 반대하기 시작했다. 특별히 김구는 북한의 김일성과 김두봉에게 남북요인회담을 제의하

---

53 서재필, "자유와 민주주의로 가는 길," 『서재필: 자주독립 민주개혁의 선구자』, 176.

고 구체적이고 단계적인 통일정부 수립 방안을 제시했다. 서재필 또한 4월 10일 조선호텔에서 열린 기자회견을 통해 유엔의 결의 사항을 받아들이되 통일정부 수립을 위해 끝까지 북한과 대화의 끈을 놓지 말아야 한다고 강조했다. 그러나 군정 종식을 위한 총선거 결정을 존중하되 남북회담을 통한 통일을 주장한 서재필의 의견은, 단독 선거를 밀어붙인 이승만과 이를 거부하고 통일정부를 수립하려고 한 김구와 김규식 모두에게 끝내 받아들여지지 않았다.

1948년 5월 10일 남한 단독정부 수립을 위한 제헌 국회의원을 선출하는 총선거가 치러졌다. 이승만 계열이던 대한독립촉성국민회, 우파 계열인 한국민주당 그리고 한국독립당계를 중심으로 한 무소속 의원들로 구성된 제헌 국회는 7월 17일 제헌 헌법을 공포하고 7월 20일 국회 간접 선거를 통해 초대 정, 부통령 선거를 치르기로 결의했다. 한국독립당 당수인 김구와 더불어 서재필까지 초대 대통령으로 추대하려는 움직임이 있었지만, 미국 국적의 서재필에게는 피선거권이 없었다. 게다가 이미 제헌 국회의 초대 국회의장을 맡고 있던 이승만의 당선이 매우 유력한 상황이었다. 7월 20일 진행된 선거 결과 초대 대통령으로 이승만, 부통령으로 이시영이 선출되고 이들은 7월 24일 정식으로 취임했다. 이러한 과정을 통해 최종적으로 남한에서는 1948년 8월 15일에 대한민국이, 북한에서는 1948년 9월 9일 조선민주주의인민공화국이 각각 출범했다. 서재필은 7월 10일에 하지 사령관에게 미군정 최고 고문직 사임 의사를 통보하고, 8월 15일 정부 수립 하루 전 경축사를 발표하여 신정부의 출범을 축하하고 국민의 화합을 당부했다. 다음은 서재필이 고국을 떠나면서 마지막으로 남긴 기고문의 일부이다.

> 첫째로 여러분의 수중에 있는 권한이란 특권을 가치 있게 사용할 것을 배우십시오. 어떤 사람일지라도 이 특권을 훼손하지 못하도록 하십시오. 필요

하다면 한국 국민으로서 여러분의 권리를 보호하고 보존하기 위해 생명을 거십시오. …둘째로 현실적인 동시에 실제적인 사람이 되어야 합니다. 모든 공허한 장황설, 의미 없는 행사, 불필요한 제스처 등을 좇지 않도록 피하십시오. 어떠한 일에도 그것이 당신 자신에 또한 당신 국가에 명백한 효과를 가져온다는 것이 확실시 되지 않는 한 어떤 시간과 노력도 이를 위하여 낭비하지 마십시오. 우리가 가지고 있는 것 중에 가장 귀중한 것이 하나 있으니 바로 시간입니다.[54]

마지막 귀환 그리고 서재필의 삶을 돌아보며

서재필은 약관의 나이에 만난 김옥균을 통해 꿈꾸었던, 그리고 미국에 사는 동안 한시도 잊은 적 없던 조국 자주독립이 마침내 이루어지는 것을 볼 수 있었다. 그는 1948년 8월 15일 11시 중앙청에서 열린 대한민국 정부 수립 선포식에 참석했고 곧이어 덕수궁에서 진행된 자유종 시당식에도 참석했다. 민주주의자유옹호회의 명예회장으로 추대된 서재필은 위원장 김병로와 함께 자유종을 타종하면서 대한민국 정부 수립을 국민과 함께 축하했다. 그리고 1948년 9월 1일 고국에서의 일정을 모두 마친 뒤 딸 뮤리엘과 함께 인천항에 정박한 미군 수송선 제너럴 호지스(General H. F. Hodges)호를 타고 미국으로 돌아왔다. 귀국 후 서재필은 미디어시에 있는 자신의 병원을 정리하고 웨스트스테이트가 330번지에 새 병원을 열어 의사의 일을 다시 시작했다. 1950년까지 병원 진료를 계속하던 그는 그해 여름 훗날 방광암으로 발전하는 질병으로 인해 급속히 쇠약해지기 시작했다. 조국에서 남북 간 6·25 전쟁이 일어난 즈음이었다. 대한민국 국군이 중국군에 밀려 서울에서 퇴각할 무렵인 1951년 1월 5일, 서재필은 필라델피아 노리스타운에 위치한 몽고

---

54 서재필, "고국을 떠나며 동포 여러분께," 『서재필: 자주독립 민주개혁의 선구자』, 188-89.

베리병원에서 87세로 삶을 마쳤다. 1977년 대한민국 정부는 서재필에게 건국훈장 대한민국장을 추서했으며 그의 유해는 1994년 4월 8일 국립서울현충원 애국지사 묘역에 안장되었다.[55]

필자와 마찬가지로 독자들 또한 서재필의 파란만장한 삶을 통해 많은 것을 느꼈으리라 생각한다. 특별히 이민자의 삶을 살아가는 해외 독자들에게는 그의 치열했던 한평생의 삶이 더욱 공감을 불러일으켰으리라 싶다. 필자와 같은 범인은 결코 서재필이 살았던 다채롭고도 복합적인, 시대에 휩쓸리지 않고 오히려 시대를 선도하는 그러한 삶을 쉽게 살 수 없을 것이다. 내 한 몸, 내 가정 하나도 건사하기 힘겨워하는 필자와 같은 평범한 사람에게는 자신의 삶뿐만 아니라 국가 전체의 운명을 짊어졌던 서재필의 일생이 먼 이야기처럼 들릴지도 모르겠다. 조선의 최연소 과거급제자요, 일본 국비 유학생이자 갑신정변을 일으킨 혁명가, 미국 망명자 출신으로 의사가 된 최초의 한인이자 성공한 사업가, 언론인이자 독립운동가의 삶을 산 그의 일생은 한마디로 개척자와 선구자의 삶 그 자체였다. 무엇보다도 그의 삶이 단지 자신의 성공과 영달만을 추구한 삶이 아니었다는 사실, 그가 늘 주변 사람들과 사회 그리고 국가와 민족을 향한 공적인 관심을 놓치지 않았다는 사실은 우리에게 시사하는 바가 크다. 일평생 '아래로부터의 운동'을 추구하며 조국의 자주독립과 민주개혁을 꿈꾼 서재필은 우리 민족 최초의 근대적 세계인이었다.

---

55 이황직,『서재필 평전』, 316-21.

이승만

3장 기독교적 나라 건설을 꿈꾼 정치인

-**박정환**(순천동명교회 담임목사, 미주장로회신학대학교 역사신학 겸임교수)

이승만의 빛과 그림자

"살아 있는 역사 이승만." 대한민국 초대 대통령 우남(雩南) 이승만(1875-1965)에 대한 평가 가운데 하나이다. 이승만은 현재를 살아가는 사람들에게 빛과 그림자를 동시에 드리우고 있다.

이승만을 부정적으로 평가하는 관점은 꾸준히 이어져왔다. 당시 공산권 정부 및 언론은 "권력의 욕심에 눈이 먼 미국의 앞잡이"라고 평가했다. 「사상계」의 논객 신상초(申相楚)는 "교활하기 짝이 없는 철저한 에고이스트(egoist)",[1] 래티모어(O. Lattimore)는 "중국 국민당 장제스(蔣介石)의 아류(亞流)" 등으로 표현했다. 한편 전기작가 존 테일러(J. Taylor)[2]는 리처드 알렌(R. Allen)이라는 가명으로 저술한 책 『한국의 이승만: 허가받지 않은 그의 초상』(*Korea's Syngman Rhee An Unauthorized Portrait*)에서 "이승만이 두 번이나 개헌을 감행해 장기 집권의 기반을 다진 후 진보당을 탄압하고 '3·15 부정선거'를 통해 정권을 잡았다가 결국 4·19혁명에 의해 권좌에서 물러났

---

1 당시 신상초는 이승만의 공과(功過)를 논하면서 공 3, 과 7(功三過七)로 채점했다.

2 유영익, "이승만 대통령의 업적 재평가," 「역사학보」 제192집(2006.12): 396.

다."라고 기술했다.[3]

대한민국 초대 대통령 이승만

이승만을 옹호하는 입장 역시 이어져 왔다. 언론인 김인서(金麟瑞, 1894-1964) 목사는 『망명 노인 이승만 박사를 변호함』(1963)이라는 책을 통해 역사의 법정에서 정확한 지식과 자료를 바탕으로 이승만 박사를 재평가해야 한다고 했다. 김인서는 그간 이승만에게 덧씌워진 온갖 비난과 죄과가 전혀 근거 없음을 증언하면서 이승만을 '세상에서 쉽게 만나기 어려운 뛰어난 인물'로 평가했다.[4] 또 일본 동경대학교의 국제정치학자 요코다 교수는 이승만을 "제2차 세계대전 후 새로 생긴 신흥국의 영도자들 가운데 국민에게 가장 많은 자유를 허용한 지도자"라고 평가했다.[5]

이승만을 옹호한 대표적 인물인 로버트 올리버(R. Oliver) 박사는 『신화에 가린 이승만』(*Syngman Rhee: The Man Behind the Myth*, 1954)이라는 책에서 이승만의 애국심, 학문적 실력, 역사적 혜안, 정치적 투지, 종교적 초월성 등을 높이 평가하면서 이승만을 "다른 나라에서 그 유례를 찾아보기

---

3 이 밖에도 이승만에 대한 부정적인 시각과 비판이 있다. 대일(對日) 외교 실패와 거창 양민 학살 및 국민방위군 사건 등을 조명하면서, 그가 남북분단의 원흉이자 친일파를 비호하고 중용함으로써 민족의 정기를 흐트러뜨린 장본인이며 남한의 대미 종속을 심화한 미제(美帝)의 앞잡이라고 평가하는 등이다.

4 김인서는 '희세(稀世)의 위재(偉才)'로 표현했다.

5 Robert T. Oliver, *Syngman Rhee and American Involvement in Korea 1942-1960*, 한준석 역, 『건국과 나라 수호를 위한 이승만의 대미투쟁(上)』(서울: 비봉출판사, 2019), 12.

힘든 지도자이자 그의 이름은 한국 역사에서 단연 가장 위대한 정치가로 기록될 것"이라고 말했다.[6]

명암이 교차하는 한 인물의 생애와 활동은 그대로 역사의 숲을 이룬다. 이 글의 목표는 '기독교 정치인 이승만'이라는 숲속의 한 길을 산책하면서, 그가 기독교인으로서 자신과 민족과 세계를 본 관점을 담담히 펼쳐 보이는 데 있다. 필자는 자기 시대 안에서 이승만의 생애가 어떻게 움직였고 그 생애를 견인한 요인이 무엇이었는지 따라가보고자 한다. 시간적 흐름을 따라서 있는 그대로의 모습을 써가되, 이승만의 생애를 견인한 요인들에 필자의 시각을 맞추어볼 것이다.

이승만의 생애와 활동

대한민국 현대사에 선명한 흔적을 남긴 이승만, 그는 자기 시대의 사람들과는 아주 다른 특별한 인생을 살았다. 그는 당시 한국인으로서는 보기 드물게 최고의 학력을 갖췄다. 적지 않은 역사가들은 이승만의 생애를 다섯 가지 역할, 즉 애국계몽운동가, 해외독립운동가, 건국운동가, 전쟁지도자 그리고 대통령으로 빗대곤 한다.[7] 이런 역할은 모두 한 역사적 인물의 업적이 되기에 충분하다. 그는 평균수명이 지금보다 짧았던 시대에 90세까지 장수했다. 이러한 그의 특별한 생애는 크게 셋으로 구분할 수 있는데, 첫째는 구한말의 선각자적 활동, 둘째는 해외에서의 독립운동, 셋째는 해방 후 정치 지도자로서의 활동이다.[8]

---

6 Robert T. Oliver, *Syngman Rhee: The Man Behind the Myth*. 올리버 박사는 미국의 시라큐스대학교 및 펜실베이니아주립대학교 언론학 교수로서 1942년부터 1959년까지 이승만의 자문·홍보 역을 맡았다.

7 이주영, 『이승만 평전』(서울: 살림, 2015), 4.

8 이상규 외, 『대한민국을 빛낸 기독교 120인』(서울: 쿰란출판사, 2018), 552.

루스벨트 대통령과 면담하기까지(1875-1905)

출생부터 배재학당 졸업까지

이승만은 1875년 3월 26일 황해도 평산에서 아버지 이경선(李敬善)과 어머니 김해 김 씨 사이에서 출생했다. 그는 태종의 장남 양녕대군의 16대손이었다. 두 살 때 서울에 올라와 남대문 밖에서 살았기 때문에 평생 서울 사람으로 통했다. 그는 네 살 때인 1879년 남대문 근처 낙동(駱洞)서당에 입학했고, 열 살 때부터 용산의 도동(桃洞)서당에 다니면서 한학과 유학(儒學)을 배웠다.

1894년 7월 갑오개혁으로 과거제도가 폐지되자 열아홉 살의 이승만은 삶의 목표를 잃게 되었다. 그러나 이듬해 4월 감리교 선교사 아펜젤러(H. Appenzeller)가 세운 배재학당(培材學堂)에 입학한 것은 방황하던 이승만에게 새로운 출구가 되어주었다.

처음에는 서당 친구의 권유로 영어나 배우자는 가벼운 마음으로 다녔다. 그러던 중 그해 11월 29일 명성황후가 살해되자 원수를 갚겠다는 계획을 세웠다가(춘생문 사건[9]) 사전에 탄로가 나는 바람에 황해도 평산에 있는 누이의 집에 3개월간 피신하기도 했다. 이승만은 1897년 7월 배재학당 졸업식에서 "조선의 독립"이라는 주제로 영어 연설을 할 만큼 영어 실력이 탁월했다. 감동한 외국인 참석자들은 그를 장래의 지도자로 생각하게 되었다.

배재학당 시기에 이승만이 선교사들로부터 배운 서구 문명의 핵심은 '정

---

9 1895년(고종 32) 10월 을미사변에 대한 반동으로 계획된 일명 '국왕 탈취 사건', 곧 친일 세력에 의해 거의 감금되어 있던 국왕을 왕궁 밖으로 탈출시키려고 한 사건을 말한다.

치적 자유' 라는 개념이었다. 모든 사람은 자유롭고 평등하다는 자유주의사상 그리고 국민은 정부를 선택할 권리를 갖는다는 민주주의사상은 군주제와 신분제밖에 모르던 이승만에게는 큰 충격이었다.[10]

실천적 청년 혁명가

이승만은 배재학당에서 위대한 개화파 인물 서재필을 만나 그로부터 사상적 영향을 받았다. 이승만은 또한 배재학당 학생들이 조직한 청년단체인 협성회에 참여했으며, 그곳에서 주간신문인 「협성회보」를 창간하고 주필을 맡았다. 협성회는 1896년 6월 7일 독립협회로 개칭된다. 이후 이승만은 독립협회의 민중운동 시기, 즉 1898년 러시아의 이권 침탈을 규탄하기 위해 열린 만민공동회에 가장 치열하게 참여한 청년이었으며 활발한 연설가로 활동했다. 또 그해 4월 창간된 「매일신문」과 8월에 창간된 「제국신문」에 기자, 편집자 혹은 사장으로 관여하면서 자유, 평등, 민권, 국권 등 민주적 가치를 고양했다.[11]

당시 고종은 독립협회가 군주제를 폐지하고 공화제(共和制)를 도입하려고 한다는 이유로 두려워했다. 그로 인해 1898년 11월 이상재, 남궁억, 양홍묵 등 17명의 독립협회 간부들이 역모죄로 체포됐다. 이승만은 몸을 숨겼다가 곧 다시 밖으로 나와 수천 명의 사람을 이끌고 경무청으로 가서 체포된 17명의 석방을 요구하는 연좌시위를 벌였다. 고종은 시위대를 달래기 위해 그들을 석방하는 한편, 개화파 민영환으로 새 내각을 구성하게 했다. 그런데도 시위는 더 철저한 개혁을 요구하면서 계속되었다. 고종은 '황국협회' 소속의 보부상들을 동원해 덕수궁 앞의 군중을 해산시켰다. 그 과정에서 독립협회 회원 김덕구가 피살되자 군중은 흥분했고, 장례식이 치러지는 동안

---

10 이주영, 『이승만 평전』, 8.

11 이상규 외, 『대한민국을 빛낸 기독교 120인』, 552.

시위는 절정에 달했다.[12]

1898년 11월 28일 고종은 독립협회를 달래기 위해 '헌의 6조'를 실시할 것을 약속하고, 독립협회 회원들을 황제의 자문기관인 중추원 의관(議官)으로 임명했다. 이에 따라 윤치호는 중추원 부의장이 되고 23세의 이승만도 의관이 되었다. 그러나 이승만 등 일부가 박영효 등 일본에 망명한 개화파들의 등용을 요구하자 고종은 만민공동회를 해산하고 독립협회 출신 의관들을 체포했다. 이승만은 의사 셔먼(H. Sherman)의 집으로 피신했으나, 1899년 1월 9일 셔먼의 왕진 통역으로 따라나섰다가 체포되었다.

구속된 이승만을 면회하러 온 독립협회 동지 주시경은 두 자루의 권총을 이승만에게 몰래 건네주었다. 이승만은 두 명의 정치범과 함께 권총으로 간수들을 위협하여 탈옥했으나 시위대가 있는 종로로 갔다가 다시 체포되고 말았다. 함께 탈옥한 죄수에게는 사형이 선고되었고, 이승만은 '종범'으로 종신형과 태형 100대를 선고받았으나 집행되지는 않았다.[13] 그는 독방에 갇혀 매일 혹독한 고문을 받았다. 이승만이 죽었다는 소문이 나서 아버지가 아들의 시신을 거두러 오기까지 했다.

옥중 생활과 『독립정신』

이승만의 옥중 생활은 그의 정신을 파괴하기 위해 매일 몇 시간씩 목에 칼이 씌워질 정도로 참혹했다. 절망의 시간을 보내던 어느 날, 간절한 기도가 터져나왔다. 이후 선교사들과 그들의 종교에 대해 느꼈던 증오와 불신이 사라졌다. 그는 선교사들이 넣어주는 미국의 잡지 「아우트루크」(*Outlook*)와 영문 역사책을 많이 읽었으며 익명으로 「제국신문」과 「신학월보」에 글을 실었다. 또한 죄수들과 간수들에게 기독교를 알렸다.

---

12 이주영, 『이승만 평전』, 13-14.

13 고정휴, 『태평양의 발견 대한민국의 탄생』(서울: 국학자료원, 2021), 292.

『독립정신』(*The Spirit of Independence*). 1904년에 이승만이 한성감옥에서 집필한 것으로 1910년 미국에서 발간되었다.

감옥에 있던 1904년 2월, 이승만은 러일전쟁이 터졌다는 소식을 들었다. 이제 조선은 승전국에 잡아먹힐 것이 확실했다. 이승만은 민족의 독립에 대한 민중의 각성과 계몽을 위한 길잡이가 필요하다고 보았다. 그리하여 과거에 쓴 글을 토대로 생각을 새롭게 정리하여 1904년 2월 19일부터 6월 29일 사이에 『독립정신』을 쓰게 되었다. 그는 이 책의 끝부분에 다음과 같은 주장을 새겼다.

> 우리는 마땅히 이 교(教, 기독교)로써 만사의 근원을 삼아 각각 나의 몸을 잊어버리고 남을 위하여 일하는 자가 되어야 나라를 한마음으로 받들어 영·미 등 각국과 동등하게 될 수 있을 것이다.[14]

이승만은 한 사회의 생활방식을 결정하는 요인은 종교라고 보았고, 조선

---

14 이승만, 박기봉 교정, 『독립정신』(서울: 비봉출판사, 2018), 445-47.

이 서양 문명을 받아들이기 위해서는 그들의 종교인 기독교를 받아들여야 한다고 확신했다. 이것은 동맹국을 바꾸어야 한다는 결론으로 집약되었다. 조선과 관계를 맺어온 전통적인 중국(청)은 노쇠했다. 러시아 역시 한반도에 야심을 가진 음흉한 전제국가였다. 그의 생각에 미국만이 유일하게 '영토적 야심이 없는 나라'였다. 『독립정신』의 원고는 밖으로 몰래 빼내 보관되었다가 옥중 후배 박용만이 미국으로 갈 때 여행용 트렁크 밑바닥에 숨겨 옮겨졌고, 1910년 로스앤젤레스에서 출간되었다.

성과를 거두지 못한 면담

1904년 8월 9일 이승만은 특별 사면령을 받아 5년 7개월의 투옥 생활을 끝내고 석방되었다. 당시 민영환(閔泳煥)과 한규설(韓圭卨)이 이승만의 석방을 도왔고 그를 미국에 밀사로 보냈다. 이승만은 밀서를 소지하고 미국 대통령을 만나기 위해 11월 도미했다. 조선의 독립 보전에 대한 미국의 지원을 호소하기 위한 고종의 밀사 자격이었다. 이승만은 1904년 12월 31일 워싱턴에 도착한 뒤 1905년 1월 15일 「워싱턴포스트」(*The Washington Post*)와 기자회견을 열고 일본의 조선 침략을 폭로하는 인터뷰를 했다.

그러나 이미 미국과 일본은 식민지 분할에 합의한 상황이었다. '가쓰라·태프트 밀약'(The Katsura-Taft Agreement[15])의 진실을 알게 된 이승만은 미국이 조선을 일본에 팔아넘겼다고 확신했고, 그 후 미국의 한반도 정책에 대해 의구심을 품게 되었다. 1905년 11월 이승만의 후원자 민영환은 을사늑약에 대한 울분을 이기지 못하고 자결함으로써 순국을 택했다. 이승만은 사흘 동안 통곡했다.

---

15 1905년 여름, 워싱턴과 도쿄 사이에 일본의 조선 지배와 미국의 필리핀 지배를 묶인하는 비밀 협정서가 서명되었다. 이후 일본은 1905년 11월 17일 조선과 을사늑약을 체결했다.

유학과 해외에서의 독립운동(1905-45)

유학 및 귀국, 서울 YMCA 활동

가쓰라·태프트 밀약의 내막을 알게 된 이후, 이승만은 공부에 몰두했다. 그는 1907년 6월 조지워싱턴대학교를 졸업하고, 1907년 9월 미국사와 유럽사를 공부하기 위해 하버드대학교 석사과정에 입학했다. 과정은 일찍 마쳤으나 석사학위(M.A.)는 1910년 2월에 받았다.

이승만은 1908년 9월 프린스턴대학교 박사과정에 입학하여 국제법과 외교사를 공부했다. 또한 나중에 미국의 대통령이 된 지도교수 윌슨(W. Wilson) 총장 가족과 친밀한 관계를 유지했다. 1910년 6월 프린스턴대학교에서 "미국의 영향을 받은 영세 중립론"(Neutrality as Influenced by the United States)을 주제로 한 논문으로 박사학위(Ph.D.)를 받았다. 이 논문은 1912년 프린스턴대학교 출판부에서 단행본으로 출판되었는데, 당시 제1차 세계대전으로 전시 중립 문제가 중요하게 떠오르면서 학계의 관심을 끌기도 했다.[16]

이승만이 박사학위를 받은 1910년, 그해 8월 29일에 대한제국이 일본에 합병되었다. 그때 이승만은 황성기독교청년회(YMCA)로부터 돌아와서 교육 사업을 맡아달라는 부탁을 받았다. 그는 1910년 9월 3일 뉴욕항을 출발해 리버풀, 런던, 파리, 베를린, 모스크바, 만주를 거쳐 1910년 10월 10일 국권을 빼앗긴 조국에 돌아왔다. 5년 11개월 6일 만의 귀국이었다. 그는 한반도에 들어올 때 일본인 관리들에게 심사를 받는 슬픔을 맛봐야 했다.

---

16 이주영, 『이승만 평전』, 29.

이승만이 청년들에게 가르친 것은 미국의 자유주의와 기독교 문명이었다. 전국 순회 강연 및 교육 활동으로 명성이 높아지자 그는 일본 헌병들의 감시 대상이 되었다. 당시 일본은 신민회와 기독교인을 중심으로 확산하고 있던 독립운동을 막기 위해 총독 암살 사건, 일명 '105인 사건'을 조작했다. 이승만도 개신교 민족주의 독립운동가로서 체포 위협을 받았다. 이승만은 자신을 염려하는 선교사들의 권고를 받아 1912년 5월 미국 미니애폴리스에서 열린 국제기독교감리회총회에 한국 평신도 대표로 참석했다. 그의 나이 37세, 두 번째 망명길에 오른 것이다. 이후 이승만은 1945년 10월 귀국할 때까지 33년간 해외에 체류하며 독립운동에 관여했다.

독립운동 기지 하와이

국제기독교감리회총회가 끝나고 할 일을 찾아 미국 각지를 돌아다니던 중, 이승만은 감옥 동지 박용만의 도움으로 1913년 2월 3일 하와이 호놀룰루로 옮겨가 그곳을 거점으로 독립운동에 전념했다. 그해 8월 이승만은 한인 기숙학교 교장에 취임했다. 그곳은 한국의 역사와 지리, 한문을 가르치는 6년제 남학교였다. 호놀룰루 교민들의 삶은 고되고 힘들었으며 여자아이들은 교육받을 엄두도 내지 못했다.

이승만은 민족교육을 위해 1916년 가을 미국 감리교 선교부(American Methodist

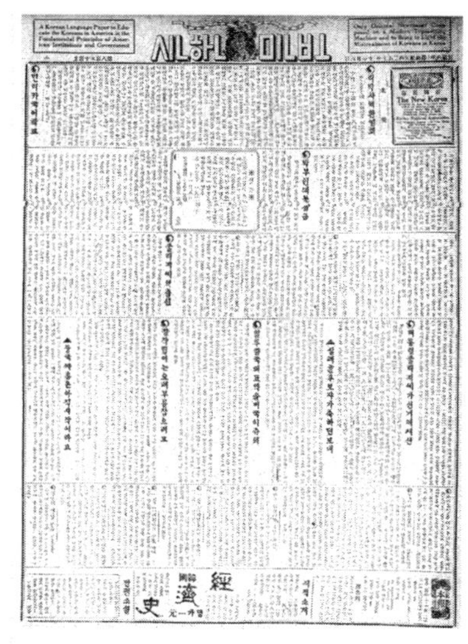

「신한민보」에 실린 이승만 환영회 기사

Episcopal Mission)와 관계를 끊고 교민들의 모금으로 기숙사를 갖춘 한인 기독학원(Korean Christian Institute)을 세웠다. 이곳은 한인 최초의 남녀공학 학교였다. 또한 그는 한인 교육과 독립운동을 후원하기 위해 어느 교단에도 속하지 않은 독립교회인 한인기독교회(Korean Christian Church)도 설립했다.

1913년 9월 20일 이승만은 하와이에서 「태평양잡지」를 창간했으며, 이때 '105인 사건'의 실상을 알리는 『한국교회핍박』도 저술했다. 「태평양잡지」는 1913년 9월부터 1930년 11월까지 총 17년 3개월 동안 발행된 순수 한글 월간지로 항일 성향의 내용을 담았다. 국내외 정세를 비롯하여 민중계몽 및 민족의식에 관한 기사, 교민들을 위한 학습지, 자신의 정치사상 등을 소개했다.

이승만이 하와이에서 활동을 시작하던 시기, 하와이 한인 사회는 혼란 중

하와이 한인대표회를 마치고(1924. 11. 16.)

에 있었다. 1910년에 조직된 대한인국민회[17]는 자금을 모아 만주나 연해주의 독립운동을 지원했는데, 다른 지역에서와 마찬가지로 하와이도 활동이 쇠약해져 있었고 노선에 갈등을 빚었다. 1914년 6월 박용만은 대조선 국민군단을 창설하고 한인에게 군사훈련을 시켰다.

이승만은 교육을 통한 실력 양성을 강조하면서 일본과의 군사적 대결보다는 인류의 양심과 여론에 호소하는 외교 활동을 통해 한국의 독립을 꾀하자는 주장을 펼쳤다. 이승만은 차츰 하와이 한인 사회를 대표하게 되었고, 1921년에는 자신의 독립운동 사업을 돕도록 '대한인동지회'(大韓人同志會)를 조직했다.[18]

상하이 통합 임시정부 초대 대통령

제1차 세계대전 이후 윌슨 대통령이 민족자결주의와 국제연맹을 주창할 때, 이승만은 1919년 초에 열리게 될 파리평화회의(Paris Peace Conference)에 참석하여 조선의 독립을 호소하려고 했다. 그러나 이승만은 자신과 친분이 두터운 윌슨으로부터 파리에 오는 것을 자제해달라는 부탁을 받았다. 이승만은 차선책으로 한국의 독립을 보장한다면 국제연맹(League of Nations)의 위임통치를 받는 것이 일제의 지배에서 벗어날 수 있는 길이라고 주장했으나 미국 대표단에 보낸 청원서는 파리평화회의에 제출조차 되지 않았다.

1919년 3·1운동 이후, 이승만은 4월 11일 상하이임시정부에서 국무총리로, 4월 23일 서울 임시정부에서는 집정관 총재로 추대되었다. 그해 9월 상하이에서 한성, 상하이, 러시아령의 3개 임시정부 등 국내외 7개 임시정부가

---

17 대한인국민회는 1910년 안창호에 의해 미주 지역에 설립된 독립운동단체이다. 대한인국민회의 설립은 1908년 장인환과 전명운이 친일 미국인 스티븐스를 저격한 사건에서 비롯되었다.

18 이주영, 『이승만 평전』, 36. 하와이에 본부를 둔 동지회는 미국 본토 각지에 지부를 두면서 1924년 11월 이승만을 종신 총재로 선출할 정도로 그에 대한 충성을 보였다.

개헌 형식으로 통합되어 대한민국임시정부가 출범했다. 통합의 중심축은 한성 임시정부였다.

여기서 이승만은 초대 대통령에 선출되고, 이동휘는 국무총리, 안창호는 노동국 총관, 김구는 경무국장을 맡았다. 이승만은 대통령 직권으로 워싱턴에 구미위원부(歐美委員部)를 설치하여 외교 업무를 담당했고, 임시정부 대표로서 공식적인 독립운동을 전개했다. 그에 따라 임시정부의 업무가 상하이와 워싱턴으로 나뉘게 되었다.

한편 상하이임시정부에서는 이승만의 현지 취임을 촉구하는 목소리가 거셌다. 이에 이승만은 임병직과 함께 1920년 6월 12일 워싱턴에서 하와이를 거쳐 배를 타고 12월 5일 상하이에 밀입국했다. 뱃삯이 부족하여 중국 시신 운반선에 숨어서 중국인 행세를 해야 했다. 상하이에서 이승만은 임시정

1920년 12월 28일에 열린 이승만 임시 대통령 환영회. 단상 왼쪽부터 손정도, 이동녕, 이시영, 이동휘, 이승만, 안창호, 박은식, 신규식, 장붕

부 인사들을 처음 접견하고, 김구와도 처음으로 대면했다. 그로부터 5개월 동안 그는 임시정부 청사에서 업무를 수행했다. 이것은 상당히 고통스러운 일이었다. 임시정부는 재정적으로 궁핍했을 뿐만 아니라 지역과 이념 그리고 투쟁 방법에 대한 의견 차이로 심한 갈등을 겪고 있었기 때문이다.

그때 마침 미국이 태평양 지역에 이해관계를 가진 9개국에 워싱턴 군비축소회의를 제의하자, 이승만은 그 회의에서 한국의 독립을 호소하기 위해 1921년 5월 상하이를 떠났다. 이승만은 임시정부의 전권대사 자격으로 서재필, 정한경과 함께 군비축소회의(1921. 10.-1922. 1.)에 독립청원서를 제출했으나 임시정부의 대표단은 회의에 참석조차 하지 못했다. 대한민국임시정부가 국제적으로 승인받은 기구가 아니라는 이유에서였다. 이승만은 다시 한번 '힘의 정치'가 국제사회를 지배하고 있음을 느꼈다. 그는 뜻을 이루지 못하고 1922년 하와이로 돌아왔다.[19]

당시 중국에서 활동하는 독립운동가 사이에서는 무장투쟁론이 우세했다. 그들은 이승만의 외교독립론이 독립정신에 어긋난다고 성토했다. 상하이에서는 이승만 퇴진운동이 더욱더 거세졌다. 마침내 1925년 3월 임시의정원은 이승만 탄핵안을 통과시켰다. 워싱턴의 구미위원부는 폐지되고 그 임무는 안창호 세력이 우세한 국민회 중앙총회가 넘겨받았다. 이로써 이승만과 상하이임시정부와의 공식적인 관계가 끊어졌다.

독립을 위한 외교 활동

김구의 역할이 확대되면서 임시정부와 이승만의 관계는 다시 회복되기 시작했다. 이승만은 1932년 임시정부로부터 국제연맹에 한국의 독립을 탄원할 특명 전권대사로 임명되었다. 또 이승만은 1933년 임시정부 무임소 국무위

---

19 이상규 외, 『대한민국을 빛낸 기독교 120인』, 554.

이승만은 *Japan Inside Out*(일본 내막기)에서 일본의 미국 침략을 예언했다.

원에 보궐 당선되었다. 이로써 이승만은 탄핵으로 인해 관계가 끊긴 지 8년 만에 다시 임시정부 각료로 복귀했다.

이승만은 1933년 제네바 국제연맹총회에 참석하여 일본의 만주 침략을 규탄하고, 동양 평화는 한인 국가가 세워져 일본을 견제할 때 유지될 수 있다고 주장했다. 그는 국제연맹 부설 라디오 방송을 통해서도 연설했으나 일본의 방해로 한국 독립의 문제를 의제에 올리지 못했다. 1933년 7월, 이승만은 소련에 호소해보고자 독일 빈에서 기차를 타고 모스크바에 도착했으나 일본의 눈치를 보는 소련 당국에 의해 즉시 추방되었다.

이렇게 유럽 땅에서 한국의 독립을 위해 애쓰는 동안 그는 훗날 헌신적인 아내가 될 프란체스카 도너(F. Donner)를 제네바에서 만났다. 두 사람은 1934년 10월 뉴욕에서 결혼식을 올렸다.

1940년 9월 이승만은 한국광복군 창설 소식을 통보받고 축전을 보냈다. 그다음 달인 10월 김구는 대한민국임시정부 주석에 취임했다.

제2차 세계대전이 일어날 조짐이 짙어질 무렵, 이승만은 1939년 4월부터 활동무대를 하와이에서 워싱턴으로 옮겼다. 그리고 1941년 6월 뉴욕에서 일본이 곧 미국을 공격할 것이라고 경고한 *Japan Inside Out: The Challenge of Today*(일본 내막기)를 출간했다. 그해 12월 일본의 진주만 공격 이후에야 이 책은 큰 설득력을 얻었으며 한국이 왜 독립해야 하는지 미국 사회에 알릴 수 있었다.

이에 따라 미국의 이승만과 중경 임시정부의 김구는 서로가 필요하게 되었다. 이승만은 임시정부의 주미 외교부 위원장 자격으로 미 국무부를 상대했다. 그는 미국이 중경 임시정부를 도우면 이중의 효과를 얻게 된다고 주장했다. 즉 일본과의 전쟁에서 도움을 받게 될 뿐만 아니라 전쟁이 끝나면 소련의 한반도 점령을 막는 데 도움을 받게 되리라는 것이었다. 이승만은 이런 내용의 청원서와 한국인들의 독립운동 실상을 담은 보고서를 국무장관을 비롯하여 여러 곳에 보냈다. 그러나 망명객 신분으로는 미국 정부와 관리들을 상대하기가 어려웠다.

무장투쟁 준비

이승만은 친분이 있는 미국인들에게 한국 독립을 위한 지원과 도움을 요청하고, 무장투쟁을 준비했다. 이승만은 원래 외교 우선론자였지만 전쟁이 벌어진 이상 한인들도 미국을 돕기 위해 무장투쟁을 해야 한다고 생각했다. 그는 미군들의 회의에 여러 차례 직접 참석해 한인 게릴라 부대를 한반도에 투입하려는 '냅코(NAPKO) 계획'[20]의 수립을 이끌어내기도 했다.

1942년 2월 24일 미국 정부는 전 세계의 청취자를 대상으로 태평양전쟁의 상황을 알리기 위한 '미국의 소리'(VOA, Voice of America)를 개국했다.

---

20 냅코 계획은 미국 전략첩보국(Office of Strategic Services)이 고난도 훈련을 받은 최정예 한국인 요원들을 한반도에 침투시키려고 한 작전이다. 극비로 진행된 이 프로젝트에는 총 19명의 한국인이 선발되었다. 그러나 일본이 항복하는 바람에 이 작전은 실행되지 못했다.

이승만은 1942년 6월부터 매일 '미국의 소리' 초단파 방송망을 통해 고국 동포들의 투쟁을 격려했다. 아래는 그해 6월 13일 이승만이 '미국의 소리'를 통해 한반도에 전한 소식이다.

> 나는 이승만입니다. 미국 워싱턴에서 해내 해외에 산재한 우리 2,300만 동포에게 말합니다. …얼마 아니해서 벼락불이 쏟아질 것이니 일왕 히로히토의 멸망이 멀지 아니한 것을 세상이 다 아는 것입니다. …우리 독립의 서광이 비치나니 일심 합력으로 왜적을 파하고 우리 자유를 우리 손으로 회복합시다.

이승만은 '미국의 소리'를 통해 "우리가 피를 흘려야 자손만대의 자유 기초를 회복할 것"이라고 호소했다. 외교독립론자였던 그가 2,300만 동포에게 싸우자고 독려한 것이다. 이것은 고국 동포들에게 여러 차례 독립의 희망을 주는 메시지가 되었다.

'얄타 밀약설' 폭로

이승만은 1943년 11월에 열린 '카이로 회담'에서 미국, 영국, 중국이 "적당한 시기와 절차에 따라" 한국의 독립을 허용할 것이라고 발표했음에도, '적당한'이라는 문구에 불안해했다. 독립 시기를 늦출 위험이 있었기 때문이다. 이승만이 볼 때 독립이 늦춰지면서 연합국의 신탁통치가 실시되면 좌우 합작의 연립정부가 들어서게 될 것이고, 그렇게 되면 결국 한국은 공산화될 위험이 컸다.[21]

실제로 미국의 루스벨트는 〈카이로 선언〉에서 약속한 한국의 독립을 번

21 이주영, 『이승만 평전』, 57.

이승만의 로비로 1944년 11월에 미국 정부가 발행한 태극기 우표

복하고, 1945년 2월에 열린 '얄타회담'에서 소련의 스탈린과 한국의 신탁통치에 대해 합의했다. 이승만은 루스벨트가 얄타에서 한반도를 소련에 양도했다는 정보를 접한 뒤, 1945년 5월 샌프란시스코에서 열린 유엔 창립총회에 참석하여 소련을 맹공격하는 선전을 했다. 이승만은 미 국무부와 자신을 지지하는 인사들과 대립하면서까지 소련을 배려하려는 미 국무부의 한반도 정책, 즉 좌우합작 정책의 위험성을 지적했다. 그는 "조직이 없는 우파가 조직이 강한 좌파와 손을 잡으면 패배할 것이 뻔했기에 공산화를 이끌 좌우합작에 찬성할 수 없다."라는 입장을 견지했다.[22]

이승만의 '얄타 밀약설'로 인해 유엔 총회 회의장은 발칵 뒤집혔다. 미 국무부는 즉각 부인 성명서를 냈다. 영국의 처칠 역시 비밀 협상은 없었고 대체로 양해된 사항들이 있었다고 대답했다. 그러나 이승만의 주장이 맞았음은 1945년 8월 8일 소련이 일본에 선전포고를 하고 북한을 점령하기 시작하면서 확인되었다. 이후 소련은 김일성을 내세워 북한에 정권을 세운 다음 공산화에 착수하기 시작했다. 그러나 미국은 아무런 항의도 하지 않았다.

---

22 이주영, 『이승만 평전』, 60.

건국운동 그리고 대한민국 대통령(1945-60)

귀국 그리고 신탁통치 반대운동

이승만은 33년간의 망명 생활을 청산하고 해방 두 달 후인 1945년 10월 16일 귀국했다. 한편 1945년 11월 23일에는 하지 중장이 상하이로 보낸 수송기를 타고 중경 임시정부의 김구 일행이 귀국했다. 미군정이 임시정부를 인정하지 않았기 때문에 김구 일행도 이승만처럼 개인 자격으로 귀국했다. 귀국한 뒤 그들 일행은 임시정부 요인으로 활동했고, 김구는 민족통일전선을 형성하려고 나섰다.

그러나 김구는 신탁통치 문제가 터지면서 이승만과 행동을 같이했다. 1945년 12월 28일 모스크바에 모인 미국, 영국, 소련 3국 외무장관이 한반도에서 정부를 수립하는 문제를 놓고 공동성명서를 발표했다. 이 모스크바 삼상회의의 핵심은 미군과 소련군의 대표로 구성된 미소공동위원회가 한반도에 임시정부를 세운 다음 5년간 4개국 신탁통치를 거쳐 한국인들에게 완전 독립을 준다는 것이었다. 우익 및 좌익 진영은 모두 이러한 신탁통치에 맹렬히 반대했다. 그런데 박헌영이 급히 평양에 불려갔다 온 다음부터 좌익 진영은 모스크바 결정이 한국인들에게 도움이 된다고 주장하기 시작했다.

이승만은 반대 성명을 내고 라디오 방송을 통해 이 결정이 부당함을 지적했다. 신탁통치 반대운동에는 김구가 가장 적극적이었다. 1946년 2월 8일 이승만과 김구는 한인들의 의사를 전달할 기구로 '비상국민회의'를 조직하고 28명의 최고 정무위원을 선택했다. 그러자 미군정은 28명 전원을 '대한민국대표민주의원', 즉 미군정의 자문기관 역할로서 '민주의원' 위원으로 임명했다. 이 조직은 같은 시기 좌익의 '민주주의민족전선', 즉 '민전'과 대립하는 우익이 되었다. 이승만은 '민주의원'에 참여해 의장에 선출되었으나 미군정이 한반도 문제에 대해 소련군과 타협을 시도하자 1946년 2월 14일 의장직을 사퇴했다.[23]

남한만의 정부 수립 주장

이때부터 이승만은 지방 순회에 나섰다. 그는 미소공동위원회에 반대했다. 1946년 6월 3일 정읍에서는 "남쪽만의 임시정부 혹은 위원회 조직이 필요하다."라면서 38선 이남에서라도 단독정부를 세워야 한다고 주장했다. '정읍 발언'은 폭탄선언이었다. 좌익과 중도파는 물론, 김구의 한독당, 심지어는 하지 중장 등 모두가 통일정부를 세워야 한다고 주장하는 마당에 홀로 남한

1947년 4월 22일 김포공항에서. 왼쪽부터 김규식, 김구, 지청천, 이승만, 프란체스카 도너

23 이상규 외, 『대한민국을 빛낸 기독교 120인』, 555.

만의 단독정부 수립을 주장했으니 비난받을 수밖에 없었다.

미국은 여전히 모스크바 결정의 틀 속에서 소련과 합의하여 정부를 세우려고 강행했다. 하지 중장은 중도 우파 김규식과 중도 좌파 여운형을 내세워 '좌우합작위원회'를 구성하려고 했다. 그러자 박헌영의 조선공산당이 폭력 투쟁으로 미군정에 맞섰다. 하지 중장은 좌우합작위원회를 토대로 1946년 10월 의회에 해당하는 '남조선과도입법의원'을 구성하려고 했다.[24]

'남조선과도입법의원'은 12월에 문을 열고 김규식을 의장으로 선출했다. 이승만은 하지 중장에게 강하게 항의했다. 그러나 미군정과 실랑이를 해봐야 소용없다고 판단한 이승만은 미국에 가서 한반도 정책을 바꾸도록 설득해보려 했다. 당시 '민주의원'이 이승만에게 맡긴 직책은 '대한 국민 대표'였다. 그는 미국을 방문해 워싱턴에서 "한반도 정부 수립 문제는 미소위원회가 아닌 유엔이 맡아야 한다."라고 주장했고 "우선 남한에 과도정부를 세웠다가 때를 기다려 남북한 총선거로 통일정부를 세우라."라고 요구했다.

이즈음 모스크바 결정의 틀을 고수하던 미국의 대외 정책이 바뀌고 있었다. 동유럽과 이란에서 소련의 팽창 야욕을 확인한 미국이 소련에 대한 유화 정책을 버리고 소련을 견제하기 위한 반공적인 정책을 채택한 것이다. 마침 1947년 3월 12일 '트루먼 선언'(Truman Doctrine)이 발표되면서 이승만의 활동이 국내에 크게 보도되었다. 이승만은 귀국 길에 중국에 들렀고, 1947년 4월 21일 장제스가 제공한 비행기를 타고 귀국했다.

1947년 9월에는 미소공동위원회가 완전히 결렬되고, 한반도 문제가 유엔으로 이관되었다. 유엔 총회는 1947년 11월 14일 한반도에서 유엔의 감시하에 남북한 총선거가 치러지고 정부가 수립되도록 결의했다. 그러나 유엔

---

24 당시 90명의 의원 가운데 45명의 민선의원은 선거로, 45명의 관선의원은 하지 중장이 임명하도록 조치했다. 민선의원 선거에서 우익 세력이 승리하자 하지는 좌파와 우파의 균형을 잡는다며 관선의원 45명을 모두 좌파 성향의 인물로 선택했다.

의 결의에 반대하는 세력도 강했다. 좌익들은 총선거가 남북분단을 영구화할 것이라고 비난하면서 미소공동위원회를 다시 열라고 요구했다. 김구와 한독당도 총선거 반대에 가담했다. 이제 김구는 이승만과 다른 길을 가게 되었다.

총선거와 제헌 국회

유엔 총회의 총선거 결의를 실행하기 위해 8개국의 유엔임시한국위원단이 1948년 1월 서울로 파견되었으나, 평양의 김일성은 유엔임시한국위원단이 북한에 한 발짝도 들여놓지 못한다고 선언했다. 남한만의 정부가 세워지는 일은 쉽지 않아 보였다. 단독정부가 분단을 고착화할 것이라는 의견도 있었다. 남한은 한반도 인구의 3분의 2를 차지하므로 그것만으로도 대표성이 있다는 주장도 있었다. 논란 끝에 '유엔 소총회'는 1948년 2월 26일 표결에 붙여 유엔임시한국위원단의 활동이 가능한 남한 지역에서 총선거를 실시하기로 가결했다.

남한만의 선거가 확정되자 좌익 세력은 선거를 하지 못하도록 방해하기 시작했다. 남로당은 '민주주의민족전선'(민전)과 '전국노동자평의회'(전평)을 내세워 파업을 일으켰다. 그것에 동조하는 학생들은 동맹 휴학에 들어갔다. 어수선한 시기에 김구는 성명을 발표해 자신은 "통일된 조국을 건설하려다가 38선을 베고 쓰러질지언정 한 몸의 안일을 위해 단독정부 수립에는 협력하지 않겠다."라는 굳은 결심을 전했다. 이승만은 김구를 끌어안기 위해 권면했으나 실패했다. 이승만의 생각은 "이 말 저 말 듣고 아무것도 못하다가는 이 나라가 공산화되고 말 것이다. 우선은 죽었던 나라를 한편에서라도 살려 전체가 살도록 해야 한다."라는 데 있었다.

1948년 5월 10일 유엔의 감시하에 남한 지역은 역사상 처음으로 자유 선거를 치렀다. 만 21세 이상의 모든 남녀에게 투표권이 주어졌다. 당시 친일

부역자에 해당하는 사람들에게는 참정권이 제한되었다. 선거가 끝나자 북한은 5월 14일 남한에 대한 전기 공급과 연백평야에 대한 물 공급을 끊었다. 이승만은 국회의원 총선거에서 동대문구 갑 지역구에 당선되었다. 1948년 5월 31일 국회가 소집되고, 이승만은 제헌 국회에서 선출된 국회의원 중 가장 나이가 많아 의장에 선출되었다.

5월 17일 대한민국 헌법이 공포되었다. 헌법은 대한민국이 정치적으로는 개인의 자유를 최고의 가치로 여기고 선거를 통해 집권자를 선출하는 자유민주주의 체제임을 분명히 했다. 경제적으로는 사유재산 제도와 자유경쟁의 원리에 토대를 둔 자유기업 체제임을 명확히 하면서도 당시의 사회주의적인 분위기를 반영하여 국가의 공익을 위해 사유재산권을 어느 정도 제한할 수 있게 했다.

대한민국 제1공화국의 시작

1948년 7월 20일 이승만은 국회에서 대한민국 대통령에 선출되었다. 부통령에는 이시영이 선출되었다. 73세의 이승만은 7월 24일 중앙청 광장에서 대통령에 취임했다. 해방 3주년이 되는 그해 8월 15일에는 대한민국 정부 수립 선포식이 거행되었으며, 12월 12일에는 대한민국 정부가 '한반도의 유일한 합법정부'임을 유엔으로부터 승인받았다. 그 후 이승만은 장면(張勉)을 주미 한국 대사로 임명했다.

신생국 대한민국 대통령에게 가장 시급한 문제 중 하나는 인재 부족이었다. 이 문제는 미군정 시기에도 이미 잠재해 있었다. 이승만은 1949년 '반민족행위자특별조사위원회'(반민특위)의 활동으로 일본 및 총독부에 협력했던 인사들을 처벌하는 것에 반대했다.[25] 그는 1948년부터 1960년까지 12년간

---

25 당시 친일 혐의로 체포된 사람은 682명에 이르렀고, 그 가운데 221명이 기소되었다. 그러나 재판에서는 단지 7명만 유죄 판결을 받았다.

준비했던 건국 구상에 따라 정치, 군사, 외교, 경제, 교육, 사회, 문화, 종교 등 여러 분야에서 국정을 세워나갔는데 이 가운데 특별한 것은 농지개혁[26]과 교육개혁이다.

농지개혁은 경자유전의 원칙에 따라 정부가 농지를 유상으로 매입하고 소작농들에게 유상으로 분배했다.[27] 이로써 전체 면적 대비 자작지 비율이 해방 당시의 35%에서 92.4%로 확대되었다.[28] 이승만은 6년제 의무교육제도를 도입하고 성인을 대상으로 문맹(文盲)퇴치운동을 전개했다. 해방 당시 문맹률은 국민의 78%에 이르렀으나 1959년 무렵에는 22%로 낮아졌다.[29] 교육 개혁은 국가 형성의 중요한 요인이 되었다. 역설적이지만 민주주의 교육의 결과가 4·19혁명으로 확인되었다.[30] 농지개혁 및 교육개혁을 통해 1960년대 이후의 경이로운 경제발전의 지적 기반이 조성된 셈이다.[31]

한국전쟁의 명암

이승만은 1950년 6월 25일 한국전쟁이 발발하자 서울 시민들보다 먼저 수

---

26 정부가 유상으로 토지를 구입하여 농민에게 분배하면 농민이 5년에 걸쳐 보상 지가와 상환 지가를 모두 평년작의 150% 현물로 상환하도록 했다.

27 1946년 3월 5일 북조선임시인민위원회의 토지개혁은 무상몰수, 무상분배가 원칙이었다. 분배받은 토지의 매매·양도·저당·소작 등의 행위가 금지되고 모든 곡물 생산량의 25%에 해당하는 현물세를 납부해야 했다. 권혁철 외, 남정욱·윤서인 엮음, 『시간을 달리는 남자』(파주: 백년동안, 2016), 165.

28 농지개혁은 대다수 농민을 지주제의 속박과 착취에서 해방하고, 남한의 농업 생산성을 높이며, 한국 자본주의를 태동케 했다. 그뿐 아니라 6·25전쟁 전에 농지개혁이 개시됨으로써 전쟁 중 농민들은 북한군에 부역하지 않았다. 유영익, "이승만 대통령의 업적 재평가," 403.

29 유영익, "이승만 대통령의 업적 재평가," 403.

30 권혁철 외, 남정욱·윤서인 엮음, 『시간을 달리는 남자』, 223, 233.

31 이승만은 중·고등학교와 대학교를 대폭 증설하고 해외 유학을 장려·지원함으로써 산업화에 필요한 고급 인재를 양산했다. 유영익, "이승만 대통령의 업적 재평가," 403-404.

한미상호방위조약 체결(1953. 10. 1.)

도를 빠져나가고 예고 없이 한강교를 폭파했다. 이로써 서울 시민들의 피난 기회를 빼앗고 무고한 인명 피해를 발생시켰다. 이에 대해 그는 최고 통치권자로서 역사의 책임 앞에 있다. 반면에 이승만은 미국이 '한국 정부'를 제주도나 사모아로 옮길 것을 검토하자고 할 때 확고한 전쟁 의지를 보여주었으며 물러나지 않고 현 전선을 고수하고, 공산주의자들의 전향을 촉구하는 내용을 공표하기도 했다.

미국이 휴전을 강행하려 할 때 이승만은 강력히 반대했다. 그는 휴전이 한국인들에게 통일 대신 죽음과 파괴만을 남길 것이라고 생각했다. 이승만은 미국이 자국의 입장만 고려하여 휴전하는 것에 반대하여, 1953년 6월 18일 반공 포로를 석방함으로써 세계를 깜짝 놀라게 했다. 이로 인해 미국 정부와 갈등을 빚었지만 미국은 이승만의 요구를 받아들였다. 그에 따라 유엔

군 측은 1953년 7월 27일 판문점에서 공산군 측과 휴전협정에 조인할 수 있었다.

휴전협정이 추진되는 과정에서 이승만은 미국과의 협의를 거쳐 1953년 10월 1일 '한미상호방위조약'(Mutual Defense Treaty)을 조인했다. 이때 이승만은 "이제 한미상호방위조약이 체결되었으므로 우리의 후손들은 여러 대에 걸쳐 이 조약으로 갖가지 혜택을 누릴 것이다."라고 말했다. 대한민국이 안정적으로 자유와 번영을 얻게 되리라는 기대였다. 이승만은 1954년 미국을 방문해 의회에서 연설하고, 한국군의 작전 통제권을 유엔군 사령관 관할하에 두는 대신 한국에 대한 미국의 군사 원조를 약속받는 '한미합의의사록'을 체결했다.

대통령 하야(下野)

정쟁과 전쟁의 소용돌이 속에서 1952년 8월 5일 제2대 대통령 선거를 맞았다. 이승만은 새로운 헌법에 의해 실시된 선거에서 74.6%의 지지로 재선되었다. 1956년 5월 15일 실시된 선거에서는 56%의 득표로 제3대 대통령이 되었다.

1960년 3월 15일 실시된 제4대 대통령 선거에서 이승만은 이기붕을 부통령 후보로 삼고 동반 출마했다. 민주당 후보 조병옥 박사가 선거 중 사망하자 이승만은 무투표 당선되었다. 그러나 부통령을 뽑는 과정에서 발생한 '3·15 부정선거'로 인해 4·19혁명이 발발했다. 이승만은 4월 26일 대통령직에서 물러났으며, 경무대를 떠나 이화장(梨花莊)에 잠시 머물다 5월 29일 하와이로 망명했다. 그리고 1965년 7월 19일 하와이 호놀룰루 요양원에서 사망했다. 그해 7월 27일 가족장으로 영결식이 있었고, 그의 유해는 국립서울현충원에 안장되었다.

생애와 활동을 견인한 빛

이승만은 배재학당에서 기독교와 서구 문명을 접하면서, 서구 문명의 핵심이 '정치적 자유'에 있다고 보았다. 모든 사람은 자유롭고 평등하다는 자유주의사상 그리고 국민은 정부를 선택할 권리를 갖는다는 민주주의사상, 곧 '민주공화제'는 이승만에게 큰 충격이었다. 당시 그는 조선의 정부 형태를 미국, 영국, 캐나다의 민주주의와 비교했다. 그러면서 자신이 사랑하는 조국의 정부에서 이런 변화를 일으키기 위해 자신이 나서야 한다는 열망에 사로잡혔다.[32]

이승만에게 이런 열망이 내재화되고 종교적 신념으로 자리잡게 된 계기가 있었다. 그는 종신형을 선고받고 옥중 생활을 하던 시기에 기독교적 회심을 경험했다. 선교사 게일(J. S. Gale)의 표현대로 그는 '기독교적 인간'으로 변화되어 감옥을 '또 하나의 신학교'로 조성했다.[33] 그는 러일전쟁이 발발하자 감옥에서 『독립정신』을 저술하여 미래의 '기독교적 나라'를 만들어 가는 데 도움이 되도록 자기 생각을 정리했다. 그의 삶은 '기독교적 연대'를 통해 기독교적 나라를 만들어가려고 한 여정이었다.

기독교적 인간

기독교 정치인 이승만의 생애와 활동을 가능케 한 내적 요인 가운데 주요한

---

32 O. R. Avison, *Memoires of Life in Korea 1893-1935*; 올리버 R. 에비슨, 박형우 편역, 『올리버 R. 에비슨이 지켜본 근대 한국 42년 1893-1935(下)』(서울: 청년의사, 2010), 78.

33 J. S. Gale, *Korea in Transition*, 신복룡 역주, 『전환기의 조선』(서울: 집문당: 1999), 138-40.

것 하나가 한성감옥에서의 신앙적 체험이었다. 그의 삶에서 정치와 종교는 별개의 것이 아니다. 둘은 밀접하게 연결되어 있다. 그의 정치 이념과 사상 형성의 밑바탕에 신앙적 체험이 존재한다.

사실 이승만은 어린 시절부터 어머니의 신앙인 불교와 서당에서 습득한 유교적 영향을 강하게 받았기에 기독교에 대해 배타적이었다. 특히 '양귀자'(洋鬼子)로 불리던 서양인들의 종교, 기독교에 대한 인식은 상당히 부정적이었다.

그런데 이승만은 영어를 배워 출세할 목적으로 배재학당에 들어가면서 기독교 신앙과 서양 학문을 접했다. 그는 배재학당 재학 시절 독립협회를 중심으로 정치개혁에 참여했고, 1899년 독립협회 해산 직후 터진 '박영효 쿠데타 음모 사건'에 연루되어 투옥되었다. 그때 동지 주시경이 건네준 권총으로 탈옥을 시도했으나 다시 붙잡혀 종신형을 선고받고 독방에 갇히는 신세가 되었다. 감옥에서 5년 7개월을 보내는 동안 그는 기독교로 개종했다. 무지하고 가난한 사람들에게나 어울리는 '어리석은 가르침'이라고 치부하던 기독교가 자기 삶의 중심에 자리를 잡았다.

이승만은 사형수와 같은 종말론적 상황에서 자신의 운명을 생각했다. 그러던 어느 날 배재학당 시절에 들었던 설교가 생각나면서 선교사들이 하던 것과 같은 기도를 드리게 되었다. 에비슨(O. R. Avison) 선교사는 자신의 회고록에서 이승만이 미국에서 회심의 순간을 직접 간증한 내용을 다음과 같이 소개한다.

> 독방에서 나는 일생 처음으로 신에게 기도를 했다. '신이시여, 내 영혼을 구하소서! 신이시여, 내 조국을 구하소서!' 즉시 내 독방은 빛으로 가득 찬 것처럼 보였고, 즐거운 평화가 내 마음에 찾아왔다. 그 순간 나는 변화됐다. 내가 선교사와 그들 종교에 대해 느꼈던 증오와 그들에 대한 모든 불신이

이승만과 옥중 동지들. 가장 왼쪽이 이승만이다.

사라졌다. 나는 그들 자신이 높게 소중히 여기는 것을 우리에게 주러 왔다는 것을 알았다. 너무나 기쁜 나머지 나는 간수 부장에게 내 경험에 관해 이야기했고 감옥을 방문한 그의 동생에게도 이야기했다. 그 일이 있은 후에 내가 바뀐 사람이 됐다고 말했다. 이 두 사람은 나에게 일어난 변화를 보고 개종했다.[34]

기독교인 이승만이 탄생하는 순간이었다. 이승만에게 회심이 이루어진 것이다. 이승만은 '빛의 경험'을 통해 선교사들이 '높게 소중히 여기는 것'

34 올리버 R. 에비슨, 『올리버 R. 에비슨이 지켜본 근대 한국 42년 1893-1935(下)』, 90.

을 한국 사람에게 주러 왔다는 것을 알게 되었다. 그는 기도를 통해 자신이 기대하던 것 이상의 결과를 얻었다. 선교사와 기독교에 대해 갖고 있던 불신과 증오심이 사라지고 감사를 느끼게 되었다. 간수 부장의 동생 이충혁은 목사가 되기 위해 공부하려고 1904년 도미(渡美)했다.

이승만에게 일어난 변화는 당시 한성감옥에 투옥 중이던 걸출한 정치범들이 개종하는 계기가 되었다. 석방된 후 그들은 교회에 합류했고, 선교 사업에서 활발한 협조자가 됐다. 이상재를 비롯하여 유성준, 김린, 이원긍, 김정식 등 40명 정도가 이승만에 의해 기독교인이 되었다. 어린 죄수들을 위한 '감옥 학교'가 열렸고, 선교사들이 넣어준 책들로 '감옥 도서관'이 운영되었다. 이런 변화를 선교사 게일은 다음과 같이 말했다.

> 감옥은 선교 사업에서 위대하고 중요한 일익을 담당했던 신학교와 같습니다. …그들의 감옥은 처음에는 안내소가 되었고, 그다음에는 교회로, 또 그 다음에는 기독회관으로 되었으며, 이러한 과정이 끝났을 때 하나님은 그들 모두를 감옥 밖으로 내보내어 임무를 주었습니다. …감옥은 감리교와 장로교의 후원하에 설립된 것이 아니면서도 우리에게 좋은 도움을 주었습니다.[35]

이승만의 회심 이후 활동은 '기독교적 인간'에 맞춰졌다. 그가 옥중에서 저술한 『독립정신』 후록에는 독립주의의 긴요한 조목이 기술되어 있는데 6번째 강령인 "자유 권리를 중하게 여겨야 한다."에 '남의 권리를 소중히 여기는 기독교인의 삶'이 제시되어 있다.

---

35 이승만, 『독립정신』, 444-46.

> 하나님은 못 보시는 것이 없고, 모르시는 것이 없은즉, 나의 손으로 짓는 죄만 벌을 주실 뿐 아니라 마음속으로 생각하는 것 또한 감찰하실 것이니, 이 어찌 두렵고 부끄럽지 않겠는가. …곧 예수 그리스도를 세상에 보내시어… 용서를 얻고 복을 받게 하셨으니… 이 은혜는 다른 것으로 갚을 수는 없고 다만 예수의 뒤를 따라 세상 사람을 위하여 나의 목숨을 버리기까지 일하는 것뿐이다.

나중에 올리버 박사는 이렇게 말했다. "이승만에게 있어 기독교 개종은 기독교 원리에 대한 지성적 성찰의 결과 이상의 심오한 내용을 담고 있었다. 예수는 그에게 살아 있는 영감이 되었다. 이제 어떠한 상황이 전개된다고 할지라도 그의 남은 생도 하나님의 계획 안에서 이루어질 것을 믿게 되었다." 이승만은 1905년 4월 23일 부활절에 워싱턴의 커버넌트장로교회 햄린(L. T. Hamlin) 목사에게 세례를 받았다.

기독교적 연대

이승만의 생애와 활동은 기독교적 연대(連帶, solidarity) 안에서 진행되었다. 기독교 선교의 역사에서 선교사들의 의도야 어찌 되었든 이승만은 기독교의 제국주의적 성격과 침략의 앞잡이 역할을 모르지 않았을 것이다. 그러나 이승만이 기독교에 접촉하던 시기, 그는 문명의 상등 국가에 있는 미국, 영국, 캐나다에 주목했다. 이들 나라에서 한국에 건너온 선교사들은 귀하고 값진 것을 주기 위해 왔음을 믿었다.

이승만은 한국이 문명의 상등 국가가 되는 길은 기독교적 국가와 연대하는 데 있다고 보았다. 1908년 유학 시절, 그는 피츠버그대회(Pittsburgh Convention)에 참석하여 다음과 같이 연설했다. "한국인들은 지금 가장 수치스런 처지에 처해 있지만, 한국 백성이 모두 구원받을 길이 있다면 그것은 온 세계의 구세주이신 예수 그리스도밖에 없습니다. 그분만이 조국에 참된 구원을 주실 수 있고 또 주실 것입니다."[36] 그래서 그는 기독교를 한국에 전해준 미국과 미국교회에 감사를 표했다.

이승만은 한국의 독립도 기독교 국가들과 연대함으로써 가능할 것이라고 보았다. 특별히 미국의 기독교인들이 기독교적 동정(同情, sympathy)으로 한국교회에 관심과 도움을 주길 바랐다.[37] 그는 한국교회와 미국교회를 기독교적 동정으로 연결했다. 당시 한국교회는 세계와 연결되는 유일한 창이었다.

이승만은 1905년 8월 고종의 밀사 자격으로 워싱턴에서 한국의 독립을 청원했지만, 이미 일본과 미국 사이에 가쓰라·태프트 밀약이 맺어진 것을 알고 외교적 현실이 만만치 않음을 실감했다. 기독교적 연대에 입각한 그의 외교독립론은 타격을 입었다. 힘의 논리 앞에서 실력을 키워야 한다는 강한 도전을 받았다. 그가 식민지 시기의 백성으로서 공부에 전념하게 된 계기도 이와 무관하지 않았을 것이다. 이후에 전개된 이승만의 모든 관계성 가운데 기독교적 연대의 빛과 그림자가 드리워져 있다.

이승만은 1908년 3월 23일 발생한 친일파 미국인 스티븐슨 저격 사건에서 전명운과 장인환의 변호를 위한 법정 통역을 거부한다. 그의 외교독립론 입장에서 당시의 미일 관계 등을 고려한 판단이었다. 그는 1914년 자신을 하와이로 초청한 박용만과 다툰다. 무력투쟁을 시도하는 박용만과 달리 교육을 통한 실력 양성과 독립을 위한 외교 활동에 비중을 두었기 때문이다. 1920년대 무장투쟁론을 앞세우던 중국의 독립운동가들과도 관계가 단절되었다. 이승만의 외교독립론은 거세게 비판받았다. 결국 그는 1925년 임시의

36 "Appeals of Native Christian," *The Korea Mission Field*(1908.6): 96.

37 이덕주, "이승만의 기독교 신앙과 국가건설론-기독교 개종 후 종교활동을 중심으로(1899-1913)," 74.

정원에 의해 탄핵을 당했다.

이후에도 기독교적 연대에 기초한 이승만의 외교독립론은 비판을 받았고 시행착오도 겪었다. 심지어 영·미의 진보적 언론은 이승만을 '독재적이며 야심에 차고 반동적이며 무책임하고 잔인한 인물'로 평가하기도 했다.[38] 기독교적 연대, 즉 '동정'에 기초한 그의 외교독립론이 지닌 약점은 무엇이었을까? 이승만의 기독교적 연대는 기독교 국가 및 문명 의존성에 대한 문제를 다시 숙고하게 한다.

이승만은 자유와 평등이라는 가치를 '완전하게' 구현한 정치적 민주국가로 미국과 영국을 꼽았다. 미국은 은인의 나라였다. 그러나 기독교 상등 국가와 그 나라 교회에 대한 절대적 의존의 자세는 또 다른 제국주의 확산의 도구로 이용될 가능성이 존재했다.

그럼에도 불구하고 기독교적 연대는 이승만의 생애를 이끈 주요한 빛이었다. 그는 점차 자기와 다른 생각, 다른 입장을 기독교적 연대 안에서 수용하고 인정했다. 과거 자신을 탄핵한 임시정부와의 관계도 회복되어, 그는 1932년 국제연맹에 한국의 독립을 탄원하는 임시정부의 특명전권대사로서 그 사명을 감당했다. 또 한국의 독립을 위한 무장투쟁도 준비했으며 때로는 미국 정부를 상대로, 때로는 친분이 있는 저명한 인사들을 통해 꾸준히 한국의 독립을 위한 기독교적 연대를 모색했다.

일제 식민지 시대 우리 민족의 문제에는 세계 여론의 관심과 지원이 절실했다. 이승만의 관점에서 한국의 상황은 선교사들과 교회를 통해 세계와 연결되었고, 기독교적 연대가 유일하게 외교적 기능을 감당하고 있었다. 일제가 한국교회를 견제하고 핍박하던 시기, 이승만은 기독교적 연대를 통해 한국교회가 나아갈 길과 기독교적인 나라 건설을 꿈꾸었다. 물론 해방 공간에

---

38 유영익, "이승만 대통령의 업적 재평가," 396.

서, 또 신생국가의 희미한 희망 가운데서 그는 독단적으로 기독교적 연대를 강요하기도 했다. 그러나 이승만은 세계교회가 한국교회를 돌아보는 것이 기독교적 연대라고 보았다. 그는 기독교적 연대를 통한 외교를 평생 포기하지 않았다.

기독교적 나라

이승만이 하와이에서 교민 교육과 독립운동을 전개하던 시기에 펴낸 책이 『한국교회핍박』이다. 그는 이 책에서 105인 사건을 '기독교에 대한 탄압과 박해 사건'으로 해석했다. 특별히 이승만은 '식민통치'를 받는 나라에서 기독교가 민족주의 및 민족 국가 형성 과정에 어떤 역할을 했는지를 추적했다. 그리고 무엇보다 기독교가 독립운동의 정신적 원천이기에 하나님이 나라를 지키신다는 믿음을 견지했다. 이런 믿음은 그의 생애와 활동의 근간이었다. 그의 삶은 기독교적 나라 건설을 위한 여정이었다.

이승만은 1948년 5월 31일 제헌 국회를 개원하는 역사적인 순간에 "먼저 하나님께 기도하자."라고 제안한다. 그리고 "대한민국 독립 민주국 제1차 회의를 여기서 열게 된 것을 우리가 하나님께 감사해야 할 것입니다."라고 언급한 뒤, 개신교 목사 이윤영 의원에게 기도를 부탁했다. 이에 이윤영 의원이 등단하여 제헌 국회를 개원하는 기도를 드렸다.

> 하나님이시여, 이 민족을 돌아보시고 이 땅에 축복하셔서 감사에 넘치는 오늘이 있게 하심을 주님께 저희들은 성심으로 감사하나이다. …원컨대, 우리 조선 독립과 함께 남북통일을 주시옵고 또한 민생의 복락과 아울러 세계평화를 허락하여 주시옵소서.[39]

---

39 김형석, "이윤영," 『대한민국을 빛낸 기독교 120인』, 561-62.

이것은 대한민국에서 일어난 아주 특별한 사건이다. 평상시 신앙 입국을 꿈꾸던 이승만의 생애와 활동을 짐작하게 하는 장면이다. 이승만에게 국가의 핵심적 가치는 '기독교적 나라'에 있었다.

기독교적 나라는 이승만이 배재학당에서 선교사들로부터 깨달은 '평등' 개념에 근거한 '천부인권'(天賦人權) 사상을 바탕으로 한다. 다른 민족의 지배나 간섭을 받지 않고 민족 스스로 독립된 정치체제를 구축하려는 것에서 그가 추구한 정치적 지향점이 드러난다. 이승만에게 그 모델이 되는 국가는 세계에 영향력을 확산시키고 있는 영국이나 미국 등 서구 국가들이었으며, 그가 생각한 기독교적 나라의 궁극적 목표는 자유와 평등을 기반으로 한 기독교주의 국가의 연합체, 즉 세계평화 공동체였다.

이승만의 생애와 활동은 한국이 상등 국가와 같은 기독교 국가가 되길 바라는 호소였다. 그는 상동청년회,[40] 황성기독교청년회, 하와이의 한인 사회 그리고 교회와 학교에서도 이것을 역설했다. 이와 함께 그는 진정한 기독교인에 의해 이루어지는 기독교적 나라를 세우고자 했다. 이승만이 추구하는 한민족의 독립운동 역시 단순히 독립국가를 건설하기 위한 정치운동이 아니라, 지상의 모든 민족이 '형제애'를 바탕으로 자유와 평등의 세계를 건설하게 하려는 '하나님의 계획'에 참여하는 '기독교적 운동'이 되어야 했다.

이승만은 이렇게 탄식했다. "슬프다. 우리나라의 실낱같은 혈맥은 다만 예수교회에 달렸거늘, 우리 교우들은 이것을 아는지 모르는지 혹 알고도 아직 힘이 자라지 못하여 그러한지."[41] 이는 애국과 자주독립을 향한 기독교인의 책임을 강조한 것이다. 이승만은 아직 힘이 모자라기에 여러 면에서 실력을 양성해야 한다고 보았다. 그러나 그에게 더욱 중요한 것은 평등과 자유

---

40 1904년 10월 15일 전덕기(全德基) 목사가 설립한 상동청년회와 청년학원은 나중에 '상동파'라 불리는 한말 민족운동가들의 구심점이 되었다.

41 이승만, "대한 교우들의 힘쓸 일,"「신학월보」(1904.8).

를 지키기 위한 백성의 자기 희생적 마음이었다. 이것이 기독교적 나라를 위한 참된 가치였다.

다시 평가하는 이승만

이승만은 절망적 상황에서 기독교적 회심을 경험했다. 이후 그는 기독교적 인간으로서 기독교적 연대를 통해 한국교회를 일으키고, 그로 인해 아시아를 문명케 하며, 이로써 세계의 평화에 기여할 수 있는 기독교적 나라를 바라보았다.

이승만이 살았던 시대의 한국은 빠르게 변화하는 국내외 상황의 소용돌이 속에서 완전한 자주권(自主權)을 가진 국가라기보다는 강대국들의 장기판 졸(卒)과 같은 존재였다. 대한민국에 적대적인 국가뿐만 아니라 우방국과 동맹국까지 포함한 세계 열강들은 하나같이 이승만이 이루고자 한 일에 반기(反旗)를 들었다. 당시 이승만은 적과 동지 사이에서 샌드위치처럼 끼어 있는 신세였다. 북한, 소련, 중공은 이승만에 대한 적극적인 반대 투쟁을 전개했다. 미국, 영국, 인도는 이승만의 기본적인 계획과 핵심적인 정책의 많은 부분을 자제하게 하고 거부했다.[42]

이런 상황에서 강대국과 약소국 간의 관계란 어떤 것인가? 이 관계는 어떻게 발전하고 진행되는 것이 옳은가? 이승만을 비판하는 사람들은 비록 그의 목표가 옳다고 하더라도 그 추구 방법이 잘못된 경우가 많았다는 점을

42 로버트 T. 올리버, 『건국과 나라 수호를 위한 이승만의 대미투쟁(上)』, 21.

끊임없이 주장한다. 과연 이 주장은 영속적으로 타당한가? 대한민국 건국 과정에서 일어난 사건들은 앞으로도 계속 전개될 국제문제 분규의 수많은 현장에서 좀 더 현명하고 설득력 있는 결정에 어떤 도움을 줄 수 있을까?

이 글은 이러한 질문들에 대답하는 논증이 아니다.[43] 다만 역사적 진리는 여러 사건과 그 궁극의 결과를 놓고 최종적으로 평가되어야 하고, 그 평가에는 다양한 관점이 필요하다는 전제를 가지고 '이승만'이라는 한 인물의 생애를 들여다보았다. 다양한 관점과 시각이 용인될 때 역사적 진리는 하나의 합성체로 우리에게 다가오기 때문이다.

무엇보다 이승만은 1919년 3·1운동 이후 각지에서 생겨난 임시정부들의 수반으로 추대되었고, 그의 공식적인 직함은 1919년 9월 통합(統合) 대한민국 상하이임시정부 초대 대통령이자 정부 수반이었으며, 1948년에 수립된 대한민국 1, 2, 3대 대통령이었다. 이승만은 준비되어 있었기에 역사의 소용돌이에서 자신의 역할을 감당할 수 있었다. 역사의 이름으로 이승만은 민족 공동체를 향해 이렇게 유언한 바가 있다.

> 잃었던 나라의 독립을 되찾는 일이 얼마나 어렵고 힘든 일이었는지 우리 국민은 알아야 하며, 불행했던 과거사를 거울로 삼아 다시는 어떤 종류의 것이든 노예의 멍에를 메지 않도록 해야 합니다.[44]

---

43 1990년대 이후 이승만에 대한 재평가가 활발하게 이루어지고 있다. 1991년 소련의 붕괴 이후 공산권의 현대사 관련 사료가 공개되어 이승만에게 전가했던 남북분단 및 6·25전쟁 발발 책임 등에 대한 재평가, 1990년대 중반 이후 이화장에 있던 이승만 관련 자료들이 학계에 알려졌다.

44 이인수 씨를 통해 국민에게 전해진 이승만의 유언이다. 이승만기념관, "크리스천 이승만, 거대한 생애의 마지막 기도," 참조. http://xn-zb0bnwy6egumoslu1g.com/bbs/board.php?bo_table=Christian&wr_id=17

지금도 이승만이라는 역사적 인물은 여러 방면에서 많은 사람에 의해 질문받고 있다. 그 질문들 가운데 하나는 "이승만이라는 인물이 그 시대에 꼭 필요했던 사람이라고 생각하는가?"이다. 이 물음에 대한 대부분의 대답은 "그렇다" 쪽이 압도적이다. 그러나 이 대답은 아직 100년이 지나지 않은 현 시점에서 역사적 인물 이승만에게 주어지는 최악의 평가와 확연한 차이가 있다.[45] 향후 이승만에 대한 역사적 평가는 어떻게 전개될지 자못 궁금하다.

---

45 김충남에 의하면 1998년 당시 한국 청년들의 이승만에 대한 평가는 '친미 사대주의자'(53%), '반민주적 독재자'(18%), '남북 영구분단의 원흉'(18%), '독립투사이자 건국의 아버지'(1.3%) 순이었다. 참조. 김충남, 『성공한 대통령 실패한 대통령』(서울: 둥지, 1998), 57.

안창호

4장 실천적 사랑의 삶을 산 독립운동가

- **김창환**(풀러신학대학원 코리안센터 학장, 공공신학 교수)

도산의 독립운동 참여

도산 안창호 선생(1878-1938)은 한국 근대사에 깊은 영향을 미친 독립운동가로서, 기독교정신을 바탕으로 독립운동에 일생을 바친 위인이다. 그에 대한 여러 평가가 있는데, 그의 삶과 사상은 민족 혁명가[1]이자 독립전쟁론자이며 공화국을 건설하려는 조선의 혁명가,[2] 민족 개조론을 주창한 독립운동가, 대한 독립운동의 순국자인 동시에 한민족완성운동의 최초 순교자,[3] 생활 속에서 행동하는 인도주의자,[4] 민족혁명영수 혹은 혁명투사,[5] 독립정신의 헌신, 민주주의의 선구자, 지성스러운 청년 지도자,[6] 민족 경륜과 구국 이념을 가진 사상가,[7] 한국 근현대사가 낳은 세계적 사상가,[8] 기독교 진리와 가

---

1 신용하, 『(민족독립혁명가) 도산 안창호 평전』(파주: 지식산업사, 2021), 307-16.

2 이태복, 『도산 안창호 평전』(파주: 동녘, 2019), 448.

3 이광수, 『도산 안창호』(서울: 하서출판사, 2006), 138.

4 장리욱, 『도산의 인격과 생애』(서울: 홍사단, 2014), 23-28.

5 장석홍, 『안창호: 한국 독립운동의 혁명 영수』(서울: 역사공간, 2016), 10-27.

6 지명관, "도산의 생애와 사상," 안창호, 『나의 사랑하는 젊은이들에게』(서울: 지성문화사, 1987), 263-301.

7 안창호, 『나의 사랑하는 젊은이들에게』, 328-32.

치관을 사회적·민족적 이념으로 승화시킨 기독교인[9] 등으로 요약된다. 필자는 도산의 삶을 무엇보다도 기독교정신을 바탕으로 국권회복을 일관되게 추구하며, 그것을 실행하려고 끊임없는 자기 갱신을 통해 민족 독립의 토대를 닦은 삶이라고 본다. 즉 그의 인생은 조선의 독립이라는 한 가지 목표에 헌신하며 기독교정신의 깊은 이해를 통해 형성된 가치관인 정의와 정직을 바탕으로 실천적 사랑을 이룬 삶이다.

한 인물을 평가하는 데에는 시대적 배경 등 여러 복합적 요소를 고려해야 하고, 당시 상황에 대한 잘잘못을 현재의 관점에서 충분히 따질 수 있음에도 도산에 대한 대다수 학자의 평가는 매우 긍정적이다. 특히 그가 관여한 격동적인 정치적 상황에서 타협적 요소가 많음에도 불구하고 그가 일관되게 개인적·사회윤리적인 신실한 삶과 행동을 보여준 것은 매우 시사하는 점이 많다고 본다.

안창호는 1878년 11월 9일 평안도의 평민 집안에서 셋째 아들로 태어난다. 열 살 때 아버지를 여의고 평양으로 옮겨와 어머니와 할아버지 도움으로 서당에서 한문과 유교 경전을 2년간 배운다. 그는 열네 살 때 청일전쟁을 겪는데, 당시 평양 지역이 격전지가 되어 많은 양민이 희생당하는 것을 직접 경험한다. 이를 통해 그는 약소국의 비참함을 경험하며 나라의 힘을 키워야 한다고 생각했던 것 같다.[10]

그 후 안창호는 서울로 가서 공부를 더 하기로 한다. 마침 밀러(E. Miller) 선교사가 운영하는 야소교학당(후일 '경신학교'로 발전)에서 기독교와 신학문을 습득하게 된다. 당시 안창호는 기독교에 적극적이고 전도에 힘을 써 교회를 세우는 데에 직접적으로 관여했다고 전해진다.[11] 또한 독립협회를

---

8 박재순, 『애기애타: 안창호의 삶과 사상』(서울: 홍성사, 2020), 302-305.

9 이만열, "도산 안창호와 기독교 신앙,"「한국근현대사연구」 제22권(2002): 46-87.

10 신용하, 『도산 안창호 평전』, 20.

인도하고 있던 서재필에게 깊이 영향을 받고 1898년 만민공동회의 회원으로 가입하여 활동하는 등 적극적으로 구국운동에 관여한다. 이어 젊은 청년으로서 평양 동지들과 함께 독립협회 지부를 조직한다.

그해 8월 평양, 그는 '쾌재정' 연설 모임에 참석한 평양의 관중과 지방 관료들 앞에서 그들의 학정과 부패를 명료하고 날카롭게 지적하는 연설로 젊은 청년의 나이에 큰 주목을 받는다. 이 연설에서 자신의 생각을 체계적으로 잘 정리하고 과감하게 웅변한 것은 그가 용기와 정의를 추구하는 사람이었음을 보여준다. 청년 안창호는 이 시기부터 구국운동을 하며 조직적인 안목과 설득력 있는 웅변을 통해 설득하는 방법을 배우고 서울과 평양을 다니면서 청년 연사로 알려진다.

그러나 같은 해 말 독립협회와 만민공동회가 강제 해산을 당하자 청년 안창호는 이에 대해 만민공동회 등에서 그 부당함을 역설하고, 독립협회 회원들은 백성을 위하는 충정으로 죽음을 무릅쓰고 추진하며 모임에 힘쓰자는 취지로 연설하여 대중의 호응을 얻는다.

결국 독립협회가 완전히 해산되자 그는 1899년에 고향으로 돌아와 초등학교인 '점진학교'를 세우고 교장직을 맡는다. 점진학교는 남녀공학을 실시한 최초의 소학교로, 신학문을 가르치고 애국심을 배양하는 데 목적을 두었다. 학교 이름인 '점진'은 '쉬지 않고 꾸준히'라는 의미가 있고 또한 급진적으로 민족계몽운동을 추진하기보다 '점진적으로' 하겠다는 의미로 볼 수 있다.[12]

안창호는 그가 서당에서 유교 경전을 공부할 때나 야소교학당에서 기독교와 신학문을 배울 때 주위로부터 영특하고 깊이 있는 사고를 하는 학생으로 평가받았다. 그곳에 계속 남아 일을 해달라고 제안받은 것을 보면 그가

---

11 이만열, "도산 안창호와 기독교 신앙," 25.

12 신용하, 『도산 안창호 평전』, 36-38.

어렸을 때부터 학업뿐 아니라 주위 사람들에게 여러모로 인정받았다는 것을 알 수 있다. 당시 배운 유교의 윤리적 가르침과 기독교의 가치관은 그에게 큰 영향을 끼쳤다. 이는 그의 윤리적이고 도덕적인 생활을 통해서, 또한 신의적인 행동과 전체를 우선하는 태도를 통해서 표현되었다.

특히 그는 청년 시절부터 연설을 통해 독립운동에 관한 자신의 사상을 피력했고, 많은 이들이 그의 영향을 받았다. 그도 다른 이들로부터 많은 영향을 받았는데, 특히 서재필과 밀러 선교사 그리고 그의 친구 필대은의 영향을 많이 받았다.[13] 이들은 각각 독립정신과 설득력, 기독교와 교육의 중요성 그리고 대화와 토론을 통한 사상의 정립을 안창호에게 제공해주었다.

안창호는 이미 20대 초반에 많은 사람에게 주목받는 연설가로 부각되며 이후에도 계속 연설과 글로써 국권회복에 정진하고 독립정신의 사상적 토대를 세우는 데에 중요한 역할을 담당한다. 또한 독립협회에 가입한 직후 평양 지회를 세워 주도적 역할을 한 것을 보면 그의 조직적인 면과 추진력이 청년 때부터 나타난 것을 볼 수 있다. 도산은 이 두 가지 특징과 설득력, 투철한 동지의식으로 독립운동에 크게 기여한다.

도미 유학과 미주에서의 국권회복운동

여러 뜻있는 이들의 구국운동에도 불구하고 조국의 상황은 계속 악화되었다. 안창호는 절친한 동지이자 토론 상대였던 필대은의 병사 등을 계기로

---

13 신용하, 『도산 안창호 평전』, 29.

본인이 야소교학당 시절부터 계획한 교육학 공부를 위해 유학을 결심한다. 그는 언더우드와 밀러의 추천서를 받고 서울 제중원에서 급하게 결혼식을 올린 후, 1902년 9월 제물포(인천)항을 출발하여 미국으로 간다. 이 여정에서 안창호는 '도산'('산봉우리'라는 의미)을 호로 정하며 샌프란시스코에 도착하여 알렉산더 드루(A. Drew) 박사의 도움으로 정착한다.

그곳에서 동포들이 서로 분쟁하는 것을 보고 이 일에 관여하며 유학과는 다른 길을 걷게 되는데, 향후 미국에서 지내는 3년 동안 한인을 위한 조직을 통해 한인의 복지와 독립운동에 매진한다. 그는 샌프란시스코의 동포들 사이에서 신뢰를 얻고, 한인들 간에 계를 조직하여 협동 체제를 세우고 교양적인 생활, 태도 등을 향상시켰다. 또한 친목회, 노동주선소, 야학 설립 및 생활 개선 규칙 제정 등 다양한 복지에 관여하면서 1903년 최초의 재미 한인단체인 '한인친목회'를 조직한다. 도산은 어려운 동포들의 상황을 외면하지 않고 그들을 대변하며 그들의 신뢰를 쌓았다. 이러한 리더십은 이후에도 계속해서 그가 독립운동을 전개하는 데 주요한 요소가 되었다.

다음 해 안창호는 남가주의 리버사이드로 옮겨와 오렌지를 수확하는 한인 노동자들을 도와서 자치 공동체를 구성한다. '한국인 노동국'(Korean Labor Bureau)이라는 조직을 세우는데, 이것이 발전하여 그해 리버사이드 공립협회가 된다. 이후 도산은 샌프란시스코에 돌아와 한인친목회를 바탕으로 '동족상애(同族相愛), 환난상구(患難相救), 항일운동(抗日運動)'이라는 기치 아래 1905년 4월 전미주한인공립협회를 설립하며, 11월에는 미주 최초의 한국인 신문인 「공립신보」를 발행하기 시작한다. 짧은 이민 역사에도 불구하고 안창호의 지도력으로 한국인의 복지와 재미 한인을 대변하는 협회와 간행물이 시작된 것은 매우 의미 있는 일이다. 이 단체들은 향후 독립운동에 정신적·물질적 지원을 하게 되며 미국과 한국 내에서 큰 영향력을 행사한다.

특히 재미 한인들을 대변하는 단체에 관한 일화가 있다. 1906년 4월 샌프란시스코 지진으로 피해를 입은 한인들의 소식을 듣고 대한제국 정부가 위문금을 전달한 일이 있었다. 한국 외교권이 1905년 을사조약을 통해 일본에게 위임되었다는 구실로 일본 영사관에서 한인들에게 위문금을 수령할 것을 통지했지만 공립협회는 이를 단호하게 거절한다. 이후 공립협회는 계속 재미 동포들을 대변하는 위치에서 일본인이 한인을 통제하지 못하도록 미국 정부에 요청하는 매우 중요한 역할을 담당한다.

도산은 고국으로 돌아가 국권회복을 위해 헌신할 것을 결심하면서 이러한 일을 담당할 단체를 구상하는데, 그 단체가 바로 '신민회'(New Korean Society)이다. 그는 '대한신민회취지서' 초안을 작성한다. 국민 백성을 새로이 조직하고, 국민의 힘으로 독립을 쟁취하며, 새 교육을 실행해 지도자 양성을 추진하고, 국내에서는 비밀단체로 하며, 국권회복 후에는 왕정을 폐지하고 민주공화국 체제를 이루어야 한다는 게 그 주요 내용이다. 신민회를 비밀단체로 한 것은 독립협회가 활동하다가 당국에 의해 쉽게 폐쇄됨을 보았기 때문이고, 민주공화국 체제에 대해서는 미국 생활에서 크게 영향받은 것으로 보인다. 대한신민회취지서 초안은 새로운 사상과 철학을 담은 중요한 자료로서, 독립운동에 큰 영향을 주었다. 난국의 상황에서 민족에게 호소하며 논리적인 문장으로 취지를 설명한 대목이다.

> 슬프다 동포여! 아는가 모르는가? 꿈을 깨었는가? …내 몸이 죽어서 묻일 땅이 없으며, 나의 자손이 자라서 살 방이 없으니… 슬프다! 이 나라는 내 나라인데 우리가 죽고자 하면 이 나라를 어데다 버려두며, 우리가 숨고자 할진대 누구에게 위탁할 것인가?[14]

---

14 안창호, "대한신민회취지서," 『한국독립운동사 자료(임정편)』 제1권(서울: 국사편찬위원회, 1970), 1024-28.

도산은 위와 같은 호소로 사상, 교육, 수양, 윤리, 학술 등 모든 분야에서 민족 개조를 주창한다. 이를 위해 '통일연합'과 '독립자유'를 이루어 궁극적으로 '신정신'을 되살리고 '신단체'를 조직한 후 '신국'을 건설하자고 호소한다. 마지막으로 "무엇을 버리고 무엇을 취하며, 어느 것을 버리고 어느 것을 따르려는가? 내하라(오라) 우리 대한 신민이여!"라며 결단을 촉구한다. 이 취지서는 도산의 사상을 대표하며 향후 3년간 조선에서 그의 국권회복 운동의 행동 지침이 되었다.

신민회와 대성학교 및 국권회복운동

도산은 국권회복운동을 추진하기 위한 세 가지 계획을 구상한다. 첫째, 전국적 단체를 조직하는 것, 둘째, 이를 뒷받침하기 위해 인재 양성을 위한 교육기관을 설립하는 것, 셋째, 국권회복을 위한 국민 계몽 그리고 재정을 조달하기 위한 저변 확대와 대한 국민의 합치가 그것이다. 그는 이 세 가지 계획을 가지고 1907년 2월 귀국하여 바로 대한매일신보사 총무 양기탁, 이동휘 등과 함께 비밀리에 대한신민회를 창립한다. 또한 조직 능력을 활용하여 대한매일신보사, 상동교회와 기독교 계통, 구한국 무관 출신의 애국 세력, 민족자본가, 미주 공립협회 등 여러 애국 세력을 통합한다.[15] 신민회의 총감독은 양기탁이었지만 실제적인 운영과 집행은 도산이 했으며, 신민회는 국내외를 망라하는 매우 잘 조직된 비밀단체로 활동하게 된다.

---

15 신용하, 『도산 안창호 평전』, 85-87.

신민회 창립 기념사진(1907)

신민회는 도산이 그의 사상을 실현한 중요한 단체로, 치밀한 계획과 의지로 추진된 단체였다. 회원으로 입회하려면 매우 엄격한 절차를 거쳐야 했고, 애국자로 엄선된 사람만을 영입했으며, 1910년 당시의 회원 수는 800여 명으로 추정된다.[16] 이렇게 신민회는 비밀단체로서 계몽운동을 추진하여 한일합병 이후에도 이어지는 독립운동의 중요한 기초를 마련해갔다.

이듬해 9월, 도산은 이승훈의 지원을 받아 평양에 중등학교인 대성학교를 설립하는데, 윤치호가 교장을, 도산은 교장 대리를 맡았다. 매일 아침 조회 시간에 애국가를 부르게 하고 여러 교과목 중에 체육을 가장 강조했으며 애국심을 고취하는 여러 활동을 장려했다. 또한 기독교 신앙을 학생들에게 알리기 위해 교회 지도자들과 선교사를 자주 초청했으며 도산 자신이 직접 나서 종종 성경을 가르치고 설교하기도 했다.[17] 대성학교는 중등교육과 함

16 신용하, 『도산 안창호 평전』, 91.

께 국권회복을 담당할 일꾼과 국민 교육의 선생을 배출할 목적으로 세워졌으며, 애국주의와 건전한 인격 양성을 강조했다.

대성학교는 평양에서 이러한 교육으로 대중에게 높이 인정받으며 애국정신을 고취했다. 한 실례로 1909년 2월 융희 순종과 통감 이토 히로부미가 평양을 방문할 때 학생들에게 태극기와 일장기를 들고 나오라는 지시가 있었다. 그러나 대성학교는 이를 거부하고 학생들에게 태극기만 들고 나가게 했다. 이런 사건 등으로 대성학교는 당시 설립되는 민족학교들의 모델이 되었다. 대성학교는 계속해서 평양에서 학생 교육을 통해 국권운동을 펼쳤고 후일 1911년 105인 사건 당시 폐교되기 전까지 다수의 독립운동가를 배출했다.

이 외에도 도산은 시국 강연과 토론회, 학회 등을 통해 독립정신을 고취하고, 청년학우회 등 여러 청년운동단체를 조직한다. 도산과 신민회는 「대한매일신보」를 통해 신민회의 정책과 국권회복에 대한 여러 논지를 활용했다. 최남선이 주도하는 「소년」을 통해 청년들에게 애국정신을 고취하고, 서점인 태국서관을 설립하여 도서 보급을 지원하기도 했다. 한편 도산과 신민회는 1907년 7월 대한제국 군대의 강제 해산을 계기로 의병운동을 지원하고 국외에 독립군 기지를 세우려는 계획을 세운다. 도산은 연설 때마다 청년 학도들에게 애국가 부르기를 권장했는데, 이를 누가 작사했는지는 아직도 학자 간 의견이 분분하다. 그러나 분명한 것은 도산이 부분적으로 애국가의 작사에 관여했고 신민회와 대성학교, 강연회 활동 당시 그리고 후일 임시정부 시절에 애국가의 보급과 장려를 적극적으로 추진했다는 점이다.

이 시기는 도산이 미국에서 치밀하게 구상한 국권회복 계획을 실천에 옮긴 시기였다. 그는 자신의 명성을 토대로, 재미 한인들의 복지를 개선하고

---

17 이만열, "도산 안창호와 기독교 신앙," 30-31.

그들을 대표하는 단체를 설립하는 등 그간 구상해온 것을 조국에서 크게 세 가지로 실현한다. 첫째는 신민회의 창립, 둘째는 대성학교 설립 그리고 셋째는 강연회 등을 통한 구국정신의 고취와 청년들의 국권운동 참여이다. 그는 젊은 나이에도 불구하고 탁월한 조직력, 다양한 단체를 설득하여 연합시키는 정치력 그리고 청년과 대중을 설득하는 호소력 등을 통해서 국권회복운동에 기여했다.

도산은 그가 구상했던 신(新)민족 만들기를 위해 사상, 교육, 수양, 윤리, 학술 등의 일을 계획했다. 그러나 기울어지는 조국의 상황을 보며 대한제국 체제의 한계점 한 가지를 인식한다. 여러 분야를 뒷받침할 '힘'이 부족하다는 것이었다. 그는 나라의 힘을 기를 필요를 느껴 독립군 기지를 실제적으로 구상하고 이를 위해서 망명 생활을 생각한다.[18] 이러한 시기에 1909년 10월 26일 안중근 의사의 이토 히로부미 암살 사건으로 안창호는 몇 개월간 구속되었으며, 이로 인해서 그를 비롯한 신민회 간부들은 망명을 결심하게 된다.

도산의 망명과 대한인국민회, 흥사단 설립

도산과 신민회 간부들은 1910년 4월 산둥성을 거쳐 청도에 다시 모여 독립군 창설을 위한 회의를 열고 북만주에 무관학교와 한민족촌을 비롯한 독립군 기지를 세우기로 합의한다. 그는 자신의 애통한 심정을 담은 〈거국가〉를

18 신용하, 『도산 안창호 평전』, 133.

아래와 같이 동포들에게 보낸다.

간다 간다 나는 간다
너를 두고 나는 간다
(중략)
이제부터 여러 해를 너를 보지 못할지나
그동안에 나는 오직
너를 위해 일하리니
나간다고 설어 마라
나의 사랑 한반도야

전체 4절로 된 이 시에는 조국을 사랑하는 도산의 마음이 잘 나타나 있으며 그의 변함없는 구국 헌신이 표현되었다. 위 내용은 1절에 해당하는 부분으로, 이 시는 「대한매일신보」에 게재되면서 알려지고 전국 청년들에게 널리 불린다. 도산과 간부들은 독립군 기지 건설 계획을 위해 청도를 떠나 블라디보스토크로 가는데 그때 조국이 병합된 사실을 전해 듣는다. 그곳에서 다시 독립운동을 조직하려 했으나 의견 분열과 일제의 감시로 인해 도산은 다시 유럽을 거쳐 캘리포니아로 간다. 신민회는 그동안 '105인 사건'으로 일제의 박해를 받아 거의 와해되었는데 비록 신민회의 활동은 결실을 보지 못했지만 당시의 국권회복운동에 큰 역할을 담당했다.

도산은 1911년 10월 로스앤젤레스에 도착하여 노동자로 일을 시작한다. 재외 한인 동포들을 모아 1911년부터 '대한인국민회'(Korean National Association)를 조직하여 일본의 통치를 받지 않는, 민족의 자치기관으로 유지되도록 했다. 이에 대해 미국 국무성은 대한인국민회를 재미 한국인의 자치기관으로 인정했고, 이는 조국을 잃은 한국인의 권익을 보호하고 독립운동을 미주에서 자유롭게 할 수 있는 토대가 된다.

한편 도산이 미주에서 가장 정열을 기울여 이룬 업적은 애국 청년 모임인 '흥사단'의 설립으로, 이는 1913년 5월 샌프란시스코에서 추진되었다. 흥사단은 그가 전에 시작했던 청년학우회를 계승하고 그가 구상한 조국 광복을 이루기 위한 투쟁 과정을 체계적으로 실천에 옮길 청년단체였다. 그는 단체의 목적을 처음에는 수양을 통한 민족 개선 추구로 했으나 1919년 이후로는 '조선 독립'을 유일한 목표로 삼고 흥사단이 조선의 국권을 회복하기 위한 혁명단체임을 선언하며 '조선 독립을 목적으로 한 혁명 투사 양성의 단체'

안창호의 가족사진(1918)

라고 했다. 도산은 흥사단의 4대 이념을 '무실(務實), 역행(力行), 충의(忠義), 용감(勇敢)'으로 정하고 조국 독립의 성취를 위한 작업을 '기초, 준비, 결과'라는 3단계로 나누어서 정리했다. 흥사단은 그 기초 단계로 구상한 것이었으며 '정신' 부분에서는 '신의, 충의, 용감, 인내'를 그리고 '단결'에는 '행동 일치, 직무 분담, 주위 통일'을 꼽아 작성했다. 이 운동이 성취하고자 하는 마지막 '결과'는 조국 증진과 국권 광복이었다.[19]

춘원 이광수는 『도산 안창호』에서 흥사단을 '도산의 필생 사업이자 그의 민족운동의 근본 이론이고 실천'이라며 그 중요성을 강조했다. 그 예로 이광수는 후일 상해에 있는 흥사단의 본부에서 지원자들에게 암기하게 하던 흥사단 규칙과 문답 내용을 상세하게 기술했는데, 그 내용을 보면 도산이 단원을 영입할 때 매우 세밀하게 각 사람을 검토한 것을 볼 수 있다.[20] 도산은 질문 중에서 "우리 대한 사람은 남자나 여자나 다 대한의 주인, 대한민국 임시정부의 주인이요… 그 '우리'라는 것은 곧 나요."라고 하면서 대한민국의 주체성과 '나'를 강조하여 개개인의 책임을 강조했다. 또한 "진리는 반드시 따르는 자가 있고 정의는 반드시 이루는 날이 있다고 믿고 있소."라고 하여 독립에 대한 그의 신념을 보여주었다. 춘원에 의하면 도산이 흥사단원을 입단시키는 기준은 첫째로 거짓이 없는 사람, 둘째는 조화성 있는 사람이라고 했는데,[21] 이는 도산의 행동에서 일관되게 나타나는 그의 생활 원칙일 것이다. 그의 삶에는 자신의 주장을 위해서 전체를 그릇되게 하는 당파적 태도를 강하게 비판하며 그에 대해서 여러 번 질문한 것이 보인다. 한편 도산이 구상한 흥사단의 입단 과정과 모임의 상당 부분은 기독교 예식에서 영향을 받은 것으로 보인다.[22] 단원으로 입단하기 위한 가장 중요한 기준은 투철

---

19 신용하, 『도산 안창호 평전』, 172-79.

20 이광수, 『도산 안창호』, 167-212. 45쪽 분량에 이르는 문답 내용이 들어가 있다.

21 이광수, 『도산 안창호』, 162, 213-14.

미주 대한인국민회와 흥사단 시절의 안창호

한 애국심과 나라를 위한 헌신의 마음이었다.

도산의 조직력과 노력에도 불구하고 흥사단 단원들의 수는 그렇게 많지 않았다. 그 이유는 해외동포 중 청년이 수백 명에 지나지 않았고, 대부분 학업을 하거나 어려운 상황에 놓여 있었기 때문이다. 더욱이 가입을 위해서는 매우 까다로운 심사를 거쳐야 했으므로 흥사단에 가입한 사람의 숫자는 미주 전체에서 116명으로 알려졌다.[23]

도산은 1916년부터 북미실업주식회사의 설립을 지원하여 재미 한인들의 생활 수준을 향상시키고 독립운동을 지원한다. 또한 계속해서 강연을 통해 독립운동을 고취한다. 제1차 세계대전이 끝난 직후인 1918년 10월, 그는

---

22 이만열, "도산 안창호와 기독교 신앙," 35-39.

23 이태복, 『도산 안창호 평전』, 232-33.

"전쟁 종결과 우리의 할 일"이라는 제목으로 "이 시기는 한민족이 준비해야 하는 단계"라고 강조하며 한국이 독립하려면 "정신상 독립"과 "생활상 독립"을 이루어야 한다고 주장했다. 더불어 다수 동포가 대동단결하여 단체를 이루고 힘을 모으며 이러한 단체를 이끌어갈 인물을 배출해야 한다고 강조했다.[24]

이처럼 도산은 조국을 잃어가는 것에 낙망하면서도 미국에서 독립을 위한 여러 시도를 했다. 재미 한인을 통한 독립운동의 지리적인 한계를 실감하면서도, 인내하며 독립운동을 위한 인재 양성, 독립 후원 자금 확보, 국권회복을 위한 자치기구 설립 등을 추진했다.

그러다 도산은 1919년 3·1운동이 일어나자 큰 충격과 감동을 받는다. 그리고 3·1운동 직후에 한 연설에서 자신이 받은 감동을 표현하며, 한편으로는 일본의 폭력적인 반응에 대해서 염려를 표현한다. 그는 "하나님의 지휘명령 아래서 죽음이 아니면 독립, 두 가지로써 뒤를 이어 나아갈 것이올시다."라고 선언하며 해외동포들을 격려했고 그들의 최우선 활동이 여론을 조성하고 특히 재정을 조달하는 것이라고 강조했다.[25]

상해임시정부 활동

도산은 3·1운동 이후 구성된 임시정부에서 역할을 맡아달라는 동지들의 부름을 받아서 1919년 4월 샌프란시스코를 떠나 그다음 달에 상해에 도착한

---

24 안창호, 『나의 사랑하는 젊은이들에게』, 36.
25 안창호, 『나의 사랑하는 젊은이들에게』, 37–40.

다. 도산의 상해 활동은 그의 사역에서 가장 두드러지는 시기이다. 그는 독립운동의 핵심 지도자로서 상해임시정부에서 중책을 담당하고, 흩어져 있던 임시정부를 통합하는 등 큰 역할을 맡는다. 또한 이 기간에 연설과 글을 통해 독립에 대한 그의 사상을 피력하고 대중을 설득하는 등 매우 활발한 운동을 벌였다.

도산은 상해에 도착하자마자 임시정부의 내무총장 겸 국무총리 대리의 직책으로 상해임시정부의 목표인 '절대 독립'과 '완전 독립'을 추구하기 위해 혼신의 힘을 다해 일하기 시작한다. 그는 사료편찬회를 설치하고 한일관계 사료집 발행을 추진하여 한국 문화의 우월성, 일본과의 관계, 일제의 만행을 문서화하는 작업을 펼침으로써 학술적인 면에 지대한 공헌을 남긴다. 대한적십자회를 시작하여 독립전쟁에 대비했으며, 이광수를 사장으로 임명하여 「독립」이라는 신문을 시작했는데 이는 훗날 「독립신문」으로 개칭되어 통합된 임시정부의 기관지로 성장한다.

상해에 도착하여 북경로 예배당에서 연설할 때 그는 "나의 명예와 나의 몸을 위하여 하지 말고 다만 나라를 위하여 일합시다."라고 격려했다. 또한 "대한 민족은 독립하고야 말 민족"이라며 "3·1절 이후에 우리는 갱생했고 무엇보다도 단결하여 독립운동을 해야 한다."라고 강권했다. 자신은 머리가 되려 하지 않고 섬기러 왔다고 말하기도 했다. 특별히 독립을 쟁취하고 새로운 국가를 이루기 위해서는 무력을 강조하게 되는데, 이러한 일은 구체적인 계획을 갖고 진행되어야 한다고 강조했다.[26] 교민친목회 연설에서는 "금후의 방침이라, 계획이라 하나 안창호에게서도 별다른 방침이 없고 다만 독립이 있을 뿐입니다."라고 독립운동을 강조하며 "단결하자, 외교하자, 군사행동하자. 이것이 3월 1일에 반포한 우리 방침입니다."라고 임시정부의 정책

---

26 안창호, 『나의 사랑하는 젊은이들에게』, 41-46.

을 규정했다. 또 다른 모임에서는 "우리 일이 평화적으로 안 되면 반드시 군사적으로 해야 합니다."라면서 무력 행동을 강조했다. 한편 그는 민족 갱신을 위해 '개조'(改造)가 중요하다고 언급하면서 철학자들의 공통된 주장의 핵심 내용이 개조요, 예수 그리스도가 외친 "회개하라"라는 내용도 바로 개조를 의미한다고 말했다.

> 여러분, 여러분은 과연 한국을 사랑하십니까? 과연 우리 민족을 구원하고자 하십니까? 그렇거든 공연히 방황, 주저하지 말고 곧 이 길로 나갑시다. 오직 우리의 갈 길은 다만 이기는 길뿐입니다. 나는 간절한 마음으로 이같이 크게 소리쳐 묻습니다. "한국 민족아! 너희가 개조할 자신이 있느냐?" 우리가 자신이 있다 하면 어서 속히 네 힘과 내 힘을 모아서 앞에 열린 길로 빨리 달려나갑시다.[27]

도산은 1920년 상해 교포들을 위한 신년 모임에서 임시정부가 강조하는 6대 사업을 피력했는데, 바로 '군사, 외교, 교육, 사법, 재정, 통일'이었다. 도산은 이 중에서 군사에 대한 내용을 그의 연설에서 우선적으로 언급하며 가장 많은 시간을 할애했다. 특히 1920년을 독립전쟁의 해로 선언하고, 이에 대해서 "시기로 보든지 의리로 보든지 싸우지 않으면 안 될 때"라고 단정하면서 이를 위해 준비와 군사훈련이 필요함을 강조했다. 외교를 논할 때에는 독립전쟁을 위한 외교 그리고 '동등한 외교'를 주장했는데 이는 그가 일관되게 생각해온 '힘을 가진 외교', '힘을 바탕으로 한 독립'과 일치하는 내용이다. 두 번째로 그가 연설에서 중점적으로 다룬 내용은 '통일', 즉 연합에 대한 강조이다. 이는 도산이 상해에서부터 계속해서 강조한 바로, 그는 강

---

27 안창호, 『나의 사랑하는 젊은이들에게』, 74-82.

상해임시정부 임원들(앞줄 가운데가 안창호)

연 때마다 한국 민족의 분열과 지역성, 당파성을 비판하며 서로 힘을 합쳐서 독립을 이루는 데 정진하자고 호소했다. 이러한 신념은 당시 셋으로 나뉘어 있던 임시정부를 통합하는 일에 힘쓰는 행동으로 나타났다.

1919년 3·1운동 이후 세 개의 임시정부가 설립되는데, 러시아 블라디보스토크의 임시정부가 그해 3월 31일에 제일 먼저 설립되었으며 이곳에서는 대통령에 손병희, 국무총리에 이승만 그리고 내무총장에 안창호가 선임되었다. 이어 상해에서는 신한청년당을 중심으로 한 임시정부가 같은 해 4월 11일에 출범했으며, 이곳에서는 국호를 '대한민국'으로 하고 대한민국 임시 헌장을 제정하여 민주공화제를 채택했다. 행정부는 국무총리에 이승만, 내무총장에 안창호를 선임했다. 끝으로 12일 뒤인 4월 23일 국민대회를 통해 서울에 '한성정부'라는 이름으로 임시정부가 출범했는데, 집정관 총재에 이승만, 국무총리 총재에 이동휘, 노동국 총판에 도산이 선임되었다. 도산은 이렇게 임시정부가 셋으로 나뉜 것에 문제를 제기하고 초지일관으로 통합을 강조하며 각 임시정부의 장점과 정통성을 살려 하나로 묶는 데 성공한다. 이는 그가 가지고 있던 독립을 향한 투철한 목적의식, 자신을 내려놓는 겸손한 인격 그리고 탁월한 행정력과 설득력이 있었기에 가능했다. 세 임시정부는 각자 나름의 정통성을 주장했으며, 각 단체들의 관계에는 권력과 지위, 지역적 연고 등이 복잡하게 얽혀 있었다. 도산은 특유의 추진력과 조직력으로 모두를 설득하여 1919년 9월 6일 신헌법과 함께 통합된 대한민국임시정부의 수립을 공포한다.

새로 구성된 각료에는 대통령에 이승만, 국무총리에 이동휘가 선임되었는데, 도산은 말석이라고 할 수 있는 노동국 총판 자리를 고집한다. 이는 통일을 위한 도산의 희생적 양보이며, 그가 이 일에 얼마나 심혈을 기울였는지를 알 수 있는 일화이다. 통합된 임시정부는 일본 제국주의에 맞서 민족정부를 이어가며 '완전 독립'을 이루기 위해 정통성을 가지고 독립운동을 지휘하고 광복군을 창설하는 등 독립운동의 교두보가 되어 1945년 해방 때까지 한국 민족을 대표하는 기관으로 활동한다.

임시정부의 설립에는 누구보다 도산의 기여가 컸으며 이는 민족 지도자로서의 도산에 대한 중요한 평가이다. 도산과 가까이 있었던 춘원 이광수는 그의 전기에서 도산을 한 가지 독립운동에 전념한 인물로서 "우리 민족에게 참된 애국심을 심어주고 민중의 진로를 밝혀주었다."라고 평했다. 도산은 웅변력과 감화력이 뛰어났으며 준비를 철저히 하고 자제하는 행정가였다고 한다. 도산은 오직 각 개인의 힘과 그 힘의 조직에서만 독립이 온다고 믿었고, 이는 자아 혁신을 통해서 가능하다고 여겼다.[28]

---

28 이광수, 『도산 안창호』, 124-42.

국민대표회의 결성과 도미 그리고 한국독립당 설립

임시정부의 일을 진행하는 가운데 도산은 1920년 6월 대한광복군총영 창설을 지도하여 독립운동에 중요한 역할을 감당하게 한다. 그러나 차츰 임시정부에서 활동하는 데 한계를 느끼게 된다. 1920년대에 와서 임시정부는 여러 가지 문제에 직면하는데, 대부분 대통령인 이승만과 연관된 사항이었다. 그에 대한 불신임안이 제출되고, 무장투쟁에 반대한 이승만의 독립노선에 대한 불만, 재정 조달의 문제에 봉착했으며, 이승만에 반대하여 국무총리 이동휘가 사임하는 등 사태가 악화된다.[29]

이에 독립운동가들이 주도가 되어 1921년 1월 국민대표회의의 소집을 북경에서 요청한다. 도산은 고민 끝에 결국 이를 적극적으로 지지하고 여운형과 함께 대회를 추진한다. 아마도 임시정부의 한계를 느끼고 내부에서 개혁하기보다는 더 큰 연합전선을 구성하여 임시정부를 변화시키려고 시도한 것으로 보인다.

그러나 이것은 그가 일관되게 주장하던 통합 시도에 어긋나는 일이 될 수 있었다. 이를 의식해서인지 그는 정부 사퇴 후 장시간의 시국 대연설을 통해 임시정부를 떠나 활동하는 이유를 설명했다. 그는 임시정부를 떠나기로 한 것이 어떤 인간적인 관계에 의해서가 아니라, 정부 안에서 활동하는 것보다 평민으로 일하는 것이 독립운동에 유익하겠다는 판단이 들었기 때문이라고 해명했다. 그는 과거의 독립운동은 독립하려는 의지를 만방에 천명하고 우리 민족의 독립에 대한 용기를 알리는 데에 치중한 반면 미래의 독립운동은

---

29 신용하, 『도산 안창호 평전』, 270-71.

여섯 가지, 즉 '군사운동, 외교운동, 재정운동, 문화운동, 식산운동(생산을 장려하는 운동) 그리고 통일운동'이라고 했다. 이는 그가 일관되게 주장해온 독립의 요소와 크게 다르지 않았다. 특히 그는 문화운동과 식산운동을 새롭게 제시하며 장기적이고 지속적인 독립운동을 위해서는 이 두 가지가 매우 중요하다고 했다. 또한 이것은 정부 내에서보다 정부 밖의 일반 참여가 중요하다는 점을 강조했다.

이어지는 시국 대연설에서 그는 국민대표회의의 설립에 대한 자신의 지지를 피력했다. 첫째, 통일을 위해서 전 민족적인 통일기관을 설치하여 중앙의 세력을 확대하고, 둘째, 사회의 공론을 세우기 위해 모두 힘을 모아 참여할 것을 호소했다.[30] 도산은 국민대표회의를 앞두고 여러 번 이러한 점을 강조하면서 국민대표회의의 목적이 "각 방면에 헤어져 있는 대한 민족 전부의 성력(열심과 힘)과 물질을 중앙의 일방으로 집중하여 오늘에 가진 힘보다 좀 더 큰 힘을 이룬 후에 우리의 독립운동을 적극적으로 진행하기 위함"이라고 했다.[31]

1923년 1월 상해에서 국민대표회의가 개최되어 전 세계에서 70여 개 독립운동단체로부터 124명이 참가했다. 대회 연설에서 도산은 대회의 취지에 대해 비방보다 힘을 합쳐 지원해달라고 호소했는데, 이 대회에 대해 당시 주위에서 상당한 회의와 비판이 있었음을 알 수 있다. 대회의 주요 주제 두 가지는 독립운동 노선의 통일과 임시정부의 개조 강화였고 후자의 문제는 의견의 분열로 인해 결국 실패로 끝나 임시정부는 난항을 거듭한다.

이에 실망한 도산은 결국 독립운동 전선을 재정비하기 위해 기득권 지도자들과 문제를 다루기보다 젊은 세대를 격려하기로 결심, 1924년 12월 미국을 다시 방문한다. 당시 미주의 한인들은 안창호를 지지하는 대한인국민회,

---

30 안창호, 『나의 사랑하는 젊은이들에게』, 125-56.
31 안창호, 『나의 사랑하는 젊은이들에게』, 170-77.

이승만 세력인 대한인동지회 그리고 박용만의 무장 독립운동 지지 세력으로 나뉘어 있었다.[32] 도산은 여러 지역을 방문하여 홍사단 동지들과 뜻을 같이하는 이들을 강연회와 토론회로 격려하고 독립운동에 참여할 것을 종용한다.

그동안 진통을 겪던 임시정부는 결국 대통령 이승만을 탄핵하기로 결의한다. 헌법 개정을 통해 '국무령'을 행정 수반으로 하는 의원내각제로 바꾸고 제3대 국무령에 안창호를 선출하지만, 도산은 이를 사양하고 대신 임시정부 경제후원회를 조직하여 위원장으로 활동한다. 그는 혁명운동과 임시정부 문제에 대해서 1926년 7월 8일 홍진 국무령의 취임 축하 연설에서 '민족혁명론'을 주장한다. 이는 도산의 사상을 압축해놓은 것이라고 볼 수 있다. 그는 민족혁명이란 새로운 형상으로 바꾸는 것이라고 말하며 독립을 이루기 위해, 공적인 일본을 대항하기 위해 정치적 이념이나 종교의 차이를 극복하고 대동단결해야 함을 강조했다. 어떤 타협도 없는 절대 독립, 완전 독립을 최종 목표로 삼아야 한다는 입장이었으며, 자치나 참정을 통해 점차적으로 독립을 이루자는 의견에는 강하게 반대했다. 이를 위해서 도산은 '민족유일독립당'을 추진하여 민족의 대동단결을 추구한다.

그의 많은 노력에도 불구하고 이는 결국 실패하고, 그는 축소된 '한국독립당'을 설립하여 임시정부를 지지하는 역할을 맡도록 추진한다. 한편 독립운동의 근거지를 마련하고자 만주에 '한인모범촌'을 구상하고 이를 구체적으로 추진하는데, 이 일 역시 자금 조달의 어려움으로 성취되지 못한다. 또한 도산은 일제의 만주 침략에 대비해서 한·중 연대를 주장하고, 1931년 9월 만주사변과 1932년 1월 상해사변으로 중국이 일본에 점령될 당시 독립군과 중국 군대가 협력하는 한·중 항일 연합군을 편성하기도 한다.

---

32 신용하, 『도산 안창호 평전』, 294.

체포, 수감 그리고 순국

1932년 4월 29일 상해 일본군 사령부 경축식에서 윤봉길 의사의 폭탄 투척 의거가 있었고, 도산은 그 배후로 지목되어 체포된다. 임시정부의 노력에도 불구하고 도산은 일제 경찰에 압송되어 1932년 6월 경기도경찰서에 수감된다. 그리고 장기간의 심문과 회유에도 신념을 굽히지 않다가 결국 4년 징역형을 언도받고 서대문형무소에 수감된다. 3년 만에 가석방된 도산은 1935년 2월 출감하여 평양 근교의 '송태산장'이라는 곳에서 1년간 휴양한다. 전국으로 강연을 다니기는 했지만 일제의 감시와 검열로 인해 그의 활동은 지극히 제한된다. 1937년 6월 도산은 다시 일제에 검거되어 서대문형무소에 재수감된다.

동우회 사건으로 서대문형무소에 수감된 안창호(1933)

이때 심한 고문으로 건강이 극도로 악화된 도산은 결국 경성제국대학 부속병원에서 "낙심 마오…."라는 말을 마지막으로 1938년 3월 10일 조국 독립을 보지 못하고 독립운동가로서 파란만장한 일생을 마쳤다.

재수감되기 전 그가 1936년 10월 4일 평양 남사현교회 예배에서 설교한 내용은 그의 변함없는 독립에 대한 신념을 보여주며, 기독교와 관련된 그의 독립사상을 이해할 수 있는 중요한 내용이다. 도산은 동포들에게 옛 발자국을 떠나 새 발자국으로 "나아가자"라고 하며 옛 사람에서 새 사람으로 갱신할 것을 호소한다.

> 나의 경애하는 동포들아, 나아가자. 너도 나도 나아가자. 오늘도 내일도 모레도 나아가자. 나아가지 않으면 죽는 것이오, 나아가면 산다. …우리는 스스로 자기를 혁신(革新)하여야 합니다. 기독교인의 나아가는 목적지는 천국이외다. 그러면 어떠한 길로 나아가야만 될가. 예수께서 말씀하시기를 "영생의 길은 좁고 험하다."고 했습니다. 다시 말하면 예수 그리스도인이 할 일이 무엇인가. 그리스도인은 거룩한 생활을 해야 될 것이요, 그 포부가 위대해야 할 것입니다. 그리스도인 된 자는 마땅히 이 죄악 세상을 구원하기 위하야 예수를 대장으로 삼고 용감스럽게 나서야 하겠읍니다. 예수교인은 먼저 자기를 검토(檢討)하야 양심의 안심을 얻지 아니하면 안 됩니다. 심령의 안심 즉 구원의 자각을 얻은 다음에는 다시 남을 구하려는 생각을 가져야 하겠읍니다. 이런 용기를 얻어가지고 "내가 세상을 구원하리라." 하는 위대한 포부가 있어야 하겠다는 말이외다. 이러한 생각이 없으면 과연 예수교인이라고 할 수 없읍니다.[33]

그는 이어서 죄악의 근본은 사랑하지 않는 데 있는 반면 지성의 중심은 사랑이라고 강조하며 하나님 뜻대로 사는 것은 실천적 사랑을 말한다고 했다. 그는 설교를 마치면서 "우리 그리스도교인은 민중의 선각자가 되여서 먼저 실천적 사랑의 생활을 하고 모든 방면에 나아가고 새로워저서 이 강산에 천국을 세우도록 용진해 나아갑세다."라고 격려한다.[34] 이는 그가 평소에

---

33 안창호, "기독교인의 갈 길," 136-37.

34 안창호, "기독교인의 갈 길," 「기독교사상」 통권 제712호(2018.4): 141. 도산 안창호가 순국하기 1년 5개월 전 평양 남사현교회에서 한 설교 중에서.

생각하고 행동한 인생의 지표를 압축해서 표현한 것인데, 곧 민중의 선각자가 되어 실천적 사랑의 생활을 통해 이 강산에 천국 세우기(독립 성취)를 추구하자는 의미이다. 그의 삶은 초지일관 이 세 가지를 이루기 위해 매진한 삶이었고, 오늘날에도 우리에게 계속해서 도전을 주고 있다.

도산을 평하면서 박재순은 그가 기독교의 영향을 받아 사랑과 정의와 정직을 삶의 원리로 삼았으며, 도산의 연설을 가장 진지하게 받아들인 사람은 도산 자신이라고 말했다. 이뿐만 아니라 그의 철학은 삶의 역사에서 체험되고 실행된 생명철학이자 '애기애타'(愛己愛他, 나를 사랑하고 남을 사랑하라)의 철학, 공공적인 철학이라고 평했다.[35] 그는 진실된 기독교인이었으나 1907년 평양대부흥에서 보여진 것과 같은 지나친 내세지향적 신앙에 대해서는 비판적이었으며, 선교사들이 신앙을 정치와 문화로부터 분리하는 경향에 대해 지적을 아끼지 않았다.[36] 이만열에 의하면 도산은 "기독교의 진리와 사상을 개인적인 차원에 머물지 않고 민족적인 이면으로 승화시켰으며 민족문제를 추구하는 신앙인인 한편 의와 사랑의 보편적 가치를 갈구한 보편적인 기독교인이자 한국의 기독교 사회운동을 주도한 인물"이었다.[37]

남사현교회에서의 설교를 통해 알 수 있듯, 도산은 깊은 신앙을 가지고 그 신앙을 바탕으로 민족의 독립을 이루기 위해서 또한 정의와 평화를 이 땅에 이루기 위해서(시 85:10) 초지일관 사회와 정치의 격동기에 공인의 삶을 살았던 한 시대의 선각자이다. 그는 기독교가 교회와 종교의 테두리에 있지 않고 공적인 영역에서 살아 역동하여 세상의 빛과 소금이 되는 모습을 삶으로 보여준 신앙인으로서 우리에게 많은 것을 시사한다. 그는 자신의 설

---

35 박재순, 『애기애타: 안창호의 삶과 사상』, 32, 313-19.

36 김영재, "그리스도인이 보는 도산 안창호의 리더십," 「개혁주의 이론과 실천」 제1호 (2011): 138-40; 이만열, 『역사에 살아 있는 그리스도인』(서울: 한국기독교역사연구소, 2007), 163-72.

37 이만열, "도산 안창호와 기독교 신앙," 60.

캘리포니아 리버사이드 시청 앞에 있는 동상

교에서 말한 대로 "실천적 사랑의 생활"을 추구하는 신앙인이었고, 이를 삶으로 보여주며 기독교 신앙 안에서 영적인 면과 세속적인 면을 아우르는 독립운동가이자 이념·종교·인종을 초월한 민족 통합의 사상을 추구한 사상가이다.[38] 도산의 삶과 사상은 실천적 사랑의 생활을 통해서 그리고 끊임없는 자기 갱신을 통해서, 못 다 이룬 민족 통합을 향해 "동포들아, 나아가자!" 라고 외치며 오늘도 우리에게 도전을 주고 있다.

---

38 장석홍, 『한국독립운동의 혁명 영수 안창호』, 193-94.

이대위

5장 초기 미주 한인 사회를 이끈 지도자

– **유석종**(전 상항한국인연합감리교회 은퇴목사, 전 「기독교사상」 주간)

감춰진 보화처럼

이대위 목사는 잘 알려진 인물은 아니지만 1910-20년대 미주 한인 사회를 이끌며 조국 광복을 위해 헌신한 민족 지도자였다. 최근 학계가 미주 한인 독립운동 지도자들을 재조명하면서 그의 존재와 업적을 주목하게 된 것은 늦게나마 다행스러운 일이다. 1903년에 도미하여 1928년에 생을 마감하는 순간까지 그는 목회자, 언론인, 발명가, 독립운동가로서 상상을 초월할 만큼 폭넓은 활동을 했다. 애국지사 이대위 목사의 생애와 활동을 더듬어보는 것은 오랫동안 땅속에 묻혀 있던 보화를 발굴하는 것과 같다.

젊은 시절의 이대위

이대위[1]는 1878년 12월 28일 평안남도 강서에서 태어났다. 일찍이 한학을 공부하였다는 사실 외에는 그의 가문이나 어린 시절에 관한 기록을 거의 찾아볼 수가 없다. 아마 스스로를 내세우기 좋아하지 않는 성품인지라 자신에 관한 기록을 세상에 남겨놓지 않은 것 같다. 이대위는 일찍이 손대안과 결혼하여 1900년에 딸 마리아(Mary), 1902년에 아들 다니엘(Daniel)을 낳고 이후 미국에서 세 아들 사무엘(Samuel), 윌리엄(William), 제임스(James)를 얻었다.

전반기 생애

이대위가 언제, 누구로부터 전도를 받아 기독교인이 되었는지는 확실한 기록으로 남아 있지 않다. 아마도 나이가 같고 동향인 강서 출신 안창호를 통해 기독교를 접하게 된 것으로 보인다. 안창호는 선교사를 통해 기독교 신앙을 받아들였다. 그는 서울의 구세학당(救世學堂, 경신학교의 전신)을 졸업한 후 1899년 고향 근처에 남녀공학인 점진학교(漸進學校)를 설립하였고 탄포리에 교회를 세웠다. 이때 이대위가 안창호를 통해 기독교를 받아들임으로써 생애에 큰 전환을 맞게 된 것 같다. 안창호와 이대위의 우애와 동지애는 이후 미국 땅에서도 지속되었다.

---

1 이대위라는 이름으로 건국훈장을 받은 독립운동가가 또 한 사람 있어 혼동하기 쉽다. 다른 이대위(李大偉, 1896-1982)는 용천 출신으로 중국과 미국에서 유학하고 일제강점기 흥사단과 YMCA에서 활동하며 기독교 사회운동을 이끌었고, 해방 이후 군정청 노동부장과 건국대학교 부총장을 역임한 바 있다.

기독교를 받아들인 이대위는 스무 살 넘어 신앙과 신학문을 연마하기 위해 윌리엄 베어드(W. Baird) 목사가 평양에 세운 숭실학당(崇實學堂)의 학생이 되었다. 숭실학당은 성경을 비롯해 한국어, 한문, 영어, 수학, 과학, 역사, 음악, 미술 등을 가르쳤으나 학교의 설립 목표는 기독교 복음을 전파할 지도자 양성이었다. 이대위는 숭실학당을 중도에 그만두고 평양의 어느 기독교 계통의 소학교에서 수학을 가르치면서 미국으로 유학 갈 준비를 하였다.[2] 숭실학당의 교육을 통해 서구 문명에 눈을 뜨고, 기독교가 주는 영적·사회적 변화를 감지하였기에 자신을 훈련하고자 유학을 결심했던 것이다.

샌프란시스코 도착과 교포 사회

그가 리태화(李泰化, Li Tai Wha)라는 본명으로 1903년 4월 1일 일본 고베에서 차이나호에 승선하여 샌프란시스코(상항, 桑港)에 도착한 것은 4월 22일이었다.[3] 에인절 아일랜드[Angel Island, 한인들은 이를 '천사도'(天使島)라고 부른다.]에서 입국 심사 과정을 거쳐 샌프란시스코에 첫발을 내디딘 것은 그로부터 이틀 후인 4월 24일이었다. 입국 서류에 나이를 세 살 줄여 22세로 기록하였는데 학생 신분에 걸맞게 보이려고 그렇게 바꾼 것으로 보인다. 이대위는 미국에서 공부를 마치고 조국으로 돌아갈 예정이었고, 또 가족까지 데려올 만한 경제적 여유가 없었기에 홀몸으로 미국행을 단행하였다. 샌프

---

2 최기영, 『잊혀진 미주 한인 사회의 대들보 이대위』(서울: 역사공간, 2013), 24.

3 List of Manifest of Alien Passengers for the Commissioner of Immigration, Dated April 22, 1903, National Archives, San Bruno, California.

란시스코 도착 이후 그는 리태화에서 이대위(李大爲)로 이름을 바꾸고 영어 이름은 데이비드 리(David Lee)로 표기하였다. 대위는 데이비드(David)의 음역으로 보인다. 이대위로 개명한 것은 1903년 상항한인친목회가 조직되던 당시의 구성원 명단에서 확인된다.[4]

이대위가 학생 신분으로 샌프란시스코에 도착하였을 때 그곳의 한인 수는 불과 25여 명에 지나지 않았다. 이들은 주로 인삼 장사꾼이거나 새로운 문명과 학문을 배우기 위해 들어온 학생이었다. 샌프란시스코의 한인들은 하와이에서처럼 고된 노역을 하는 대신 주로 식당에서 허드렛일을 하고 하우스보이(houseboy)로 집안일을 하였다.

그러나 불행히도 인삼 장사꾼들 사이에서 행상 구역을 놓고 빈번하게 다툼이 일어나고 상인과 학생 간에 소소한 일로 갈등이 생기게 되었다. 상투 튼 장사꾼과 머리 깎은 학생은 상대방을 '상투쟁이'와 '깎아대기'라고 부르며 암투를 벌이기도 하였다.

샌프란시스코에서는 동양인에 대한 차별이 심했다. 특히 본토에 중국인들이 증가하면서 이들을 억제하기 위해 1882년에 '중국인 배척법'(Chinese Exclusion Act)이 제정되었고, 1905년 무렵에는 샌프란시스코와 오클랜드에 '일본인과 한인 반대 동맹'(Anti-Japanese and Korean Leagues)이 조직되어 동양인 배척 운동을 벌였다. 샌프란시스코의 한인들은 낯선 땅에서 백인으로부터 비인간적 대우와 차별을 당하며 서러움을 이겨내야 했다.

이대위보다 6개월 앞서 유학차 샌프란시스코에 도착한 안창호는 동포들의 무질서한 생활상과 불화 그리고 백인으로부터 당하는 차별대우를 보며 충격을 받았고 한인들의 생활 향상과 정신 개조에 힘을 기울이게 되었다. 안창호는 이대위를 비롯해 뜻을 같이하는 다른 동지들과 함께 1903년 9월

---

4 도산학회 편, 『미주지역 한국민족운동사 자료집』 제1권(서울: 국학자료원, 2004), 49.

23일 한인친목회를 조직하였는데 이들 중 몇몇 기독교인은 안창호의 지도하에 회원들의 숙소를 다니며 기도회를 가졌다.[5] 상항한인친목회는 미주 본토에서 조직된 첫 한인단체로, 환난상부(患難相扶)에 목적을 두고 서로 의지하며 생활의 정착과 개선을 도모하고자 하였다. 그들은 샌프란시스코 워싱턴가에 있는 중국인 '광덕호'의 지하실을 얻어 사무실로 사용하며 동포 간의 연락과 친목을 장려하였다. 그 후 하와이에서 건너온 동포들의 수가 더해져 친목 회원이 49명에 달하자 1905년 4월 5일 친목회의 명칭을 '공립협회'(共立協會)로 바꾸고 샌프란시스코 퍼시픽가에 있는 건물을 회관으로 사용하였다.

이대위의 학구열

샌프란시스코에 도착한 이대위는 그로부터 2년 반 동안 다른 한인들처럼 노동하며 학교 진학을 위해 열심히 영어를 배웠다. 그리고 1905년 9월, 27세 나이로 중등학교에 입학하였다. 오리건주 항구도시 포틀랜드에 있는 포틀랜드아카데미(Portland Academy)에 진학한 것은 교포 사회로부터 좀 떨어진 곳에서 학업에 전념하기 위함이었을 것이다. 미국행의 주목적이 학업이었기에 고등교육을 받기 위해서는 중등학교 과정이 반드시 필요하였다. 20대 후반의 중등학교 학생인 이대위는 학업에 열중한 결과 2년 차에 학교 교장의 추천으로 지역 교육회로부터 장학금을 받아 학비 걱정 없이 공부를

5 상항한국인연합감리교회는 이 시점을 교회의 시발점으로 삼고 있다.

마칠 수 있었다.[6]

포틀랜드에서 중등학교를 졸업한 이대위는 1908년 6월 22일에 다시 샌프란시스코로 돌아왔다. 그의 나이 30세였다. 그리고 그해 9월 샌프란시스코 지근 버클리에 있는 캘리포니아대학교(현 UC 버클리)에 입학하여 역사학을 전공하였다. 이대위가 역사에 관심을 갖게 된 것은 아마 조국의 근대화를 가져오기 위해 서구 문명의 발자취를 찾아보는 것이 도움이 된다고 생각하였기 때문일 것이다.

그는 중등학교를 다니면서 「공립신보」에 "미국 대통령 역대기"라는 제목으로 초대 조지 워싱턴부터 제5대 제임스 먼로까지 소개하였고, 대학을 다니면서 여러 회에 걸쳐 「공립신보」와 「신한민보」에 로마 역사와 그리스 역사를 번역하여 소개하였다. 그뿐 아니라 상항한인감리교회(상항한국인연합감리교회의 전신)의 엡워스청년회(Epworth League)에서는 프랑스 역사에 관한 강연을 하였고, 그 교회에서 발행하는 월간지 「대도」에 알렉산더, 키케로, 콜럼버스, 나이팅게일을 소개하는 글을 실었다.

이대위는 캘리포니아대학교를 다니는 동안 학비 조달을 위해 방학 때 철도역에서 노동하고 사무를 보았다. 그의 사정이 한인 사회에 알려지자 교포들은 자발적으로 경제적인 후원을 하게 되었고, 1910년 1월에는 교포 25명이 그가 졸업할 때까지 매년 15달러씩 학비를 지원하기로 하였다. 이대위 학생을 위한 일종의 장학회가 조직되었던 셈이다. 이들 대부분은 그가 다니며 봉사하던 상항한인감리교회 성도들이었다. 한인 사회가 이대위의 학업에 특별히 관심을 보인 것은 그가 미국에서 중등학교를 졸업하고 캘리포니아대학교에 진학한 첫 대학생이었기에 기대가 컸기 때문이다. 이대위는 이러한 기대 속에서 1913년 5월 14일 한국인 최초로 캘리포니아대학교에서 역

6 「공립신보」(1906년 9월 19일 자).

사 전공으로 문학사(Bachelor of Letter) 학위를 취득하게 되었다.[7]

1911년 2월부터 대학생 신분으로 상항한인감리교회의 담임전도사가 된 이대위는 목사가 되기 위해 샌 안셀모(San Anselmo)에 위치한 샌프란시스코신학교(San Francisco Theological Seminary)에 입학하였다. 교회를 담임하는 한편 대한인국민회 북미지방총회장으로, 「신한민보」 주필로 눈코 뜰 사이 없이 바빴을 텐데 그는 학업을 계속하여 1918년 4월 25일 신학사(Bachelor of Divinity) 학위를 받았다.

이대위는 미국에서 중등학교를 다녔기에 영어에 능숙하였고, 대학에서 역사학을 전공하였기에 서구 문명의 발달 과정에 비추어 조국의 설 자리를 조명할 수 있었으며, 명문 신학교를 졸업하고 미국 감리교단에서 목사 안수를 받음으로써 교회 공동체와 한인 사회에 일익을 담당할 수 있었다.

이대위 목사의 민족목회

샌프란시스코 한인 사회에서 기독교 활동이 시작된 것은 1903년으로 거슬러 올라간다. 안창호와 이대위 등에 의해 샌프란시스코에서 한인친목회가 조직되었을 때 그 구성원 중에는 기독교를 신봉하는 신도들이 있었다. 정확한 날짜와 장소에 대한 기록은 없으나 이들은 각 가정을 순회하며 기도회를 가졌다. 그러던 차에 1905년 7월 미이미교회(美以美, M.E.-Methodist Episcopal Church, 감리회 감독교회)에서 한인들을 위해 선교 센터라 할 수 있

7 상항한국인연합감리교회의 박장희 장로가 UC 버클리의 Verification Unit, Office of the Registrar로부터 받은 편지(2004. 8. 5.)

는 '미션홈'(Mission Home)을 마련해주어 그곳에서 예배를 드리고 야학도 운영하게 되었다. 1906년 12월 16일에는 미국 남감리교회의 지원으로 양주삼[8] 전도사의 지도하에 '상항한인감리교회'가 정식으로 설립되었다. 이로써 샌프란시스코에서 복음을 바탕으로 한 영적 신앙운동과 민족운동이 본격적으로 전개되기 시작하였다.

이대위는 1911년 2월, 갑자기 샌프란시스코를 떠나게 된 윤병구[9] 전도사의 뒤를 이어 상항한인감리교회의 제3대 담임전도사가 되었다. 미국에서 공부를 하고 복음 전도자가 되는 것이 이대위의 유학 목적이었던 것 같다. 공립협회 회원 기록에 직업을 '전도'(傳道)라고 기록해놓은 것을 보면 이를 짐작할 수 있다.

이대위는 상항한인감리교회 창립 시부터 교회 활동에 적극적이었다. 포틀랜드에서 중등교육을 마치고 샌프란시스코로 돌아온 1908년 하반기부터 교회 청년회 전도국장, 학문국장을 맡았고 전도사 대리 역할도 하였다. 그리고 열정적인 신앙과 학문성, 지도력을 인정받아 상항한인감리교회 담임전도사로 교단의 파송을 받았다. 이대위 전도사는 1912년에 준회원 목사

---

8 상항한인감리교회 초대 담임전도사 양주삼은 상항한인감리교회에서 3년 반 목회를 한 뒤 1909년 12월 신학 공부를 하기 위해 내슈빌 소재 밴더빌트대학교로 떠났다. 학업을 마치고 귀국한 그는 기독교조선감리교회의 초대 총리사(현 감리교 감독직)가 되었고 해방 후 초대 대한적십자사 총재를 지냈으며 한국전쟁 시 공산군에 납치되었다.

9 상항한인감리교회 제2대 담임전도사 윤병구는 일찍이 대한제국의 외국어학교를 졸업하고 선교사 통역인으로 활동하다 1903년 목회자를 파송해달라는 하와이 노동 이민자들의 요청에 의해 하와이로 갔다. 그는 하와이에서 전도 사역을 하는 한편 홍승하 등과 함께 신민회를 조직하여 한인들의 권익 신장과 교육에 주력하였다. 상항한인감리교회에서 1년간 시무하고 뉴욕한인교회에서도 목회하였다. 한편 대한인국민회 중앙총회의 지방 외교원으로서 미국 사회에 한국 독립의 필요성을 알리는 활동을 하였고 1919년 4월 필라델피아에서 열린 첫 번째 한국인의회에서 파리평화회의에 파견될 대표 중 한 사람으로 선출되기도 하였다. 그는 또 1945년 4월 25일 샌프란시스코에서 열린 유엔평화회의에 비공식 한국 대표로 참석하였으며 해방 후 1949년 이승만 대통령의 초청으로 귀국하여 외무부와 공보부 고문으로 활동하였다.

(Deacon) 안수를 받고 1918년 10월 10일 남감리교회 태평양연회에서 드 보세(Du Bose) 감독으로부터 정회원 목사(Elder, 대개 elder를 '장로'로 번역하지만 미국장로교에서는 목사를 teaching elder, 장로를 ruling elder로 지칭한다-편집자 주) 안수를 받았다.

이대위 목사는 "하나님 사랑과 나라 사랑은 한 샘에서 나오는 것이기에 그 둘은 떼어놓을 수 없다."라고 보았다. 그는 또 "우리 개인의 허물은 예수 그리스도의 피로 속죄함 받았지만 우리 민족의 허물과 수치는 우리의 피흘림 없이 씻을 수 없다."라고 가르쳤다. 즉 창조주이신 하나님, 구원자이신 예수 그리스도와 깊은 교제를 유지하면서 영적인 진리를 추구하고 민족 구원을 위해 자신을 희생하면서까지 적극적으로 헌신할 때 우리의 신앙이 활성화되며, 그러할 때 하나님이 우리를 도우시고 우리의 소원을 들어주신다는 확신을 가지고 목회를 한 것이다. 그러하기에 이대위 목사의 목회는 '민족목회'요, 그의 민족운동은 '신앙적 민족운동'이라고 부를 수 있다.[10]

상항한인감리교회는 기회가 있을 때마다 교회의 발전과 조국의 독립 그리고 세계에 흩어진 한민족과 세계선교를 위해 특별 기도회를 가졌다. 이들은 며칠씩 저녁 시간에 교회에 모여 특별한 주제를 정해놓고 기도회를 가졌는데 1914년 신년 한 주간의 기도 제목은 다음과 같이 다양하였다.[11]

제1일 - 교회를 위하여

제2일 - 나라를 위하여

제3일 - 국민회를 위하여

제4일 - 옥에 갇힌 지사들을 위하여

제5일 - 해외 유학생들을 위하여

---

10 성백걸, 『샌프란시스코의 한인과 교회』(서울: 한들출판사, 2003), 217.

11 "신년기도회," 「신한민보」(1914년 1월 8일 자), 3면.

제6일 - 세계 한족을 위하여

제7일 - 만국 선교를 위하여

1928년 별세하기까지 17년 동안 이대위가 상항한인감리교회 담임목사로 있으면서 이루어놓은 업적 몇 가지를 들면 다음과 같다.

「대도」의 복간과 주필역

상항한인감리교회가 월간지 「대도」(大道, *The Korean Evangel*)를 발행하기 시작한 것은 1908년 12월 초대 담임인 양주삼 전도사에 의해서였다. 「대도」는 기독교의 복음과 신학사상을 전하는 것이 주목적이었으나, 국제 소식과 근대 학문을 소개하고 민족의식을 고취함으로써 개인과 교회와 민족이 함께 발전할 수 있는 큰 길(大道)을 보여주는 그릇이기도 했다. 집필진은 역대 주필 양주삼, 윤병구, 이대위를 비롯하여 상항한인감리교회 교인들 그리고 외부 인사로서 서재필, 이승만, 박용만, 윤치호, 신흥우 등이었다. 1910년 8월 29일 한국이 일제의 식민지로 전락한 치욕의 날을 전후하여 「대도」는 일제의 침략 정책을 신랄하게 비판하는 글을 실었다. 특히 그해 9월호는 한일 합방 반대와 조약 무효의 논조로 일관하였다.[12] 그 결과 매호 1,000부씩 발행하여 국내외에 보급되던 「대도」는 1910년 11월호를 내고 정간되고 말았다. 매달 한국에 배송되던 잡지 450부를 차단하는 등 일제 관원이 「대도」 발행에 경제적인 타격을 가했기 때문이다.

거의 1년간 정간되었던 「대도」가 복간된 것은 이대위가 상항한인감리교회의 담임전도사로 취임하고 6개월이 지나서였다. 이대위 전도사는 「대도」를 복간해야 한다는 굳은 의지로 「신한민보」를 통해 한인 사회에 호소하고

---

12 "합방을 반대하는 선언서," 「대도」 제2권 8호(1910.7): 16-18; "합병조약을 배척," 「대도」 제2권 9호(1910.9): 38-39.

감리교 교단과도 교섭을 해갔으며 그 결과 복간이 가능하게 되었다. 남감리교회 여선교부로부터 연 발행비 1,400달러 중 600달러를 지원받게 되었는데 나머지 비용은 한인들 스스로 조달한다는 조건부 지원이었다.[13]

이대위 전도사는 다시 복간된 「대도」의 주필직을 맡았고, 인쇄는 신한민보사에서 하고, 편집은 도화부·논설부·도덕부·교육부·소식란으로 재편성하였다. 그리고 여러 지역에 기자들을 두었다. 이들은 양주삼(내슈빌), 황사용(샌프란시스코), 민찬호(로스앤젤레스), 최정익(샌프란시스코), 강영대(클레어몬트), 방화중(로스앤젤레스), 주원(샌프란시스코), 황혜수(샌프란시스코), 장혜순(스프링필드), 김유순(호놀룰루) 등이었다.[14]

이러한 노력의 결과 1911년 12월호 발행부수는 1,000부에서 1,200부로 늘어나게 되었다. 그러나 계속되는 재정난으로 1년 후인 1912년, 「대도」는 7월호를 마지막으로 정간에 들어갔다가 끝내 빛을 다시 보지 못하게 되었다. 「대도」는 미주에서 발간된 최초의 한글 월간지로, 조국을 잃고 방황하는 한인들의 신앙과 사상을 대변하고 민족과 이민 사회와 교회가 개척해나가야 할 미래의 모습을 보여주는 귀한 도구였다.

항구 선교사와 이민국 통역사

이대위 목사는 상항한인감리교회 담임으로 시무하는 한편 항구 선교사(port missionary)의 직무도 담당하였다. 항구 선교사는 미국남감리교회에서 인정한 특별 사역으로서 항구를 통해 상륙하는 한인들을 도와주는 일을 하였다. 남감리교회 선교부 보고서에 따르면 1914년 당시 이대위 목사는 비자 없이 들어오는 한인들을 돕기 위해 이민국 수용소(The Quarantine Station)를 무려 70번이나 방문하였다.[15] 이 수용소는 샌프란시스코나 티뷰

13 이대위, "본보의 내력과 정형," 「대도」 제3권 1호(1911.8): 203.

14 "본사 사원," 「대도」, 제3권 4호(1911.11): 209-10.

론에서 배로 건너가야 하는 에인절 아일랜드에 있었는데 태평양을 건너 입국하는 사람들을 심사하고 검역하고 수용하는 곳이었다. 당시는 미국의 '중국인 배척법'에 의해 동양인의 이민이 심히 규제받던 때라 국제법상 국적이 불분명한 한인의 입국은 쉽지 않았다. 이러한 상황에서 여권이나 비자 없이 들어오는 한인 망명객과 학생들은 입국 허가를 받기 위해 각별한 도움이 필요했다. 이들이 이대위 목사의 도움을 받을 수 있었던 것은 그가 미국 남감리교회 교단에서 파견한 항구 선교사요, 이민국에서 인정한 통역사요, 대한인국민회 북미지방총회장이라는 공직을 맡고 있었기 때문이다. 이대위 목사는 한인들의 입국을 도와주었을 뿐만 아니라 타주로 간 학생들과 계속 접촉을 하였고, 사진 정약으로 들어온 신부들의 결혼식을 집례하였다.[16]

1914년 사진신부 합동결혼식 모습. 이대위는 뒷줄 중앙에 있다.

---

15 *Report of the Board of Mission of the United Episcopal Church, South, 1914*, 66.

16 Erika Lee and Judy Yung, *Angel Island: Immigration Gateway to America* (New York: Oxford University Press, 2010), 185.

선교의 확장

상항한인감리교회는 설립 초기부터 샌프란시스코 지역을 넘어 한인들이 웅거하고 있는 곳을 찾아가 전도하고 교회를 조직하였는데 1907년에는 새크라멘토와 바이셀리아에 지교회를 세우고, 1909년에는 멕시코 유카탄에 황사용과 방화중 전도사를 보내어 그곳 한인 동포들을 상대로 전도하였다. 이대위 목사 시절에는 선교 지역이 더욱 확대되어 1914년 11월 미국남감리교회 태평양연회 동양인 선교지방(Oriental Mission District of Pacific Conference) 안에 한인교회 지방회가 조직되었다. 한인교회가 일본인교회와 함께 동양인 선교지방에 속해 있다가 일본인교회 지방회와 한인교회 지방회로 분리된 것이다.

1916년 한인교회 지방회에 속한 교회들은 상항, 삭도(새크라멘토), 스탁톤, 바이셀리아, 마운틴 뷰, 오클랜드, 만티카, 매리스빌 등으로서 교역자와 교회 대표가 정기적으로 모여 각 교회의 상황을 보고하고, 북가주에 흩어져 있는 한인 동포를 위한 전도 계획을 세우며 상호 협조의 길을 모색하였다. 1919년 10월 3일에는 버클리에서 태평양연안 동양인 선교연회(The Pacific Oriental Mission Conference)가 열렸는데, 일본인 부서와 한국인 부서로 나뉘어 회의가 진행되었다. 이때 한인교회를 위해서는 이대위 목사가 통역으로, 임정구 목사가 서기로 수고하였고 그 자리에서 10명의 전도사가 자격갱신을 받았다.[17]

상항한인감리교회가 정식으로 설립된 지 8년여 만에 북가주에 한인교회들로 구성된 한인 지방회가 생기고 감독의 직속 관할 아래 운영되었는데, 이는 초기 한인들의 전도열이 얼마나 강하였는지 그리고 상항한인감리교회 이대위 목사의 역할이 얼마나 컸는지를 보여준다.

---

17 *Tenth Woman's Missionary Council of the Methodist Episcopal Church, South, 1919-1920,* 3-5.

한편 이대위 목사는 1917년 12월 27일 디누바에서 조직된 '북미한인교회 공의회'의 첫 회장으로 선임되어 「북미한인교회보」를 발행하였다. 이 회보는 40여 쪽의 잡지 형태로서 성경공부를 중심으로 엮였다. 이대위 목사는 1년간의 회장직을 마치고 재무를 맡았다가 1919년 8월에 다시 회장직을 맡게 되었다.[18]

상항한인감리교회와 대한인국민회의 협력

이민 초기에 한인교회가 미국인교회의 시설을 빌려 사용한다는 것은 불가능한 일이었다. 동양인에 대한 편견과 차별이 만연했기 때문이다. 상항한인감리교회는 설립 당시부터 같은 교파의 미국인교회 시설을 사용하지 못하고 개인 집을 얻어 예배 처소와 한인 합숙소로 사용하였다. 이대위 목사는 대한인국민회 북미지방총회장에 취임한 후 총회관을 구입하게 되자 교회를 국민회 총회관으로 이전시키고 그 건물을 함께 사용하기 시작하였다. 교회가 지불하는 임대료는 총회관의 부채를 갚는 데 큰 도움이 되었다. 상항한인감리교회는 1930년 차이나타운 파웰 스트리트(Powell St.)에 자체 성전을 건축하여 이전할 때까지 장장 16년 동안 북미지방총회관을 함께 사용하면서 대한인국민회와 긴밀한 관계를 유지하였다.

상항한인감리교회의 민족운동은 대한인국민회와 밀접히 연계되어 있었다. 상항한인감리교회 교우들은 처음부터 대한인국민회의 주역으로 참여하

---

18 최기영, 『잊혀진 미주 한인 사회의 대들보 이대위』, 126.

였고 대한인국민회와 관련된 모든 협력 관계 행사, 가령 대한인국민회 창립 기념식이나 3·1절 기념식 등이 상항한인감리교회에서 기독교 의식에 맞춰 진행되었다. 서재필, 안창호, 김마리아 등 민족운동가들의 환영회와 강연회도 모두 교회에서 개최되었다. 실로 이대위 목사의 지도하에 상항한인감리교회와 대한인국민회는 뗄 수 없는 긴밀한 관계 속에 있었다.

상항한인감리교회의 예배당 건축은 이대위 목사가 서거하고 2년 후에 이루어졌지만 그가 살아생전에 노력한 결과로 남감리교 선교부로부터 건축 기금 1만 5,000달러를 확보할 수 있었고 건축 시 실제로 받은 선교부의 보조금은 2만 5,000달러에 이르렀다.[19] 이대위 목사의 열정과 노력의 결과로 건축된 상항한인감리교회 건물은 그 후 오랫동안 종교 활동뿐만 아니라 한인 사회를 위한 교육, 문화, 독립운동과 집회 장소로 명실공히 한인 사회의 중심 역할을 담당하게 되었다.

대한인국민회와 이대위의 역할

1905년 11월 을사늑약 체결 이후 절체절명의 위기에 처한 대한의 국권을 초조하게 바라보던 미주 한인들은 각종 단체를 결성하여 국권회복을 위해 노력했고 이에 따라 해외 한인 세력을 결집하고 중심 역할을 할 수 있는 기구가 필요하게 되었다. 특히 1908년 3월 23일 장인환과 전명운이 샌프란시스코 페리 부두에서 일본의 한국 통치를 정당화하던 미국 외교관 더럼 스티븐

---

19 C. K. Yim(임정구), "The Korean Mission in California," *Missionary Year Book of the Methodist Episcopal Church, South, 1930*, 412.

스(D. W. Stevens)를 저격 살해하고[20] 1909년 10월 26일 안중근이 하얼빈역에서 초대 조선통감을 역임한 이토 히로부미(伊藤博文)를 암살하는 의거가 일어나면서 이러한 요구는 더욱 커지게 되었다. 그 결과 이루어진 것이 대한인국민회의 탄생이다.

이대위는 1903년 샌프란시스코에서 조직된 한인친목회가 대한인국민회로 확대, 발전하기까지 그 일에 적극 참여하였다. 1905년 친목회가 공립협회로 발전하고, 1909년 2월 1일 하와이 한인 합성협회와 통합하여 국민회가 출범될 때 이대위는 미주 공립협회 대표의 한 사람으로 참석하였다. 국민회가 조직되자 공립협회는 국민회 북미지방총회(초대 총회장 정재관)로, 합성협회는 국민회 하와이지방총회(초대 총회장 이내수)로 바뀌었고, 각 지역에는 지방회가 구성되었다.

그해 6월 이대위는 국민회 북미지방총회 상항지방회 회장에 선임되었으며 1910년 1월에는 북미지방총회 부회장에 당선되었다. 1910년 2월 1일 대동보국회가 공식적으로 국민회에 동참함으로써 국민회는 '대한인국민회'(大韓人國民會, Korean National Association)로 개편되고, 명실공히 미주 한인 사회의 대표기관이 되었다.

대한인국민회 지방총회를 대표하는 중앙총회가 설립된 것은 1911년 3월 29일이었으나 조직 구성을 완료하지 못하고 임시 총회장에 최정익, 부회장에 한재명을 선출하였다. 1912년 11월 8일, 북미지방총회(이대위, 박용만, 김홍균), 하와이지방총회(윤병구, 박상하, 정원명), 시베리아지방총회(김병룡, 유주규, 홍신언, 수청 시베리아 대표원 강영대), 만주지방총회(대리 안창호, 강영소, 홍언) 대표들이 샌프란시스코에 모여 대한인국민회 중앙총회 제1차 대표원

20 「샌프란시스코 크로니클」(*San Francisco Chronicle*, 1908년 3월 24일 자); 상항한인감리교회는 스티븐스의 망언에 대해 대책을 논의하고 전명운과 장인환이 의거를 결단한 장소였다. 장인환은 상항한인감리교회의 창립 교인이었다.

대한인국민회 주역들(1914). 왼쪽부터 최종익, 이용하, 안창호, 황사용, 문양옥, 박상하, 박용만, 강영소, 윤병구, 김홍균, 이대위, 양주은, 최용빈

의회를 개최하였다. 중앙총회 대표원의회의 의장인 이대위는 임시 총회장 최정익에게 헌장 수정, 예산 등 15개 항에 걸친 의결 사항을 보고하였다.[21] 이날 중앙총회는 총회장 윤병구, 부회장 황사용, 총무 정칠래, 서기 강영소, 재무 박영순, 학무원 민찬호, 법무원 주원, 외교원 박용만을 선임하여 중앙 행정기관을 구성하였다. 또한 북미, 하와이, 멕시코, 시베리아, 만주에 지방 총회를 두어 자치기관으로 운영토록 하고 그 관하에 116처 지방회를 두었다. 중앙총회는 샌프란시스코에 있다가 1913년 1월 로스앤젤레스로 이전하였다. 제3대 중앙총회장에는 안창호, 제4대 총회장에는 윤병구가 다시 선임되었다.

이대위는 1913년에 대한인국민회 북미지방총회장으로 선출된 것을 시작으로 1914년, 1915년, 1917년, 1918년, 1919년 도합 6차에 걸쳐 총회장을 역임하여 대한인국민회의 내실을 다지고 외연을 확장할 뿐 아니라 대한

---

21 김원용, 『재미 한인 50년사』(캘리포니아, 리들리: 1959), 103-10; 윤병욱, 『나라 밖에서 나라 찾았네』(서울: 박영사, 2006), 307-308.

인국민회가 미주에서 한인 사회를 대표하는 기관으로 우뚝 설 수 있도록 그 역량을 키워놓았다. 또한 각 지방회에 한글학교를 설립하여 후세 뿌리교육에 힘쓰도록 하였고, 여성들이 국민회 활동에 적극 참여하도록 권장하였다.

「신한민보」 복간과 문필 활동

대한인국민회 북미지방총회장에 취임한 이대위가 우선적으로 시도한 것은 「신한민보」의 복간 작업이었다. 국민회의 기관지 「신한민보」는 재정난으로 1912년 12월 9일 자 제 276호를 발행하고는 정간되었다. 하지만 이대위 총회장의 노력으로 몇 달 동안 샌프란시스코와 남가주 지역 동포들은 후원금 및 약정금으로 도합 1,500달러를 보내왔고 「신한민보」는 1913년 6월 23일 제 277호를 발행함으로써 다시 세상의 빛을 보게 되었다. 그는 주필직을 맡았다.

이대위는 신문이나 잡지 등의 인쇄매체를 인류 사회의 진보와 민족의 독립을 가져오는 필수 요소로 인식하였다. 그는 본대생(本大生)이라는 필명으로 다음과 같은 글을 기고하여 「신한민보」는 한인 사회를 하나로 묶어주는 힘이요, 독립의 촉진제이니 「신한민보」의 정간을 온 한인 사회가 힘을 합해 막아야 한다고 강조하였다.

> 대저 신문이라 하는 것은 우리의 이목이요, 우리의 혈맥이라. 만약 우리 사람이 이목이 없으면 듣고 보지 못할 터이요, 우리의 혈맥이 없으면 활동치 못할 것은 천연한 이치라. …본국에 두어 가지 신문이 있기는 있지만 출판의 자유가 없는 까닭으로 국민의 사상을 발홍하고 국민의 정신을 환성(喚醒)하여 독립을 회복하고 자유를 창기할 여망을 기약치 못하는 터인즉, 오직 보관(報館)을 자유지에 세우고 독립사상과 자유정신으로 동포를 두드려 깨우고 일으키는 신문은 미주에서 발행하는 「신한민보」라. …이 신문을 어떻게

부지하여 가야 되겠는가?[22]

이대위는 「신한민보」 주필로서 신문매체를 통해 한인 사회의 소식을 전할 뿐만 아니라 조국 광복의 긴급성을 강조하며 한민족의 단합과 협력을 촉구하였고, 세계 역사의 흐름에 비추어 한민족이 걸어가야 할 길과 이에 필요한 새로운 지식을 소개하였다. 그러나 목회자로서, 항구 선교사로서, 국민회 북미지방총회장으로서, 「신한민보」 주필로서 1인 4역을 감당하기에 힘이 벅차 1914년 7월 이대위는 주필직을 사임하였다. 그리고 그의 대를 이어 초기 상항한인감리교회 교인이던 백일규가 주필직을 맡게 되었다. 「신한민보」는 국문으로 매주 수요일에 발간하는 주간지였으나 1919년 3·1운동이 일어났을 때는 국내의 소식을 신속히 전달하기 위해 격일간으로 발행하기도 하였다.

이대위의 문필 활동은 포틀랜드 중등학교를 졸업하고 샌프란시스코로 돌아와 버클리대학교에 진학할 무렵 더욱 활발해졌다. 1908년부터 1923년까지 「공립신보」, 「대도」, 「신한민보」에 그가 발표한 글은 200여 편에 이르며 내용은 기독교 복음, 민족 독립과 세계평화, 동서양 역사와 사회문제, 농업과 상업, 언론, 소설, 인물전, 조선의 자연과 지리, 한문과 영문 서적의 번역물, 논설 등 다양하다.[23]

국민회를 가정부(假政府) 격으로 높여준 헤미트 사건

1913년 6월 25일 한인 노동자 11명이 남가주 리버사이드 근교 헤미트(Hemet)에 있는 농장에 살구 따는 작업을 하러 갔다가 그 지역의 백인 노동

---

22 「신한민보」(1909년 10월 20일 자), 1면.

23 성백걸, 『샌프란시스코의 한인과 교회』, 219-23; 이대위의 글 63편은 유석종이 편저한 『애국지사 이대위: 생애와 글 모음』(파주: 북산책, 2010)에 실려 있다.

자 수백 명에 의해 농장에 들어가지도 못하고 쫓겨나는 사건이 발생하였다. 이 일을 주선하였던 최순성은 한인 노동자들의 기차 왕복비만 보상받는 것으로 하고 농장주 샘슨과 타협을 보았다. 그러자 나성의 일본 영사가 나서서 한인 노동자들을 대신하여 손해배상을 받아주겠다 하였고, 한인들이 이 제안을 거절하자 이번에는 워싱턴에 있는 일본 공사가 나섰다. 즉 한인은 일본의 보호와 지배하에 있는 일본의 식민지 국민인데 미국인들이 그들을 강제로 몰아냈으니 이것은 미국이 일·미 통상조약을 위반한 것이요, 이 사건은 마땅히 일본 공사관이 나서서 해결할 문제라는 것이었다.

이에 대한인국민회 북미지방총회장 이대위는 우드로 윌슨 행정부의 국무장관인 윌리엄 제닝스 브라이언(W. J. Bryan) 앞으로 다음과 같은 전문을 보냈다.

> 합중국 국무장관 윌리엄 브라이언 귀하
>
> 귀하께 드리는 바는 근일에 한인 11명이 헤미트 지방에 일하러 갔다가 그곳 주민들에게 축출을 당하였는데 이 사건을 일본 영사가 간섭하려고 하나 우리가 일본 관리의 간섭을 원하지 않는 까닭에 본회가 그 지방 주민들을 교섭하여 시비를 타협했습니다. 귀국 법률 밑에 사는 한인들은 대개 한일합방 전에 한국을 떠난 사람들이고 한일합방을 반대하며 해가 하늘에 떠 있는 한 일본 정부의 간섭을 받지 않을 터이니 전시나 평시를 물론하고 재미 한인을 일인과 같이 대우하지 말며 어느 때든지 한인에 관한 문제는 한인 사회에 교섭하기 바라나이다.
>
> 1913년 6월 30일
>
> 대한인국민회 북미지방총회장 리대위

이 전보를 받은 브라이언 국무장관은 2일 후 한인 사회에 관계된 일은 일본 정부나 일본 관리를 통하지 않고 한인 사회를 대표하는 대한인국민회를 통해 교섭할 것이라는 답장을 보내왔다.

> 미국 국무성 발표
>
> 한인은 일인이 아니라는 대한인국민회 총회장의 전보를 받았다. 그 전보에 말하기를 재미 한인은 대개 한일합방 전에 한국을 떠난 사람들이고 한일합방을 인정하지 않으며 일본 정부와 관계가 없고 일본 관리의 간섭을 받지 않겠다 하였는즉 이로부터 재미 한인에게 관계되는 일은 공사나 사사를 물론하고 일본 정부나 일본 관리를 통하지 말고 한인 사회를 교섭할 것이다.
>
> 1913년 7월 2일
>
> 미국 국무장관 브라이언

총회장 이대위는 헤미트 사건이 발생하자 재미 한인을 일본인으로 간주하려는 일본 관리들의 흉계에 즉각 대처함으로써 오히려 그것을 미국 정부로부터 한인들의 법적 지위를 보장받는 기회로 삼았다. 그리고 대한인국민회를 미국에서 나라 잃은 한인들의 가정부(假政府) 역할을 할 수 있도록 만들었다. 「신한민보」의 기사가 이 사실을 말해준다.

> 미주에 있는 한인의 완전한 이름을 보호한 후에, 연하여 우리 민족으로 하여금 여행권도 없고 정부도 없지마는 완전한 대한 국민의 자격으로 미주에 들어오게 하였으며, 외국 사람의 회사에서 고용하다가 상처를 당하면 정부가 완전히 있는 나라 사람들과 같이 손해금을 받아주며 그 외에도… 크게 유익한 일을 행할 것이 많으니 이것은 다 사회단체(대한인국민회)의 힘이 아

니면 비록 영웅이라도 개인의 힘으로 하지 못할 바라.[24]

유학생, 망명객, 사진신부들의 입국 주선

헤미트 사건이 있고 10여 일이 지나 한인은 일본 국민이 아니라는 이유로 미국 정부와 교섭할 일이 또 발생하였다. 바로 도미 유학생을 위한 국민회의 보증 및 입국 주선이었다. 1913년 7월 중순 상해를 출발한 한인 학생 6명이 몽골리아 배를 타고 상항에 도착하였다. 이들은 빙표(여권)를 소지하지 않은 데다 십이지장충병에 걸려 에인절 아일랜드 이민국 격리소에 수용되었다. 그중 4인은 105인 사건으로 일경에 체포되어 갖은 고문을 받고서 가까스로 살아남아 미국으로 피신 온 청년들이었다. 당시 한인은 국제법상 국적이 분명치 않아 이민국을 통과하기가 쉽지 않았다. 이대위 총회장은 헤미트 사건을 통해 얻은 미 국무성의 정책을 근거로 삼아 "이 사람들은 합방 전에 한국을 떠나 일본 백성이 되지 않았으니, 이왕 한국이 독립할 때의 한인으로 인정하고 이 사람들의 입국을 허락해달라."라고 미국 정부에 청원하였다. 즉 이들은 일본의 예속인도 아니요, 중국의 예속인도 아니니 일본 정부나 중국 정부의 여권을 소지할 수 없다는 것이었다.[25]

미국 이민국은 청문회를 열어 이대위 총회장의 증언을 들은 후 한인들의 입국을 결정하였다. 단 그들의 신분과 생활에 관한 모든 문제를 대한인국민회가 보증한다는 조건하에서였다. 이것이 전례가 되어 국민회는 그 후 계속되는 한인들의 입국을 도울 수 있었다. 1910년대 샌프란시스코를 통해 미국 본토에 입국한 수백 명의 유학생과 망명객 그리고 70여 명의 사진신부 중에

24 "경고 불납 의무금 형제,"「신한민보」(1913년 11월 14일 자), 1면.

25 추선, "이대위 선생 고택 심방기(7),"「신한민보」(1944년 11월 16일 자), 3면; 1913년 7월 14일 자로 국민회 총회장 이대위(David Lee)가 워싱턴의 노동부(Department of Labor) 장관에게 보낸 청원서, File 12777/18-1 to 6, National Archives, San Bruno, CA.

이대위 총회장의 신세를 지지 않은 사람은 별로 없었다. 이대위 목사는 상항한인감리교회에서 사진신부들의 혼인 주례를 해주었는데 한인 사진신부들에 관한 책을 집필한 소니아 선우(Sonia Sunoo)의 어머니 신강애 씨도 그중 한 사람이었다.[26]

대한인국민회 북미지방총회관 구입

대한인국민회는 이대위가 북미지방총회장으로 시무하는 동안 대내외적으로 그 위치가 공고해졌다. 1914년 4월 6일 사단법인체로 주정부에 등록되고 그 후 상항 미국인 상업회의소 회원으로 가입한 것이다. 이로써 대한인국민회 북미지방총회는 공식 법인체로서 미국에서 한인의 권익을 보호하고 구국 모금 활동을 하는 데 더욱 힘을 받게 되었다.

샌프란시스코의 공립협회가 발전하여 국민회로 명칭이 바뀐 뒤 국민회는 샌프란시스코 페리 스트리트(Perry St.)에 있는 공립협회 회관을 인수하여 대한인국민회 중앙총회, 북미지방총회, 상항지방회 회관으로 사용하였다. 1914년 9월에는 이대위 총회장의 주선으로 그 건물을 팔고 오크 스트리트(Oak St.)의 3층 가옥을 6,500달러에 매입하여 회관으로 사용하게 되었는데 사무소는 편의를 위해 마켓가(Market St.)의 휴스 퍼시픽 빌딩에 두었다.

북미지방총회가 회관을 구입하였으나 대출금 상환이 어려워지자 상항한인감리교회 목사였던 이대위 총회장은 교회를 국민회 회관 건물로 이전하였다. 그리고 교회가 두 층을 쓰는 조건으로 사용료를 국민회에 지불함으로써 부채를 갚아나갈 수 있도록 조치를 하였다. 국민회는 교회가 예배실로 쓰는 공간을 집회 장소로 사용하였고, 3층은 국민회 회원이며 상항한인감

---

26 Sonia Shinn Sunoo, *Korean Picture Brides, 1903-1920: A Collection of Oral Histories*(Bloomington, IN: Xlibris Corp, 2002), 21-55; Erika Lee and Judy Yung, *Angel Island,* 200.

리교회 신자인 하상옥에게 세를 주었다. 상항한인감리교회는 1930년 자체 건물을 신축하여 이전할 때까지 장장 16년 동안 회관을 함께 사용하였다.

이대위 총회장은 회관의 부채를 갚기 위해 각 지방을 순회하며 모금을 하였고 결국 1918년 5월 1일에 잔금을 모두 갚아 회관은 완전히 국민회의 소유가 되었다. 이러한 쾌사는 국민회 회원 552명으로부터 받은 후원금과 이대위 총회장의 헌신적 지도력에 의해 이루어진 것이었다. 대한인국민회관은 1937년 로스앤젤레스로 옮겨갔다.

대한민국임시정부를 돕기 위한 모금 활동

1919년 3월 1일 국내에서 일어난 독립운동 소식을 듣고서 이대위는 3월 22일 자 「신한민보」에 "대한독립선언(大韓獨立宣言) - 성공은 합력에 있음"이라는 논설을 통해 이처럼 중요한 시기에 해외동포들이 비장한 각오로 합심하고 단결하여 독립운동에 참여할 것을 호소하였다.

> 8년 전에 조국강산을 원수에게 빼앗기고 그의 노예가 된 것은 우리 민족의 허물이요, 수치러니 오늘날 조국강산을 다시 회복하고자 하는 것은 민족의 담력이요, 영광이라. 우리의 일신을 위하여 지은 죄는 그리스도의 피가 아니면 씻을 수가 없거니와 나라를 위하여 당한 수치는 우리의 피가 아니면 씻지 못할 것이 분명하니, 오늘날 그 값을 위하여 흘리는 우리 형제자매의 피는 곧 우리의 피를 대신함이라. 나라가 망할 때에 영웅열사가 흘린 피가 오늘까지 원혼을 가져 마르지 않음은 그 뒤를 따르는 자가 적음이려니, 이날에 조국 광복을 위하여 흘리는 피는 그 목적을 계속 진행하여 성공치 않으면 다시 원혼이 될지로다. 저 일본 정부는 우리 민족으로 더불어 불공대천지수라. 저가 살고는 우리가 살 수 없음은 마치 물과 불이 서로 대립치 못함과 같음은 과거 10년 역사를 거울하여 알지라. …그런 고로 우리는 이 기

회를 잃지 말고 일제히 합력하여 본국 동포들과 사생존망을 같이하는 것이 상당한 줄 아노라.

이대위는 1919년 4월 북미지방총회장을 사임하고 대한인국민회 중앙총회의 사무장을 맡았다. 중앙총회장이었던 안창호가 새로 수립된 대한민국 임시정부의 내무총장 겸 국무총리 대리 일을 맡기 위해 상해로 떠나면서 이대위에게 중앙총회의 실무를 맡도록 주선하였던 것이다. 독립선언 이후 대한인국민회 중앙총회가 외교, 재정, 홍보, 연락 등 다양한 업무를 주도하게 되면서 오랫동안 북미지방총회장을 지낸 이대위가 실무에 적임자라고 보았기 때문이다.

미주 대한인국민회는 독립의연금을 모아 상해임시정부를 적극적으로 돕기 시작하였다. 1919년 6월 국민회는 상해임시정부 국무총리 대리로 취임한 안창호에게 재미 한인들의 눈물 어린 정성으로 모금된 2만 5,000달러를 송금하였고, 안창호는 이것으로 프랑스 조계(租界)에 전셋집을 얻어 정부 청사를 마련하였다. 상해임시정부는 150만 달러의 애국금을 모금하기로 결정하고, 그 일을 미주에 있는 대한인국민회에 위임하였다. 이에 따라 대한인국민회 중앙총회는 각 지방에 애국금 수합령을 발표하고 모금에 착수하려고 하였다.

그러나 한성정부의 집정관 총재로 선출된 이승만은 워싱턴에서 구미위원부를 조직하여 공채를 발행하고 미주에서 모금되는 기금을 본인이 주관하고자 하였다. 이로 인해 대한인국민회와 구미위원부 사이에 애국금과 공채 문제로 인한 혼란과 갈등이 생기게 되었고, 이 문제를 해결하기 위해 이대위는 1919년 7월 25일 국민회를 대표하여 워싱턴으로 향하였다.

그는 구미위원부 위원이 되어 애국금과 국채를 함께 시행하자는 절충안을 제시하였다. 광복운동을 전개하려면 재정 확보가 무엇보다 중요하다고 생각했기에 미주 사회가 단결하는 방안을 모색하였던 것이다. 그의 중재에도 불구하고 구미위원회에 의해 애국금이 폐지되자 이대위는 구미위원직을 사직하고 2개월 만에 다시 샌프란시스코로 돌아왔다. 공채표 문제로 빚어진 혼란 속에서 이대위는 거북한 입지에 처하게 되었고 결국 이승만과 결별하게 되었다.[27]

인터타이프 한글 식자기 발명

이대위 총회장이 한글 식자기(植字機)를 개발하여 「신한민보」를 제작하기 시작한 것은 1915년 3월 11일 자 제359호부터였다. 이 기계는 인터타이프(Intertype)식 식자기로 한글의 기본 글자 25자와 중모음, 쌍받침까지 모두 174개의 활자를 합성하여 사용할 수 있게 만든 것이다. 이대위가 직접 국문 자모를 만들고 인터타이프 회사에서 식자 기계를 제작하였다. 이로써 국민회는 손으로 일일이 활자를 뽑아 조판하는 비효율적인 방식에서 벗어나 신속하고 저렴한 방법으로 각종 신문, 서적을 제작·보급할 수 있게 되었다.

이러한 쾌거가 있기까지는 이대위의 피눈물 나는 노력과 희생이 있었다. 동해수부(東海水夫)[28] 홍언은 이 기쁜 소식을 알리면서 이대위의 노고를 전해주고 있다.[29]

---

27 최기영, 『잊혀진 미주 한인 사회의 대들보 이대위』, 133-56.

28 동해수부(東海水夫)는 3·1운동 후 중국 상하이로 망명하여 임시정부 법무총장, 의정원 의장, 국무령을 지냈으며 1930년에 김구 등과 한국독립당을 창설한 홍언의 필명이다.

29 동해수부, "국문 신식 활자의 성공," 「신한민보」(1915년 3월 11일 자), 1면.

이대위가 개발한 인터타이프식 한글 식자기

…들으니, 이 학사(이대위)가 이 활자의 제조를 연구할 때에 고상한 이상을 독주하고 무한한 정력을 희생하며 허구한 세월을 소비하여 낮이면 만만 고총한 여가에 턱을 고이고 묵묵히 생각하며, 밤이면 12시를 지나도록 눈을 썩썩 비비며 등불을 대하여 과로히 연구한 결과로 오늘날 이 활자를 완전히 쓰게 만들어 놓았노니, 대저 이 학사는 이 활자를 위하여 많은 정성과 힘을 허비하였더라.

이대위의 한글 식자기 발명은 미국 사회에서도 높은 평가를 받았다. 1917

년 9월 「데일리 팔로알토 타임스」(*The Daily Palo Alto Times*)는 시카고 「인랜드 프린터」(*Inland Printer*) 8월호에 실린 윌리엄 홀(W. I. Hall)의 "단순화된 동양 글자"(Simplifying Oriental Languages)라는 글을 전재하였는데 '한국어 알파벳이 샌프란시스코에서 만들어지고 동양식 식자기가 제작된 것은 세기의 위대한 진전'이라는 부제를 달았다. 윌리엄 홀은 이 글에서 "한글이 한문처럼 상형문자가 아니라 표음문자이고 알파벳을 가지고 있기에 배우기 쉽고 글의 보급이 용이하니, 동양 나라들이 장차 이러한 글자를 사용하게 되면 일찍이 인쇄술의 발달로 서적과 팸플릿이 출판·보급되어 유럽에 문예 부흥이 일어났듯이 동양에도 교육 부흥이 일어나게 될 것"이라고 지적하였다. 그리고 "이것을 성취하는 것이 바로 이대위 박사의 꿈"이라고 기사의 끝을 맺었다.[30]

실로 이대위의 한글 식자기 발명은 재미 한인 사회의 문화를 향상할 뿐 아니라 잃어버린 조국을 되찾기 위한 독립운동을 활성화하는 데 중요한 도구가 되었다.

이대위의 마지막 길

1928년 6월 17일, 재미 한인 사회는 큰 지도자를 잃고 슬픔에 잠기게 되었다. 상항한인감리교회를 비롯하여 미주 한인교회와 한인 사회의 발전 그리고 조국의 독립을 위해 불철주야 헌신하였던 이대위 목사가 세상을 떠난

---

30 "Simplifying Oriental Languages," 「신한민보」(1917년 9월 27일 자).

것이다. 이대위는 너무나 많은 일을 한 몸에 짊어진 채 앞만 보고 달렸기에 1920년대에 들어서면서 건강을 잃게 되었고 그 후 수년간 질병과 싸우며 좀처럼 건강을 회복하지 못했다.

결국 상항병원 병상에 누운 이대위 목사는 아내와 아들 4형제 그리고 외손자가 지켜보는 가운데 "우리 동포들이 다 평안한지요? 아이고, 보고 싶어! 아이들도 참말 보고 싶어!"라는 마지막 말을 남기고 숨을 거두었다.[31] 이대위는 50년 생애의 절반을 한국에서 그리고 나머지 절반을 미국 땅에서 보냈다.

이대위 목사의 장례식은 상항한인감리교회를 위시한 한인교회들과 대한인국민회, 스탁튼한인공제회 연합의 사회장으로 거행되었고 그의 시신은 샌프란시스코 근교에 있는 사이프러스 공원묘지에 안장되었다. 7월 1일에는 샌프란시스코와 로스앤젤레스와 멕시코시티에서 그리고 7월 5일에는 뉴욕에서 이대위를 기리는 추도회가 개최되었다. 평소 상항한인감리교회 교인이자 국민회 동지로 함께 활동한 홍언은 고 이대위 목사를 기리는 추도문과 함께 추도시를 1928년 6월 28일 자 「신한민보」에 발표하였다.

> 참 사람이 가시도다. 망망 전도에 누구와 같이 할꼬. …매화가 떨어지고 석양이 넘어가니 비 같은 눈물이 소매를 적시도다. 하늘길 진주문을 지나 천당으로 가시는 영혼, 아주 가지 마시고 아직 세상에 머물러 있어 항상 우리를 붙들어주소서. 오호라, 슬프도다!

이대위 목사는 1920년 이후 건강이 나빠지면서 목회 활동 외에는 다른 사회단체 직임을 맡지 않았다. 다만 생계를 해결하기 위해 서양인이 경영하

---

31 "이대위 목사 별세, 50 평생 일기 상고," 「신한민보」(1928년 6월 21일 자), 1면.

던 작은 식품점을 인수하여 가족이 함께 운영하다가 잡화점으로 확대하였고, 3년 6개월 후에는 잡화점을 팔고 세탁소를 운영하였다. 이 세탁소는 이대위가 사망한 후 1940년대까지 부인 손대안이 직접 운영하였다. 이대위는 워낙 청렴하였기에 그가 남긴 유산으로는 때 묻은 서적과 파상된 책상, 낡은 몇 점의 가구가 전부였다. 오히려 동료들에게 빚진 돈이 있어 그의 사후 채권자들이 모두 탕감해주었다.

이대위는 부인 손대안과의 사이에 5남매를 두었는데 첫딸 마리아가 결혼 직후 급서하는 불행한 일을 겪고 큰 충격을 받은 바 있었다. 그의 사후인 1930년에는 장남 다니엘이 시카고에서 애정 문제로 자살하는 일이 생겼다. 아들들은 제2차 세계대전 중 미 정보국에 근무하기도 하고 종군하여 군용 운송선에서 일을 하였다.

대한민국 정부는 늦게나마 한국 독립운동에 영향을 끼친 이대위의 공로를 기려 1995년 8월 15일 '건국훈장 독립장'을 추서했다. 샌프란시스코 지역에 사는 손자 도널드 리(Donald Lee)가 이를 샌프란시스코 총영사로부터 전달받아 할아버지가 시무하던 상항한국인연합감리교회(상항한인감리교회의 현 이름)에 기증하였다. 이대위의 건국훈장 독립장과 메달은 현재 그 교회의 역사실에 보관되어 있다.

그 후 샌프란시스코 지역 유지들로 구성된 '이대위 애국지사 천장위원회'(위원장 문충환)의 노력과 주상항총영사관, 대한민국 보훈처의 협조로 사이프러스 공원묘지에 있던 이대위의 유해는 2005년 10월 18일 대전 현충원 애국지사 묘역으로 봉송되어 안장되었다. 고국을 떠난 지 100년이 넘어서 그처럼 사랑하던 조국의 품으로 돌아온 것이다. 그의 묘비에는 브라이언 국무장관에게 보낸 전문이 새겨져 있고, 샌프란시스코 근교 사이프러스 공원묘지에는 그의 빈 무덤과 묘비가 그대로 보존되어 있다.

사도 바울의
심정을 가진 사람

1919년 국외에서 활동한 지도급 독립운동가 39인이 서명한 '대한독립선언서'(일명 '무오독립선언서')에는 미주를 대표하여 이승만, 안창호, 박용만, 이대위 4인이 포함되어 있다. 이는 미주에서 이대위가 차지했던 위상을 보여준다. 애국지사 이대위는 목회자로서 복음운동과 민족운동을 동시에 전개하며 초기 미주 한인 사회를 이끌어간 지도자였다. 그는 생을 마감하는 마지막 순간까지 성직을 떠나지 않고 동포들의 가슴속에 그리스도의 복음을 심어주는 한편, 한인의 이민 사회 정착과 조국 광복운동을 위해 혼신을 다하였다. 이대위는 정치적 야망을 품지 않았고 개인적 출세를 탐하지 않았다. 오직 하나님의 사랑과 공의가 이 땅에서 실현된다는 확신 속에서 하나님 나라를 위해, 조국을 위해 그의 생을 불태웠을 뿐이다. 그의 일생은 섬기는 자의 삶이었다.

그는 외쳤다, "애국이라는 '애'(愛) 자는 재물을 사랑하는 '애'보다 크고 부인을 사랑하는 '애'보다 크며 그 몸을 사랑하는 '애'보다 크니, 이 사랑은 부모가 자식을 사랑하듯 하여 가히 대신 죽을 만한 사랑이라."라고.[32] 자식을 위해 대신 목숨을 내놓는 아비 어미의 사랑으로 나라를 사랑하고 민족을 사랑하는 것이 참다운 애국이요, 그런 애국성을 가져야 나라를 살릴 수 있다는 것이다. 이대위 목사의 선교열과 민족애는 "나는 혈육을 같이하는 내 동족을 위해서라면 나 자신이 저주를 받아 그리스도에게서 떨어져 나갈지라도 조금도 한이 없겠읍니다."(롬 9:3, 공동번역)라고 고백한 사도 바울의 심

---

32 이대위, "애국자의 직분과 가치," 「신한민보」(1913년 9월 5일 자), 1면.

정을 연상하게 한다.

이대위 목사가 온 세계에 흩어져 있는 동포들을 향해 수없이 강조한 바, 그것은 "동심(同心)이면 먼저 합력(合力)"이었다. 일제강점기에 어느 누군들(소수를 제외하고) 조국 광복을 원치 않은 사람이 있었겠는가! 국권회복이라는 대명제 앞에서 모두 같은 마음이었을 테다. 부족한 것은 합력에 있다고 이대위 목사는 한탄하였다. 그는 "2,000만이 합력하면 무슨 일인들 성사치 못하리오!"라고 외쳤다.

애국지사 이대위는 하나님 사랑, 나라 사랑, 민족 사랑을 구호로만 외치지 않고 몸소 실천에 옮기다가 병들어 일찍 세상을 떠났으나 그가 남긴 신앙적·정신적 유산은 미주 한인 사회는 물론이요, 세계만방에 퍼져 있는 대한인 모두의 본보기가 된다. 이대위 목사는 나라와 민족을 가슴에 품고 이 땅에서 하나님의 '큰 길'(大道)을 펼치고자 하였다.

김마리아

6장 선구적 한국 여성의 신앙고백적 삶

- 김인수(전 미주장로회신학대학교 총장, 전 한국교회사학회 회장)

김마리아의 조국, 여성 그리고 공정한 세상

김마리아, 그녀는 구한말 일제 치하에서 조선이 극한의 고난 가운데 있을 때 기독교 신앙 안에서 나라의 독립과 여성교육과 공정한 세계를 위해 헌신했던 여성이다. 그녀는 가냘픈 몸으로 조국의 독립을 위해 전 생애를 바치고, 과감한 조직력과 불굴의 의지로 여성교육에 헌신하며, 어둡고 험난한 시대를 자기 몸과 생애 속으로 받아낸 영적 지도자이다.[1] 그 삶의 여정은 '조국'과 '여성'과 '공정한 세계'를 향해 불멸의 빛을 비추었기에 우리는 그녀의 개인적 차원의 삶보다 사회적 차원의 삶에 더 친숙해 있다. 김마리아의 생애는 크게 두 시기로 나눠볼 수 있다. 전반부는 1892년(호적은 1891년) 출생부터 1919년 동경 유학 시절까지, 후반부는 1919년 2·8독립선언부터 1944년 4월 13일 생을 마감할 때까지이다.[2] 누구나 마찬가지이겠지만 김마리아의 생애 역시 후반부의 공적 활동은 전반부의 개인적 성장기와 밀접한 관련을

---

1 문은영, "김마리아와 여성 신앙 교육," 한국교회역사복원위원회 엮음, 『한국교회역사복원논총(제2집)』(서울: 대한기독교서회, 2021), 55.

2 이선이, "선각자 김마리아에 대한 선교적 조망," 「선교신학」 제44집(2016.10): 219.

"나는 대한의 독립과 결혼하였다."라고 말한 김마리아의 모습.
왼쪽부터 미국 유학 초기, 파크대학교 졸업 당시, 마르타윌슨신학교 교수 시절

맺고 있다. 그녀의 삶은 대부분 기독교인이면서 동시에 선구적 한국 여성으로 살아야 했던 신앙고백의 성격이 강하다.

필자는 이 글에서 한국과 미주 한인 사회는 물론 미국과 세계에 공헌한 사람으로서 김마리아를 조명하고자 한다. '조국'과 '여성'을 비춘 선구적 한국 여성의 고단한 생애가 어떻게 미국과 전 세계에 울림이 될 수 있었는지, 그녀의 삶이 공정한 세계, 곧 참세상을 향한 진보에 어떤 영향을 끼쳤는지 등을 파노라마처럼 전개해보기로 한다.

김마리아의 삶은 한국 민족의 근대사와 궤를 같이하며, 특별히 한국에 전래된 기독교(개신교)의 시작 및 확장과 깊은 연관을 맺고 있다. 그녀의 삶은 드라마적 성격을 지니고 있으며, 오늘을 사는 우리에게 민족 공동체를 위한 열정이 무엇인지, 여성과 참세상을 향한 사랑의 발자취가 무엇인지 교훈하고 있다.

김마리아의 성장기

기독교와의 만남

김마리아는 1892년 6월 18일 황해도 장연군 소래(松川)마을에서 태어났다.[3] 지주였던 아버지 김윤방과 어머니 김몽은 사이에서 셋째 딸로 태어난 그녀의 본명은 진상[眞常, 근포(跟捕)라는 이름으로 불리기도 했다.] 이었다. 당시 소래는 귀양지로 외딴 마을이었으나 1883년 만주에서 교인이 된 서상륜(徐相崙)과 그의 동생 서경조(徐景祚)가 정착하여 복음을 전한 곳이다. 외국 선교사들이 들어오기도 전에 이미 교회가 세워져 '한국교회의 요람'이라는 칭호를 받았던 마을이다.[4]

소래마을을 품은 황해도는 한국교회의 역사에서 기독교(개신교)의 접촉점이자 동시에 요람의 역할을 했던 곳이다.[5] 소래마을은 교인 수가 증가하고 교회가 부흥하여 예배당을 새롭게 건축할 때 외국 선교사들의 건축비 보조를 사양했다. 한국에서 처음으로 건축하는 예배당이니 외국인의 재물을 들이지 않기로 작정하고 성도들이 자진하여 헌금했던 것이다.

무엇보다 소래교회는 한국에 입국한 선교사들이 경의와 흠모 속에서 선교 실습을 한 도장(道場)이었다.[6] 1893년부터 매켄지(W. J. McKenzie) 선교사가 소래교회를 섬겼다. 그는 한국인들과 함께하면서 인정과 존경을 받으

---

3 박용옥, 『김마리아: 나는 대한의 독립과 결혼하였다』(서울: 홍성사, 2003), 25.

4 이덕주, "조선의 누이 김 마리아," 「새가정」 통권 제367호(1987.3): 50.

5 최초의 성경 전달자였던 맥스웰(M. Maxwell)과 바실 홀(B. Hall)이 1816년 9월 이곳을 거쳐 갔으며, 개신교 목사 귀츨라프(K. F. A. Gützlaff)가 1832년 7월 이곳에 발을 내디뎠고, 한국에서의 첫 순교자 토마스(R. J. Thomas) 목사는 순교하기 10개월 전인 1865년 9월 이곳에서 선교하였다.

한국인에 의해 세워진 개신교 최초의 교회인 소래교회(1895년경)

며 헌신적으로 살았다. 그러던 중 한여름에 일사병에 걸려 고통과 외로움을 견디지 못하고 달아오르는 고열에 시달리다 권총으로 생을 마감했다. 그는 유산을 한국교회에 써달라는 유서를 남긴 채 한 알의 밀알이 되었다.

소래교회는 매켄지의 부음을 캐나다장로교회에 알리고 선교사를 보내달라는 청원서를 보냈다. 그래서 캐나다장로교회 총회는 푸트(W. R. Foote) 부부, 맥레(D. McRae) 부부 그리고 의사 그리어슨(Grierson, M.D.) 부부를 한국 선교사로 임명했다. 이들은 1898년 9월 매켄지가 활동하던 소래마을에서 사역하려고 했으나 너무 작은 시골 마을이라 큰 도시인 함경도 원산으로

---

6 1889년 게일(J. S. Gale) 선교사, 1890년 마펫(S. A. Maffet) 선교사가 다녀갔으며, 그 후 펜윅(M. C. Fenwick) 선교사가 방문하여 주민들에게 새로운 개량 농사법을 전해주었다.

가서 선교했다. 이렇게 매켄지 선교사의 죽음은 한국의 서부 황해도와 동부 함경도를 연결하는 다리 역할을 했다고 할 수 있다.[7] 훗날 김마리아는 1932년부터 원산 마르타윌슨신학교에서 교수로 가르치다 생을 마감했는데, 그녀가 미국에서 유학 생활을 끝내고 원산으로 오게 된 배경은 캐나다 선교부에서 운영하는 마르타윌슨신학교 교장 루이스 매컬리(Louise H. McCully)가 매켄지 선교사의 약혼녀이기도 했기 때문이다.

김마리아의 아버지 김윤방은 소래마을에 기독교 복음이 전해지자 제일 처음 믿은 사람들 중 한 명이었으며 그의 동생들도 기독교를 받아들였다.[8] 집안 사람들은 기독교로 인해 비교적 일찍 개화에 눈을 뜨게 되었다. 1885년 소래교회는 김윤방을 중심으로 해서제일학교(이후 소래학교)라는 야학을 설립했는데[9] 마침 그해 조선 정부가 교육의 근대화를 추진하려고 학부(學部)를 조직하고 있었기에 소래교회 내 기독교 학교는 정부의 허가를 받게 되었다. 소래교회 교회학교 학생들을 중심으로 시작한 소래학교는 매켄지 선교사 가족들이 그의 유산을 기부하면서 더욱 발전했고, 학교의 운영은 전적으로 소래교회가 담당했다. 교과 내용은 성경과 개화한 지식에 관한 것이었고 교육 이념은 철저하게 기독교 신앙에 기초하여, 기독교적 인격 형성과 사회봉사 그리고 한국 사회가 요구하는 애국애족의 민족사상을 특별히 강조

---

7 함해노회100년사 편찬위원회, 『함해노회100년사』(서울: 도서출판 동연, 2012), 39.

8 김마리아의 아버지를 비롯하여 아버지의 동생 윤오(允五), 윤열(允列), 필순(弼淳), 인순(仁淳), 구례(求禮), 노득(路得), 순애(淳愛), 필례(弼禮) 등은 이곳에서 복음을 받아들인 기독교 첫 세대 구성원이었다. 또한 김마리아 집안은 민족의식이 투철한 독립운동가 집안이었다. 김마리아의 셋째 삼촌인 김필순은 세브란스의학전문학교 졸업 후 만주에서 독립운동에 가담하였다. 또한 셋째 고모인 김순애는 김규식의 아내로 상해에서 대표적인 여성 독립운동가로 활동했다. 참고. 정운현, 『조선의 딸, 총을 들다』(서울: 인문서원, 2018), 79.

9 이영원, "소래교회와 해서제일학교," 「기독신문」(2011년 12월 13일 자); 김명식, "'조선의 잔다르크' 김마리아 집안의 독립운동," 「남도일보」(2019년 3월 6일 자).

하고 고취하는 데에 진력했다.

김마리아는 세 살 때 아버지를 병으로 잃었기에 홀어머니 밑에서 자랐다. 집안의 세 딸 모두 소래학교를 다녔는데, 김마리아는 남복(男服)을 하고 1896년에 입학하여 성경과 신학문을 접하고 우수한 성적으로 졸업했으며 졸업과 함께 남복을 벗었다. 그 무렵 김마리아의 언니 함라는 서울로 올라와 연동여학교(1909년 이후 정신여학교)에 입학했다. 당시 삼촌 김윤오는 세브란스병원 앞에 '김형제상회'를 차리고 동생 김순애, 김필례를 연동여학교에 보내고 있었다.

민족주의 정신 형성

1904년 12월 김마리아의 어머니가 별세했다. 어머니는 가족들에게 "세 형제(어릴 때 세 자매 모두 남자아이로 불림) 중에 위로 둘은 못하더라도 막내인 마리아는 기어코 외국까지 유학을 시켜달라."라는 유언을 남겼다. 이때로부터 김마리아는 서울에 있는 삼촌 김윤오의 집에 들어가 살았다. 1906년 삼촌의 주선으로 이화학당에 입학했다가 외로움을 못 견디고 20일 만에 언니와 고모들이 다니는 연동여학교에 입학했다.

당시 김윤오는 애국계몽운동 단체인 '서우학회'의 일과 '김형제상회' 사업을 병행하고 있었다. 김형제상회의 2층에서는 애국계몽운동에 적극적인 사람들이 모여 국사를 논의하고 토론했다. 서우학회의 애국계몽운동과 사상은 이후 서북학회, 신민회로 계승되었고, 이는 김마리아의 사상적 줄기이기도 했다. 서북학회의 주요 임원은 이동휘, 안창호, 박은식, 이갑, 유동열, 최재학, 김윤오 등이었고 김윤오는 총무원의 중책을 맡았다. 이렇게 김형제상회는 신민회의 본거지로서 배일민족운동의 수원지가 되었고, 김마리아의 민족주의 정신이 형성되는 주요한 통로였다.

김마리아가 입학한 연동여학교는 미국 북장로교 내한 선교사 엘러스(A.

B. Ellers)가 시작한 학교였다. 이 학교는 지식교육보다 전도와 생활교육에 더 비중을 두었다. 교육 방침 역시 미국형 숙녀가 아닌 신앙생활을 하는 한국의 여인, 한국인으로서의 생활교육을 철저하게 가르쳤다. 김마리아는 게일(J. S. Gale), 왐볼드(K. C. Wambold)를 비롯하여 서양 선교사들에게서 과학, 문예 등을 배웠고 여성교육은 신마리아(申瑪利亞), 한문교육은 김원근(金瑗根)으로부터 받았다.

김마리아는 연동여학교에 입학한 지 2년 후인 1908년 17세 때 연동교회를 목회하던 밀러(F. S. Miller) 선교사에게 세례를 받고 1910년 제4회로 정신여학교[10]를 졸업했다. 정신여학교를 졸업할 즈음의 김마리아는 단순한 학생이 아니었다. 그녀는 같은 의식을 가진 동지들을 찾아 이미 유각경, 이묘남, 오현관, 오현주, 방신영, 고경신, 박양무, 이천래 등 20여 명의 결의형제를 얻었다. 정신여학교 졸업생 중에는 애국애족 인사들이 많았다.

교사 생활과 일본 유학

1910년 6월 16일 김마리아는 정신여학교를 졸업하고 언니 함라가 교사로 있던 광주수피아여학교 교사로 부임했다. 당시 일제는 학교에서 민족교육을 시키지 못하도록 탄압하면서 식민지 여성교육을 강화하고 있었다. 2년간 교사로 재직하는 동안 김마리아는 학생들 눈에 애국과 독립으로 무장한 민족주의 교사였다. 기독교 민족주의 세력을 말살하려는 일제의 조작극 '105인 사건'[11]이 일어난 직후여서 그녀의 강의는 통곡으로 끝나는 경우가

---

10 1909년 8월 11일 연동여학교는 교명을 정신여학교로 개명하였다. 정신여자중·고등학교동문회, 『사진으로 보는 정절과 신앙의 정신 120년』(서울: 김마리아기념사업회, 2007), 46.

11 일본이 데라우치 총독의 암살미수사건을 조작하여 독립운동가 105명을 체포한 사건. 일제는 1910년경 이 사건을 조작하여 애국계몽운동가들을 탄압하고 동시에 신민회를 제거하고자 했다.

많았다. 당시 동료 교사였던 유각경은 이렇게 회고했다.

> 그분은 참으로 열심이었어요. 공부에도, 생활에도 그처럼 열심일 수가 없었어요. 밤에도 잠을 자지 않고 기도실에 들어가 조국의 장래를 위해 눈물 흘리는 것을 나는 몇 번이나 보았습니다. 나와 같이 있으면 항상 하는 얘기가 조국의 독립이었어요. 마리아의 비분강개를 듣노라면 나도 가슴에서 뿜어 나오는 분노와 울분에 덩달아 울었지요.[12]

김마리아는 선교사들의 도움으로 1912년 가을 1년간 일본 히로시마 금성학원에서 유학했다. 그리고 1913년에 귀국하여 루이스(M. L. Lewis) 교장의 요청으로 모교인 정신여학교에서 학생들을 가르쳤다. 당시 루이스 교장은 한국의 형편을 깊이 이해하여 민족의식이 투철한 교사나 학생을 후원하는 데 도움을 아끼지 않고 있었다. 루이스의 제의에 김마리아는 다시 일본 유학의 길에 올랐다. 1915년 동경여자학원(東京女子學院) 본과에 들어가 1916년 3월에 졸업을 했고 이후 고등학교(전문학교)에서 3년간 공부하여 1919년 3월에 졸업할 계획을 세웠다.

김마리아는 동경여자학원에 다니면서 두 조직에 적극 참여했다. 하나는 동경여자유학생친목회였다. 그녀는 그곳에서 구국적 차원의 여성교육을 논하고, 여성의 동등한 권리와 사회참여의 길을 모색했으며 1916년부터 회장을 맡아 여자유학생친목회 조직을 일본 각 지방으로 확대해갔다. 또한 1917년에는 「여자계」라는 여성 전문 잡지를 발간했다. 이미 1914년 조선유학생학우회 중심으로 기관지 「학지광」이 발간되고 있었으나 주로 남학생 중심으로 한정되었기에 여학생을 위한 잡지를 발간했던 것이다. 특별히 「여자

---

12 박용옥, 『김마리아: 나는 대한의 독립과 결혼하였다』, 129-30.

계』(제3호)에서 김마리아는 여성교육론을 다음과 같이 펼쳤다.

> 조선 여자는 조선 사회에 적합하고 유용하도록 하며 조선 사회에 헌신할 만한 게 가르침이외다. 여자를 교육함에 먼저 할 것은 여자를 알아줌이외다. 교육자가 여자든지 (남자이면 더욱) 피교육자에 대한 명확한 이해를 가져야 합니다.[13]

김마리아가 참여한 또 하나의 조직은 동경 한인 YMCA를 중심으로 형성되어 있던 민족운동 세력이었다.[14] 당시 20대 청년인 한국 유학생들은 일경의 눈을 피해 조국 독립을 위한 준비 모임을 갖고 있었는데, 그 결정체가 1918년에 이뤄진 '조선독립청년단'이었다. 김마리아는 이 단체 회원이 되어 비밀 토론 집회에 빠지지 않고 참석했으며 서서히 투쟁적인 민족운동가로 변신하고 있었다. 이 조직은 일본 경찰에 감지되었고 1919년 1월 28일 그녀는 생애 처음으로 경찰에 체포되었다가 풀려났다.

생애 전반기 정리

이렇게 김마리아의 생애 전반기는 그녀의 나이 27세, 일본에서 유학을 마칠 때까지로 볼 수 있다. 주로 개인적 성장기에 속하는 이 시기에 그녀는 기독교적 교육을 기초로 조국의 현실을 깊이 이해하면서 민족주의 의식을 형성했고, 여성도 나라에 유익을 끼치면서 헌신적인 삶을 살아야 한다는 사실을 발견하여 실천하고자 했다.

---

13 김정인·소현숙·예지숙·이지원, 『3·1운동에 앞장선 여성들: 김마리아 권래화 김향화 박자혜』(서울: 역사공간, 2019), 22; 문은영, "김마리아와 여성 신앙 교육," 57에서 재인용.

14 남성으로는 백관수, 송계백, 김도연, 이광수, 서춘, 최팔용 등이 있었고 여성으로는 황애시덕, 차경신 등이 있었다.

전반기 생애를 요약하자면 그녀는 한국교회 개신교의 요람으로 알려진 황해도 장연 소래에서 태어나 기독교 가정에서 자랐고(1891-95), 소래교회에서 운영하는 소래학교를 다녔으며(1896-1901), 1904년 어머니가 별세하자 서울로 올라와 연동여학교를 졸업했다.(1906-10) 졸업 후 광주수피아여학교에서 학생들을 가르치던 중 히로시마여학교에서 수학했고(1910-13) 1913년부터 모교인 정신여학교에서 교사로 재직하다가 다시 일본에 유학하여 동경여자학원 본과 및 고등과에서 공부했다.(1916-19)

김마리아의 활동기

2·8독립선언과 3·1운동

김마리아는 2·8독립선언과 3·1운동의 한가운데 있었다. 당시 한국 유학생들은 1918년 미국 윌슨 대통령의 '민족자결주의' 원칙이 제시되자 이때가 조선의 독립을 되찾을 기회라고 보았다. 그들은 '조선독립청년단'을 조직하여 1919년 2월 8일 오후 2시 일본 동경의 조선기독교청년회관(YMCA)에서 역사적인 독립선언식을 거행했다. 400여 명의 한국 유학생들이 참여한 가운데 독립선언서가 낭독되었고 식장 내외에 "조선 독립 만세" 소리와 환호성이 진동하는 가운데 결의문이 만장일치로 채택되었다. 곧이어 시가행진을 할 계획이었으나 제지당했다. 김마리아도 이 시위에 참여했다가 현장에서 체포되어 취조를 받고서 이틀 뒤 풀려났다. 두 번째 체포되는 경험이었다.

석방된 후 김마리아의 마음은 조국으로 달려가고 있었다. 그녀는 2·8독

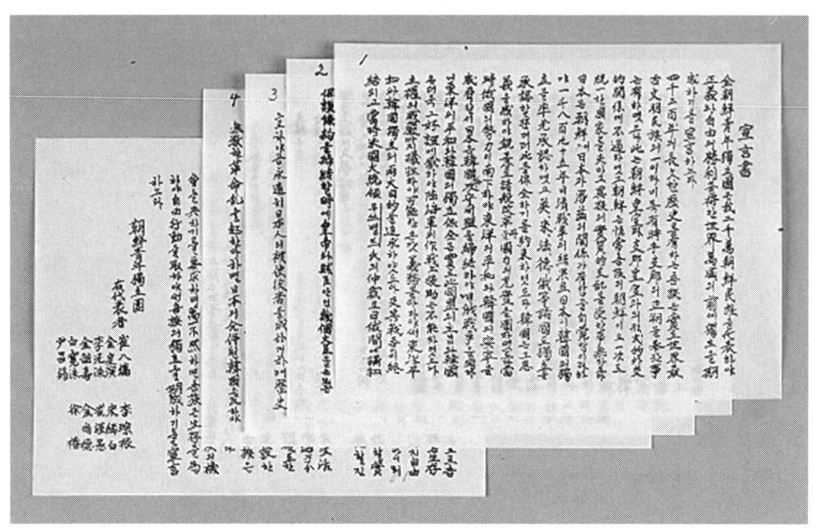

3·1운동의 도화선이 된 동경 2·8독립선언서(1919. 2. 8.)

립선언서를 베껴서 국내에 밀반입할 임무를 부여받고 송복신과 함께 일본 여인으로 변장하여 귀국했다. 한 달 후면 졸업식이 있었지만 기다리고 있을 수 없었다. 하루빨리 조국에 돌아가 거족적 독립운동을 독려하고 여성들을 이 운동에 참여시켜야 했기 때문이다. 그녀는 독립운동 자금을 마련하고 여성독립운동 단체를 조직하는 일을 서둘렀다.

김마리아는 2월 15일 부산에 도착했고 그곳에서 셋째 고모 김순애(金淳愛)와 첫째 고모부 서병호(徐丙浩)를 만났다. 그 둘은 상해에서의 독립운동을 국내에 알리는 비밀 임무를 띠고 있었다. 또한 상해의 독립운동과 동경의 독립선언식 소식을 양측에 전달해주었다. 김마리아는 부산을 시작으로 대구를 거쳐 대전과 광주 그리고 서울에서 만세 시위를 위한 기본 조직을 점검한 뒤 황해도에서 활동하다가 서울의 3·1만세 시위 소식을 들었다.

김마리아가 서울에 도착한 것은 3월 5일 새벽이었다. 그녀는 밀러(L. D. Miller) 선교사 사택 위층으로 들어갔다. 그날은 경성여고보, 이화, 진명, 정신여학교 학생들이 흰 저고리에 짚신을 신은 상복 차림으로 만세 시위에 참여하고 있었다. 시위에 참여했던 학생들은 다음 날인 3월 6일 김마리아의 방에 모여 통곡하고 있었고, 이때 일본 경찰들이 정신여학교에 난입했다. 그녀는 세 번째로 체포되어 왜성대(倭城臺)라 불리는 총독부 경무 총감부에 끌려가 이루 말할 수 없는 고문과 심문으로 중태에 빠졌고 서대문형무소 독방으로 옮겨져 수감 생활을 하게 되었다.

'보안법 위반'이라는 죄목으로 가해지는 고문은 여성으로서뿐 아니라 인간으로서 가진 가장 기본적인 권리마저 앗아갔다. 하지만 김마리아는 그러한 심문과 고난에 굴하지 않았다. 오히려 '너희가 하려는 대로 다 해라. 그러나 내 속에 품은 내 민족, 내 나라 사랑하는 이 생명만은 너희가 못 빼내리라.'[15]라고 다짐했다. 이후 빌링스(B. W. Billings) 박사가 보석금을 내어 그녀는 1919년 7월 24일 석방되었다.

대한민국애국부인회 활동

김마리아는 고문으로 건강이 악화되어 세브란스병원에 입원했다가 어느 정도 회복되자 서둘러 퇴원하여 정신여학교에 복귀했다. 3·1운동 직후 여성들은 독립운동을 계속 추진하기 위해 다음과 같은 여러 비밀결사를 조직했다.

송죽형제단(1913년): 평양 숭의여학교 출신 중심

혈성애국부인회(1919년 3월 중순): 정신여학교 졸업생 및 교사들 중심

조선독립애국부인회(1919년 4월 초): 상해임시정부와 관련 맺음

---

15 정운현, 『조선의 딸, 총을 들다』(서울: 인문서원, 2018), 82.

대한민국애국부인회(1919년 4월 중순): 혈성애국부인회와 조선독립애국부인회 합동

경성애국부인회(1919년 5월): 경성여고보 출신 중심

김마리아는 이처럼 산란한 서울의 애국부인회 조직들을 일원화하는 과제를 인식하고 있었다. 1919년 10월 19일 김마리아와 황에스더의 출옥을 위로하며 축하하는 다과회가 정신여학교 교장 사택에서 열렸다. 여성계 대표 16명이 모인 이 자리에서 김마리아는 비밀 회합을 통해 대한민국애국부인회를 새롭게 조직하고 회장으로 추대되었다. 그리고 대한민국애국부인회의 활동 목적과 정신을 작성하여 각 도에 지부를 하나씩 설치했다.

이 조직은 상해임시정부와 밀접한 연관을 맺으며 활발한 활동을 벌였다. 대한민국애국부인회가 출범한 지 한 달 사이에 김마리아는 임시정부의 대통령이던 이승만에게 모금액 2,000원의 군자금을 보냈다. 다음은 군자금과 함께 보낸 대한민국애국부인회 취지문의 일부와 대통령 이승만에게 보낸 편지의 일부이다.

취지문

고어(古語)에 이르기를 나라를 내 집같이 사랑하라 하였으니… 오호라, 우리 부인도 국민 중의 일분자로… 국권과 인권을 회복하기로 표준 삼고 전진하며 후퇴하지 아니하니 국민성 있는 부인은 용기를 함께 분거(奮擧)하여 이상을 상통(相通)할 목적으로 단합을 위주하여 일제히 찬동하심을 천만 위망(爲望)하나이다.[16]

16 박용옥, 『김마리아: 나는 대한의 독립과 결혼하였다』, 204-205.

편지

이승만 대통령 각하, …여기 올리는 2천 원은 비록 적사오나 우리 민족을 위하여 빛나게 쓰시옵소서. 다만 하나님이 도우사 우리 한국이 독립하는 날 우리 민정부(民政府)가 본국으로 돌아오는 때에 우리 2천만 민족은 우리 대통령 각하를 환영하옵기만 앙망하옵나이다.[17]

그러나 대한민국애국부인회 활동은 동료 교사 오현주의 배반으로 탄로 났다. 김마리아와 회원들은 종로경찰서에 연행되었다. 김마리아로서는 네 번째 체포였다. 52명의 간부가 대구로 압송되었는데, 가석방 중인 김마리아에게는 누구보다 더 지독한 고문과 악형이 가해졌다. 이로 인하여 왜성대 고문 후유증으로 발병한 메스토이병이 더욱 악화되고 신열이 빈번하게 오르곤 했다. 그럼에도 불구하고 김마리아는 가혹한 심문 중에도 일본의 연호는 모른다며 사용하지 않았다. 당당하게 일본 제국을 부인하며 담당 검사관을 무색하게 했다.

심문을 받던 52명 중 43명은 증거불충분으로 불기소 방면되었다. 그만큼 핵심 간부들이 비밀을 지켰기 때문이다. 김마리아는 병이 재발하고 지독한 고문과 악형으로 인사불성이 된 채 독방에 방치되었으나 어떠한 희생을 감수하더라도 간부들 선에서 책임을 지고 사건이 더 확대되지 않도록 회원들을 독려했다. 김마리아는 대한민국애국부인회 사건으로 3년 형을 선고받았다. 고문 후유증이 심하던 차에 그녀는 스코필드(F. W. Schofield) 선교사의 중재로 6개월 만인 1920년 5월 병보석으로 풀려나 다시 세브란스병원에 입원하게 되었다. 그러나 어느 정도 병세가 가라앉자 다시 수감될 위기가 다가왔다.

---

17 박용옥, 『김마리아: 나는 대한의 독립과 결혼하였다』, 206.

중국 망명

김마리아의 건강 회복은 곧 죽음의 감옥행을 의미했다. 그녀는 매큔(G. S. McCune) 선교사와 독립운동가 윤응념의 권고로 일본의 감시를 피해 중국으로 망명하기로 결심했다. 매큔 선교사와 연락을 주고받으면서 김마리아를 살리기 위해 상해에서 특명을 받고 나온 윤응념은 김마리아의 병상을 여러 번 방문하여 그녀를 설득하고 중국 망명을 추진했다. 매큔은 망명에 필요한 비용 4,000원을 부담했고 훗날 김마리아가 미국으로 망명하여 유학을 하던 시절에도 후견인이 되어주었다. 매큔은 김마리아를 살리는 것이 조선의 애국정신을 살리는 것이라고 보았다. 다음은 그의 증언이다.

> 저는 김마리아만은 일제의 손에 죽게 해서는 안 된다고 믿고 하나님께 많은 기도를 드렸습니다. 김마리아를 어떻게 해서라도 살려야 조선의 독립운동이 죽지 않고 어느 시기에 가서라도 꼭 조선 독립이 될 것이라고 믿었기에 위험을 무릅쓰고 김마리아를 중국으로 보냈습니다. 김마리아는 조선의 딸로 조금도 손색이 없는 진정한 딸입니다.[18]

조국을 떠난다는 것이 쉽지 않았으나 김마리아 자신도 항일 독립운동의 미래를 위해 심정을 가다듬고 망명을 단행했다. 망명 당시의 심정과 경과는 그녀가 미국 파크대학교에 입학한 해인 1924년 12월 1일 한국에 있는 형님에게 보낸 편지에 소개되었다.

> 그날 밤 1시에 만뢰(萬籟)[19]가 고요하기를 기다려 정들고 사랑하는 한양을 설움의 눈물로 언제 볼는지 모르는 이별을 지었습니다. 건강하지 못한 몸으

---

18 박용옥, 『김마리아: 나는 대한의 독립과 결혼하였다』, 276.

19 '만뢰'는 자연에서 나는 온갖 소리를 뜻한다.

로 모험적 여행을 했기 때문에 중로에서 자주 병이 나서 근 일삭(一朔) 만에야 상해령(上海領)을 밟았습니다.[20]

김마리아는 성공적으로 상해에 망명한 후에 곧바로 독립운동 일선에 뛰어들지 않고, 실력을 쌓기 위한 학업의 길을 택했다. 그녀가 믿는 광복의 목표는 대한의 모든 여성이 교육을 받고 남성과 동등한 국가 구성원이 되는 것이었다. 따라서 여성 지도자로서의 실력을 양성하는 일은 절실하고도 절대적이었고 실력양성론은 그녀가 추진하는 독립운동의 주된 논리이자 이념이었다.[21] 그녀는 1921년 남경의 성경사범학교(전 금릉대학)에 입학하여 공부를 시작했다.

김마리아는 차츰 임시정부에도 참여하여 1922년 2월에 열린 제10회 임시의정원 회의에서는 김구와 함께 황해도 의원으로 선출되었다. 당시 「독립신문」은 이 사건에 대해 "우리 선거계는 물론 이번이 처음일뿐더러 금일까지의 세계 열국을 통하여서도 이것이 아직 몇째 안 가는 희귀한 일"이라고 평했다.[22] 또한 그녀는 1923년 1월 남경의 한인 여학생 40여 명으로 대한여자청년회를 조직하고 회장으로 선출되어 활기찬 여성운동과 항일운동을 추진했다. 그러나 김마리아가 상해에 도착할 당시 독립운동계는 여러 이유로 갈등하고 있었다. 독립의 실현이 지연되자 임시정부 설립 초기의 역동성이 떨어진 상황에서 임시정부를 해체하고 새로운 조직을 건설해야 한다는 창조파와 임시정부의 잘못된 점을 고치자는 개조파 그리고 임시정부 유지를 주장하는 옹호파 등으로 나뉘었던 것이다. 1923년 1월 임시정부의 대립을 타

20 김마리아, "편지: 사랑하는 고국 형님 미국 파크대학에서," 「나라사랑」 제30호(1978.9): 116. 이 내용은 1925년 3월 2일 자 「동아일보」에 "사랑하는 고국 형님들께"라는 제목으로 게재되었다.

21 전병무, 『한국 항일여성운동계의 대모 김마리아』, 109.

22 김정인·소현숙·예지숙·이지원, 『3·1운동에 앞장선 여성들』, 59.

계하기 위한 국민대표회의가 열렸고 이때 김마리아는 대한민국애국부인회의 대표로서 안창호, 강석훈, 신숙 등 수백 명의 대표 앞에서 개막 연설을 했다. 임시정부의 국민대표회의가 진행되는 동안 김마리아는 시국문제 토론에서 독립사상과 방책에 대한 자신의 견해를 신중하게 피력했다.

> 국내의 일반 인민은 상해에서 정부가 수립되었다는 말을 듣고 다 기뻐하여 금전도 아끼지 않고 적(敵, 일본)의 악형도 무서워하지 않았습니다. 소수로 됨은 혁명 시에 면할 수 없는 일이요, 인물은 변경할 수도 있습니다. 수만의 유혈로 성립되어 다수 인민이 복종하고 5년의 역사를 가진 정부를 만일 말살하면 소수는 만족할지 모르나 대다수는 슬퍼하고 외인은 의혹할 것입니다. 잘못된 것이 있으면 개조합시다.[23]

이렇게 김마리아는 자신의 소신대로 끝까지 임시정부를 개조하여 독립운동의 중심으로 삼아야 한다는 안창호의 개조론에 동의했다. 결국 국민대표회의는 각자 자신의 독립론을 주장하면서 결렬되고 말았다. 하지만 김마리아는 국민대표회의 결렬에 대하여 회의하거나 비판하지 않았다. 어느 쪽 주장이든 그것은 모두 나라와 민족을 위한 노력이요, 활동이라고 평가했기 때문이다. 그녀는 1923년 6월 21일 중국 여권을 가지고 미국 유학을 위한 제2 망명길에 올랐다.

미국 유학 생활

미국행을 결심한 김마리아는 새로운 세계에서 어떻게 하면 조국과 조국의 여성들을 위한 일을 할 수 있을지 고민하기 시작했다. 하와이로 가는 배에

---

23 전병무, 『한국 항일여성운동계의 대모 김마리아』, 112.

서는 임시정부 의정원 의장 손정도의 딸 손진실과 한국의 독립운동을 지원하는 피치 박사의 아들 피치 목사가 동행하며 그녀를 돌봐주었다. 배가 하와이에 잠시 정박했을 때 김마리아는 교민들의 열렬한 환영을 받아 간단히 연설했다. "일하랴, 살림하랴, 자녀교육하랴 바쁜 생활에도 독립자금을 2,000달러나 보내주신 여러분께 감사를 드립니다. 개인보다 단체의 힘은 효과적입니다."

1923년 7월 12일, 배는 샌프란시스코항에 도착했다. 흩어져 사는 교민들이 그녀의 소식을 듣고 강연과 방문을 요청했다. 7월 22일 대한여자애국단이 주관한 김마리아의 입국 환영 모임에서 그녀는 "독립을 위해서는 각자 실력을 양성하라."라는 연설로 교민들의 애국심을 고취했다. 또한 교민들의 생활상과 애환을 가슴으로 경청했다. 교민들은 고단한 일상에서도 열심히 번 돈을 고향에 보내고 유학생을 돕고 신문사를 살리고, 무엇보다 임시정부를 지원하는 걸 의무로 생각했다. 임시정부에 지속적으로 송금하는 미주 교민들의 기대를 알기에 김마리아의 마음은 숙연해졌다.[24]

캘리포니아 중부 디누바(Dinuba)에서 열린 대한애국부인회 5주년 창립 기념식에 참석했을 때 김마리아는 3·1운동의 저력이 이토록 큰 것에 감격했다. 디누바와 리들리(Reedley)라는 작은 도시에서 힘겹게 일하는 교민들이 자랑스럽게 말했다. "3·1운동 때 여성들이 감옥에 가고 죽기도 한다는 소식을 듣고 그해 8월 5일에 캘리포니아 지방의 여성단체들이 모여서 만들었어요."[25] 김마리아는 자신이 만든 대한애국부인회라는 이름의 단체가 미국의 어느 거리에서 퍼레이드를 벌이며 3·1만세운동 기념 행사를 지속한다는 사실에 놀라움을 금할 수 없었다.

연사로 나선 김마리아는 임시정부 소식을 전하며 미주 여성들의 독립운

---

24 김영란, 『조국과 여성을 비춘 불멸의 별 김마리아』(산호세: 북산책, 2012), 184-85.
25 김영란, 『조국과 여성을 비춘 불멸의 별 김마리아』, 186.

필라델피아에서 열린 '한국 독립'을 위한 퍼레이드(1919. 4. 16.)

동을 장려하고 독립자금을 모으는 데 분발하도록 촉구했다. 그때 정신여학교 동창 김낙희가 말했다. "이곳 대한애국부인회 회원들은 조국에서 여성들이 독립을 위해 애쓰는데, 우리가 시간을 허송하는 것은 하나님과 동포 사회에 죄짓는 거라고 생각해." 이어진 김낙희의 말은 김마리아의 눈시울을 뜨겁게 했다. "미주 여성들의 독립 열망은 대단해. 매달 3달러씩 회비를 걷고 일본물화배척운동은 물론 일주일에 이틀간 고기 안 먹기, 일본 간장 안 먹기 운동으로 독립기금을 모아. 극성 회원은 동포들이 집에서 일본 간장을 먹나 안 먹나 검사도 다닌다니까."[26]

1923년 8월 중순, 로스앤젤레스에 도착한 김마리아를 교민들은 뜨겁게 환영했다. 이곳에는 도산 안창호 가족이 살고 있었다. 도산은 김마리아의 삼촌 김윤오의 김형제상회에 드나들던 독립운동가였다. 또 도산의 아내인

---

26 김영란, 『조국과 여성을 비춘 불멸의 별 김마리아』, 187.

이혜련은 김마리아의 삼촌 김필순이 후견인처럼 보살피던 사람이었다. 상해에서 도착한 도산은 동포들이 마련한 환영식장에서 김마리아의 애국 행적을 소개했다. "김마리아와 같은 여성 동지가 열 명만 있어도 우리나라는 벌써 독립이 됐을 겁니다."[27]

도산 부인의 정성 어린 보살핌으로 안정을 찾게 된 김마리아는 이제 미국에서 살길을 찾아야 했다. 생계비와 학비를 마련해야 하던 그녀에게 미국 생활은 호락호락하지 않았다. 김마리아가 맨 처음 시작한 일은 채소 가게 점원이었다. 살림하기와 아이 보기가 당시 여성에게 가장 적당한 일자리처럼 보였지만 미혼인 그녀는 매우 서툴렀다. 그래서 자신이 할 수 있는 일을 찾아 필사원, 도서관 사서 등으로 생활을 꾸려나가야 했다. 한마디로 김마리아는 낮에는 공부에 전념하고 밤에는 생활비를 충당해야 했다. 그녀의 비장한 유학 생활과 정성스러운 삶의 태도는 미국 사람들 사이에서도 경탄을 불러일으켰다. 비록 중노동으로 하루하루가 고달팠지만 김마리아는 시간이 허락될 때마다 동포 여성들을 위한 강연을 이어나갔다. "남자가 독립운동을 하면 여자도 하고, 남자가 교회를 세우면 여자도 세우고, 남자가 학교를 세우면 여자도 세울 수 있다."라는 그녀의 강연은 설득력이 있었다.

1924년 9월 가을 학기에 김마리아는 미국의 중부 미주리주 파크빌에 소재한 파크대학교(Park University)에 입학했다. 선교사 매큔은 김마리아의 망명을 도왔을 뿐 아니라 그녀가 이 학교에 입학할 수 있도록 여러모로 도와주었다. 김마리아가 입학원서와 함께 학장인 홀리 박사에게 보낸, 지원 동기와 졸업 후 진로 등을 밝힌 자필 편지에는 다음과 같은 내용이 적혀 있다.

> 저는 장로교인이며 기독교 사업과 같은 것에 관심이 있습니다. 그러므로 저

27 김영란, 『조국과 여성을 비춘 불멸의 별 김마리아』, 191.

의 계획과 목적은 기독교적 영향으로 학생의 생활과 인격을 형성하고, 기독교적 지도력을 기르는 파크대학교와 같은 학교에서 제 자신을 훈련하고 자질을 갖추는 것입니다. 그러한 품성과 지도력은 세계 도처에서 요구되고 있으며 특히 저의 조국에서는 더욱 요구됩니다.[28]

김마리아는 파크대학교에 입학한 목적에 대해 친구에게 보내는 편지에서 "나는 돈 없음도 이유일지 모르거니와 우리나라에는 이런 학교가 절대 필요함을 알고 실제로 체험코자 들어왔다."라고 했다.[29] 북장로교회가 경영하는 파크대학교는 반공별(半工別) 학교로서 매일 세 시간씩 일하며 숙식을 얻는 곳이었다. 특별히 스코필드 박사는 일본 경찰의 고문으로 몸이 상한 김마리아의 건강을 염려하여, 자신이 매달 30달러씩을 지원하겠으니 김마리아가 방학이나 공휴일 등에만 일하게 해달라고 학교 측에 부탁하기도 했다.

김마리아는 여러 사람의 보살핌 속에서 1927년 5월 평생교사 자격증과 문학사 졸업장을 받았다. 그리고 파크대학교를 졸업한 후에는 시카고대학교(University of Chicago) 대학원에 진학하여 사회학과 교육학을 전공하고자 했다. 그녀는 정규 학생이 아닌 대학원 과정에 준하는 연구 학생으로 수학하면서 대학도서관에서 일하였는데, 이때 한인 유학생 사회의 지도자로서 지도력을 발휘하는 소중한 경험을 하게 되었다. 바로 한인 유학생들 대부분이 가입한 '한국학생연맹'(북미대한인유학생총회) 제5차 연례대회에 처음으로 참여한 것이다.

이 대회에서 가장 주목받은 것은 그룹별 토론이었다. 토론 주제는 국내외 정치문제와 한국 선교 사업의 과제 등이었다. 김마리아는 국내외 정치문

28 전병무, 『한국 항일여성운동계의 대모 김마리아』, 130.
29 김마리아, "김마리아가 고국의 친구에게 보낸 편지," 「조선일보」(1925년 5월 22일자).

2004년 10월 22일 독립기념관에 세워진 김마리아의 어록비

제 분야에 대한 진행위원장을 맡아 열띤 토론을 이끌었고 이후 모임의 핵심 임원이 되어 활발한 활동을 전개했다. 1931년 2월 학생연맹은 "오늘의 한국에 가장 필요한 것은 무엇인가?"라는 대주제 아래 소주제 "진취적이되 협동적인 지도력"으로 심포지엄을 개최했다. 여기서 김마리아는 한국에 필요한 진정한 지도자와 지도력에 대해 자신의 견해를 피력했다.

> 우리는 우리를 위해… 천국의 천사를 기대할 수 없고 또 우리의 복지를 위해 희생해줄 이웃도 기대할 수가 없습니다. 우리는 우리의 노력으로 성취할 때까지 우리 자신의 다리로 서야 하고 우리 자신의 투지로 싸워야 합니다. 그렇게 하려면 진정한 지도력과 사상의 독립이 필요합니다. …지도자를 성공적으로 만드는 것은 따르는 사람들의 협력입니다. …우리 한국인들도 눈물로 하나님께 호소하면 모세와 같은 지도자를 들어 올려주실 것입니다.[30]

---

30 박용옥, 『김마리아: 나는 대한의 독립과 결혼하였다』, 341.

시카고대학교 연구 학생을 거쳐 김마리아는 컬럼비아대학교 사범대학원의 입학 허가를 받아 뉴욕으로 향했다. 그리고 뉴욕에서 대한민국애국부인회의 옛 동지인 박인덕, 황에스더, 정애경 등을 만났다. 그녀는 이 만남을 '조국 광복을 위하여 전에 다하지 못한 일들을 다시 하라는 하나님의 명령으로 생각하고' 이들과 함께 1928년 새해 첫날 뉴욕에 있는 여자 유학생들을 모아 '근화회'(槿花會), 일명 '재미대한민국애국부인회'를 조직해 활동하기 시작했다. 1927년 고국에서 여성단체인 근우회(槿友會)가 조직되었다는 소식에 더욱 자극을 받았던 것이다.

'근화'(槿花)는 조국을 상징하는 나라꽃 무궁화이다. 근화회의 목적은 여자들도 일하고 교육에 힘쓰도록 계몽하고, 국내 정세와 일본의 식민 정책을 출판과 강연을 통해서 외국에 알리는 것이었다. 회장에 김마리아, 총무 황에스더, 서기에는 이선행, 사교부에 박인덕 등 오랜 동지들이 미국에서 다시 뭉쳤다. 1928년 2월 12일 오후 8시 뉴욕한인교회에서 근화회 발기인 대회가 열렸다. 다음은 회장 김마리아의 근화회 취지문 가운데 일부이다.

> 조직적으로 일을 할 줄은 모르되 나라를 사랑하는 붉은 정성, 사회를 위해 무엇을 해보겠다는 간절한 뜻만은 여러분에게 양보할 마음이 없습니다. … 우리의 마음만은 크게 국가와 사회로 또한 가까이는 특별히 뉴욕 사회에 작은 봉사라도 할 수 있으면 하는 마음입니다.[31]

근화회는 단순한 애국심, 즉 민족주의를 극복하는 목표도 제시했다. 민족정신을 고취한다는 것은 민족을 사랑하는 마음을 더욱 기르는 것이라고 강조하면서 현재 생활하고 있는 뉴욕 사회에 책임의식과 배려를 갖고 참여

---

31 김영란, 『조국과 여성을 비춘 불멸의 별 김마리아』, 209.

해야 한다고 독려했다. 김마리아는 1928년 9월 컬럼비아대학교 사범대학원 교육학과에 입학, 행정학을 주전공으로 하여 1929년 6월 논문을 쓰지 않는 석사학위를 취득했다. 또한 이 무렵 안창호의 흥사단에 제228 단우(團友)로 입단했다. 1929년에는 컬럼비아대학교 사범대학원을 졸업하고 그해 9월 뉴욕신학교(New York Theological Seminary)에 입학하여 종교교육학을 공부했다. 그녀의 신조는 기독교정신을 바탕으로 한 교육자 생활이었다. 철저한 애국심도 굳건한 신앙의 바탕 위에서 다져진 것이었다. 그녀가 이처럼 끊임없이 배움으로 자신을 단련한 이유는 조국에 돌아가 인재를 양성하고자 했기 때문이다.

김마리아가 이렇게 계속해서 공부해야만 했던 또 다른 절박한 이유는 학업을 마치면 미국에 있을 수 없는 미국 이민국 조례 때문이기도 했을 것이다. 당시 유학생에게는 영주권이 허락되지 않았다. 이민국 조례에 따르면 학업을 마치거나 중단하면 즉시 귀국해야 했다. 중국 여권으로 체류하고 있는 김마리아의 형편으로는 더더욱 어려운 일이었다. 무엇보다 조국의 품으로 귀국하기까지 그녀의 선고 시효가 만료되는 10년의 세월이 지나야 했다.

귀국 후 활동

김마리아는 망명 생활 11년 중 9년을 미국에서 보냈다. 10년의 공부는 조국에 있는 여성들에게 새로운 인생, 평등한 국민으로서의 삶을 살도록 교육하고 독려하는 지도자로 서기에 부족함 없는 준비 과정이었다. 일제 사찰이 선고한 징역 10년의 세월이 지나고 시효가 만료되는 시점(1931년 5월)이 다가오자 그녀는 캐나다장로교 선교회와 함께 총독부에 귀국 가능성을 타진했다. 조선총독부는 그 답변을 회피했는데, 이는 김마리아가 '불멸의 별'로 조선인의 마음속에 흠모되고 있었기 때문이다.[32]

그동안 캐나다장로교 선교회 소속 원산의 마르타윌슨신학교는 김마리아가 귀국 후 그 학교에 부임할 수 있도록 다각적인 노력을 벌이고 있었다. 선교부의 협상 노력으로 귀국일이 앞당겨지게 되었다. 이 학교의 설립자 매컬리는 김마리아의 고향 소래에서 선교 사업을 하다가 사망한 매켄지 선교사의 약혼녀였다. 오랜 세월이 지났지만 황해도 소래와 함경도 원산은 연결되어 있었다. 동(東)과 서(西)의 연결이었다. 김마리아가 마음을 결정하자 일이 빠르게 진행되었고, 그녀는 토론토에서 밴쿠버를 경유하여 잠시도 잊지 않았던 조국으로 돌아왔다.

김마리아의 귀국 여정은 순탄치 않았다. 그녀는 일본 경찰의 동행하에 요코하마에서 부산으로, 부산에서 경성으로, 경성에서 세브란스병원 사택 내 고명우 박사 댁에서 하룻밤을 보낸 뒤 곧바로 원산으로 가야 했다. 주거지가 원산으로 제한되었기 때문이다. 일제는 김마리아가 신학교에서 성경 외에 어떤 과목도 가르치지 못하도록 제한했다. 귀국하면서 그녀가 조국과 여성을 위해 품었던 포부는 펼칠 기회를 찾기가 어려워졌다. 새장에 갇힌 새처럼 제한된 범위 내에서 최대한의 활동을 해야 했던 김마리아는 우선 신학원 교수로서의 활동에 성심성의를 다했다. 특별히 다니엘과 요한계시록 강의에 열정을 쏟았다. 두 책은 핍박받는 민족에게 희망을 주는 예언서였다. 그녀는 다른 민족으로부터 받는 부당한 핍박과 고난을 의와 믿음으로 이겨내면 하나님이 새 하늘과 새 땅을 예비해주실 것이라는 소망을 강조했다.[33] 또한 성경을 가르치며 학생들에게 역사의식과 애국심을 고취했다.

무엇보다 김마리아는 학생 지도에 최선을 다했다. 그녀는 가난하여 공부할 수 없는 학생들을 보면 자력으로 설 때까지 도와주기를 서슴지 않았다. 그녀의 수양딸 배학복이 마르타윌슨신학교에서 공부할 수 있었던 것도 그

---

32 "백화난만(百花爛漫)의 기미(己未) 여인군," 「삼천리」 제16호(1931.6); 박용옥, 『김마리아: 나는 대한의 독립과 결혼하였다』, 284.

33 전병무, 『한국 항일여성운동계의 대모 김마리아』, 163.

고문으로 잃은 한쪽 가슴을 가리던 저고리

러한 신념 때문이었다. 김마리아는 솜씨 좋은 수양딸 학복이가 만들어준 한복을 즐겨 입었다. 한번은 원산 루씨고등여학교 가사 선생이 김마리아 선생을 존경해서 예쁘게 저고리를 만들어 왔다가 저고리가 잘 맞지 않아 몹시 안타까워하며 돌아간 적이 있었다. 그때 김마리아는 학복에게 자신의 오른쪽 젖가슴이 일본 사람들의 고문으로 문드러진 것을 보여주었다. 다음은 스승이자 어머니였던 김마리아의 체형에 대한 수양딸 배학복의 증언이다.

> 선생님의 어깨는 왼쪽이 조금 올라가 있어 한복을 잘못 지으면 옷섶이 들려 옷매무새가 없게 되므로 나는 선생님의 체형에 특히 신경을 써서 옷을 지어 드렸지요. 선생님께서는 늘 내가 해드린 옷이 제일 마음에 든다고 칭찬을 해주셨습니다. 나라 위한 일을 하시다가 일경의 심한 고문으로 비뚤어진 어깨를 옷으로라도 가려드리는 것이 나의 임무라고 생각했어요.[34]

34 박영옥, 『김마리아: 나는 대한의 독립과 결혼하였다』, 415-16.

김마리아의 사람에 대한 애정은 학생 지도뿐만 아니라 아이들을 사랑하는 마음에서도 나타났다. 일제하에서 한국 농촌의 생활상은 비참했다. 대부분의 농민이 보릿고개가 되면 먹을 것이 없어서 풀뿌리나 나무껍질로 연명하곤 했다. 아이들을 많이 낳았지만 위생 시설, 의료 시설이 없는 데다 음식도 제대로 먹이지 못해 절반 이상이 영양실조와 병으로 죽었다. 김마리아는 비록 아이를 낳아 길러본 경험은 없으나 사회가 아이들을 얼마만큼 아끼고 사랑하는지에 따라 민족 문화의 수준이 결정된다고 생각했다.

1937년 6월, 그녀는 누군가 자신의 집 문 앞에 버려두고 간 아기에게 김태국(金泰國)이라는 이름을 지어주고 양자로 삼아 길렀으며 그에게서 인생의 위로를 찾았다.

또한 김마리아는 기독교 여성운동에 깊은 관심을 보였다. 귀국 후 그녀가 느낀 한국교회의 남녀차별은 심했다. 성경의 본뜻에 따르면 여자는 본래 누구에게도 구속된 존재가 아니다. 교회 출석도 여성이 3분의 2를 차지한다. 한국교회가 발전하기 위해서는 직분 투표권이나 자립정신이 확대되는 데 여성들이 적극적으로 영향력을 발휘해야 한다. 김마리아는 기독교 여성운동이 가정과 교회로부터 그 외연을 넓혀 여자기독교청년회나 절제운동과 같은 사회적 기독교운동으로 확대되어야 한다고 생각했다.

또한 교회 여성들이 직분 수행 능력이 뛰어나다고 보았으며, 여전도회를 조직하여 외국에 선교사를 파송하고 각종 자선 사업에도 주력하는 등의 활동들에 관심을 두었다. 마침 마르타윌슨신학교 설립자인 루이스 매컬리는 장로교 전국여전도회연합회의 신앙운동에 참여하고 있었다. 한국교회에서 여전도회 활동은 1898년 평양 널다리골 부인회로부터 시작되었으나 전국적인 통일기관으로 여전도회연합회가 설립된 것은 1926년이고, 총회의 승인에 따라 조선예수교장로회 전국여전도회연합회가 출범한 것은 1928년 9월 9일이었다.

창립총회 초대회장으로 매컬리가 선출되고 이후 제4대까지 서양 여선교사들이 회장직을 맡았다. 1932년 제5대에 와서 처음으로 한국인 한영신이 회장으로 임명되어 제6대까지 연임했다. 이때부터 한국인 본위의 선교 활동을 해나갈 수 있었다. 당시 전국여전도회연합회를 통한 만주 지역 선교 사업은 일본인에게 땅을 빼앗기고 근거도 없는 만주 벌판에서 유리걸식하며 고통당하는 동포들에게 기독교 복음을 전하며 삶의 희망을 불어넣었다.

김마리아는 1934년 9월 전국여전도회연합회 제7대 회장으로 선출되었다. 그리고 1938년 9월 제10대까지 4대에 걸쳐 회장을 맡으면서 안팎으로 연합회를 크게 발전시켰다. 1933년 총회에서 20여 개에 불과하던 지역연합회는 1934년 이후 50개로 확대되었고, 1936년 김마리아가 제9대 회장이었을 때에는 59명의 지역연합 총대가 총회에 참여했다. 해외 선교도 산동성, 남만주, 북만주로 확대되었다. 또 김마리아가 제10대 회장으로 활동하던 1937년, 장로교 총회에서 매년 1월 셋째 주를 '여전도회 주일'로 제정한 것도 이 조직의 위상과 활동을 인정한 것으로 평가할 수 있다. 10년 이상의 망명 생활로 국내에서의 활동이 전무한 김마리아였지만 그녀의 지도력은 여전히 유효할 뿐 아니라 그녀를 중심으로 한 조직의 활동은 역동적으로 발전했다.

그러나 전국여전도회연합회는 1941년 신사참배를 거부하고 해산을 결의했다. 일제는 1937년 중일전쟁을 일으켜 조선을 병참기지화하고 여성들을 종군위안부 등 전쟁 수행의 도구로 희생시켰다. 조선예수교장로교 총회는 1938년 신사참배 결의 후 공식 모임마다 참배하는 것을 정례화했다. 신사참배를 거부한 기독교 학교들은 폐쇄되고 1941년 말 태평양전쟁을 전후하여 선교사들도 강제로 축출되었다. 김마리아는 1943년 12월 원산 자택에서 졸도하여 중태에 빠져 평양 기독(기홀)병원으로 옮겨졌다.

김마리아는 기홀병원에서 소래학교 동창 김명선 박사의 정성 어린 치료를 받던 중 이듬해인 1944년 3월 13일 별세했다. 그녀가 그토록 염원하던 조국의 광복을 1년 5개월 앞둔 시점이었다. 병원에 입원해 있는 동안 감시의 눈초리를 떼지 않았던 일제는 그녀의 장례식 날도 그녀와 연관된 사람은 물론이요, 행사 일정까지 감시했다. 일제의 감시는 1919년부터 1944년까지 지속되었다. 이는 김마리아의 삶이 1919년부터 조국의 독립을 대변하는 공적 활동의 성격을 지녔기 때문이다.

김마리아가 1932년부터 원산 마르타윌슨신학교에서 즐겨 강의한 성경은 다니엘과 요한계시록의 말씀이었다. 그녀의 장례식장에서는 다음 말씀이 낭독되었다. "처음 하늘과 처음 땅이 없어졌고 바다도 다시 있지 않더라 … 하나님은 친히 그들과 함께 계셔서 모든 눈물을 그 눈에서 닦아 주시니 다시는 사망이 없고 애통하는 것이나 곡하는 것이나 아픈 것이 다시 있지 아니하리니 처음 것들이 다 지나갔음이러라."(계 21:1-4)

생애 후반기 정리

살펴본 대로 김마리아의 생애 후반기는 그녀의 나이 27세부터 53세까지라고 할 수 있다. 김마리아는 동경의 2·8독립선언에 참여했고 3·1만세운동으로 일본 경찰에 잡혀 6개월 동안 옥고를 치렀다. 출옥 후 대한민국애국부인회를 조직하여 활약하다가 조직원의 밀고로 붙잡혀 3년 형을 선고받았다. 그 후 중국으로 망명하여 상해임시정부 활동에 참여하던 중 임시정부 분열 와중에 미국으로 가게 되었다.

김마리아는 미국에서도 학업에 매진하면서 더불어 근화회를 조직하는 등 독립운동을 위해 활약했다. 파크대학교(1924-26)를 졸업하고 시카고대학교에서 수학했으며(1927) 컬럼비아대학교 사범대학원(1928-29)을 거쳐 뉴욕신학교에서 종교교육학을 공부했다(1929-31). 귀국 후에는 마르타윌슨신학교에서 교수로 활동하고 장로교 총회 전국여전도회연합회 제7-10

대 회장직(1934-38)을 맡아 일했다. 그녀의 삶은 기독교 신앙의 기초 위에 '조국'과 '여성'과 '공정한 세계'라는 탑을 쌓아간 여정이었다.

기독교 신앙으로
비춘 빛

김마리아와 기독교 신앙

김마리아가 여성 민족 지도자로 성장한 배경에는 기독교 신앙에 기초한 가정과 기독교 학교가 있었다. 그녀가 살았던 조선 말기는 유교적 체제하에서 여성을 종속시키는 윤리가 여전히 강조되는 시기였다. 그녀가 태어난 고향 황해도 장연 소래마을은 한국 기독교(개신교)의 요람지로서 그녀의 삶을 품었고, 일찍 기독교를 받아들인 그녀의 가정은 화해와 평등사상을 싹틔워주었다.

김마리아의 삼촌과 고모들은 소래교회의 초창기 신자였고, 그녀의 아버지는 교회에 속한 소래학교의 설립에 깊이 관여했다. 어머니 역시 병으로 돌아가시면서 김마리아의 비범함을 알았기에, 그녀가 여성임에도 불구하고 계속해서 유학까지 보내라고 가족들에게 유언했다. 그녀는 훗날 일본으로, 중국 상해로 그리고 미국으로 유학을 다녀왔다. 이것은 기독교적 신앙의 힘, 기독교 신앙으로 연결된 교제와 도움이 있었기에 가능한 일이었다.

김마리아는 기독교적 남녀평등 사상에 입각하여 여성도 남성과 동등하게 민족의 독립을 위해 힘을 기울일 수 있다고 보았다. 그녀는 유교적인 체제 속에서 집 밖으로 나오기를 두려워하는 여성들을 고무시켰다. 이는 단순히 여성의 권리를 주장하는 차원을 넘어 여성의 책임성을 강조하는 좀 더 건강한 의미의 남녀평등 사상이었다.

1924년 9월 김마리아는 파크대학교 입학을 노크하면서 홀리 박사에게 보낸 지원 동기에 "저의 계획과 목적은 기독교적 영향으로 학생의 생활과 인격을 형성하고, 기독교적 지도력을 기르는 파크대학교와 같은 학교에서 제 자신을 훈련하고 자질을 갖추는 것입니다."라고 분명히 밝혔다. 이 고백은 김마리아가 기독교적 품성과 지도력이야말로 한국은 물론이요, 세계 도처에서 요구되는 것임을 믿고 있었기에 가능했다.

실제로 김마리아는 1919년 12월 대한민국애국부인회 사건으로 네 번째 체포를 당했을 때 모진 심문과 고문을 받으면서도 일이 더 이상 확대되지 않도록 동료 간부들에게 "우리 선에서 책임을 감당하고 절대 누설하지 말자."라고 당부했다. 그녀는 기독교 신앙 안에서 참된 희생과 포용력을 보여주었고, 모든 회원을 아끼면서 묵묵히 고난의 잔을 마시며 예수님처럼 시대의 십자가를 지고 갔다. 또한 기독교 신앙의 기초가 되는 말씀 읽기와 기도의 삶에 관심을 기울였다. 그녀는 나라의 독립을 생각할 때마다 소래교회 기도회에서 드렸던 구국기도회를 떠올렸다. "먹히지 않으려면 강해져야 하고 잠에 취하면 언제 먹힐지 모릅니다. 우리가 지금 할 수 있는 일은 깨어서 기도하는 일입니다."[35]

김마리아의 삶은 기독교 신앙을 실천하면서 빛났다. 그녀는 마르타윌슨신학교에서 교수로 재직할 때에도 형편이 어려운 학생들을 물심양면으로 지원했고 배학복이라는 학생이 배움에 대한 열정으로 무작정 찾아왔을 때는 그녀를 딸로 품어주었다. 또 고문 후유증으로 건강이 좋지 않은 상황에서도 누군가 문 앞에 버리고 간 아기를 자신의 양자로 거두며 태국이라는 이름까지 지어주었다.

---

35 김영란, 『조국과 여성을 비춘 불멸의 별 김마리아』, 38.

김마리아는 유학을 마치고 고국에 돌아와 원산 마르타윌슨신학교에서 약소국가에 소망을 주는 다니엘과 요한계시록을 가르치는 데 열정을 쏟으며 민족의 독립사상을 고취했다. 기독교 신앙이야말로 그녀에게 독립정신과 남녀평등 의식 등 공정한 세계를 향한 사상과 삶의 모태가 되어주었고[36] 민족의 시대적 정황 속에서 민족혼을 증진하는 데 정신적이고 영적인 토양을 제공했기 때문이다.

김마리아와 공정한 세상

혹자는 1919년 동경의 2·8독립선언식 이후 김마리아의 활동이 '인류의 보편적 가치'와 거리가 멀고 그녀의 민족 중심적 사상은 상황에서 비롯된 시대적 한계였다고 말한다.[37] 그러나 김마리아의 삶은 "여자도 남자와 마찬가지로 '하나님의 형상으로' 지음받았다."라는 기독교적 복음을 바탕으로 유교 체제와 일본의 식민 지배에 맞선 삶이었다. 그녀에게 신앙은 사사로운 것이 아니었다. 하나님의 정치가 이 땅에 실현되어야 한다는 신념이며 의지였다. 그녀가 여성운동과 독립운동에 일평생을 바친 것은 공정한 세계를 향한 신앙의 실천이었다.

일본 제국주의에 맞선 것 역시 공적 차원에서 이뤄졌다. 김마리아는 마르타윌슨신학교에서 가르치는 동안 학생들에게 "우리가 왜 일본에 저항해야 한다고 생각합니까?"라고 물은 적이 있다. 그리고 이 질문에 대해 다음과 같이 대답했다.

> 그것은 저들이 불의를 행하기 때문입니다. 도산 선생은 개인이 민족을 위해 일해야 인류와 하늘에 의무를 다하는 것이라고 했습니다. 아는 것, 배운 것

36 문은영, "김마리아와 여성 신앙 교육," 67.

37 이선이, "선각자 김마리아에 대한 선교적 조망," 237.

을 실천하지 않으면 죽은 공부이기에 우리는 그리스도의 성품을 가진 한 나라의 국민으로서 자신의 행동에 책임을 다해야 합니다.[38]

이것은 김마리아의 독립사상이 일제강점기라는 시대적 특수성 안에서 민족주의적 기독교 성격을 띠었다는 지적에 대한 반론에 해당한다. 그녀의 사상은 민족 중심적이거나 공적이지 못한 차원에서 전개된 것이 아니었고 또한 서구 문화를 추종하려는 사대주의적 경향에 머무르지도 않았다.

또한 김마리아는 1928년 2월 12일 뉴욕한인교회에서 열린 근화회 발기인 대회 취지문에서 이렇게 말했다. "우리의 마음만은 크게 국가와 사회로 또한 가까이는 특별히 뉴욕 사회에 작은 봉사라도 할 수 있으면 하는 마음입니다." 근화회는 단순한 애국심, 즉 편협한 민족주의를 극복하자는 목표를 제시하면서 근화회 구성원들이 현재 생활하고 있는 뉴욕 사회에 책임의식과 배려를 가지고 참여할 것을 강조했다.

또한 그녀는 1931년 2월 학생연맹에서 한국에 필요한 진정한 지도자와 지도력에 대한 자신의 의견을 피력할 때 모세를 언급했는데[39] 김마리아가 추구한 모세의 리더십은 하나님을 의존하는 진취적 기상과 협동정신, 언행일치, 긍정적이고 공적인 목표 추구였다. 이러한 리더십은 그녀가 동경여자유학생친목회(1917), 대한민국애국부인회(1919), 근화회(1928), 장로교 전국여전도회연합회(1934-38)의 회장을 맡으면서 더욱 발전하고 확장되었다.

김마리아는 조국 광복을 1년 5개월 남겨두고 조용히 눈을 감았다. 조국과 여성과 인류 앞에 한없이 신실했던 일꾼은 "무울… 더운 물이 먹고 싶어서…"라는 말을 남기고 하나님의 부르심을 받았다. 그녀의 유해는 모란봉을 벗 삼아 토머스(Robert J. Thomas) 선교사가 순교한 대동강에 뿌려졌다.

---

38 김영란, 『조국과 여성을 비춘 불멸의 별 김마리아』, 239.

39 박용옥, 『김마리아: 나는 대한의 독립과 결혼하였다』, 341.

그리고 63년이 지난 2007년, 그녀가 졸업한 뉴욕신학교는 '김마리아 상'을 제정했다. 한국의 3·1운동과 장로교회 여성 지도자로서 남긴 업적을 기념하는 상이다.

김마리아는 조선 여성으로서 누구보다 많이 배웠지만 개인적 출세나 권력 추구에 관심을 두지 않았다. '아직 자신의 능력을 알지 못하는 조선 여성들을 어찌하면 좀 더 일깨울 수 있을까? 어떻게 하면 여성 주체들이 더 연대하고 행동해 조선 독립의 길을 앞당길 수 있을까?' 오로지 이 생각만 했다. 그리고 그 길을 열기 위해 기꺼이 앞장서서 고통과 고난을 받았다.

김마리아의 생애는 오직 여성들의 실력 양성과 협력, 연대를 통해 조국 독립으로 향하는 여정이었다. '공공 책임'과 '체제 저항'으로 표현되는 모세의 지도력과도 맥이 닿아 있다. 그녀의 지도력은 솔선수범하는 리더십, 겸손한 리더십이었다. 언제나 먼저 자기를 낮추고 남을 존경하며, 말이 없는 가운데 행동하는 리더십이었다.

김마리아의 생각과 활동의 끝에는 언제나 평등과 공정이 가득한 세상이 있다. 그것은 오늘을 사는 연약한 사람들에게, 신앙 안에서 억압된 삶의 현실을 자각하며 그러한 현실을 참자유의 자리로 변화시키는 힘을 제공한다. 또 그것은 힘없는 약소국의 비전 안에서 그리고 새로운 세계를 향하여 작은 발걸음을 내딛는 세상의 모든 사람에게 하나님 나라로 가는 길을 비춰주는 별이 될 것이다.

백일규

7장 항일 언론인, 한국경제사의 선구자

– **이성숙**(시인, 소설가)

실패한 동학의 꿈을 안고 하와이로

백일규는 대한인국민회와 「신한민보」, 「독립」, 「국민보」 등 언론을 통해 항일 독립운동을 펼친 미주 한인 최초의 언론인이자 독립운동가요, 굴절된 한국 상황을 정치가 아닌 경제의 관점에서 그려낸 혜안(慧眼)의 경제학자이다.

약산 백일규

그는 음력 1880년 3월 11일, 평안남도 증산군 성도면 오화리에서 아버지 백린과 어머니 송 씨 사이에서 2남 1녀 중 차남으로 태어난다. 호는 약산(藥山). 일곱 살에서 스무 살까지 한학을 공부하며 평양에서 중학교와 고등학교를 마치고 서울에서 대학 1년을 다니던 중 동학에 가담한다. 홍사단 입단 이력서에 '백도접주'라 적혀 있는 것으로 보아 그는 동학에 깊이 발을

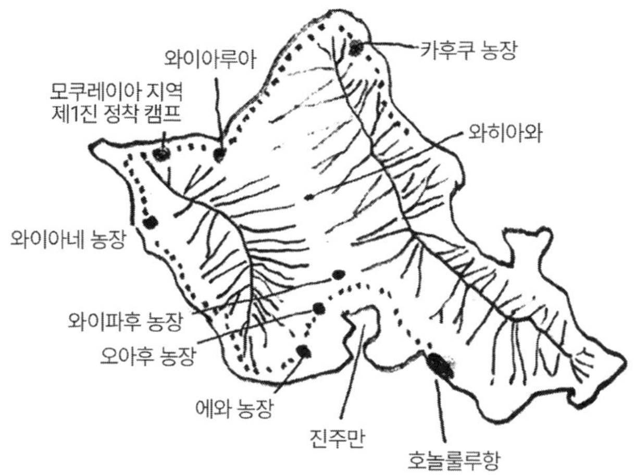

1920년대 초 하와이 지도

들였던 것으로 보인다.[1] 반외세와 반봉건을 외쳤던 동학혁명은 일제의 탄압과 지주들의 방해로 실패했지만, 한학을 바탕으로 한 전통 유교적 의식과 상당히 진보적인 슬로건을 내세운 동학정신은 훗날 독립운동가 백일규의 사상을 형성하는 밑거름이 된다. 동학혁명 실패로 민중을 구하려는 뜻이 좌절된 백일규는 새로운 국면을 모색하는데 이때 만난 사람이 강명화이다. 강명화는 공립학교 교원으로, 국내에서는 지식인으로 널리 알려져 있던 인물이다. 그는 강명화 일행에 합류하여 하와이 이민 배에 오른다. 당시 서구 이민의 관문으로 통하던 하와이는 선진 교육과 문화를 접할 수 있는 땅이었다. 1905년 5월 29일, 한 달여의 항해 끝에 백일규 일행은 하와이 호놀룰루항에 도착하고[2] 하와이 에와(Ewa) 사탕수수 농장에서 노동하며 이민자의

---

1 백도접주(白道接主)에서 '백도'는 동학을, '접주'는 우두머리를 일컫는다. 백일규가 어떤 경로로 동학에 입문하게 되었는지를 설명할 만한 문서는 찾을 수 없으나, 그가 자신을 '백도접주'라 밝힌 것으로 보아 그가 동학에 상당히 깊이 가담해 있던 것으로 보인다.

삶을 시작한다. 백일규의 나이 스물여섯일 때이다. 고된 노동에 시달리면서 일행 대부분은 안창호가 이끄는 흥사단과 대한인국민회에 관계한다. 백일규 역시 흥사단과 대한인국민회에 깊이 관여하며 독립운동가로서, 또 언론인으로서 삶의 새로운 국면을 맞이한다.

호놀룰루항에 도착한 강명화와 백일규 일행은 곧바로 에와 농장으로 향했다. 이들은 사탕수수의 거친 잎 때문에 한여름에도 두꺼운 옷을 입고 고된 노동을 해야 했다. 그러면서도 독립운동 자금을 모아 조국으로 보냈다.

하와이 사탕수수밭의 노동자들

에와(Ewa) 친목회의 「친목회보」

일찍이 동학에 깊이 가담하며 또 고향 평안도에 빠르게 전파된 기독교의 영

2 홍선표, 『백일규: 재미한인 독립운동을 이끈 항일 언론인』(서울: 역사공간, 2018), 17.

향을 받아 백일규는 자연스럽게 개화하며 문화적으로 개방된 시야를 갖는다. 백일규가 하와이행을 망설이지 않고 결정한 데에도 이런 배경이 한몫했을 것이다. 아직 봉건적 분위기에서 탈피하지 못한 대한제국에 희망이 없다고 생각한 그에게 서양의 자유, 민주, 평등은 가슴 뛰는 개념이었다. 서양의 민주주의 정신은 동학의 반계급, 반봉건, 반외세, 민족주의 등과도 멀지 않아 보인다.[3]

고된 노동이 계속되는 일상에서 백일규는 에와 농장 한인 노동자 모임인 에와친목회에 가입한다. 에와친목회는 윤병구, 강영소, 정원명 등이 결성한 단체로 낮에는 노동을 하고 저녁에는 국권회복을 위해 머리를 맞댔다. 1906년까지 하와이에는 이렇게 친목회라는 이름으로 독립운동을 모의하는 모임이 도처에 있었다. 에와친목회는 1906년 5월 1일부터 「친목회보」라는 잡지를 발간하는데, 이는 백일규가 한평생 언론인으로 살아가는 계기가 된다. 1905년 12월 21일 자 「공립신보」에 보낸 기고문에 그는 이렇게 쓴다. "오직 신문은 사람의 큰 귀와 눈이라 신문을 읽으면 세계에 듣지 못하던 바를 들으며 보지 못하던 바를 본다."[4] 그가 독립운동의 방편으로 언론을 택하고 그 길을 고수한 이유가 짐작되는 글이다. 백일규의 언론을 향한 기대가 자못 컸음이다.

---

3 동학농민운동은 3월(1차)과 9월(2차) 봉기가 핵심인데 3월 봉기는 조병갑, 이용태 등 탐관오리들의 학정(虐政)이 발단으로, 이들을 처단하는 것이 목적(반봉건)이었고 9월 봉기는 반일·반외세가 우세했다. 3월 봉기 후 농민군은 '폐정개혁안 12개조'를 건의하는데 "5조, 노비문서는 소각한다. 7조, 청상과부의 개가를 허용한다. 10조, 왜적과 통하는 자는 엄하게 징계한다." 등이다. 이 농민봉기를 잠재우기 어려웠던 구한말 민씨 정부는 청을 불러들이고, 이는 청일전쟁의 빌미가 된다. 농민운동을 주도한 동학 세력은 모두 색출되어 죽임당한다. 요행히 살아남은 세력은 훗날 의병에 가담한다. 백일규가 의병 활동에 애정을 가진 것도 이런 흐름과 무관하지 않을 것이다.

4 홍선표, 『백일규: 재미한인 독립운동을 이끈 항일 언론인』, 19.

대동보국회와
「대동공보」 주필

1년 정도를 하와이에서 보낸 백일규는 당초 이민의 목적이었던 학문을 위해 1906년 8월, 하와이를 떠나 샌프란시스코로 이주한다. 잘 교육받아 의식을 갖춘 국민만이 독립된 나라를 가질 수 있다고 믿었던 그이다. 그가 언론에 기대를 건 이유도 민중을 무지에서 깨우는 데에 그만한 것이 없다고 여겼기 때문이다. 그 자신이 쉬지 않고 공부한 이유도 다르지 않다. 그에게 교육과 언론은 독립의 염원을 실현하는 길이자 국권회복을 위한 유일한 길이었다.

백일규는 스물아홉의 나이에 미국 고등학교에 들어간다. 당장의 숙식을 위해 여전히 농장이나 광산을 전전하며 육체노동에 시달리면서도 영어를 배워야 한다는 일념으로 늦은 나이에 고등학교에 다시 입학한다. 게다가 그는 애국적 모임인 대동보국회에도 가입한다.

대동보국회(1907년 1월 설립)는 장인환, 이병호, 문양목과 함께 백일규가 발기인으로 참여한 단체로, 공립협회와 더불어 미주의 대표적인 독립운동 단체로 성장한다. 대동보국회의 설립정신은 국권회복과 국민계몽이다. 설립정신에 국민계몽이 포함된 것은 백일규의 의중이 반영된 결과로 보인다. 대동보국회는 한인들의 교육과 실업, 자치를 내세우며 미주 한인 사회를 이끌어간다.

백일규는 1908년 대동보국회 중앙회장을 맡아 기관지 「대동공보」를 발행하며 주필을 겸한다. 「대동공보」 주필이 된 그는 지면을 활용해 자신의 생각을 적극적으로 피력해나간다. 의병 활동을 지지한 백일규는 본국의 의병 소식을 매호 빠짐없이 크게 싣는데, "의병과 한국의 관계"(1908년 3월 5일자)라는 제목으로 의병 활동을 지지하는 글을 쓰기도 한다. 이를 통해 그가 항일 무장투쟁인 의병 활동을 매우 높이 평가했음을 알 수 있다.[5] 백일규는 대동보국회 활동 중 몇 차례 대중연설을 하면서 그때마다 민족주의와 실업을 강조한다.[6] 위기의 조국을 구하는 길은 정치적 논쟁보다 경제적 능력을 갖추는 것이라 믿었기 때문이다. 이런 그의 생각은 대학에서 경제학을 전공하는 계기가 되고 훗날 재미 한국인 최초라는 수식을 달게 된 『한국경제사』(*Economic History of Korea*, 1920) 집필로 이어진다.

영국의 「런던데일리메일」(*London Daily Mail*) 기자였던 F. A. 매켄지가 촬영한 구한말 의병 모습

한편 당시 미국은 인종차별이 합법이던 때이다. 유색인종에 나라 이름조차 빼앗긴 한인들로서는 일자리 구하기가 '하늘의 별 따기'였다. 한인 사회는 재정적인 어려움을 겪는다. 백일규가 열정을 바치던 대동보국회 기관지 「대동공보」는 구독료를 받지 못해 결국 폐간된다. 신문 활자는 1908년 10

5 홍선표, 『백일규: 재미한인 독립운동을 이끈 항일 언론인』, 25.
6 홍선표, 『백일규: 재미한인 독립운동을 이끈 항일 언론인』, 19.

월 로스앤젤레스로 옮겨져 「자유보」 발간에 사용되는데, 「자유보」 역시 발행인 신흥우, 총 주필 이승만으로 창간호 1,000부를 찍은 후 더는 간행되지 못한다. 이승만이 학업(당시 박사과정 학생)으로 신문에 전념할 수 없었던 데다 고질적인 재정문제가 걸림돌이 되었다. 신문 발행이 흐지부지되자 백일규도 학업을 위해 네브래스카로 이주한다. 그는 네브래스카주 헤이스팅스 고등학교에 입학하여(1909년 9월) 영어를 공부하고 3년간 대학 예비 과정에 다닌 후 1912년 가을에 링컨시의 네브래스카주립대학교 문학과에 입학한다. 나중에 백일규는 캘리포니아주립대학교 버클리캠퍼스 2학년에 편입하여 졸업한다.

1908년 3월 23일 오전 9시 30분 샌프란시스코의 한 부두, 여객터미널인 페리 빌딩에서 미국인 더럼 스티븐스(D. W. Stevens) 저격 사건이 발생한다. 스티븐스는 대한제국의 외교 고문이었으나 실상은 일본 정부가 고용한 외교 첩자였다. 그는 일본의 대한제국 침략이 정당하다고 웅변하고 미국을 비롯한 세계 언론이 일본에 유리한 방향으로 흘러가도록 선동하고 다녔다. 이에 전명운, 장인환 두 의사가 분기하여 그를 처단한 것이다.

대동보국회 중앙회장으로 있던 백일규는 공립협회와 함께 두 사람을 돕기 위한 모금운동에 나선다. 이 운동은 두 의사를 돕기 위한 후원 열기로 한인 사회를 결집시키며 큰 성과를 거둔다. 전명운은 1908년 6월 27일 증거불충분으로 가석방되고 장인환은 같은 해 12월 23일 '애국적 환상에 의한 2급 살인죄'로 25년형을 선고받아 샌쿠엔틴교도소에 수감된다. 그 후 백일규는 문양목과 함께 장인환 석방운동을 주도하여 1919년 1월 10일 그를 풀려나게 한다. 장인환, 전명운 두 사람은 현재 국립묘지에 잠들어 있으며 건국 훈장이 추서되었다.

『한국경제사』 집필

경제적 자립은 독립국가의 조건이다

백일규는 1919년 4월 1일부터 「신한민보」에 한국경제사를 연재한다. 연재 글은 1920년 2·8독립선언 기념일에 맞춰 『한국경제사』라는 제목으로 출간된다. 백일규는 현실주의자이다. 그는 평소 완전한 독립국가의 조건으로 외부로는 무력을 갖추되 내부로는 국민 지성의 각성과 경제적 독립이 필요하다고 주장하는 사람이었다. 그는 경제적 독립이 정치적 독립에 우선한다고 믿었다. 그의 역사 인식 또한 정치사보다 경제사에 기초하고 있다. 백일규가 책 서문에 밝힌 집필 동기를 보자.

> 국가의 경제사는 그 국가의 정치사보다 더 필요한지라, 정치의 혁명을 먼저 한 법국(프랑스)보다 공업의 혁명(영국의 산업혁명)을 먼저 한 영국이 오늘날 세계적 국가를 이루었고 민사 형법을 먼저 발전시킨 법국보다 통상 상법을 먼저 발전시킨 영국이 오늘날 세계의 상권을 잡았은즉, 이것만 보아도 어느 것이 더 필요한지 가히 알지라. …한국에는 정치사는 있으되 경제사가 없으니 이는 오늘날 세계 각국 인민들이 경제 전쟁과 경제 독립을 주장하는 시대에 가장 유감되는 바이라. …후에 오는 학자들이 우리의 경제 역사를 더 연구하여 발전시키면 우리 국민의 경제적 교육과 경제적 독립에 관건이 될까 하며 이로 인하여 국가 독립이 신속히 성취되며 영원무궁할까 하노라.[7]

---

7 홍선표, 『백일규: 재미한인 독립운동을 이끈 항일 언론인』, 127

그는 『한국경제사』 저술의 궁극의 목표가 조국 독립에 있음을 강조하고 있다. 『한국경제사』는 실업 편, 재정 편, 정치 편 등 총 34장으로 구성된다. 마지막 34장 '민요와 동학' 편에서 백일규는 조선의 경제공황 원인이 정치 부패의 결과이며 동학전쟁은 프랑스 대혁명과 맞먹는 사건이라고 쓴다. 그는 동학의 발생 원인을, 정부가 구습을 개혁하지 않고 여전히 백성을 괴롭히며 그들의 경제적 궁핍과 생활의 어려움을 돌보지 않은 탓이라 지적한다. 그는 이렇게 쓰고 있다.

> 외국의 군병을 청하여 들여 마침내 일청전쟁의 흔단[8]을 열어주고 또 일본으로 하여금 한국의 주권을 침범할 기회를 가지게 하였을 즉, 국가 정치의 책임이 있는 자 마땅히 그 국민의 경제를 먼저 주의하여야 됨이라 하노라.

『한국경제사』(1920)

백일규의 『한국경제사』는 국내외를 통틀어 한국인이 쓴 최초의 한국경제사라는 데 의의가 있다. 이 책은 역사주의 경제학의 선구로 평가받기도 하는데 그만큼 식민지 한국의 상황을 잘 설명하고 있기 때문이다.

---

8 흔단(釁端)이란 어떤 일의 싹이나 실마리를 의미한다.

청년교육을 위한 헌신

한인소년병학교 유지단 발족, "망한 고국을 생각하여 고상한 인물을 배양하고자"

백일규는 한국의 의병을 지지하고 나아가 박용만이 1909년 네브래스카에 설립한 한인소년병학교에도 관심을 갖는다. 이는 고국 독립을 위해 백일규가 신념으로 갖고 있던 교육과 무력을 동시에 갖추는 일이기 때문이다. 그는 이 학교에 수학 교사로 참여한다. 1914년 8월까지 운영된 이 학교는 최초의 해외 한인 군사학교이자 민족교육의 요람이다. 박용만은 1905년 샌프란시스코에 입항 당시 이승만의『독립정신』원고를 숨겨 들고 온 인물이다. 백일규는 문양목과 뜻을 합쳐 출판비를 모금한 후, 이승만의 옥고를 책으로 엮는 데에도 공헌한다.『독립정신』은 이승만의 대표 저서 중 하나로, 한성감옥에 있던 1904년에 저술한 역사서이며 한국인 최초의 외교사 저술이라는 점에서 무게감을 지닌다. 이승만은 그 책에서 "대한제국의 자유 독립을 위하여 이 글을 쓴다."라고 밝힌다.

경술국치 이후 한인소년병학교는 조국 독립을 이끌 지도자 양성을 목표로 더욱 비장함 속에서 운영된다. 여름학교로 운영된 한인소년병학교는 군사훈련은 물론이고 군사학을 포함하여 역사, 지리, 과학, 영어, 국어와 한문, 성경 등을 가르쳤다. 소년병학교에 대한 백일규의 애착이 컸음은 말할 것도 없다. 소년병학교가 경제적 어려움에 처하자 그는 한인소년병학교유지단을 발족하고 다음과 같은 취지문을 공표한다.

우리 해외에 있는 단기 유족은 만물이 생소한 미국에 우거하는 바에 저 망한 고국을 한번 생각하여 장래 유명한 인물이 되기를 바라노라. 우리가 고상한 인물을 배양하고자 하면 먼저 그 기지를 정해야 될지니 이는 곧 소년병학교라. …여러분이 나라가 망한 것을 원통히 생각하면서도 나라를 위하여 인재를 배양하는 학교에 대하여 성력을 쓰지 않음이 이 어찌 그 힘이 부족함이리오. 다만 생각이 미치지 못함이라. 그런즉 허랑방탕한 곳에 허비하는 돈을 좀 경제하여 이러한 학교를 위하여 찬조하기 바라노라.[9]

소년병학교를 지키려는 백일규의 간절함과 학생들이 망한 고국을 구제해주기 바라는 절실함이 문장마다 배어 있다. 정한경, 유일한, 한시호, 신형호, 홍승국, 김용성, 김현구 등 한인소년병학교 출신 인재들은 백일규의 바람대로 한국 독립운동을 위한 무장 투사로, 언론인으로, 외교관으로, 또 학계와 경제계에서, 한국과 미주 한인 사회에서 중견 지도자로 활약하고 헌신한다.

영자신문 「코리언 스튜던츠 리뷰」(*The Korean Students' Review*) 발행, 미 주류 사회에 한국 알리는 부수적 역할도 기대

네브래스카주립대학 재학 시절 백일규는 「코리언 스튜던츠 리뷰」(*The Korean Students' Review*)라는 미주 한인 사회 최초 영문 잡지를 발행한다. 그는 미 대륙 각지에 떨어져 공부하는 학생들이 지식과 정보를 공유하며 조국 독립이라는 공동의 과제를 나누는 장으로 언론만한 것이 없다는 생각에 적극 뛰어든다. 「코리언 스튜던츠 리뷰」 2호(1914년 12월)에 백일규의 글이 실려 있다. 그는 이 글에서 한글을 잊지 말 것을 당부한다. 애국심과 민족의식을 지켜나가기 위해서는 민족의 언어를 지키는 것만큼 중요한 일도 없다

---

9 "소년병학교유지단 취지서," 「신한민보」 (1914년 2월 19일 자).

영문 잡지 「코리언 스튜던츠 리뷰」
(*The Korean Students' Review*)

는 처절한 인식 아래 작성된 글이다. 1918년 1월 31일, 그는 대한인국민회 북미지방총회 부회장으로 있으면서 직접 국어학교를 개설하여 학생들에게 한글을 가르치기도 한다.

영문 잡지 발행은 한인 유학생 간 정보 교류가 목적이나 미 주류 사회에 한국을 알리는 부수적 역할도 기대한 일이었다. 그러나 경제적 어려움을 넘지 못해 제2호를 끝으로 종간한다. 이후 1919년 2월 11일 북미한인학생연맹에서 다시 영문 잡지를 발간하는데 「코리언 스튜던츠 리뷰」의 중도 하차로 아쉬움이 컸던 백일규는 이곳에 발기인으로 참여하고 잡지가 종간되지 않도록 물심양면으로 이들을 돕는다. 그가 학생 영자신문 발간에 발 벗고 나선 것은 언론의 중요성을 확신함은 물론이고 한인 학생을 돕는 일이 장차 한국 독립을 앞당기는 길이라고 믿었던 까닭이다.[10]

대한인국민회 2인자로 빛나다

외교 활동과 「신한민보」 주필

1914년 6월경 백일규는 「신한민보」 주필로 초빙된다. 대한인국민회 북미지

10 홍선표, 『백일규: 재미한인 독립운동을 이끈 항일 언론인』, 68.

방총회는 그를 열렬히 환영한다. 이때 이미 백일규의 필력은 한인 사회 내에서 명성이 자자했다. 「신한민보」는 그해 7월 16일 자 논설에서 그를 조선 지식인을 의미하는 '진사'로 표현하면서 "씨는 애국심이 풍부하고 동서양 학문이 유려한 사람이라. 우리 「신한민보」를 욕되게 아니할 자이며 신한민족을 영광스럽게 할 자"라고 쓰고는 그의 성품과 동서양을 아우르는 지적 소양을 높이 평가했다.[11]

1919년 백일규는 대한인국민회 중앙총회 부회장으로 있으면서 총회장 안창호와 함께 고국 독립을 위한 외교 활동에 깊숙이 관여한다. 특히 3·1운동 직후 안창호가 상해로 떠나게 되면서 백일규는 미주 독립운동의 중심에 서게 된다. 안창호가 떠난 뒤 중앙총회장 대리 역할을 수행한 백일규는 뉴욕에서 열린 소약국민동맹회와 파리강화회의(1919. 1. 18.-6. 28.)에 한국 대표를 파견하기 위해 특별 의연금을 모금한다. 특별 의연금 모금 활동은 큰 성과를 거두지만 소약국민동맹회와 파리강화회의에 대표를 파견하는 일은 어려움을 겪는다.

당시는 제국주의가 팽배하던 시기여서 국제적 분위기가 한국에 유리하지 않았다. 대한인국민회는 영국과 미국에 한국 독립의 필요성을 알리고 싶었지만 그들은 모두 패권국 일본의 입장에 서 있었다. 일본 정부의 방해도 거셌다. 파리강화회의에 참석하려던 한국 대표 이승만과 정한경에게는 여권 발급조차 허락되지 않았다.[12] 윌슨의 민족자결주의는 일부 국가에만 소용되었다.

국제회의에 대표 파견이 좌절되어 상심이 크던 시기, 파리강화회의에서는 국제연맹(UN) 창설이 의결된다. 1919년 1월 25일이다. 이때 이승만, 정한

---

11 홍선표, 『백일규: 재미한인 독립운동을 이끈 항일 언론인』, 58.

12 1910년 한일병합조약으로 대한제국은 일본의 식민지가 되어 국권과 함께 외교권도 박탈당함으로써 출국할 경우 한인은 일본 정부로부터 여권을 발급받아야 했다.

경 등은 백악관과 미 국무부 장관 랜싱 등에게 한국의 독립문제를 국제연맹에 위임해달라는 청원서를 보낸다. 이 위임통치 청원서는 훗날 비난으로 돌아오지만 이들은 조국 독립을 위한 순차적 가능성에 집중한 것이다. 당시 대한인국민회는 한국을 독립국으로 만들어달라는 요구보다 국제연맹의 보호를 받는 중립국이 되게 해달라는 제안이 국제 사회에 더 설득력 있을 것으로 내다보고 있었다. 그러나 파리강회회의 대표 파견은 좌절되고 그 소식은 특별 의연금 모금 등으로 불타오르던 독립운동의 열기에도 찬물을 끼얹는다. 이때 한국에서 3·1운동이 일어난다.

「신한민보」 주필 백일규는 3월 13일 자로 전면 호외를 발행하며 "장쾌하여도 이렇게 장쾌하며 신기하여도 이렇게 신기한 일은 진실로 무엇에 비할 데 없다. 기쁨에 겨운 우리는 눈물을 뿌렸노라."라고 벅찬 감정을 토로한다. 3·1독립선언 이후 대한인국민회 중앙총회는 각 지회의 지지에 힘입어 한인 사회에서 그 권위를 인정받으며, 대외적으로 한국을 대표하고 미주 본토뿐 아니라 하와이, 멕시코까지 아우르면서 해외 한인 사회 독립운동의 중심에 선다.[13] 이 무렵 대한인국민회 중앙회는 태극기 제작을 의결하고, 북미 내 한인 인구조사를 실시하고, 「신한민보」 발행을 주 1회에서 3회로 증간하는 등의 사업을 펼친다. 백일규는 「신한민보」 주필로 기사와 식자 작업을 주도하며 인구조사와 독립자금 모금운동에 박차를 가한다. 그는 모금된 자금을 임시정부와 각계의 독립운동지에 보낸다. 모금운동은 동포 사회를 다시 한 번 정신적·물질적으로 단합시키는 계기가 된다.

백일규는 대한인국민회 중앙총회장 대리 직함으로 미국, 영국, 프랑스, 이탈리아 4개국 정부 수반과 대사에게 전보를 발송한다. 다음은 1919년 4월 5일에 4개국 대사에게 보낸 전보 전문이다.

---

13 홍선표, 『백일규: 재미한인 독립운동을 이끈 항일 언론인』, 109.

> 각하께서는 세계의 자유와 공의를 주창하는 바 우리는 우리 민족을 대표하여 우리 민족 명의로 청원합니다. 한국독립단은 임시정부를 조직했는데 그 정부의 내각들은 다 고등한 학식과 능력이 있는 인물이라 만일 독립을 승인하면 능히 공화정부를 유지하여 갈 수 있습니다.[14]

백일규는 한국의 임시정부 수립 사실을 해외 4개국에 알리면서 높은 학식과 능력을 갖춘 인물로 내각이 구성되었고 한국인들은 능히 독립할 자격이 있다는 사실을 강조한다. 이후 재미 한인들은 4월 15일을 임시정부 수립일로 정하고 미 전역 지방회에 이 사실을 알려 경축 행사를 벌인다. 임시정부 수립 후 독립 의연금 모금 활동도 활기를 띤다.

4월 21일 중앙총회는 일본물화배척운동을 결의하고 실천에 들어간다. 일본물화배척운동이란 단순히 일본제 물품 구입을 반대할 뿐만 아니라 상업적 교류나 개인 간 교제도 금하는 강력한 항일운동이다. 또한 백일규는 "독립 성공의 세 가지 필요한 것"이라는 제목의 글로 3·1운동 이후 한국 독립운동의 방향을 제시한다.

"첫째, 대한민국임시정부의 조직을 완전히 갖출 것, 둘째, 외교 사업을 계속 추진할 것, 셋째, 군사상 준비를 꾀할 것이다."(「신한민보」 1919년 6월 24일자 논설) 그는 독립운동의 열기가 일회성 사건으로 끝날까 두려워한 것으로 전해진다.

한편 백일규는 청년 23명이 청년혈성단을 조직하자 이를 승인한다. 그해 8월 5일에 캘리포니아주 디누바시에서 한인 여성들이 대한여자애국단을 결성할 때에도 이를 공식 인준하여 이들이 독립운동 전면에 나설 수 있도록 독려하고 돕는다.

---

14 홍선표, 『백일규: 재미한인 독립운동을 이끈 항일 언론인』, 111.

인구 등록 사업

백일규는 미주 한인 인구 등록을 의욕적으로 추진한다. 이는 미주 한인 사회 최초의 자체 조사 활동이라는 의미가 있다. 「신한민보」는 1919년 5월 13일 자 사설에서 "이번 사업은 대한인국민회의 자치 능력을 보여주는 시험대가 될 것"이라고 보도한다.

조사 결과 미국과 멕시코에 거주하는 한인은 총 2,530명 정도이고 경제활동이 가능한 20세 이상의 성인 남녀는 1,822명인 것으로 확인된다. 백일규의 지도력으로 성공리에 시행된 인구 등록 사업은 대한인국민회가 해외에서 한국 정부를 대표할 만큼의 권위를 인정받고 있음을 확인해준 일이다. 이로써 한인 사회는 더욱 똘똘 뭉친다.

언론인 백일규

경제학자의 눈으로 민중계몽에 앞장

1920년 1월 19일 자로 백일규는 대한인국민회 중앙총회 부회장직을 내려놓는다. 대한인국민회를 떠난 후에도 그는 「신한민보」의 명예기자로 신문 기고를 계속하는데, 특히 "평화 후 경제 결과"(1921년 4월 21일 자)와 "미국의 실업 현상"(1921년 7월 7일 자)이라는 제목의 두 칼럼은 주목을 끈다.

그는 파리강화조약 이후의 세계 경제 동향을 분석하면서 미국 경제가 급격히 후퇴하고 있다고 진단한다. 특히 미국의 농업경제 실패를 지적한 후 1920년 우리 한인 농업이 실패할 수밖에 없던 이유를 경제적 논점에서 예리하게 짚어낸다.[15] 1922년 1월 12일 자부터 7회에 걸쳐 연재한 "원동[16] 문제

군비감축회의"라는 기사에서는, 원동 문제가 결국 발칸 문제와 같이 전쟁으로 귀결될 것으로 내다본다. 대륙을 향한 일본의 야심은 제어하기 어려우며 열강의 힘이 담보되어야만 저들의 야욕을 꺾을 수 있을 것으로 전망하기도 한다. 실제로 그의 예상은 적중한다. 1931년 7월 일본이 만주를 침략한 것이다. 이후 일본은 본격적으로 대륙팽창 정책을 추진해 동아시아를 전쟁의 소용돌이로 몰아넣는다.

대한인국민회는 백일규가 총회를 떠난 후 얼마 안 있어 그를 다시 「신한민보」 주필에 임명한다. 1923년 1월 17일부터 1935년 3월까지 백일규는 본격적으로 언론인의 길을 걷는다. 그는 재정이 어려운 신문사를 위해 매달 첫 호를 특별 기념호로 발간하는 등 신규 독자를 늘리기 위해 분투한다. 이뿐만 아니라 독립운동을 위한 각 단체 간의 알력을 없애는 일에도 자신의 역량을 기울인다. "성공치 못한 우리 독립 사업을 계속 진행함이 우리 국민의 유일무이한 책임"이라고 역설하며 「신한민보」 발간이 중단되지 않도록 동포들의 협조를 구하는 일도 게을리하지 않는다. 백일규가 신문 발간에 공을 들인 것은 언론인으로서의 열정 때문만은 아니다. 그것만이 망국의 국민으로서 그가 할 수 있는 독립운동의 방편이었기 때문이다.

1923년 3월에는 한국으로부터 중앙 YMCA회관에서 조선민립대학기성회가 발족해 민립대학 설립 자금 모금운동을 전개한다는 소식이 전해진다. 백일규는 1924년 6월, 대학 설립을 위한 기성회후원회를 조직하고 의장을 맡는다. 그리고 1926년에는 대한인국민회 총회장에 취임한다. 총회장 백일규는 신문 편집을 책임진 것은 물론이고 한인 사회를 이끄는 중심인물로 떠오른다.

---

15 홍선표, 『백일규: 재미한인 독립운동을 이끈 항일 언론인』, 133.

16 원동(遠東)이란 유럽 관점에서 동아시아를 이르는 말이다. 한국, 중국, 일본, 대만 등이 이에 속한다.

그가 재직하던 1926년부터 1935년까지 재미 한인 사회의 경제 상황은 매우 어려웠다. 제1차 세계대전 후 세계는 경제공황을 맞고 있었고 미국도 예외는 아니어서 국민의 3분의 2가 극빈층이라고 할 만큼 심한 불균형에 골머리를 앓았다.

소수의 유색인이자 식민지국의 백성으로 존재감도 없던 한인의 살림살이는 곤궁하기 그지없었다. 이런 상황에서도 한인 사회의 구심점인 대한인국민회와 「신한민보」를 유지해야 한다고 생각한 백일규는 모금을 위해 직접 가정 방문에 나선다. 백일규의 리더십에 한인 사회는 움직인다. 한인들은 어려운 형편에도 보조금과 신문 구독료를 지급해준다. 그는 동포들의 협조에 크게 감사한다. 백일규의 인물됨은 1957년 5월 22일 자 「동아일보」 사설 "상항부두 백 씨의 공헌"이라는 글을 통해 엿볼 수 있다. 이 글에는 그가 어떤 일을 했는지도 드러난다.

> 미국에 처음 하륙하는 사람으로 제일 감사의 눈물을 머금게 하는 것은 국민회 총회장 백일규 씨의 두터운 정이외다. …배가 닿을 때마다 부두에 나와 하륙하는 동포를 인도하여 모든 편의를 도모하여 주는데 어떤 때는 입국 보증금까지 대여하는 일이 가끔 있답니다. 씨는 경제학사로 미국인 간에도 상당한 신임을 받는 터이지만 모든 것을 버리고 약소한 생활비에 몸을 바치고 동포들을 위하여 이렇게 진력하니 참말 일꾼이라고 할 수 있겠지요.

그 외 1927년 11월 15일 자 「중외일보」에 게재된 이정섭의 "세계일주 기행(21편): 조선에서 조선으로"라는 글에도 백일규의 인품이 그려져 있다. 그는 어려운 경제 형편 속에서도 신문사를 지키며 혼자서 신문을 발간하고 소소한 사무 처리까지 혼자 다 했다고 쓰여 있다. 이처럼 한인들 눈에 비친 백일규는 외롭고 힘들지만 열정을 갖고 자신의 일을 해낸 인물이었다. 나라는 이미 일제의 손아귀에 들어갔고 당장의 독립이 쉽지 않을 것이라 생각한 백일규는 동포 사회가 조국 독립의 열정을 잃어버릴까 크게 두려워하며 구국의 심정으로 한인들의 신문 구독을 독려한다.

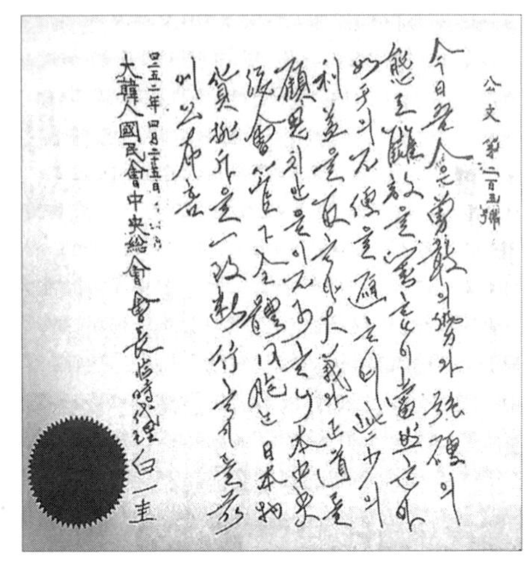
公文 第二百五號

大韓人國民會中央總會 會長 臨時代理 白一圭

백일규가 일본물화배척운동을 통보한 공문(1919. 4. 15.)

백일규는 활자의 힘만이 잠든 지성을 깨울 수 있다고 굳게 믿었다. 백일규의 독립운동은 지성과 경제력을 갖춘, 각성한 국민이 늘어나도록 하는 일이었다. 그가 신문이나 잡지에 매달린 이유도 자신은 물론 청년과 한인 사회가 실력을 갖추길 바랐던 까닭이다.

임시정부 후원과 재미 한인 사회 통합

임시정부 후원, 인구세 모금

재정난으로 대한인국민회 운영이 어려운 가운데서도 백일규는 임시정부 후원에 총력을 쏟는다. 1926년 총회장에 선출된 뒤 그는 인구세를 모금하여 150달러를 그해 10월 1일 국무령 홍진에게 보낸다. 1929년에는 인구세로 408.70달러를 모금하여 그중 103.41달러를 보내고, 경제공황이 극심하던

1930년대에는 4,571.76달러를 모금하여 200달러를 임시정부에 보낸다.[17] 백일규는 인구세의 영수증 관리에도 세심하여 임시정부에서 인구세 수령증이 제때 오지 않으면 반드시 이를 확인했다. 1929년에 인구세를 103달러만 보낸 것도 먼젓번 송금에 대한 영수증을 받지 못한 연유이다. 백일규는 인구세를 걷어 다른 곳에 쓴다는 한 인사의 모함에도 멈추지 않고 10년 이상 임시정부에 인구세를 송금한다. 임시정부가 존재하는 한 인구세 송금은 국민된 사람으로서의 의무라는 인식하에 시행한 일이다. 그가 임시정부에 걸었던 기대와 애정은 실로 무한하다.[18]

재미 한인 사회 통합

1929년 10월 미국에 대공황이 덮치던 시기, 한국에서는 학생독립운동이 전개된다. 이 소식은 침체되었던 미주 한인 사회의 독립운동에 다시 불을 지피는 계기가 된다. 샌프란시스코, 뉴욕, 시카고, 로스앤젤레스 등지에서는 학생독립운동을 돕기 위한 한인공동회가 속속 생겨난다. 1930년 2월 9일에는 샌프란시스코에 한인공동회 대표들이 모인다. 이때 백일규는 한인공동회연합회 임시의장에 선출되어 조직을 구체화하며 미주 한인 사회 재결집에 앞장선다. 연합회는 1931년 12월 7일에 선언서를 발표하며 조직 설립을 공식화하는데 설립 목적은 임시정부 후원과 국민계몽이었다. 조직에는 입법부와 집행부를 두었고 백일규는 김정진과 함께 집행부 공동 재무를 맡는다. 상하이임시정부는 미주한인연합회를 공식기관으로 인정하고 미국, 멕시코, 쿠바 지역 동포의 인구세 거출 업무를 위탁한다. 미주한인연합회는 인구세를 거출하여 임시정부로 보내는 일에 박차를 가한다.

---

17 홍선표, 『백일규: 재미한인 독립운동을 이끈 항일 언론인』, 109.
18 홍선표, 『백일규: 재미한인 독립운동을 이끈 항일 언론인』, 109.

대의(大義)를 위하여

백일규는 1926년부터 1933년까지 대한인국민회 북미지방총회장을 맡으며 「신한민보」 사장과 주필을 겸한다. 그가 재임하던 시기인 1929년, 세계는 경제대공황에 발목 잡힌다. 시장경제가 흔들리는 것을 보자 유학생을 중심으로 한 젊은이들 사이에는 사회주의 사상이 퍼지기 시작한다. 유학생이 서로 연합해야 한다고 믿었던 백일규는 이들을 설득, 대한인국민회 일원이 되도록 할 생각이었지만 이를 이해하지 못한 보수계 인사들의 강력한 반발에 부딪힌다. 유학생들 주장에 동조하는 것으로 보인 백일규마저 비판의 대상이 된다. 이런 분위기에 피로감을 느낀 그는 더 버티지 못하고 1935년 2월 13일 자로 대한인국민회를 떠난다.

대한인국민회를 떠난 백일규는 1943년 10월 6일, 민족혁명당 북미총지부 주도로 신문 「독립」이 창간되자 발기인으로 참여하고 「독립」의 사장 겸 주필이 된다. 그는 「독립」에 "최근 나의 소감 두서넛", "재미 한인 사회의 통일을 파괴하는 자 누구인가" 등의 제목으로 칼럼을 쓰며 대한인국민회를 떠나게 된 것에 대해 해명하고, 더불어 대한인국민회의 독단적 활동을 비판하기도 한다. 그러나 그는 기고할 때 항상 '국민회 회원 백일규'라고 자신을 밝힘으로써 자신의 비판이 애정 어린 충고임을 강조하고 있다. 조국의 현실을 조감도를 보듯 통찰하던 그에게 내부적 대립은 작은 산이었을 뿐이다. 그로서는 조국 독립이라는 대의를 앞에 두고 진영 논리에 빠져 있는 보수 인사들이 못마땅했던 것이다.

1945년 8월 15일, 조국은 광복을 맞이한다. 대한인국민회 하와이 지부는 다시 백일규를 초빙하여 「국민보」 주필을 당부한다. 1947년 1월 8일부터 이듬해 12월 22일까지 약 2년간 백일규는 다시 신문으로 돌아오는데 이 시기에 그의 논조는 대체로 온건하다. 독립운동가로, 언론인으로, 탁월한 시야를 가진 경제학자로 무력한 조국을 지키려 했던 지성 백일규는 1962년 5월 31일, 82세를 일기로 별이 된다. 1997년 대한민국 정부는 치열했던 그의 삶에 경외감을 표하며 건국훈장 독립장을 수여한다. 그의 유해는 대전 현충원 애국지사묘역에 안장되어 있다.

유일한

8장 노블레스 오블리주로 축복의 대서사를 쓰다

– **옥세철**(전 「미주한국일보」 편집국장, 현 논설위원)

디아스포라로 시작된 인생 여정

한 소년이 홀로 먼 길을 떠난다, 태평양을 건너 미국으로. 구한말 세력의 대전환기, 나라는 패망의 길로 접어들고 있다. 그 격변과 혼란의 와중에 거대한 파도에 떠밀리듯 민초들은 사방으로 흩어진다. 그 소년은 무리 중 하나가 되어 정처 없는 여정을 시작한다.

이국에서의 삶은 짙은 외로움과 고단함의 연속이다. 그러나 좌절하지 않는다. 오히려 꿈과 희망과 열정을 키운다. 그 가운데 소년의 마음에는 하나의 서사(敍事)가 꿈틀거리고 있다. 그렇게 지내온 세월이 20여 년, 청년기를 지나 장년의 나이를 바라보며 그는 마침내 조국으로 돌아간다. 그리고 그 마음의 꿈을 하나둘 풀어낸다. 가난하고 병든 사람들로 들끓던 조국에 제약회사를 세운다. 사재를 털어 인재 양성에 나선다. 그 소년은… 유일한(柳一韓)이다.

이 유일한 스토리의 시작에 앞서 어떤 잔상이 자꾸만 어른거린다. 격동기 역사의 뒤안길에서 서성이다 스러져간 안추원(安秋元)이라는 사람이다. 그 역시 어린 나이에 조국을 떠나야 했다. 병자호란(1637) 와중에 청군에게 붙잡혀 열세 살의 나이에 중국 땅에 노예로 팔려갔다. 소년은 고향을 결코 잊지 않았다. 고통과 눈물로 점철된 삶이지만 돌아갈 꿈을 포기하지 않은 것이다. 20여 년의 세월이 지난 후 마침내 탈출을 감행한다. 1664년 중원 천지를 건너 조선에 돌아왔다. 고향을 찾았다. 그러나 반기는 사람은 없었다. 부모 형제는 모두 세상을 떠났고 살아갈 길도 막연했다. 안추원은 결국 조선에서의 삶을 포기하고 청나라로 되돌아간다. 그리고 도중에 국경에서 붙잡혀 처형되고 만다.

"파워는 진공상태를 싫어한다."라는 말이 있다. 지난 500여 년의 세계 역사 속에 16번의 세력 대전환기가 있었고 그중 12번은 전쟁으로 끝났다. 동아시아 지역이 파워의 전환기를 맞을 때마다 한반도는 거의 어김없이 전화(戰火)에 휩싸였다. 임진왜란, 병자호란, 구한말 망국의 슬픈 역사, 6·25전쟁…. 그 고비마다 들려온 것은 역사의 조난자, 한국인 디아스포라의 애잔한 이야기들이다. 그 역사의 한 단면을 연암(燕巖) 박지원(朴趾源)은 『열하일기』(熱河日記)에 이렇게 기록했다.

> 고려보에 이르니 집들이 모두 띠 이엉을 이어서 몹시 쓸쓸하고 검소해 보인다. 이는 묻지 않아도 고려보임을 알겠다. 앞서 정축년(丁丑年, 병자호란 다음 해)에 잡혀 온 사람들로 한 마을을 이루어 산다. …본국의 풍속을 많이 지녔으며 사신 일행이 오면 여인들도 내외하지 아니하며 말이 고국 이야기에 미칠 때는 눈물을 지우는 이도 많았다.[1]

연암이 조선 사신의 일행으로 북경 방문 길에 고려보를 지나게 된 때는 병자호란이 난 지 백 년도 훨씬 지난 후로 세월이 쌓이면서 형해(形骸)화하

---

1 박지원, 『열하일기』(서울: 휘문출판사, 1979), 334.

고 만 중국 땅의 조선인 디아스포라 정착지, 그 서글픈 모습을 담담한 필치로 그린 것이다.

구한말 아홉 살의 나이에 미국으로 떠나는 소년, 유일한의 인생 여정도 디아스포라로 시작된다. 그러나 그의 삶은 축복의 스토리로 바뀐다. '하나님의 변수'(God's factor)라고 할까. 그런 요소가 그의 삶에 강력하게 작용하면서이다. 패망의 슬픈 운명과 함께 사방으로 흩어진 민족, 이는 고대 중근동 지역에서 흔한 이야기이다. 그중 하나가 유대 민족이다. 그 유대인 디아스포라를 하나님이 들어 쓰신다. 그러자 축복이 임하고 거룩한 이야기가 만들어진다. 영국 소설가 C. S. 루이스가 일찍이 한 말이다. 유일한의 스토리도 그렇다.

구한말의 민족 상인인 아버지와 미주 땅에서 숙명적으로 조우한 우국지사들로부터 유일한은 강한 뿌리의식을 물려받는다. 거기에 한 가지가 덧대어진다. 유년기를 갓 벗어난 무렵 독실한 기독교인 미국인 자매의 보살핌을 받으면서 경건과 정직을 어린 시절부터 체화한다. 이때부터 유일한의 자아에는 또 다른 견고한 정체성이 덧입혀진다. 청교도적 신앙을 바탕으로 한 분명한 소명의식이 그의 정체성의 바탕을 이루면서 절대 정직과 절대 성실이 삶의 모토가 된 것이다.

먼 이국땅에 흩뿌려진 한낱 씨앗 같은 존재, 그 소년의 삶에 '하나님의 변수'가 작용하면서 낯설기만 하던 미국은 홀연 '기회의 땅'이 된다. 그의 삶은 마침내 풍성한 과실을 맺는다. 조국에 돌아간 그는 평생 일구어온 그 결실을 아낌없이 나누어준다. 그리고 온 삶을 통해 '나눔의 정신'을 구현하면서 그 축복의 대서사는 정점을 찍는다.

유년 시절, 아홉 살에 미국으로 가다

유일한은 1895년 평양에서 태어났다. 자수성가형 상인인 유기연(柳基淵)과

김기복(金基福) 사이의 6남 3녀 중 장남으로 어릴 적 이름은 유일형(柳一馨)이다. 아버지 유기연은 미국 북장로교 선교사 사무엘 마펫(S. A. Moffett, 馬布三悅, 1864-1939)에게 세례를 받은 초창기 기독교인이다.[2] 유일한은 아홉 살의 나이에 미국 유학을 떠나게 된다. 그때가 1904년이다. 개화기인 당시 대부분의 한국인에게 미국이라는 나라는 개념조차 없었다. 그런데 어떻게 그토록 어린 나이에, 그것도 단신으로 그 먼 나라로 유학을 가게 됐을까?

먼저 아버지 유기연은 기독교인이자 이른바 신상(紳商)이란 점에 주목할 필요가 있다.[3] 개화기 신상의 대표적 인물로는 오산학교를 세운 남강(南岡)

미국으로 떠나기 전 박희병과 유일한

2 최재건, "기독교 기업인의 표상, 유일한 박사," 「최재건의 한국근현대사와 기독교」(2021년 1월 9일 자).

3 김시우, 『민족 기업인 유일한은 독립운동가였다』(서울: 올댓스토리, 2017), 6.

이승훈(李昇薰)이 있다. 자신만의 물질적 풍요를 위해서가 아니라 빼앗긴 국권을 회복하고 민족을 부강케 하는 데 이바지하고자 한 민족 상인들이 바로 신상이다. 유기연도 그중의 하나로 상해임시정부에 막대한 독립자금을 후원했다는 기록이 남아 있다.

가난한 집안에서 태어난 유기연은 제대로 된 교육을 받지 못했다. 그는 보부상으로 전국을 떠돌아다니다 일찍 서양 문물을 받아들였고 자신이 하지 못한 공부를 아들에게는 어떤 일이 있어도 시켜야 한다는 집념에 가까운 일념이 있었다. 유기연은 맏아들뿐만 아니라 둘째 아들은 러시아, 셋째 아들은 중국, 다섯째 아들은 일본에 유학을 보냈다.[4]

또 하나 주목할 점은 그가 태어나 자란 곳이 평양이라는 사실이다. 미국인 선교사가 한국에서 처음으로 본격적인 선교 활동을 펼친 때는 1884년 무렵이다. 이후 20년 남짓한 기간 동안 동북아시아 최대 기독교인 커뮤니티가 형성된 곳이 평양이었는데, 1910년 당시 평양 일원의 기독교인 인구가 장로교인만 6만 명이 넘는 것으로 보고될 정도였다.[5] 그 어느 곳보다 미국인 선교사들의 영향이 크고 구한말 애국계몽운동이 활발하게 전개된 곳이 평양이었다. 당시는 또한 서재필을 비롯해 안창호, 이승만, 정순만, 박용만 등 개화파 우국지사들이 순회강연을 통해 젊은 인재들을 가능한 한 많이 외국에 보내 서양 문물을 배우게 함으로써 나라를 부강하게 해야 한다는 개화입국론(開化入局論)을 펼치던 때로, 평양은 그 활동의 주 무대이기도 했다.

유일한이 어린 나이에 미국 유학길에 오른 것과 관련해 특히 주목해야 할 또 다른 배경은 박희병과 박용만, 숙질 관계인 두 우국지사와 아버지 유기

---

4 정혁준, 『십대를 위한 롤모델 유일한 이야기』(서울: 꿈결, 2016), 20-21

5 Robert S. Kim, *American Pyongyang: The American Christian Community of the North Korean Capital, 1895-1942*(Scotts Valley, CA: CreateSpace Independent Publishing Platform, 2017).

연의 친분이다. 박희병은 구한말 관립 한성영어학교 출신으로 일본 게이오의숙(義塾. 공익을 위해 의연금을 모아 세운 교육기관)을 거쳐 의친왕 이강과 함께 도미, 버지니아주 로노크대학(Roanoke College)에서 공부한, 당시로는 보기 드문 개화사상의 유학파 엘리트이다.[6] 1895년 미국 회사가 평북의 운산금광 채굴조차권을 따낼 당시 통역을 맡고 영미 관계 외교 부문에서 일을 보았다. 이 무렵 박희병은 스스로 학교를 세우고 조카인 박용만은 교사로 제자 양육에 나선다. 유일한도 이 학교에서 박용만의 가르침을 받았다.

이후 박희병은 '멕시코 유카탄 반도 노예이민 사기사건' 진상조사의 책임을 맡고 미국을 경유해 멕시코로 가게 된다. 멕시코 유카탄 반도 어저귀 애니깽 농장에 조선인들이 속아서 노예로 팔려가 혹사당하고 있다는 기사가 샌프란시스코의 중국계 신문인 「문흥일보」에 보도되자 상동감리교회가 나서서 진상조사단을 파견한다. 유일한은 미국인 선교사들의 추천을 받아 그 일행에 합류해 미국 유학길에 오른다.[7]

이때 미국 유학에 나선 소년은 유일한뿐이 아니다. 당시 유명한 우국지사 정순만의 아들 정양필을 비롯해 이승만 초대 대통령의 아들 이태산(도미 후 8세의 어린 나이로 사망), 또 훗날 독립운동가로 이름을 떨친 정한경, 유은상, 이희경 등도 포함되어 있다. 불과 아홉 살이었던 유일한의 미국 유학 배경에는 아버지 유기연의 자식에 대한 남다른 교육열, 기독교인으로서 미국인 선교사들과의 연대감, 우국지사들과의 강한 동지애 등이 복합적으로 작용한 것으로 보인다.

이후 유년기를 지나 청소년기에 이르기까지 유일한의 미국 행적은 거

---

6 "잊혀진 독립운동의 산실-민족지도자 속속 집결 잊혀진 독립운동의 산실," 「미주한국일보」(2001년 1월 30일 자).

7 "씨앗을 뿌린 사람들-독립운동 초석 닦은 박희병," 「LA중앙일보」(2004년 10월 30일 자).

의 대부분 박희병과 박용만의 동선과 일치한다. 유일한이 샌프란시스코 등지에서 잠시 방황의 시간을 보낸 후 안착한 곳은 네브래스카주의 커니(Kearney)라는 작은 농촌지역 마을이다. 아버지 유기연은 아들을 유학 보낸 후 2년도 못 돼 사업에 실패하여 파산하고 결국에는 북간도로 이주한다. 어린 유일한은 미국에 도착하고서 얼마 지나지 않아 아버지로부터 재정 지원을 받지 못하게 되고, 박용만은 선교사들의 도움을 얻어 그런 유일한을 네브래스카주 커니의 한 미국인 가정에 허드렛일을 해주고 방과 식사를 제공받는 '스쿨보이'(schoolboy)로 들여보낸다.[8] 이승만도 학업과 독립운동으로 아들을 돌볼 여유가 없어 광고를 내서 아들 태산을 필라델피아의 한 미국인 기독교 가정에 스쿨보이로 위탁했으나, 1년이 채 못 되어 태산은 디프테리아에 걸려 여덟 살도 채 안 된 어린 나이에 숨지고 만다.[9]

네브래스카주는 로키산맥 동쪽에 위치한, 대평원 지역으로 이어지는 미국의 내륙 중에서도 더욱 내륙에 있는 농촌 지역이다. 캘리포니아나 뉴욕 등 태평양이나 대서양 연안 지역과 달리 개발이 늦고 낙후된 지역으로 유일한이 미국으로 갔을 때는 황무지에 가까웠다. 그가 정착한 커니라는 마을은 그곳에 주둔했던 기병대 대장의 이름에서 그 지명이 유래했듯이 대평원 지역 농촌 지대의 작은 시였다. 유일한은 어떻게 그런 네브래스카의 낙후된 지역에서 소년 시절을 보내게 됐을까. 박희병과 박용만이 꿈꿔온 미국에서의 독립운동 거점 마련 구상과 무관하지 않아 보인다.

박희병이 도미하여 정착한 곳은 콜로라도주 덴버이다. 이곳에서 그는 조카 박용만과 합류하여 미국에서 본격적 국권회복 활동을 벌이게 된다. 당시

---

8 "李承晩 아들 태산이의 무덤을 찾다!-아, 태산아!," 「월간조선」(2012.5). 이 자료는 1905년 6월 4일 자 「워싱턴 타임스」(*The Washington Times*)에 실린, 이승만이 태산을 돌봐줄 집을 찾는다는 기사를 소개한다.

9 위 자료와 동일. 이 자료에 따르면 필라델피아의 한 공동묘지에 있는 태산의 묘비에는 생년(生年) 1899년, 졸년(卒年) 1906년이 새겨져 있다.

콜로라도, 네브래스카, 유타, 와이오밍 등지의 한국인 거류민은 수백 명이 넘은 것으로 추산된다. 하와이, 멕시코 이민이 노동자 중심이었던 것과 달리 이 지역 한국인 거류민은 교육 수준이 높은 청년층이 대다수였다.[10]

박희병과 박용만이 자리를 잡은 곳은 덴버 시내에 있는 유니언 철도역사 인근 아라파호 거리로 이곳에 건물을 얻어 한인 노동자 합숙소와 직업소개소 등을 운영했다. 많은 한인 젊은이들이 이곳에 모여 살면서 낮에는 철도역이나 인근 광산 노동자로 일하고 밤에는 학업을 이어가며 국권회복의 꿈을 꾸고 있었다. 박희병은 또한 콜로라도와 이웃한 네브래스카주 오마하에 있는 퍼시픽 철도회사를 통해 직장을 구하는 한인들에게 많은 일자리를 구해주었다. 한국에 나와 있던 네브래스카주 출신 선교사들이 추천서를 써주었기 때문이다.

네브래스카는 캘리포니아와 분위기가 전혀 달랐다. 동양인이 거의 없어 인종차별이 심하지 않았다. 개신교 복음주의 전통에 충실한 곳인지라 외지에서 온 사람을 전도의 대상으로 생각하며 친절하게 맞이했다. 게다가 고등학교까지 학비를 받지 않는 공교육이 실시되고 있어 한인 청년들에게는 기회의 땅이었다. 한때 한인 유학생 중 절반인 60여 명이 네브래스카주로 몰려올 정도였다. 유일한과 함께 미국에 온 이희경, 정양필 등도 네브래스카에서 대학까지 학업을 마친다. 이 무렵 박희병은 일제의 추적으로 생명의 위협을 느껴 이름을 박장현으로 바꾸고 계속 국권회복운동을 펼친다. 그러다가 덴버에서 미국 민주당 전당대회가 열리는 것을 계기로 덴버 지역에서 북미대한인애국동지회 개최를 준비하던 중 1907년 6월 13일, 36세의 젊은 나이로 병사하고 만다.

---

10 "'잊혀진 이민역사' 덴버를 가다〈2〉," 「미주중앙일보」(2003년 9월 29일 자).

기독교인 가정에 위탁되다

미국 생활은 어린 유일한에게 몹시 외롭고 낯설었다. 언어가 달라 소통이 제대로 되지 않았고 문화적 충격으로 심한 향수에 시달렸다. 유일한을 맞이한 미국 가정은 70대의 과부와 연만한 노처녀 두 딸 등 여자들만 사는 터프트(Tufft) 집안이었다. 터프트 자매는 아침 일찍 일어나 성경을 읽고 기도를 한 뒤 하루 종일 밭에서 농사일을 하는 검소한 삶을 살아가는 침례교 계통의 독실한 기독교인이었다.[11] 이들 자매는 어린 유일한에게 영어와 미국의 풍습을 가르쳐서 가능한 한 빨리 미국 사회에 적응하도록 배려를 아끼지 않았다. 소년 유일한은 이 두 자매의 보살핌으로 마침내 안정을 찾았다. 유일한은 성장한 뒤에도 터프트 자매와 친밀한 관계를 유지했고 그들의 사랑과 교육 덕분에 건강하게 성장하며 정신적 기틀을 다질 수 있었다고 고마워했다. 특히 훗날 이들 자매에게서 검소함과 경건함을 배울 수 있었다고 회고하기도 했다.

유한양행이 1995년 펴낸 공식적인 유일한 전기 『나라 사랑의 참기업인 유일한』은 유일한이 "만 9세, 우리 나이로 10세 때 미국 중앙부에 해당하는 네브래스카 커니라는 아주 작은 농촌 도시에 던져진 씨앗과 같이 정착하게 된다."라고 기록한다. 청일전쟁과 러일전쟁 그리고 대한제국의 패망으로 이어지는 그 숨 가쁜 역사의 전환기에 사방으로 흩어진 역사의 조난자들, 그들 중 하나의 작은 파편에 불과한 소년 유일한은 미 대평원 지역의 한 작은 마을에 흩뿌려지게 되었다.

터프트 가정에 안착하며 유년기를 막 지난 소년 유일한은 마침내 좋은 토양에서 건강하게 성장하는 계기를 맞게 된다. 터프트 자매는 한국이라는 동양의 한 나라에서 온 소년을 가족의 일원으로 받아들인다. 유일한은 아들

---

11 최재건, "기독교 기업인의 표상, 유일한 박사."

또는 막냇동생같이 보살펴주는 터프트 자매의 사랑 가운데 10대 사춘기를 지내게 된다.

네브래스카에서의 소년기 시절에도 유일한과 박용만의 연결고리는 계속 이어진다. 박희병이 타계한 후 박용만은 덴버를 떠나 네브래스카로 활동 무대를 옮긴다. 그리고 링컨시에 있는 주립대학에 편입하는 한편 미래의 독립군 지휘관들을 양성하기 위한 사관학교 설립에 착수하여 1909년 6월 마침내 네브래스카 주정부의 허가를 받아 커니시의 한 농장에서 한인소년병학교 개교식을 열게 된다.[12]

박용만이 이 학교를 설립한 것은 뛰어난 독립군 장교를 양성하기 위해서였다. 동시에 민족운동 확산을 위해 뛰어난 지도자를 양성한다는 목적도 있었다. 커니시에서 시작하여 이듬해 장로교계인 헤이스팅스대학 캠퍼스로 옮긴 한인소년병학교는 해외 최초의 한인사관학교로 1911년 만주의 신흥무관학교 설립에도 영향을 끼쳤다. 독립군이 최초로 일본군과 대규모 전투를 벌여 승리한 봉오동전투(1920)와 일본군의 대대적 토벌 작전에 맞서 대승을 거둔 청산리전투(1921)를 주도적으로 이끈 광복군 지휘관들은 모두 신흥무관학교 출신들이었다.

소년병학교는 3개월에 이르는 여름방학을 이용해 군사 캠프식으로 운영됐다. 첫해 생도는 13명이었고 그중 하나가 유일한으로, 함께 미국에 온 정한경, 김용대 등과 또 비슷한 시기에 하와이를 거쳐 온 구영숙도 훈련을 받았다. 그러나 소년병학교는 170여 명이 입학해 40여 명의 졸업생을 배출한 후 1914년 폐교되었다. 일본의 항의가 주원인이었다. 훗날 유일한은 소년병학교에서 강도 높게 받은 군사훈련과 교육이 그의 심신을 기르고 기업 활동의 대담성, 모험성 구축에 큰 도움이 됐다고 그의 딸 유재라에게 몇 차례나

---

12 김시우, 『민족기업인 유일한은 독립 운동가였다』, 85-90.

회고하며 말했다.[13]

이 소년병학교에서 유일한은 앞으로의 삶의 방향 설정에 큰 영향을 주게 되는 인물들을 만난다. 대한제국 군관 출신으로 소년병학교 교관을 맡은 김장호, 이종철 등이 바로 그들이다. 이 애국지사들과의 만남은 유일한과 미주 한인 커뮤니티의 지속적인 연결고리가 된 동시에 그에게 확고한 국가관을 심어주는 계기가 되었다.

대한제국이 일본에 강제로 합병된 1910년 이듬해 유일한은 제2의 가정과 같았던 커니 마을의 터프트 가정을 떠난다. 이웃한 헤이스팅스시로 옮겨 고등학교에 진학한 것이다. 이때부터 유일한의 홀로서기가 시작된다. 초등학교 시절부터 이미 신문배달 등을 통해 학비를 조달한 경험이 있었다. 홀로서

한인소년병학교 시절의 유일한(앞줄의 맨 오른쪽)

13 정혁준, 『십대를 위한 롤모델 유일한 이야기』, 49.

기에는 어느 정도 자신이 있었다.

이 무렵 그의 이름은 어릴 때 쓰던 '유일형'에서 '유일한'으로 바뀐다. 원래 1909년 커니의 학생 기록부에는 유일형의 이름이 'Il-hang Yu'로 기재되어 있었다. 발음하기가 쉽지 않았던 터에 그가 일하던 신문 배달 보급소장이 이름을 잘못 입력하는 바람에 'Il-han'이 됐고 그 뒤로 '형'(馨)을 대한민국을 상징하는 '한'(韓)으로 바꿔 유일한이라는 이름을 쓰게 된다. 아버지 유기연은 맏아들의 개명을 받아들여 다른 형제들의 이름도 '한'(韓) 자 항렬로 고친다.

질풍노도의 성장기,
강한 자존감으로 극복

유일한에게 고등학교 시절은 질풍노도의 성장기였다. 학업에 열심이었던 그는 스포츠에도 조예가 깊어 미식축구 선수로 장학금까지 받게 되었다. 특히 그의 축구 실력은 당시 언론들로부터 "미국 최고의 선수가 될 수 있다."라는 평가를 받을 정도였다.

20세기가 막 펼쳐진 당시 미국에서는 법적·제도적으로 공공연히 소수민족이나 새로운 이민 그룹에 대한 인종차별이 이루어지고 있었다. 나라 잃은 백성으로 미주 땅을 밟은 한인 이민 첫 세대와 2세들의 삶은 어찌 보면 '이룰 수 없는 아메리칸 드림'을 뒤좇는 시련과 좌절의 연속이었다.

초창기 이민 2세 작가 김난영(1926-87)은 자전적 영문 소설 *Clay Wall*(한국에는 『토담』이라는 제목으로 번역되었다.)에서 초창기 한인 이민 2세들을, '게토'(ghetto)화한 환경에서 자라 주눅든 시선으로 백인 중심의 미국 주류

고등학교 시절 미식축구 선수로 활약하던 유일한(앞줄 가운데)

사회를 바라보고 있는 모습으로 그리고 있다. 청소년기 유일한은 이 작품 속의 한인 2세들과 크게 대조된다. 유일한은 고등학교 시절 노력만 하면 어떤 장애든 뛰어넘어 무엇이든지 해낼 수 있다는 용기와 자신감을 키워간 것이다.

열 살도 되지 않은 나이에 미국 땅에 온 그가 어떻게 그리 성공적으로 적응해나갈 수 있었을까? 터프트 자매의 극진한 보살핌 가운데 언어와 문화 장벽을 비교적 일찍 극복할 수 있었던 것이 중요한 하나의 요인이다. 또 다른 요인은 민족 상인인 아버지와 미주 땅의 애국지사들에게서 물려받은 강인한 뿌리의식이다. 그 민족정신이 강한 자존감으로 이어져 역경 속에서도 굽히지 않는 자아를 형성하게 되지 않았을까. 어린 새싹들을 미국으로 데려가 훈련하여 애국운동을 펼쳐야 한다는 우국지사들의 개화입국론의 꿈이 마침내 발아(發芽)하기 시작한 것이다.

유일한이 미주 땅에서 외로운 여정을 이어가던 그 기간에 대한제국은 결국 멸망의 길로 접어든다. 1910년 평양에서 북간도로 이주한 가족들도 그 시기에 힘든 세월을 보낸다. 1915년 유일한이 고등학교를 졸업할 무렵 아버지로부터 편지가 날아든다. 너무 살기 어려우니 돌아와 도우라는 것이었다. 유일한은 숙고를 거듭하다가 대학 공부를 마치는 것이 최선이라는 결론을 내린다. 그러나 가족들이 처한 형편을 외면할 수 없었다. 그는 은사의 도움을 얻어 100달러를 은행에서 대출받아 보내고는 대학 진학을 1년 늦추기로 하고서 미시간주 디트로이트에 있는 에디슨 변전소에 취업한다. 당시로는 꽤 큰돈인 100달러로 아버지 유기연은 재기에 성공한다.[14] 유일한은 1년만에 은행 융자금을 모두 갚는다. 그러고는 1916년 디트로이트에서 50km쯤 떨어진 앤아버의 미시간대학교 상경부에 입학한다. 유일한의 대학 시절과 관련해 특기할 점은 무력투쟁을 주장해온 스승 박용만의 영향 탓인지 두 학기에 걸쳐 학사장교 프로그램에 참여해 군사훈련을 받았다는 사실이다.

당시 디트로이트 일대에는 많은 중국인이 살고 있었다. 대륙철도 공사 현장에 투입되었다가 공사가 끝나자 일자리를 찾아 이곳으로 몰려들었던 것이다. 1900년대 초 헨리 포드는 자동차 공장 인력을 확보하기 위해 하와이에 거주하는 중국인을 대대적으로 모집해왔다. 1920년대 디트로이트에는 300여 개의 중국계 세탁소가 성업을 할 정도로 중국 커뮤니티가 번영을 누렸다. 청년 유일한의 디트로이트 생활 경험은 삶의 진로를 정하는 데 결정적이었다. 미래의 배우자 호미리(胡美利)를 만난 것도 바로 이 시절이다. 중국계인 그녀는 그 무렵 미시간대학교에서 학부를 마치고 의과대학 진학을 준비하고 있었다. 코넬 의대로 진학한 그녀는 아시아계 여성으로 미국 최초의 소아과 의사가 되었고 훗날 유일한이 귀국해 제약회사 유한양행을 세우는 데 결정적 도움을 주었다.

---

14 정혁준, 『십대를 위한 롤모델 유일한 이야기』, 60-62.

독립운동가들과의 만남

청년 유일한이 서재필, 이승만 등 미주 독립운동 지도자들과 만난 것도 이 무렵이었다. 한국에서 3·1만세운동이 일어난 해인 1919년, 서재필의 주도로 200여 명의 미주 한인들은 4월 14일 펜실베이니아주 필라델피아에 모여 한인자유대회를 열었다. 재미 한인 대표들은 한국 독립운동의 현황을 미국에 알리는 동시에 상해의 대한민국임시정부를 지지하는 결의안을 채택했다. 당시 미시간대학교 졸업반이었던 유일한은 이승만, 조병옥, 임병직 등과 함께 대의원 자격으로 이 대회에 참석해 '한국 국민의 목적과 열망을 석명하는 결의안' 작성에 동참하고 대회 마지막 날에는 결의문을 낭독했다.[15] '새로운 세대의 독립운동가 유일한의 커밍아웃'이 이루어진 대회가 된 것이다.

이때 유일한은 대회의장으로 선출된 서재필 박사를 알게 되고 이후 그를 평생의 멘토로 모신다. 1924년 국제무역회사인 유한주식회사를 설립할 때 사장으로 초빙할 정도로 서재필과 친밀한 관계를 유지한다. 유일한이 귀국을 결심했을 때 서재필은 딸이 만든 버드나무의 윤곽 형태가 새겨진 목각을 선물했고 이 인연으로 버드나무 문양은 유한양행의 로고가 된다. 유일한이 소년병학교 시절에 새긴 확고한 국가관을 바탕으로 독립운동가의 각오를 다지게 된 것은 서재필과의 만남을 통해서이고, 민족 기업을 일으켜 독립운동을 촉진한다는 유일한의 구상도 이때 가다듬어진 것으로 보인다.

---

15 김시우, 『민족기업인 유일한은 독립 운동가였다』, 126-31.

이민자의 '주변부 비즈니스'로 거대한 부를 창출하다

유일한이 미주 땅에서 이룩한 하나의 거대한 신화, 곧 이민 사회의 주변부 비즈니스(marginal business)를 거대 산업으로 성장시켜 새로운 부를 창출한 신화의 출발점도 디트로이트이다. 고학으로 대학 생활을 하고 있던 유일한은 디트로이트로 몰려드는 중국인들을 보다가 색다른 아이디어를 떠올리게 된다. 고향을 그리워하는 그들의 마음을 달래주는 소품들을 구입해서 되파는 일이었다. 그 아이디어는 적중했다. 그렇게 번 수익은 힘들게 아르바이트를 해서 받는 급료보다 훨씬 많았다. 이 작은 성공은 당시로는 이민자들의 '주변부 비즈니스'에 불과했던 숙주나물 장사를 거대 식품사업으로 키워 새로운 부를 창출하는 '기업인 유일한'을 탄생시켰다.

'디아스포라' 하면 떠오르는 민족은 유대인이다. 이민으로 이루어진 나라 미국에서 유대계는 한동안 '주변부 비즈니스맨'(marginal businessman)의 대명사로 불렸다. 주류 기업은 이 땅에 먼저 온 그룹, 주로 앵글로색슨계 중심의 백인이 차지하고 있었다. 온갖 제한 속에 묶여 있던 유대계(새로 도착한 이민 그룹도 마찬가지였다.)에 남겨진 시장은 오늘날의 3D업종과 흡사한 '주변부 비즈니스'뿐이었다. 주변부 비즈니스에서 시작해 세계적인 산업이 된 것 중 하나가 기성복 의류산업이다. 19세기 말에서 20세기 초만 해도 기성복은 주류 사회가 거들떠보지 않는 상품이었다. 하지만 유대계 비즈니스맨은 대량생산 시대의 도래와 함께 기성복의 장래가 밝다고 전망하고는 새로운 시장 개발에 나서 결국 거대 산업을 일으켰다. 영화 산업 역시 유대계의 주변부 비즈니스에서 출발해 세계적인 거대 산업으로 발전한 분야이다.

"새로운 이민 그룹이 도착한다. 그들에게 열려 있는 것은 주변부 비즈니스뿐이다. 각고의 노력 끝에 그 비즈니스를 거대 산업으로 성장시켜 새로운 부를 창출한다. 그 뒤를 이어 새로운 이민 그룹이 도착하여 또 다시 새로운 주변부 비즈니스를 일으키고 주류 산업으로 키운다. 이와 함께 미국이라는 파이(pie)는 계속 커진다. 이는 19세기 이후 지속되어온 흐름으로 미국이 '기회의 땅'이라 불리는 이유이기도 하다." S. I. 하야카와의 지적이다.[16] 그는 이런 식으로 미국이라는 시장, 나아가 미국 사회 특유의 역동성을 이민자의 아메리칸 드림 성취 과정으로 파악해 설명했다.

숙주나물 통조림 '라초이'사 설립

유일한은 대학 졸업 후 전공을 살려 미시간중앙철도회사에 입사한다. 그 후 제너럴 일렉트릭(General Electric)으로 직장을 옮겼지만 곧 그만두고 새로운 도전에 나선다. 당시로서는 중국 커뮤니티에서나 볼 수 있는 전형적인 '주변부 비즈니스'였는데, 그는 중국 음식 안에 들어가는 숙주나물에서 비전을 발견하고 사업에 뛰어든다. 당시 중국 커뮤니티의 급성장과 함께 중국인은 물론이고 백인 주류 사회에서도 인기를 끌고 있던 음식이 있었다. 각종 야채와 고기를 한데 볶아 밥이나 국수 위에 얹어 먹는 '찹수이'(chop suey)이다. 유일한이 눈여겨본 것은 그 안에 들어가는 숙주나물이었다. 중국인이 자주 먹는 만두에도 숙주나물이 필수 재료였다. 그런데 숙주나물은 그 수요가 급증하는데 보관이 어렵다. 쉽게 상하기 때문이다. 유일한은 바로 그 점에 착안하여 숙주나물을 신선하게 보관하고 유통할 수 있는 방법을 찾기 위해 노력을 기울여 결국 찾아냈다. 숙주나물을 높은 온도에서 짧은 시간 동안 끓인 후 통조림으로 만들 때 신선한 상태가 오래 유지되게 하는 비법을 발견한 것이다.[17]

---

16 S. I. Hayakawa, *Language in Thought and Action* (New York: Harcourt Brace Jovanovich, 1978), 188–90.

숙주나물 통조림의 수요는 폭증했다. 대량생산이 필요했다. 유일한은 디트로이트에서 식품업에 종사하던 대학 동창 윌리스 스미스를 찾아가 동업을 제의했다. 1922년 '라초이'(La Choy) 식품회사가 설립되고 스미스가 사장을, 유일한은 부사장을 맡았다. 이렇게 시작한 라초이사는 창립 6년 만에 당시로는 엄청난 거금인 200만 달러 자산의 대기업으로 성장한다. 보잘것없어 보이던 비즈니스를 거대 산업으로 성장시켜 이민 사회에 새로운 부를 창출한 것이다. 이로써 유일한은 이민 신화의 새로운 장을 열어간다. 그의 스토리는 한 세기가 지난 오늘에도 아메리칸 드림을 성취하려는 이민 비즈니스맨들에게 많은 시사점을 던져주고 있다.

새로운 정체성으로 거듭나다

열 살도 안 된 어린 나이에 부모 품을 떠나 제물포항에서 배편으로 미국 길에 오르던 소년의 마음속에 하나의 서사가 꿈틀거리고 있었다. 미주 땅에서의 20여 년 세월 동안 자아가 성장하고 새로운 정체성이 형성되면서 어렴풋하기만 했던 마음속 그 서사가 하나둘 구체화하기 시작했다.

이민으로 이루어진 나라 미국, 그 미국인의 정체성과 관련해 새뮤얼 헌팅턴이 일찍이 지적한 대로 유일한은 부지불식 간에 '명예 개신교도'(honorary protestant)로 거듭나 있었다. 고대 로마시대에 이탈리아 본토가 아닌 속주(屬州) 출신의 로마 시민이 로마 정신에 더 투철했던 것처럼, 프로테스탄티즘에 기반을 둔 자유와 민주적 가치 등으로 대변되는 '미국의 신조'(American creed)에 미국인보다 더 충실한 코리안-아메리칸으로 성장했다고 할까. 그 토대는 커니 마을의 터프트 자매 가정에서 지낸 10대 시절에 이뤄진 것으로 보인다. 또한 그는 대학에 다니고 일을 하는 삶의 현장에

---

17 정혁준, 『십대를 위한 롤모델 유일한 이야기』, 78-80.

서 프로테스탄트 윤리에 바탕을 둔 자본주의를 철저히 배웠다. 정당하게 열심히 일해 부를 축적하되 나와 내 가정만을 위해서가 아니라 이웃과 사회에 도움을 주기 위해서 일하고, 기업은 재산 축적의 수단이라기보다 사회에 경제적으로 기여함이 목적이라는 프로테스탄트 윤리에 바탕을 둔 자본주의 정신을 체득한 것이다.

청교도정신과 정직에 바탕을 둔 투철한 청지기적 삶은 유일한의 분신과도 같았다. 존경받는 기업인으로서 유일한이 지닌 이 자산은 이때부터 형성되었다. 여기에 한 가지가 더 있다. 민족 상인인 아버지와 박용만, 서재필 등의 우국지사들로부터 물려받아 자아에 깊이 각인된 구국 독립정신이다. 소년 시절 그의 마음속에서 꿈틀대던 서사는 청년기를 지나면서 보다 구체성을 띠기 시작했다. 단순히 성공한 '이민 비즈니스맨'으로 풍요의 땅 미국에서 안주하는 것이 아니라 청지기적 사명을 띠고 기업을 일으켜 민족을 돌보고 국권을 회복하겠다는 비전을 하나둘 실천해갔다.

귀국 그리고 유한양행 설립

1925년 유일한은 21년 만에 가족을 찾았다. 숙주나물의 원료인 녹두 구매차 상해를 거쳐 북간도를 방문해 가족을 상봉했다. 미국으로 돌아가는 길에는 고향인 평양과 경성에도 들렀다. 한인소년병학교에서 함께 훈련을 받은 구영숙을 만나기 위해서였다. 구영숙은 미국 에모리대학교 의과대학을 졸업하고 세브란스병원에서 근무하고 있었다. 그의 소개로 유일한은 세브란스 의학전문학교의 올리버 에비슨 박사를 만나게 되었고 그는 유일한에게

연희전문학교 상과 교수로, 호미리에게 세브란스 소아과 과장으로 와서 일해달라고 제안했다.

1926년 10월 유일한은 미국에서의 사업을 내려놓고 마침내 귀국한다. 그리고 라초이 식품회사 지분을 스미스에게 넘기고서 받은 거액의 배당금 중 상당액을 각종 의약품을 구입하는 데 사용한다. 고향 평양에서 경성까지 여행하던 중 수많은 사람들이 기생충, 결핵, 피부병 등 온갖 질병에 시달리면서도 약이 없어 제대로 치료받지 못하고 있는 참담한 실정을 목격했던 것이다. 그는 대학교수로 봉사할 것인가, 아니면 사업을 통해 민족 자본 형성에 이바지할 것인가를 놓고 한동안 고심하다가 결국 사업을 선택했다. 건강한 민족만이 나라를 되찾고 번영시킬 수 있고, 이를 위해서는 좋은 의약품을 공급해야 한다는 생각이었다. 유일한은 질병으로 고통받는 민족을 위해 제약회사를 세우는 일이 가장 시급하다고 보았다.

1926년 12월 10일 유일한은 유한양행(柳韓洋行)을 세운다. 유한양행이 제약회사로서 본격적으로 발돋움하기 시작한 것은 1929년이다. 대공황에도 불구하고 사업은 계속 번창하여 1930년에는 세계적 제약회사들로부터 주요 의약품을 직접 들여오는 한편 자체적인 약품 개발과 생산에 착수한다. 자체 개발 1호 약품은 '안티푸라민'이다. 1933년에 개발된 이 진통소염제는 오랜 세월 동안 한국에서 가장 널리 쓰이는 가정 상비약 자리를 차지한다.

유한양행의 사세 확장에도 불구하고 당시 일본 제약회사들의 한국 시장 점령은 심각한 수준이었다. 총독부의 일방적 비호 아래 일본인 병원은 말할 것도 없고 각 도립 병원도 일본 제약회사들이 전부 독점하다시피 했다. 유한양행은 우선 한국인이 경영하는 의약품 도매상과 약국을 포섭하는 데 나섰다. 이 상황에서 든든한 우군 역할을 해준 것은 선교사들이었다. 세브란스를 비롯한 기독교 계통의 병원과 전국의 선교사 병원들이 주거래 제약회사로 선택해주었기에 유한양행은 일본 회사 못지않게 큰 시장을 획득한다.[18]

사세는 계속 확장되었다. 판로는 만주와 중국 본토로 넓혀졌다. 미주 지역 시장 개척을 위해 로스앤젤레스에 출장소도 세웠다. 1938년 무렵인 이때에 유한양행은 전성기를 맞는다. 그러나 먹구름이 몰려오고 있었다. 중일전쟁 발발과 함께 일본제국이 통제 위주의 전시경제 체제를 발동한 것이다. 유일한은 미국과 일본의 전쟁이 다가오고 있음을 직감한다.

1938년 4월 유일한은 귀국한 지 12년 만에 다시 미국으로 돌아간다. 고국에서 들려오는 소식은 어둡기만 했다. 미국에서 교육받고 국제적 기업인이 된 그는 일제의 요시찰 대상이었기에 귀국하면 친일 부역에 동원되든지 아니면 투옥될지 몰랐다. 애써 키운 유한양행도 문을 닫게 될 수 있었다. 유일한은 미국에 남기로 결정한다. 1941년 미국에 머무른 상황에서 그는 유한양행 사장직에서 물러나고 동생 유명한이 2대 사장이 되어 국내 사업체를 관리하게 된다.

독립운동을 위해 다시 미국으로

남가주대학교(University of Southern California)에서 경영학 석사과정을 마치는 등 잠시 상아탑에 머물렀던 유일한은 1941년 8월 미주 내 모든 한인단체를 통합한 재미한족연합위원회가 조직되자 로스앤젤레스에 본부를 둔 집행부의 위원으로 선임된다.[19] 재미한족연합위원회의 활동 목표는 크게 세 가지였다. 첫째는 대한민국임시정부 후원 활동이고, 둘째는 외교 선전 활

18 김시우, 『민족기업인 유일한은 독립 운동가였다』, 146.

19 김시우, 『민족기업인 유일한은 독립 운동가였다』, 156-61.

동, 셋째는 미국 국방 업무 후원 활동이었다.

1941년 12월 7일 일본제국 해군이 진주만을 습격하자 미국은 일본에 선전포고를 한다. 태평양전쟁이 발발했다. 유일한이 소속된 재미한족연합위원회 집행부는 바로 미군사령부에 한인국방부 편성 계획을 제출했고 그달 22일 허가를 받는다. 이런 과정을 거쳐 결성된 것이 일명 '맹호군'(The Tiger Brigade)으로 불린 캘리포니아주 방위군 소속의 '한인국방경위대'이다. 이 '맹호군' 창설에 유일한과 함께 힘을 모은 인사들은 네브래스카주 헤이스팅스 한인소년병학교 동지들이다. 김용성, 정한경, 백일규, 김장호, 이종철, 박장문 등이 바로 그들로, 박용만의 무력투쟁을 통한 국권회복의 꿈이 제자들에 의해 일부나마 이루어졌다고 하겠다.

대한민국임시정부가 승인하고 캘리포니아주 정부의 인가를 받은 한인

태평양전쟁 발발과 함께 캘리포니아주 방위군 소속으로 창설된 한인국방경위대, 일명 '맹호군'의 관병식 광경

국방경위대 맹호군은 유일한의 한인소년병학교 동기인 김용성을 사령관으로 임명하고 1942년 8월 29일 로스앤젤레스 시청 앞에서 태극기 현기식(懸旗式)을 거행한다. 1910년 일제의 한반도 강점과 함께 내려졌던 태극기가 32년 만에 태평양 건너 로스앤젤레스에서 다시 드높게 올려졌다.

안창호가 도미한 해는 1902년이다. 이승만이 국내 수감 생활을 마치고 하와이에 도착한 해는 1904년이다. 이후 미주에서는 우국지사들의 국권회복운동이 지속적으로 펼쳐졌다. 40년 가까운 세월 동안 국무부를 비롯해 미국 정부당국은 냉담하다고 할 정도로 한국인들의 독립운동과 거리를 두어왔다. 그 미국 정부가 맹호군으로 불린 한인국방경위대 결성에는 군복과 무기를 직접 지급하는 등 적극 지원하고 나섰다. 워싱턴의 입장이 이처럼 달라진 배경은 무엇일까?

3·1운동과 전략첩보국(OSS) 작전

1919년 6월 한 미군 육군 장교가 극동 지역 순방길에 오른다. 여행의 목적은 시베리아를 횡단해 볼셰비키혁명 직후 내전에 빠진 러시아의 국내 상황을 시찰하는 것이었다. 한국 방문도 일정에 포함돼 있었다. 그가 한국에 도착한 날은 1919년 6월 25일, 3·1만세운동이 발생한 지 3개월이 지났지만 총칼로 진압하는 일제에 대해 한국인들은 투쟁을 계속하고 있었다. 거리거리에서 피로 저항하는 한국인들, 그 광경을 한 육군 장교는 직접 목격했다. 그리고 깊이 감명받아 그날의 목격담을 일기에 따로 기록해놓았다. 그 미군 장교의 이름은 윌리엄 도노반이다. 제1차 세계대전의 영웅인 그는 이후 민간인 신분으로 돌아갔으나 제2차 세계대전 발발과 함께 프랭클린 루스벨트 대통령의 부름을 받는다.

당시 미국의 대외 첩보 활동은 육군, 해군, 연방수사국(FBI), 국방부 등이 제각각 독자적으로 수행하면서 정보 공유가 제대로 이루어지고 있지 않았다. 1939년 9월 독일의 폴란드 침공으로 제2차 세계대전이 발발하자, 루스벨트는 정보 공유의 필요성을 절감하고 영국의 비밀정보국(MI6)을 모델로 한 통합정보기관 설립에 착수한다. 그리고 마침내 1941년 7월 11일 루스벨트 대통령의 명령으로 정보조정국(COI)이 설립된다. COI는 1942년 6월 13일 특수공작정보기관인 전략첩보국(OSS)으로 개편되었다가 전후인 1947년 대대적 개편과 함께 중앙정보국(CIA)으로 거듭난다.

루스벨트의 부름으로 현역에 복귀하여 대령에서 소장으로 승진한 도노반은 이 새로운 정보기구의 수장을 맡게 되었다. 그는 20년 전 일제에 피로 저항하던 한국인에 대한 기억을 결코 잊지 않고 있었다.[20] 그 기억은 OSS의 대(對)일본 작전의 중심 개념으로 자리 잡는다. "한국인들을 반일(反日) 레지스탕스 전선에 끌어들여 대대적인 후방 교란 작전을 펼친다."는 구상이 그것이다. 이와 함께 OSS는 중국의 항일전선에서 싸우는 대한민국임시정부와 보다 긴밀하게 접촉하고자 특명부대를 파견하는 한편 일본을 타깃으로 파괴 활동에 나설 광복군 특수부대 요원 훈련도 직접 맡는 등 적극적인 개입과 지원에 나선다.

OSS의 주목을 받다

유일한이 OSS의 집중적 주목을 받게 된 것은 1942년 무렵이다. 당시 OSS의 한국 전문가 조지 맥큔이 중간에 나서면서이다. 그는 일제의 신사참배를 거부하다가 추방된 미국인 선교사 조지 새넌 맥큔 목사(한국명 윤산온)의 아들로 유일한과 마찬가지로 평양에서 자랐다. 그런 그의 적극적인 추천으로 유일한은 OSS의 한국 담당 고문으로 위촉된다. 이 무렵 유일한은 OSS의 중

20 Robert S. Kim, "The Original Free Joseon, and Real Mr. Sunshine," (May 3, 2019). 참조. https://americanpyongyang.com/2019/05/03/the-original-free-joseon-the-real-mr-sunshine/

국 담당 고문으로 위촉된 중국 선교사의 딸이자 노벨문학상 수상자인 펄 벅(P. S. Buck)과 만나게 되고 그 인연으로 훗날 한국에서의 펄벅 재단 설립에 많은 도움을 준다. OSS의 한국 담당 고문이 된 유일한은 미군의 전쟁 수행을 돕고 이와 동시에 한국 독립의 당위성을 적극 홍보하는 활동도 펼친다. 1945년 1월 버지니아주 핫스프링스에서 태평양 연안 12개국 대표 160여 명이 참석한 가운데 IPR(Institute of Pacific Relation) 회의가 열렸을 때 전후 일본 처리 문제를 논의하는 등의 외교 활동을 편 것도 그 일환이다.

미군이 태평양 전선에서 승리를 거듭하면서 일본 본토가 미군의 타격 거리에 들어왔다. 이에 발맞춰 도노반 장군은 한국인 특수공작원을 일본과 한반도에 투입하는 OSS 작전 계획에 본격 착수한다. 그 계획은 중국 전구(戰區)에서는 대한민국임시정부와 연계된 '독수리작전'으로, 태평양 전구에서는 '냅코작전'[NAPKO(Naval Penetration of Korea) Project]으로 구체화한다. 독수리작전의 주요 목표는 첩보 수집과 통신망 구축, 시설 파괴, 요인 암살, 봉기 유도 등으로 한반도에 들어가 이 작전 목표를 수행하기 위해 광복군 제2지대 요원들이 OSS의 훈련을 받았다. 그중 대표적인 인물이 장준하와 김준엽이다.

냅코작전은 미국에 거주하는 한국인을 특수공작원으로 훈련하여 한국과 일본 본토에 침투시키고 첩보 수집과 파괴 활동, 비밀 지하조직 결성을 통한 무장 저항 등의 활동을 펼치면서 궁극적으로 2,300만의 한국인을 반일 전선에 끌어들인다는 OSS의 지하공작이다. 이 작전의 실무 입안자인 칼 아이플러 대령은 일차적으로 첩보 수집, 통신망 설치, 파괴 공작 등의 임무를 지닌 10개 팀을 잠수정 등을 통해 한반도에 투입할 계획이었고, 1944년 이 작전 계획에 투입할 수 있는 한국인 후보자 명단을 작성했는데 유일한은 최진하, 이초, 이근성, 김강 등과 함께 그 명단에 들어가 있었다.[21]

냅코(NAPKO)작전 참여

1945년 1월 유일한은 냅코작전 훈련에 참가한다. 아이플러 대령이 유일한을 특히 눈여겨본 것은 그가 미주의 한인 독립운동에서 지도적인 역할을 해왔고 유한양행 설립을 통해 한국에 이미 넓은 인적 조직망을 지니고 있다는 사실 때문이었다. 아이플러의 권유로 1945년 1월 6일 유일한은 정식 OSS 요원이 되고 2월에는 캘리포니아주 카탈리나섬에 있는 OSS 태평양 전구 훈련센터에 입소한다. 50세가 가까운 나이에 낙하산 침투부터 각종 화기 사용과 폭파, 맨손 격투에 관한 기술, 독도법에 이르는 고도의 특수훈련을 받은 그는 이후 경성 침투조인 아이넥조(Einec Mission) 조장을 맡는다.

1945년 8월 냅코작전과 독수리작전 수행 명령이 동시에 떨어진다. 유일한을 비롯한 냅코작전 특수요원들은 경성에 침투하여, 김구 주석의 지휘 아래 있던 대한민국임시정부의 독수리작전 요원들이 국경을 넘어 들어오면 동시에 작전을 수행하는 양동 작전을 펼칠 계획이었다. 냅코작전 요원들은 오키나와로 이동하여 최종 훈련을 받으며 디데이를 기다렸다. 1945년 8월 26일이 바로 그날이었다. 그러나 모든 준비를 끝내놓은 시점인 1945년 8월 15일, 라디오에서 일본 천황 히로히토의 떨리는 목소리가 흘러나왔다. 일본이 무조건 항복했다. 한국 침투 작전은 불발로 끝났다. 한 가지 특기할 점은 유일한이 살아생전 이 냅코작전에 참여했던 사실을 철저히 함구했다는 사실이다. 때문에 냅코작전의 일부 자료들은 유일한의 사후 20년이 지나고서야 밝혀지고 이 작전은 독수리작전과 함께 한국 독립운동사의 주요 사건으로 뒤늦게 조명을 받고 있다. 사후 21년이 지나 독립운동 이력이 밝혀진 그에게는 1995년 건국훈장 독립장이 추서된다.

---

21 김시우, 『민족기업인 유일한은 독립 운동가였다』, 204-11.

해방과 감격
그리고 시련과 고통

열 살도 채 안 된 나이에 미국으로 떠나면서 어쩌면 그 시절부터 기다려왔는지 모른다, 국권회복의 날을. 해방은 유일한에게 분명 큰 기쁨이었지만 시련과 고통도 안겨주었다. 1946년 7월, 유일한은 미국에 머무른 지 8년 만에 다시 조국에 돌아온다. 유한양행은 분단과 함께 중국과 북한에 투자한 회사 시설을 상실했는데 전체 자산의 80%에 해당하는 손실이었다. 정국은 좌익과 우익으로 갈라져 극심한 혼란을 겪고 있었다. 그 상황에서 유일한은 오로지 기업 육성에 전념하며 유한양행 재정비에 들어갔다. 그러나 해방된 조국은 유일한에게 다른 역할을 요구했다. 대한상의회(대한상공인회의소)의 회장을 맡아달라는 요청이었다. 상의회장 취임과 함께 유일한은 유한양행 사장직에서 물러난다. 그리고 유한양행 사장직을 헤이스팅스 한인소년병학교 동기인 구영숙에게 맡긴다. 유일한의 동생이자 유일한이 국내에 없는 동안 유한양행을 이끌었던 유명한이 사장을 맡을 것이라는 게 일반의 예상이었으나, 그 기대를 깬 인사 조치였다.

창업자와 혈연관계가 아닌 사람에게 경영권을 넘긴다는 것은 당시로서는 상상하기 힘든 일이었다. 게다가 구영숙은 의학박사로 기업 경영 경험도 없었다. 유일한은 소년병학교 시절부터 지켜보아온 구영숙이 강직하고 능력도 출중한 데다 무엇보다 민족정신이 투철하다는 점을 높이 사 사장 자리를 맡겼다. '기업의 소유주는 사회'라는 경영 이념을 실천해나간 것이다. 1946년 9월 귀국 두 달 만에 사업 목적으로 유일한은 미국으로 다시 떠난다. 1948년 8월 15일 대한민국 정부 수립과 함께 초대 대통령이 된 이승만은 미국에 있는 유일한에게 초대 상공부 장관을 맡아달라고 제안하나 유일한은 고사한다.

유한양행 복구와 새로운 사업 구상차 미국에 계속 머물던 유일한은 1950년 6·25전쟁 발발과 함께 발이 묶이고 만다. 6·25전쟁 시 대다수 기업체가 북한군에 접수되거나 파괴된 것과 달리 유한양행은 사장 구영숙 등 임원진의 헌신적 노력으로 지켜진다. '기업의 소유주는 사회', 다시 말해 '유한양행은 개인의 기업이 아니라 국민의 기업'이라는 유일한의 기업가정신이 있었기에 가능했다는 것이 당시 어느 유한양행 임원의 술회이다. 1953년 1월, 전쟁이 채 끝나지 않은 상황에서 유일한은 귀국하여 본격적인 복구 작업을 펼친다. 유한양행은 1950년대 말에 한국 내 최대 제약회사로 다시 태어난다. 1962년에는 제약업계 최초로 주식을 상장시키고 사세를 확장했으며 1970년에는 자회사 유한킴벌리를 설립한다. 이 과정에서 그는 종업원 지주제를 도입해 직원들과 회사의 성장을 함께 나누는 모범을 보인다.

청부정신과
노블레스 오블리주

유한양행은 일제강점기 시절부터 권력으로부터 심한 압박에 시달렸다. 정치자금을 내라는 압력을 받았으나 그 요구를 단호히 거부해왔다. 뒤따른 것은 먼지털기식 세무조사였다. 세무조사를 통해 밝혀진 것은 오히려 철저히 법인세를 내는 등 오점 하나 없는 투명한 기업 경영 실태였다. 그 사실이 알려지면서 유한양행은 1968년 정부로부터 모범 납세 법인으로 선정돼 동탑산업훈장을 받았다. 유일한은 자본주의 후진 사회였던 한국에 선진형의 '합리적 경영 기법'만 전한 것이 아니다. 청부(淸富)정신도 심어주었다. 그의 철

'노블레스 오블리주의 화신', '시대의 양심'으로 불린 유한양행 창업자 유일한 박사

저한 청부정신은 그가 남긴 어록에도 드러나 있다. "정직, 이것은 유한(柳韓)의 영원한 전통이 되어야 한다."

만년의 유일한은 교육사업과 함께 재산의 사회 환원에 나선다. 1962년 재단법인 유한학원을 설립한 데 이어 유한중학교, 유한공업고등학교, 유한공업전문대학(유한대학의 전신)을 잇달아 설립한다. 이와 동시에 개인 소유 주식 1만 7,000주를 장학기금으로 연세대학교에 기증하는 등 교육과 장학사업을 확대한다. 1970년에는 재단법인 '한국사회 및 교육원조 신탁기금'을 설치해 재산을 사회에 환원했다.

1969년 10월 30일 유한양행 제44기 주주총회가 열렸다. 건강이 나빠진 유일한은 최고 경영자(CEO) 자리에서 물러나며 혈연관계가 아닌 조권순 부사장을 후계자로 공표하였다. 1년여 후인 1971년 3월 11일, 유일한은 76세를 일기로 세상을 떠나며 재산 전부를 공익법인에 기증한다. 반세기 지난 오늘날 유일한은 '노블레스 오블리주'(noblesse oblige)의 화신, '시대의 양심' 등으로 불리며 '가장 존경스러운 한국인'으로 기억되고 있다.

어찌 보면 기약 없어 보이는 이산(離散)이었다. 그 떠남에는 그렇지만 부모의 간절한 기도와 구한말 우국지사들의 염원이 실려 있었다. 이루 말할 수 없는 고단함과 오랜 세월의 부침(浮沈) 가운데 그 기도는 마침내 찬란한 결실로 이루어진다. 한국인으로서의 굳건한 민족혼, 인간 존중, 자유민주주의, 절대 성실과 투명성을 바탕으로 한 자본주의 정신, 보편적이고 숭고한 가치관에 그의 언어와 사유가 깊이 닿으면서 먼 이국땅에 흩뿌려진 한낱 작은 씨앗 같은 존재였던 소년은 시대정신으로 충일한 당당한 세계인으로 성장했다. 한국으로 되돌아온 그는 온 삶을 통해 그 가치관과 비전을 조국 땅에서 구현해낸 것이다.

문화적·영적 한류가 분출하면서 세계를 넘나들고 있는 21세기형 한인 트랜스내셔널들(transnationals). 오늘날 그 '한국형 세계인'의 원형을 한 세기 전 미주와 한국을 오가며 치열하면서도 아름다운 삶의 궤적을 남긴 유일한에게서 찾는다 하면 지나친 말일까. 제2의, 제3의 유일한 탄생과 함께 이 '축복의 대서사'는 세대를 거듭해가고 있는 미주 한인 사회에서 계속 이어져야 할 것이다.

새미 리

9장 다이빙보드에서 새로운 스포츠 역사를 쓰다

- **이예진**(전 다트머스대학 한인 이민 디아스포라 연구원, 작가)

인종차별을 이기고 다이빙의 새 역사를 쓰다

캘리포니아 로스앤젤레스 근교 패서디나에 유명한 수영장이 있다. 요즘은 로즈볼 아쿠아틱스 센터(Rose Bowl Aquatics Center)로 부르지만 옛 이름은 브룩사이드 수영장(Brookside Park Pool)이다.[1] 이 수영장은 깨끗한 물을 원하는 어린 선수들의 훈련 장소일 뿐 아니라 2000년 미국 올림픽 대표팀이 대회 참가 전 마지막으로 연습한 곳으로도 유명하다. 이렇게 훌륭한 시설이 90년 전에는 현재 모습과 사뭇 달랐다. 이 수영장은 미국에서 백인 전용으로 분류된 대표적인 공공 수영장 중 하나였다.[2] 당시 미국은 인종차별법에 의거하여 백인과 유색인의 공공 시설물 사용을 분리하고 있었다. 수영장

1 G. Johnson, "Cardinell, McCrory Lead U.S. National Diving Championships," *Los Angeles Times*(Jul. 26, 2008). 참조. https://latimesblogs.latimes.com/olympics_blog/2008/07/cardinell-mccro.html

2 Pacific Coast Architecture Database (n.d.), City of Pasadena, Department of Public Works, Brookside Plunge, Pasadena, CA. 참조. http://Pcad.Lib.Washington.Edu/Building/16841/. Retrieved July 31, 2021, from http://pcad.lib.washington.edu

은 이러한 분리가 당연시되는 대표적인 공공시설 중 하나였다. 지금은 수영장을 누구나 사용할 수 있지만 당시에는 일주일 중 수요일에만 유색인종의 사용이 허용되었다. 그래서 사람들은 브룩사이드 수영장의 수요일을 '국제의 날'이라 불렀다. 수영장 측은 수요일 저녁이 되면 유색인종이 사용하던 물을 빼고 밤새 청소한 뒤 새 물을 부어넣어 목요일 아침부터 그다음 주 화요일까지 백인들이 수영하도록 했다. 어느 무더운 여름 '국제의 날'에 수영장을 찾았던 여러 유색인종 중 한국계 소년 한 명이 있었다. 그의 이름은 새미 리(Samuel Lee. Sammy는 Samuel의 애칭)였다.

새미 리

1920년대 미국에서는 유색인종과 백인 간 분리가 법적·문화적으로 당연시되고 있었는데, 이러한 환경에서 새미 리는 1920년 캘리포니아에서 소수 유색인종인 아시아계 미국인으로 태어났다. 그는 아시아계 미국인으로서는 최초로 올림픽에서 금메달을 목에 건 남자 수영 선수이자, 미국 의사 면허증을 취득한 의사였다. 새미 리는 의대 재학 중 육군 사병으로 입대하여 소령까지 진급했으며 한국전쟁 후 동남아시아를 대상으로 미국 구호단체 홍보대사 활동을 하다가 미 육군에서 전역하였다. 또한 수영 선수 생활을 은퇴한 후에는 미국 국가대표 다이빙 선수를 이끌고 올림픽에 참가하는 코치가 되었으며 2016년 96세의 나이로 캘리포니아에서 영면하였다.

새미 리가 살던 시기는 제1-2차 세계대전과 한국전쟁, 미국과 소련의 동서 냉전 등으로 정치적 격동이 거세게 일고 있었고, 동시에 아시아계 미국인이라는 정체성을 가진 그의 개인적 삶도 파란만장하였다. 그는 법적으로 미국인이었지만 분리와 소외, 인종차별, 인권운동으로 점철된 혼란한 삶 속에서도 혈통적 고국인 한국을 한시도 마음에서 잊고 산 적이 없는 정신적 한국인이었다. 이 글을 통해 새미 리를 기억하는 것은, 유색인종에 대한 편견을 뛰어넘어 올림픽 다이빙 세계 챔피언과 인권운동가로 활동한 그의 놀라운 의지와 노력을 기리기 위함이다.

유년기

새미 리는 1920년 8월 1일 캘리포니아 프레즈노에서 아버지 이순기와 어머니 전은기 사이에서 태어났다.[3] 당시 미국 사회에는 제1차 세계대전 후 국수주의가 팽배해 있었고 미국에 거류하는 외국인에 대한 두려움으로 배타적인 이민 정책이 펼쳐지고 있었다. 또한 1917년에 발효된 아시아 금지 구역법(Asiatic Barred Zone Act)과 1924년에 발효된 이민법은 미국 내 체류 동양인의 미국 시민권 취득을 전면 금지하고 있었다.[4] 차별적 이민법은 새미 리가 올림픽에서 첫 금메달을 딴 뒤로부터 4년이 지난 1952년까지 유효하였으나 매캐런-월터의 이민국적법(McCarran-Walter Act 혹은 Immigration and

---

3 V. J. Nelson and N. Fenno, "Sammy Lee, Diver Who Became First Asian American to Win Olympic Medal, Dies at 96," *Los Angeles Times*(Dec. 3, 2016). 참조. https://www.latimes.com/local/obituaries/la-me-sammy-lee-snap-20161203-story.html

4 H. Bromberg, "Immigration Act of 1917," *Immigration to the United States* 22 (2015); A. W. Parker, "The Quota Provisions of the Immigration Act of 1924," *American Journal of International Law* 18:4(1924): 737-54.

Nationality Act)이 연방법으로 통과되면서 무효화되었다. 하지만 인종차별법이 완전히 사라진 것은 아니어서 1965년까지 한국인에 대한 이민 쿼터가 유지되었다.

농부였던 새미 리의 아버지는 가족을 이끌고 1925년 프레즈노에서 로스앤젤레스로 이주한다. 새미 리의 기억에 따르면 그의 아버지는 이승만이 로스앤젤레스에 설립한 독립운동단체인 대한인동지회의 회원이었다.[5] 새미 리는 아버지와 함께 독립자금을 모으러 다니던 중 본국에서 일어난 3·1운동을 알게 되어 큰 영향을 받았고 그 일로 학교에서 일본계 미국인 학생들과 적대관계가 되었다고 한다.

새미 리의 가정은 기독교 집안이었다. 아버지는 배재학당 시절 선교사에게 영어를 배웠으며 미국의 선진 문물을 배우기 위해 하와이 이민자의 통역관으로 미국에 이민을 왔다. 그리고 로스앤젤레스 템플 스트리트(Temple St.)에 있는 작은 식품점을 운영할 때에는 통역으로 한인 목회자들을 도왔다. 새미 리는 자라면서 미국 시민 지도자이자 미 육군의 영웅인 김영옥 대령을 포함해 한국계 미국인 친구들을 여럿 사귀었다.[6] 하지만 어린 시절부터 인종차별의 아픔을 지속적으로 겪어내야 했다. 그가 살던 하이랜드 파크는 백인들이 '중국인 반대, 일본인 반대'라고 쓰인 피켓을 들고 시위를 벌인 탓에 동양인이 모두 떠나가고 새미 리 가족만 유일하게 남은 지역이었기 때문이다.

새미 리는 학교와 동네에서 동양에 대한 광범위한 편견을 고스란히 겪어내야 했다. "누군가 나를 '잽'(Jap, 일본인을 비하하는 말)이나 '친크'(Chink,

---

5 M. Costa의 새미 리 인터뷰(1999년). 출처: *An Olympian's Oral History*. California.

6 E. Chang의 새미 리 인터뷰(2015년). 출처: *YOK Oral Histories Project (Dr. Sammy Lee)*. The Young Oak Kim Center for Korean Studies, University of California, Riverside.

한국 올림픽 선수단과 새미 리(1937)

중국인을 비하하는 말)라고 부를 때마다 나는 그들을 두들겨 패고 싶었다."라고 그는 말했다.

새미 리의 초기 학창 시절은 순탄하지 못했다. 그는 공부가 너무 싫어서 수업 시간에 학교 건물 밖에 앉아 있었다고 회상한다. 낙제하여 2학년을 다시 다니다가 선생님으로부터 영향을 받아 선천적인 승부근성과 책임감을 발휘, 학급에서 친구들과 선의의 경쟁을 벌이게 된다. 그는 학업과 운동에서 두각을 나타냈고 리더십으로도 인정받고자 하는 열망이 있었다. 한번은 재학 중이던 프랭클린고등학교에서 전교 회장으로 출마했을 때 교감 선생으로부터 기권하라는 요구를 들은 적이 있었다. "너도 알다시피 우리 학교에서는 한국인이 회장으로 뽑힌 적이 없다. 그러니 회장 선거에서 기권해라." 새미 리는 교감 선생에게 "내 친구들은 나를 한국인으로 보지 않고 미국인으로 봅니다."라고 대답하였다. 결국 그는 7명의 후보를 제치고 전교 회장에 당선되었는데, 당선 수락 연설 중에 인종을 언급한 내용은 없었다. 1932

년 로스앤젤레스에서 올림픽이 개최되면서 그는 처음으로 올림픽에 관심을 갖게 되었다.

> 매일 새벽 4시나 5시에 아버지와 함께 T모델 자동차[7]를 타고 다운타운 시장에서 가게에 필요한 야채를 사오는 게 일과였기에 도시가 시끌벅적하다는 것을 알 길이 없었습니다. 어느 날 아침 7-8시에 나는 브로드웨이의 터널을 통과하면서 사방에 만국기가 펄럭이는 것을 보았습니다. 너무 아름다운 광경이기에 나는 아버지에게 이것이 무엇이냐고 물었습니다. 아버지는 세계에서 가장 우수하고 뛰어난 운동선수들이 모여 시합하는 올림픽이 지금 로스앤젤레스에서 열리고 있다 하셨지요. 그때 나는 정신이 번쩍 날 정도로 전기가 온 몸을 감싸는 듯한 짜릿한 경험을 하였습니다. 나는 아버지께 "나도 언젠가는 올림픽에서 챔피언이 될 거예요."라고 말했고 아버지는 웃으면서 "어떻게?"라고 물으셨습니다. 그때 나는 "글쎄요. 지금은 모르지만 반드시 그 방법을 찾아내고 말 거예요."라고 말했던 것으로 기억합니다.

다이빙에 입문하다

새미 리는 자라면서 모든 종목의 운동에 재능을 보였다. 특히 뜀틀 같은 기계체조 부문에서 특별한 능력을 발휘하였다. 어느 해 여름, 새미 리는 첫 번째 다이빙 코치인 하트 크럼(H. Crumb)으로부터 스프링보드를 이용하여 높이 뛰어 공중에서 몸을 회전한 후 물로 뛰어드는 종목인 다이빙을 권유받았다. 공중에서 한 바퀴 반을 회전하며 물속으로 떨어지는 것은 참으로 짜릿한 모험이었다. 그는 집으로 달려가 아버지에게 외쳤다.

---

7 1908년부터 1927년까지 포드 자동차 회사에서 제조, 판매한 포드 모델 T(Ford Model T) 자동차이다. "미국의 자동차 시대를 열다."라는 평가를 들을 정도로 자동차의 대중화를 이끈 역사적인 자동차 모델이다.

"아빠, 내가 올림픽에서 챔피언이 될 수 있는 방법을 드디어 찾아냈어요."

"그게 뭔데?"

"다이빙이요!"

그날 이후 다이빙 선수가 된 새미 리는 수많은 도시 대항 시합에서 우승을 차지하고 주니어 챔피언이 되었다. 또한 '국제의 날'마다 브룩사이드 파크, 엑스포 파크의 다이빙보드에서 연습을 거듭하며 로스앤젤레스시의 성인부와 청소년부 대회에서 모두 우승했다. 이제는 국가대표 선발과 올림픽 우승을 위해 지도해줄 개인 코치가 절실했다. 이런 고민을 안고 연습하던 그에게 올림픽 우승의 열망을 더해주는 사건이 1936년에 일어났다. 일본의 압제를 받고 있던 상황에서 손기정 선수가 독일 베를린 올림픽의 마라톤 부문에서 금메달을 딴 것이다![8] 새미 리는 당시 그의 아버지가 한국인이 올림픽에서 금메달을 땄다고 매우 흥분하며 기뻐했다고 회상한다.[9]

코치 짐 라이언과의 인연

혼자 꾸준히 연습하면서 개인 코치를 찾고 있던 1938년 여름, 새미 리는 로스앤젤레스 종합운동장의 에버그린 수영장에서 짐 라이언(J. Ryan)을 만났다. 짐 라이언은 줄담배를 피우며 큰 소리로 욕을 하는 '졸리 그린 자이언트'(Jolly Green Giant, 유명한 식료품 브랜드의 마스코트) 같은 '그린 헐크'로 수영계에서 악명이 높았다. 다이빙보드에서 새미 리가 다이빙하는 것을 본 짐 라이언은 신경질적으로 이렇게 말했다. "저기 작은 일본 꼬마를 세계 최고의 다이빙 선수로 만들거나 아니면 그를 죽여버릴 거야." 그 소리를 들은 새미 리는 "이봐요, 나는 일본인도 아니고 중국인도 아닌 한국인이에요."라

8 Kitei Son, "Olympics" (n.d.). 참조. https://olympics.com/en/athletes/kitei-son (2021. 7. 31. 접속).

9 M. Costa의 새미 리 인터뷰(1999년).

고 쏘아붙였고 라이언은 그런 그에게 모욕을 주려고 등 뒤를 걷어찼다.

그런데도 새미 리는 짐 라이언이야말로 자신이 기다리던 코치라고 생각하며 다음 날 흥분과 화를 가라앉히고 풀장에 찾아갔다. 그리고 짐 라이언이 나타날 때까지 6시간을 기다렸다. 짐은 그런 새미 리를 향해 말했다. "너는 정말 다이빙에 대하여 집념과 관심이 많구나!" 라이언의 지도 아래 제자들은 그의 뒷마당에 다이빙보드를 설치하고 땅을 판 뒤 모래를 넣어 그곳에서 연습을 하였다. 프랭클린고등학교 졸업반이던 새미 리는 비가 오든 날이 덥든 관계없이 라이언의 운동장에서 매일 연습하였다. 이런 다이빙 열정은 새미 리의 고등학교 생활에도 좋은 영향을 끼쳤다. 그는 고등학교 전교 회장뿐만 아니라 치어리더와 풋볼 팀의 주장으로도 두각을 나타냈다. 그러나 주장과 학생회장, 다이빙 선수 모두를 열심히 하기는 어려웠다. 그는 졸업반이 되어 다이빙에 전력투구하기 위하여 풋볼 팀을 그만두었다.

연습을 통해 다이빙 실력은 향상되었지만 라이언의 지속적인 인종 편견과 차별적 언행으로 그들의 관계는 순탄하지 못했다. 그 불편한 관계에 대해서는 다음 일화가 유명하다. 훈련을 받던 중 새미 리가 모래 위로 떨어지면서 눈썹이 찢어졌다. 찢어진 눈썹 사이에서 붉은 피가 나오는 것을 본 라이언은 조롱 섞인 어조로 "아하! 중국인들도 피가 빨갛구나." 하였다. 새미 리는 코치의 인종차별에 대한 반발심으로 쉬지 않고 죽도록 다이빙 연습을 하였다. 당시를 회고하는 새미 리의 진술을 들어보자.

> 나는 고등학교 시절에 비가 오든 안 오든 라이언의 집 뒷마당에서 매일 다이빙 훈련을 하였다. 모래가 젖으면 삽으로 겉과 속을 뒤집어 마른 모래가 위로 오도록 섞었다. 모래가 내 얼굴과 바지 속에서 뒤범벅이 되었지만 나는 내게 비인격적이고 인종차별적인 욕을 하는 코치의 멸시를 참아내며 연습에 몰두했다. 그의 인종적 편견과 모욕은 오히려 나를 더 강하게 만들었다.[10]

1939년 새미 리는 열아홉 살에 드디어 로스앤젤레스의 다이빙 부문에서 최우승자가 되었다. 유년 시절에 그토록 공부하기 싫어하던 그는 같은 해에 전교 수석으로 고등학교를 졸업하여 졸업생 전체 대표(valedictorian)가 되었으며 1939년도 졸업생 중 최우수 운동선수로도 뽑혔다. 또한 옥시덴탈대학(Occidental College)으로부터 전액 장학금과 미국 전국대회 출전 후원도 약속받았다.[11]

새미 리와 밀러 앤더슨(1948)

10 M. Costa의 새미 리 인터뷰(1999년).

11 J. Tranquada, "Gold Standard," *Occidental Magazine*(2017.3). 참조. https://www.oxy.edu/magazine/issues/winter-2017/gold-standard

대학
시절

새미 리는 다이빙 우승과 의대 입학, 이 두 개의 목표를 가지고 대학 시절을 보냈다. 그가 전국 대회에서 연속으로 세 번 우승을 거둘 정도로 뛰어난 다이빙 실력을 보이자 의대 진학을 돕던 교수는 새미 리에게 의대 진학을 포기하라고 권유하기도 하였다.

> 옥시덴털대학 3학년이던 어느 날, 의대 진학을 상담하던 설리(Dr. Sully) 교수가 나를 불러 의사가 되는 꿈을 접어야 한다고 했다. 그는 내 성적으로는 의대 입학이 불가능할 뿐만 아니라 입학하여도 학업을 따라가기가 어려울 것이라고 하였다. 심지어 그는 나를 의대에 추천해줄 수 없다고도 하였다.[12]

그는 학업보다 수영에 더 끌리는 자신을 발견하였다. 화학 실험을 하다가 다이빙 연습을 하고 다시 실험실로 돌아올 정도였다. 아버지는 아들이 운동선수가 되기보다 의대에 진학하기를 원하였으나 올림픽 금메달을 수상하는 것도, 의사가 되는 것도 보지 못한 채 새미 리가 대학 3학년인 1943년에 세상을 떠났다.

새미 리는 서던캘리포니아대학교(이하 USC) 의대에 입학하였으나 전통적인 인종 편견의 벽에 부딪혔다. 유색인종의 동아리 가입은 허용되지 않았고, 학생들이 공유하는 선배들의 강의 노트나 시험 정보는 좀처럼 얻을 수 없었다. 그는 첫 학기에 대하여 "나는 어떻게 공부를 해야 하는지 길을 잃을

12 M. Costa의 새미 리 인터뷰(1999년).

정도로 암담하였다."라고 회상한다. 결국 친구들의 도움으로 힘들었던 학업의 긴 터널을 통과할 수 있었다. 그때가 그의 생애에서 가장 열심히 공부한 시절이었다. 새미 리는 입학한 지 3년 만인 1946년에 의대를 졸업하였다.

1948년 올림픽에서의 첫 금메달

새미 리가 대학생일 때 세계는 제2차 세계대전을 치르고 있었다. 전쟁으로 1940년과 1944년 두 번의 올림픽이 취소되었고, 그동안 올림픽을 위해 연습해왔던 새미 리와 그의 동료들은 8년을 더 기다려야 했다. 미국 진주만이 일본으로부터 공격받던 날, 새미 리와 그의 다이빙 동료 밀러 앤더슨은 서로에게 다음과 같은 약속을 하였다. "만일 이 전쟁에서 죽지 않고 살아난다면 우리 둘이서 올림픽 챔피언이 되자." 그러나 앤더슨은 1945년 전투에서 다친 다리로 고통을 겪게 되었고 새미에게 다음과 같은 편지를 보냈다.[13]

"샘, 우리의 약속을 기억하지? 그런데 내가 퇴원하려면 15cm짜리 쇠침으로 다리를 고정한 후 가능하다고 하네. 결국 내 다리에 15cm짜리 쇠붙이를 달고 다녀야 한다는 말이지. 약속한 것처럼 우리가 올림픽에서 만나게 된다는 사실을 잊지 말기 바라네."

새미 리는 의대 재학 시절에 미 육군의 보충역으로 입대하였고 졸업 후 28세가 되던 1948년에 미 육군 소위로 복무하였다. 소위로 근무하던 중 다이빙 국가대표팀 동료인 앤더슨, 브루스 할런 등과 함께 올림픽 출전을 위

---

13 International Swimming Hall of Fame (n.d.). Miller Anderson (USA). ISHOF. 참조. https://ishof.org/miller-anderson-(usa).html (2021. 7. 31. 접속).

1948년경 로스앤젤레스 소재 엑스포 파크(Expo Park) 플랫폼에서 뛰어내린 새미 리(왼쪽)와 밀러 앤더슨(오른쪽)

한 디트로이트 선발전을 위해 한 달 동안 휴가를 보내게 되었다. 1948년 올림픽 경기를 위해 영국 런던에 도착하였을 때 그는 미국 국가대표로 출전한다는 데 긴장하면서도 동시에 스스로에 대해 매우 강한 긍지를 느꼈다. 후일 인터뷰에서 그는 "올림픽 경기가 특별한 이유는 그것이 여러분과 여러분의 고정관념에 대한 저항이기 때문이다. 그것은 또한 피부색이 노란 동양인인 내가 올림픽 다이빙 부문에서 우승할 수 없다고 말하는 인종차별에 대한 반항이기도 하다."라고 하였다.

1948년 올림픽 경기, 그가 가장 좋아하는 공중 세 바퀴 반 회전 후 입수였다. 새미 리는 마지막 순서로 다이빙 타워를 향했다. 10m 높이의 타워 꼭대기로 한 계단 한 계단 걸어 올라가는 동안 입안은 바싹 타들어가고 머리는 경기장 지붕과 경쟁자들 생각으로 가득 찼다. 쥐 죽은 듯 고요한 경기장에 물소리만 들릴 뿐이었다. 장내 스피커를 통해 그의 이름이 호명되었다. "미합중국의 새미 리."

새미 리는 혹독한 훈련의 시간들을 뒤로하며 마음을 굳게 다졌다. 이미 며칠 전에 열렸던 3m 스프링보드에서 동메달을 땄고 현재까지의 총 점수로도 관중에게 환호를 받고 있었다. 불과 157cm의 작은 체구이지만 오랜 운동으로 다져진 근육과 몸매는 매우 안정적이고 강인한 기운을 뿜어내고 있었다. 그는 다이빙보드를 박차고 앞으로 나아가면서 양팔을 하늘로 쭉 뻗었다. 하늘을 향하자마자 몸을 공처럼 동그랗게 웅크리며 공중에서 세 번 반을 회전, 물로 향하기 시작하였다. 입수하기 직전 몸을 똑바로 펴면서 화살처럼 아주 깔끔하게 수면 아래로 빠져들었다. 그가 다이빙을 마치고 다시 물위로 모습을 드러낼 때 심판원 6명의 점수가 합산되고 있었다. 그의 점수는 10, 9, 9, 5, 7, 5로 거의 완벽에 가까운 다이빙 점수였다. 새미 리는 "그것은 역사적으로 인간이 물 위를 걸었던 두 번째 사건이었습니다."라고 말하면서 당시를 기적이라고 회상하였다.

그는 아시안 아메리칸으로 올림픽 경기에서 금메달을 목에 건 최초의 남성이었으며 아시안 아메리칸으로는 두 번째였다. 새미 리가 금메달을 획득하기 이틀 전에 필리핀 아메리칸 여성 다이버인 빅토리아 마놀로 드레이브스(V. M. Draves, 1924-2010)가 아시안 아메리칸 여성으로 금메달을 땄다.[14]

그는 시상대 1위 자리에서 자신의 이름이 호명되던 기억을 떠올렸다. 장

1952년 올림픽 경기 후

내 방송에서 이름이 흘러나올 때 그는 꿈꾸는 듯한 기분을 느꼈고, 그 소리는 마치 1936년 올림픽에서 한국인 최초로 금메달을 땄던 손기정 선수의 라디오 방송처럼 들렸다. "아 참, 내가 나가야지. 이건 라디오가 아니지. 제가 여기 있어요! 이건 실제 상황이에요. 제가 금메달을 땄어요!" 잠시 후 새미 리는 시상대에서 미국의 국기인 성조기가 올라가는 광경을 보았다. 미국 성조기에 있는 빨간색과 흰색과 푸른색이 그처럼 밝게 느껴진 적이 없었다.

---

14 S. Peng, "The Golden Friendship between the Two First Asian American Olympic Champions," *NBC News*(May 22, 2019). 참조. https://www.nbcnews.com/news/asian-america/golden-friendship-between-two-first-asian-american-olympic-champions-n1006191

1952년 올림픽에서의 두 번째 금메달

새미 리는 첫 번째 금메달을 획득한 이후 캘리포니아로 돌아와 의사 생활을 하였다. 샌프란시스코에 있는 레터맨 군인병원(Letterman Army Hospital)에서 이비인후과 전문의로 근무하며 어머니와 가족을 부양했는데, 바쁜 의사 생활 중에도 틈틈이 젊은 다이빙 선수들을 지도하였다. 어머니는 일흔에 가까운 나이이지만 남편과 사별한 후 가족들과 중국 식당을 운영하였다. 1949년 어머니는 새미 리가 스물여덟 살부터 교제한 중국계 미국인 여성 로자린드 웡(Rosalind Wong)과 결혼하기를 권유하였다. 그러면서 "로즈(로자린드의 애칭)는 너의 잘못, 너의 나쁜 습관과 생각을 용서해줄 수 있는, 너를 사랑하는 유일한 여성이다."라고 말했다.

새미 리는 로즈 웡과 1950년에 결혼했다. 그해 한반도에서는 전쟁이 발발하였으며 미국은 국제연합(UN)을 대표하는 국가로 한국전쟁에 참가하였다. 미국의 많은 동료 장교들이 한국전쟁에 참전하여 목숨을 잃는 모습을 보면서 새미 리는 1952년 올림픽에 참가하는 것에 대해 많은 갈등을 하였다. 전쟁 중임에도 군인인 자신이 올림픽에 참가하는 것이 윤리적인지 의문을 품었던 것이다. 그러나 그의 상관은 확고한 의지를 가지고 주저 없이 그에게 이렇게 대답하였다. "샘, 우리에게는 다친 병사를 치료할 의사는 많지만 올림픽에서 금메달을 딸 수 있는 사람은 자네 한 사람뿐이라네."

그는 결혼한 지 얼마 되지 않은 아내와 샌프란시스코의 레터맨 군인병원을 떠나 로스앤젤레스로 향했다. 로스앤젤레스에 도착하여 미국 올림픽 국가대표 선발 경기를 준비하고 있는데 주한 미국대사로부터 연락이 왔다. 한국의 이승만 대통령이 이번 올림픽에 한국 대표선수 자격으로 참가할 수 있는지 문의해왔다는 내용이다. 새미 리는 이승만 대통령에게 직접 편지를 썼다. "제가 우리 조상의 조국을 대표하는 것은 영광이지만 저는 미국 시민으로 먼저 미국 팀을 1등으로 만들도록 노력할 것입니다. 그것은 저의 혈통적 조국 한국과 현재의 조국인 미국 양쪽 모두에 자랑이 될 것입니다."

올림픽 국가대표 선발 경기에서 새미 리는 3m 스프링보드 부문에서 3위 안에 들지 못하여 대표팀에서 탈락할 위기에 처했지만 그의 우세 종목인 타워 다이빙 부문에서 1위를 하면서 그가 지도하던 젊은 선수 존 매코맥과 함께 미국 올림픽 국가 대표팀에 합류하였다. 핀란드의 수도 헬싱키에서 개최된 1952년 올림픽은 소련이 최초로 올림픽에 참가하는 대회였다.[15] 미국은 냉전 시대의 정점에 있었으며, 한국전쟁은 미국과 소련이라는 초강대국의 이념적 갈등에 의한 물리적 충돌 현장이었다.

올림픽 경기 내내 새미 리의 마음속에는 한국전쟁에 대한 생각이 떠나지 않았고, 소련 팀의 참가로 그의 애국적 투쟁심은 더 고취되었다. 올림픽 심판들은 그의 출신이 북한인지 남한인지 혼동하였지만 그는 자신이 민주주의를 지향하는 남한 사람이라고 당당하게 이념적 정체성을 밝혔다. 훗날 새미 리는 이러한 소신이 심판들로부터 긍정적인 반응을 끌어내 두 번째 금메달 획득에 도움이 되었을 것이라고 자주 말하곤 하였다. 올림픽 시합 기간 중 주 경쟁 상대는 멕시코의 다이빙 대표팀 선수 호아킨 카피야(Joaquin Capilla)였다.[16] 핀란드의 언론들은 새미 리가 지난 올림픽에서 거두었던 우승을 이번 1952년 헬싱키 올림픽에서는 호아킨에게 넘겨줄 것이라고 전망하였다. 하지만 이러한 예측 기사는 두 번째 금메달에 대한 새미 리의 도전

---

15 Olympics. (n.d.). Helsinki 1952. 참조. https://olympics.com/en/olympic-games/helsinki-1952 (2021. 7. 31. 접속).

16 Olympics. (n.d.). Joaquin Capilla Perez. 참조. https://olympics.com/en/athletes/joaquin-capilla-perez (2021. 7. 31. 접속).

의식을 더 북돋울 뿐이었다.

한번은 유명 주간지 「라이프」(*Life*)의 화보 촬영을 위해 기자가 새미 리에게 수영장 물 안에서 포즈를 취해달라고 요청한 적이 있었다. 새미 리는 경기 당일이면 시합 전에 몸을 물에 젖지 않게 하는 신념이 있다며 거절하였다. 기자가 「라이프」에 사진이 나가는 것을 원하지 않느냐고 묻자 그는 이렇게 대답하였다. "내가 원하는 것은 오직 올림픽 금메달입니다."

다이빙 경기가 시작되었다! 새미 리는 두 바퀴 반 공중제비 회전을 하다가 약간 흔들린 것 외에는 흠잡을 데 없는 실력이었다. 멕시코의 호아킨과 막상막하의 접전을 벌이며 선두를 유지하고 있던 그는 1948년 런던 올림픽 때처럼 세 바퀴 반 회전을 위해 10미터 높이의 다이빙대에 올라섰다. 1952년 8월 1일은 새미 리의 32번째 생일이었다. 그는 양팔을 위로 뻗은 직후 다이빙대를 힘차게 박차고 나아가 공중에서 몸을 둥그렇게 말고 빠른 속도로 회전하며 하강하였다. 그의 몸은 날카로운 칼처럼 빠르게 그리고 수영장 바닥에 닿을 정도로 강렬하게 수면을 뚫고 들어갔다. 1948년 경기 때처럼 완벽하지는 않았지만 금메달을 따기에 충분했다. 잠수를 마치고 그가 다시 물 밖으로 나오자 심사위원들은 다이버에게 부여할 수 있는 최고의 점수를 그에게 주었다.

두 번째 금메달이었다. 새미 리는 올림픽 다이빙에서 최초로 대회 연속 금메달을 딴 선수가 되었다. 그의 이름 앞에 붙은 수식어는 최초의 아시아계 미국인이나 최초의 한국인 혹은 아시아인이 아니라 인종을 초월한 '우승자'(Champion)라는 호칭이었다. 그가 시상대에서 금메달을 손에 쥐자 옆에서 있던 카피야가 말했다. "거봐, 새미. 내가 부에노스아이레스에서 자네를 이긴 것은 행운이었다고 말했지? 자네는 내가 아는 가장 위대한 다이빙 선수야!" 만면에 미소를 머금은 새미가 진심을 담아 화답하였다. "고맙소, 호아킨."

대한민국 대통령 이승만과의 만남

새미 리는 올림픽 역사상 가장 훌륭한 다이빙 선수로 인정받으면서 두 번째 금메달을 목에 건 채 로스앤젤레스로 금의환향하였다. 그는 자신이 의사이자 군의관이라는 것과 혈통적 조국인 한국이 전쟁 중임을 기억했고, 얼마 지나지 않아 미 육군 의무대 소령으로 한국에 파병되었다. 한국에서 새미 리는 어머니의 남동생인 외삼촌을 처음 만났다. 또한 아버지의 가장 친한 친구인 대한민국 대통령 이승만도 처음 보았다. 한국에 머무는 동안 대통령 관저로 초청받은 적이 있는데 그는 이비인후과 의사였기에 귀 염증으로 고생하고 있던 대통령을 치료해주기도 하였다. 그의 회상에 따르면 대통령과 영부인인 프란체스카 도너(Francesca Donner)가 극진한 대접을 해주었으며, 특히 자신이 올림픽 금메달리스트일 뿐 아니라 이순기의 아들이라고 밝히자 대통령은 매우 반가워하며 기뻐했다고 한다. 이승만 대통령은 새미 리에게 "당신은 나를 위해 목숨을 아끼지 않은 나의 가장 친한 친구의 아들입니다."라고 하였다.

설리번상 수상

한국에 머무는 동안 새미 리는 미국 최고의 아마추어 선수에게 주는 '설리번상'(James E. Sullivan Award) 수상자가 되었다는 소식을 듣게 되었다. 이 상은 미국 아마추어 체육인연합회에서 수상하는 영예로운 상이고 뉴욕에 있는 육상클럽에서 수여식이 거행될 예정이었다.[17] 그는 수년 전 그의 피부색 때문에 회원 자격을 박탈당할 뻔한 일을 떠올리며 시상식을 뉴욕 육상클럽이 아닌 다른 장소로 옮겨달라는 요청 편지를 아마추어 체육연합(Amateur Athletic Union)에 썼지만 그가 전쟁 직후 상황인 한국에 체류 중이던 터라

17 Amateur Athletic Union. (n.d.). AAU James E. Sullivan Award Winners. 참조. https://aausports.org (2021. 7. 31. 접속).

그 편지는 전달되지 못했다. 새미 리는 뉴욕 육상클럽에서 열린 수상 수락 연설에서 그동안 달라진 미국의 인종적 관용 문화와 체육계의 인종적 포용성에 대해 감사를 표하였다. "제가 이 상을 수여한다는 것은, 미국에서 태어난 새미 리라는 이름의 한국인뿐 아니라 아일랜드 태생의 또 다른 새미 리에게도 수여될 수 있음을 증명해주었습니다."

그는 유색인종으로서 최초로 설리번상을 받았다. 2001년 올림픽 피겨스케이팅에서 활약을 한 중국계 미국인 미셸 콴(Michelle Kwan)이 이 상을 수상하기 전까지 아시아계 미국인으로는 새미 리가 설리번상을 수상한 유일한 사람이었다. 또한 그는 설리번상을 수상한 최초의 다이빙 선수였으며 그의 뒤를 이어 제자인 그렉 루가니스(Greg Louganis)가 다이빙에서 이 상을 받게 된다.

군대 전역 후의 삶

새미 리는 군 복무 중인 1954년에 미국의 아시아 구제 홍보 대사로 임명되었다. 그는 일본, 인도, 스리랑카, 파키스탄, 터키, 싱가포르, 베트남, 버마, 홍콩, 필리핀 등을 순방하며 다이빙 시범 경기를 열었고[18] 경기를 보러 온 관중에게 미국에 대해 이렇게 알렸다. "미국은 말하고 가르치는 것을 실천하

18 National Museum of American Diplomacy. (n.d.). Dr. Sammy Lee (1920-2016): Olympic Champion and Goodwill Ambassador. 참조. https://diplomacy.state.gov/u-s-diplomacy-stories/dr-sammy-lee-olympic-champion-and-goodwill-ambassador/ (2021. 7. 31. 접속).

지 않는, 편협하고 편견에 찬 것에 대항하였습니다. 미국이 그런 나라가 아니었다면 설리번상 수상자이자 육군 소령, 이비인후과 의사 그리고 올림픽에서 두 번이나 금메달을 딴 다이빙 선수인 현재의 나는 없었을 것입니다."[19]

동남아 순방을 마친 그는 군대를 전역하면서 아시아 구제 홍보대사 직을 사임하고 1950년대 중반에 미국으로 돌아왔다. 위대한 성취로 많은 사람에게 찬사를 받았음에도 새미 리는 가장 첨예한 인종 갈등과 편견의 시대를 살았다.

오렌지 카운티로 이사

1955년에 미국으로 귀국한 새미 리는 개인 병원을 개원하기 위해 캘리포니아 가든그로브(Garden Grove)의 주택 구입을 시도하였다. 당시 로스앤젤레스에서는 크렌쇼(Crenshaw)와 같은 백인 위주의 거주 지역이 일본계 미국인이나 아프리카 미국인 등으로 다양해지면서 도시가 통합되고 발전되었다.[20] 도심 지역의 소수인종 증가는 백인들이 외곽으로 이주하게 되는 촉매제가 되었으며 백인들이 새로이 거주하는 지역은 엄격한 인종적 제한과 주택 규약을 두게 되었다.

새미 리가 백인 거주 지역으로 이사를 시도한 최초의 아시아인은 아니었다. 그가 가든그로브로 이주하려고 하기 직전 사우스우드(Southwood) 주민들이 그들 지역으로 이주하려는 중국계 미국인 씽성(Sing Sheng)을 저지하려고 한 일이 있었다.[21] 이는 냉전에 대한 미국인의 태도를 반영한 사건으

---

19 M. Costa의 새미 리 인터뷰(1999년).

20 R. Reft, "Diving into Integration: Sammy Lee, Historical Memory, and the Complexity of Housing Segregation in Cold War California," *KCET*(2013.10). 참조. https://www.kcet.org/history-society/diving-into-integration-sammy-lee-historical-memory-and-the-complexity-of-housing-segregation-in-cold-war-california

로 이념, 인종 분리주의와 관련한 국민적 이슈가 되었다. 미국 정부는 그들이 예의주시하고 있는, 냉전으로 인한 정치적 목표가 인종차별에 대한 국제적 비난으로 인해 흐려진다고 생각했다.

반면 백인 주택 소유자들은 아시아계 또는 아시아계 미국인 거주자의 증가에 따라 부동산 가치가 하락할 것이라는 나름의 이유가 있었다.[22] 이들에게는 새미 리가 올림픽 금메달리스트, 미군 참전 용사 그리고 지난 8년간 나라를 위해 희생한 군의관이기 전에 그저 유색 피부를 지닌 한 명의 외국인일 뿐이었다. 그의 부동산 중개인은 새미 리에게 이렇게 말했다. "선생님, 죄송합니다. 제가 백인 아닌 사람에게 집을 중개하면 직장을 잃어 굶게 될 것 같습니다."

새미 리는 백악관에서 미합중국 대통령 드와이트 아이젠하워(D. D. Eisenhower)와 저녁식사를 하고 있을 때 그의 부동산 중개인으로부터 그가 가든그로브에 있는 집을 살 수 없다는 통보를 받았다. 새미 리 가족에 대한 인종차별 뉴스는 일파만파 퍼져갔고 급기야 「샌프란시스코 크로니클」(*San Francisco Chronicle*)의 편집장 스코트 뉴홀에게도 전해졌다.[23] 스코트 뉴홀은 다음과 같은 기사를 게재하였다.

---

21 C. Brooks, "Sing Shen V. Southwood," *Pacific Historical Review* 73:3(2004): 463-94.

22 C. Brooks, *Alien Neighbors, Foreign Friends: Asian Americans, Housing, and the Transformation of Urban California*(Chicago: University of Chicago Press, 2009).

23 E. Wu, "Diver's Ambassador Life Showed Bigotry is Never Far from the Surface," *Jefferson Public Radio*(Apr. 26, 2017). 참조. https://www.ijpr.org/2017-04-26/divers-ambassador-life-showed-bigotry-is-never-far-from-the-surface

24 M. Costa의 새미 리 인터뷰(1999년).

아시아인을 조상으로 지닌 미국 사람들이 있습니다. 이들은 공산당의 선전에도 현혹되지 않았고, 자신과 같은 아시아인들에게 미국이 기회와 관용의 땅이라고 외치고 있습니다. …새미 리가 가든그로브에서 받았던 인종차별적 대우로 인해 우리는 세계로부터 조롱과 멸시를 받게 될 것입니다.[24]

심지어 보수 언론 중 하나인 「롱비치 프레스 텔레그램」(*Long Beach Press Telegram*)도 새미 리와 그의 가족이 가든그로브 지역으로 이주해야 한다는 지지 기사를 게재하였다. 고향이 오렌지 카운티의 요바린다인 당시 부통령 리처드 닉슨은 "이러한 일련의 사태로 대단한 충격을 받았다."라는 메시지를 언론에 전하였다.[25] 결국 다른 부동산 중개인이 새미 리에게 오렌지 카운티의 집을 보여주겠다고 제의하였고 새미 리 가족은 마침내 그곳에 거주하게 되었다. 새 집으로 이사할 때 그 지역의 주민들은 두 팔 벌려 마음을 열고 따뜻하게 환영해주었다. 다양한 지역사회 단체의 지도자들과 가든그로브 상공회의소(Korean American Chamber of Commerce of Orange County), 연방주택관리국(Federal Housing Administration)뿐만 아니라 새미 리가 이사하려 할 때 주택 판매를 거절했던 개발회사들도 마찬가지였다. 그는 환영식사에서 "미국 국민에 대한 나의 신념이 입증되었다."라고 하였다.

코칭

새미 리는 1966년 「로스앤젤레스 타임스」(*Los Angeles Times*)와의 인터뷰에서 자신이 다이빙을 배울 때 코치로부터 돈을 요구받은 적이 없었기에 자

25 R. D. McFadden, "Sammy Lee, First Asian-American Man to Earn Olympic Gold, Dies at 96," *New York Times*(Dec. 5, 2016). 참조. https://www.nytimes.com/2016/12/03/sports/sammy-lee-dies-asian-american-olympic-gold.html

신도 돈을 받지 않고 다이빙을 가르쳤다고 했다.[26] 1955년 어느 날 새미 리는 미래의 올림픽 다이빙 선수가 될 밥 웹스터(Bob Webster)를 만나 그의 연습 장면을 지켜보며 올림픽 선수감이라는 말을 해주었다.[27] 웹스터가 자신의 말을 믿지 않자 "이봐, 자네는 4년 후인 1960년에 올림픽 챔피언이 될 수 있어."라고 덧붙였다. 웹스터는 1960년과 1964년 올림픽에서 2번 연속으로 다이빙 종목 금메달을 목에 걸었다.

새미 리의 죽음을 애도하는 「로스앤젤레스 타임스」 기사에서 웹스터는 그를 가리켜 "한 개인이 다른 사람에게 줄 수 있는 세상에서 가장 위대하고 소중한 선물이었다. 그는 내 자신을 인정하고 믿을 수 있는 자존감을 심어주었다. 만일 샘이 없었다면 나는 다이빙 혹은 내 삶에서 무엇을 했을지 모르겠다."라고 언급하였다.

새미 리는 가장 성공적이고 유명한 다이빙 선수인 그렉 루가니스를 발굴하여 그의 재능을 꽃피우게 하였다.[28] 1970년 공군사관학교에서 열린 주니어 올림픽에서 루가니스가 다이빙하는 것을 본 새미 리는 옆에 있는 아들에게 말했다. "아들아, 역사상 가장 위대한 다이빙 선수가 될 수 있는 사람이 저기 있다."

루가니스의 동작은 매우 심미적이었다. 마치 움직이는 시(poem)와 같았다. 그가 가진 엄청난 역동성에서 누구라도 그 안에 내재된 힘을 볼 수 있었다. 새미 리는 루가니스가 1976년 올림픽을 준비하는 동안 얼마간 자신의 가족들과 함께 지내도록 초대하였다. 그리고 그에게 자신감을 키우라는 충

---

26 V. J. Nelson and N. Fenno, "Sammy Lee, Diver Who Became First Asian American to Win Olympic Medal, Dies at 96," *Los Angeles Times*.

27 Olympics. (n.d.). Robert David Webster. 참조. https://olympics.com/en/athletes/robert-david-webster (2021. 7. 31. 접속).

28 Olympics. (n.d.). Gregory Louganis. 참조. https://olympics.com/en/athletes/gregory-louganis (2021. 7. 31. 접속).

고를 하면서 어떠한 인종적 비방이나 모욕에도 강경하게 대처해야 한다고 말했다. 새미 리는 루가니스가 그리스 출신 양어머니에게 "모아인과 백인 부모를 통해 나를 태어나게 하신 하나님께 감사드리며, 나를 아들로 입양해 주신 양부모님에게도 감사하다."라는 편지를 썼다고 회상한다.

새미 리의 부고를 접한 루가니스는 "다이빙 종목에서는 물론, 세계적인 대표로서의 책임감을 나의 멘토인 새미 리를 통해 깨달았다."라면서 "그(새미 리)는 폐쇄적인 인종차별의 시대에 한국인으로서 인종적 장벽을 허물고 올림픽 선수가 되는 것이 무슨 의미인지를 예시하는 모델로 살았다."라고 말하였다. 그는 1976년과 1984년 그리고 1988년 올림픽에서 4개의 금메달과 1개의 은메달을 획득하면서 '가장 위대한 미국인 다이버'이자 '역사상 가장 위대한 다이버'로 불리게 되었다.

노년기

새미 리는 1990년 은퇴하기 전까지 오렌지 카운티에서 35년간 이비인후과 전문의로 일하였다. 또한 코치 활동을 계속 이어가며 재능 있는 다이버들을 많은 대회에서 우승으로 이끌었다. 한국 올림픽 선수로 참여해달라는 이승만 대통령의 부탁을 수락하지 못했으나 한국 다이빙 팀과 일본 다이빙 팀을 코치했으며 미국 대통령 3명에 의해 올림픽 대사로 임명되어 국제적으로 더 많은 다이버들을 진출시켰다. 그는 1968년 국제 수영 명예의 전당과 1990년 미국 올림픽 명예의 전당에 입성하는 등 수많은 영예를 얻었다.[29]

새미 리의 공헌은 남가주 한인 사회에도 이어졌다. 1986년에 서던캘리포니아대학교와 협력하여 한국헤리티지도서관(Korean Heritage Library)을 위한 기금을 마련하고 건축가인 데이비드 현과 함께 도서관 모임의 명예회장을 역임했다.

그가 이끈 도서관 모임은 1965년 이후에 이민 온 25명으로 구성된 그룹으로, 한인 이민자의 '성공 스토리'를 대변하는 사람들이었다.[30] 그는 한국계 미국인과 한국에 있는 기부자들의 도움에 힘입어 한국계 미국인 공동체와 그들의 성장 및 공헌, 부모 세대의 독립운동 이야기를 기록하기 위한 한국헤리티지도서관을 만들었고 자기의 유산뿐 아니라 부모의 유산까지 도서관에 안치할 수 있었다.

은퇴 후 새미 리는 수영과 골프, 달리기 등 운동을 자주 했으나 2000년대 이후 점차 쇠약해졌고 2013년에는 치매로 잠시 실종되는 일도 벌어졌다. 이 사건은 새미 리가 며칠 뒤 피코 리베라(Pico Rivera, CA)에서 수사관들에 의해 발견되어 무사히 해결되었지만 그의 건강 상태는 점점 악화되었다.[31] 그리고 2016년 폐렴 발병에 따른 합병증으로 캘리포니아주 뉴포트비치(Newport Beach)에 있는 자택에서 96세로 별세하였다. 유족으로는 부인 로잘린드 웡과 두 자녀 파멜라 리, 새미 리 2세 그리고 세 명의 손자가 있다. 시대의 흐름에 굴복하지 않고 어떠한 역경에서도 강인한 의지로 승리를 일

---

29 Team USA. (n.d.). Hall of Fame: Sammy Lee. 참조. https://www.teamusa.org/Hall-of-Fame/Hall-of-Fame-Members/Sammy-Lee (2021. 7. 31. 접속). International Swimming Hall of Fame. (n.d.-a). Dr. Sammy Lee (USA). ISHOF. 참조. https://www.ishof.org/dr.-sammy-lee-(usa).html (2021. 7. 31. 접속).

30 L. Lipinski, "In Memoriam: Sammy Lee, 96," *USC News*(Dec. 3, 2016). 참조. https://news.usc.edu/112049/two-time-olympic-gold-medal-diver-sammy-lee-dies-at-96/

31 USA Today Staff Report, "Olympic Diving Champ Sammy Lee Found after Going Missing," *USA Today*(Apr. 3, 2013). 참조. https://eu.usatoday.com/story/sports/olympics/2013/04/03/olympic-diver-sammy-lee-missing-huntington-beach-california/2048343/

구어내며, 재능과 성취에 머물지 않은 채 끊임없이 도전을 거듭해왔던 그의 삶은 오랫동안 깊은 여운과 영감을 전하고 있다.

> 저는 훌륭한 다이버가 된다는 것은 챔피언이 되는 것이라 말하고 싶습니다. 진정한 챔피언이 챔피언 되는 것입니다. …기초가 있어야 하고 기꺼이 대가를 치를 수 있어야 합니다. 패배의 고통은 승리의 작은 기쁨을 위함입니다.[32]

이제 새미 리는 세상을 떠났지만 그는 미주 한인 사회는 물론 아시아계 전체를 빛낸 자랑스러운 한국계 미국인으로서 여전히 존경받는 스포츠 영웅이다. 그는 여러 차례 대한민국 대표 팀을 격려하였고 2010년과 2014년 평창 동계 올림픽 유치를 지원하기 위해 명예홍보대사로 활동하기도 했다. 2010년에는 올림픽 출전 당시 착용한 수영복과 수영모를 독립기념관에 기증하였다. 그의 기증품은 2012년 8월 13일 대한민국의 등록문화재 제501호로 지정되었다. "꿈을 마음에 품고 끊임없이 노력하라."라는 새미 리 박사의 말이 우리 귓가에 쟁쟁하다. 온갖 인종차별을 견뎌내면서 다이빙의 새로운 역사를 쓴 새미 리 박사의 인생은 그 자체로 인간 승리의 드라마요, 강인한 디아스포라 한인들의 응축된 역사이기도 하다.

---

32 M. Costa의 새미 리 인터뷰(1999년).

김계용

10장 한인 디아스포라 교육자

– 임윤택(미주장로회신학대학교 선교학과 박사원 원장, 선교신학 교수)

한숨을 찬송으로 바꾸는
사랑의 목회자

한 알의 밀이 땅에 떨어져 죽지 아니하면 한 알 그대로 있고 죽으면 많은 열매를 맺느니라(요 12:24)

우리는 모두 하나님의 경륜 가운데 산다. 그리고 그분의 경륜 가운데 죽는다. 하나님은 김계용 목사의 삶과 죽음을 통해 당신의 놀라운 경륜을 보이셨다. 교육학을 전공한 탁월한 설교자 김 목사를 통해 한인 디아스포라를 교육하시고, 미주장로회신학대학교를 설립해 수많은 목회자를 길러내셨으며, 브라질연합교회와 나성영락교회에서 이민자의 한숨을 찬송으로 바꾸셨다. 하나님의 손길이 그와 함께했다.

존경받는 후배

한 알의 밀알로 죽어 많은 열매를 맺은 김계용 목사는 서울 영락교회 고(故) 한경직 원로목사가 아끼고 사랑하고 존경하는 후배였다. 1998년 한경직 목사는 북한에 있는 가족을 방문하던 중 뜻하지 않는 죽음을 맞이한 김계용 목사를 가리켜 후대가 길이 본받아야 할 인물이라고 말하며 다음과 같이 회고했다.

설교하는 김계용 목사의 모습

> 김계용 목사님은 일생을 주님 앞에 바친 분입니다. 죽음을 통해 자신을 바치셨기에 더 귀합니다. 북한에 가족을 두고 월남 후 40년 동안 독신으로 살면서 주님만을 위해 헌신하셨습니다. 그러므로 가는 데마다 성공하셨습니다. 그분의 삶은 진실했습니다. 그래서 저는 김 목사님을 존경합니다. 이북에서 내려올 때 반드시 다시 돌아가겠다는 생각을 하고 월남하셨습니다. 40년 만에 거기로 돌아가셨습니다. 우연한 일이 아니었습니다. 거기로 돌아가 못 오시므로 그분을 사랑하는 우리가 슬픈 것은 사실입니다. 지금 생각하면 다 하나님의 경륜 가운데 된 일이라고 생각할 수밖에 없습니다.[1]

한경직 목사는 김계용 목사를 브라질 선교사로 파송했고 그가 브라질과 미국에서 목회하는 동안 그를 여러 번 방문했다. 한경직 목사는 김계용 목사의 죽음을 하나님의 경륜으로 해석했다.

이상적인 사랑의 목회자

한편 김계용 목사의 후임으로 나성영락교회 2대 담임이 된 박희민 목사는 김 목사를 평화의 도구라고 회고했다.

---

1 박희성, 『김계용 목사 전집』 5권(서울: 도서출판 한컴, 1998), 3.

김계용 목사님은 그 누구보다 분단의 아픔을 평생 짊어지고 사셨습니다. 평화의 도구였습니다. 브라질에서 사역하실 당시 이민 사회가 신파와 구파로 나뉘어 심하게 분쟁하고 있었습니다. 그때도 중간에서 양쪽을 다 품는 목회를 하셨습니다. 신앙 안에서 모두를 통합하셨습니다. 미국 나성영락교회 목회도 그 연장선이라고 볼 수 있습니다. 미국 이민자들도 구파와 신파로 나뉘어 갈등했습니다. 김계용 목사님은 이들 모두를 사랑으로 품고 위로하는 목회를 하셨습니다. 크고 깊은 부성의 사랑으로 소망을 주는, 진정한 섬김의 목회를 하셨습니다. 그리고 그런 섬김의 리더십을 통해 많은 분에게 감동과 선한 영향을 끼쳤습니다. 그분의 말씀은 사람들을 늘 평안하게 해주었습니다. 유머 감각이 좋으셔서 함께 대화하는 것이 즐거웠습니다.[2]

김계용 목사는 평생 독신 목회자로 살았지만 자신의 처절한 고독을 아가페로 승화시켰다. 누구보다 깊고 풍성한 영성으로 목양하고 사랑으로 품었다. 예수님처럼 한 알의 밀알이 되어 죽기까지 충성했다. 김계용 목사가 무학교회에서 시무하던 시절, 재정을 담당하던 최영환 장로는 그를 이렇게 회고했다.

김계용 목사는 교인들에게 자기를 따르고 존경하게 하여 인기를 누리려는 목사가 아니었습니다. 신자들을 자신이 아니라 예수님께 접목하는 목회를 하셨습니다. 그는 농부요, 심부름꾼에 지나지 않았습니다. 김계용 목사는 우리에게 이상적인 목회자상을 보여주셨습니다.

사랑을 목회철학으로 삼았던 김계용 목사는 후배들에게 자주 이런 이야

2 박희민 목사와의 인터뷰(2020년 2월 2일).

기를 했다. "이민목회는 거저 사랑이야. 저마다 사랑해달라는 거야. 고국을 떠나면 누구나 사랑이 그립거든.[3] …그런즉 믿음, 소망, 사랑, 이 세 가지는 항상 있을 것인데 그중의 제일은 사랑이라(고전 13:13)." 또한 신명기 6장에 나오는 '쉐마 교육'(Shema Education)을 강조했다.[4] 말씀을 잘 배우고, 믿고, 바르게 살도록 교육해야 한다고 설교했다.

> 미국에 이민 온 우리 동포들도 여기에서 배울 바가 많습니다. 우리는 장사를 어떻게 할지, 자녀를 어떻게 출세시킬지 등을 궁리하기보다 먼저 우리 자녀가 어떻게 하나님을 잘 믿으며 말씀대로 살 수 있을지를 생각해야 합니다. 신앙교육을 열심히 시키는 것이 교회교육의 사명입니다. 무엇을 먹을까 무엇을 마실까 무엇을 입을까보다 먼저 그의 나라와 그의 의를 구하라는 주님의 말씀대로 그 의를 먼저 가르치는 교육이 되어야 우리 자녀들의 장래가 어둡지 않습니다. 우리는 기술을 배우고 장사를 익혀 잘사는 법을 배우기 전에 먼저 바르게 사는 법을 배워야 복 받는 백성이 될 수 있습니다.

김계용 목사는 이상적인 목회자였다. 이민자에게 가장 필요한 것이 사랑임을 아는 목회자였다. 그는 디아스포라 유대인 랍비처럼 하나님의 말씀을 교육하며 말씀 안에서 옳고 바르게 살 것을 강조했다.

---

3 김명순, 『죽어서 더욱 살아 계신 이 김계용 목사』(서울: 삼성출판사, 1991), 6.

4 '쉐마 교육'은 신명기 6장 4-5절에 근거한 유대인 디아스포라의 신앙교육이다. 앗시리아와 바벨론에게 멸망한 이스라엘 백성들은 각처에 디아스포라로 흩어져 살면서 나라의 회복을 염원했다. 이들 유대인 디아스포라들은 자신이 율법을 준수하여 토라의 신앙을 회복하면 조국이 재건될 것이라고 믿었다. 이들은 회당에서 랍비의 인도를 따라 토라 강해를 중심으로 예배했다. 유대인 디아스포라들은 유대인 디아스포라 2세대들에게 모국어인 히브리어와 토라의 전통과 신앙을 계승시키기 위해서 가정과 회당에서 쉐마 교육을 체계화하고 발전시켰다.

통일을 위한 기도

김계용 목사가 70세이던 1990년 8월 21일 오후 1시, 그는 로스앤젤레스를 떠나 25일 평양에 도착했다. 1950년 6·25전쟁이 나던 해, 홀로 남하하며 두고 온 아내와 네 자녀를 40년 만에 처음으로 만날 예정이었다. 꿈같은 길이었다. 도착한 다음 날(26일)이 주일이라 평양 봉수교회를 찾았다. 예배 사회자는 대표 기도를 김계용 목사에게 부탁했다. 그리고 이 통일을 위한 기도는 그의 생애 마지막 기도가 되었다.

> 하나님의 크신 사랑을 감사드리오며, 또 우리 인간들을 그처럼 사랑하셔서 독생자 예수 그리스도를 보내셔서 믿음으로 말미암아 구원을 얻게 하신 하나님의 섭리와 사랑을 감사드리옵나이다. 얼마나 감사한지 모르겠습니다. 여기에 봉수교회를 세우고 하나님 앞에 예배드리게 됨을 감사드립니다. 온 백성이 하나님의 뜻을 기다리게 하심을 감사드립니다. 우리 민족은 본래가 단일 민족이고 역사가 하나요, 문화가 하나요, 언어가 하나요, 모든 것이 동일한 민족인데 어쩌다가 이렇게 남북으로 분단이 되었습니다. 비극의 40년을 우리가 보낸 것을 생각할 적에 또 가슴 아프게 생각하지 아니할 수가 없습니다. 아버지여, 전능하신 하나님께서 두 동강이 난 우리 민족을 이제 속히 통일시켜 주시기 바랍니다. 모든 이해를 초월해 전 민족적인 차원에서 이 땅에 평화와 화해가 임하고 하나가 되게 하옵소서.

이 기도 속에는 통일을 향한 염원이 녹아 있다. 비극의 40년을 온몸으로 견뎌낸 아픔이 녹아 있다. 민족이 하나 되기를 소원하는 절규, 김계용 목사의 영성이 녹아 있다.

사랑을 먹고 자란 어린 시절

형수님의 젖을 먹고

김계용은 1921년 1월 14일 평안북도 의주군 고진면 탑상동 안자골, 총 가구 80-90호 되는 시골 마을 지주 집안의 3남 2녀 중 막내로 태어났다. 김계용은 어쩌다 생긴 아이였다. 모친의 나이가 45세였다. 늦둥이라 몸이 허약했다. 어머니는 농사에 바빠서 막내를 돌볼 여유가 전혀 없었고 젖이 부족했기에 멀건 죽을 쑤어 젖 대신 먹였다. 병약한 막내가 커도 사람 구실을 못할 것이라 생각했기에 크게 애정을 쏟지 않았다.

어린 계용은 형수의 젖을 먹고 자랐다. 새색시로 들어온 형수는 자기 아이를 낳아 기르면서, 젖도 못 먹고 힘겹게 우는 어린 시동생을 가엾게 여겼다. 모정이 움직였다. 형수는 어린 계용을 친자식처럼 여기고 자기 젖을 물려 키웠다. 그리고 계용이 초등학교에 들어갈 때까지 엄마처럼 사랑으로 길러주었다.

김계용의 아버지 김정택은 완고하고 엄한 분이었다. 유교적 전통을 중시했기에 계용을 서당에 보냈고, 계용은 덕분에 열세 살까지 서당에 다니며 한학을 배울 수 있었다. 반면 어머니 고정옥은 신실한 기도의 사람이었다. 유교적이고 가부장적인 남편 몰래 신앙생활을 하며 새벽기도를 다녔다. 그러던 어느 날 남편에게 예배당 가는 것을 들키고 말았다. 남편은 서양 문화, 특히 기독교를 완강하게 반대했다. 아내가 예배당 가는 것을 도저히 용납할 수 없었다. 불벼락이 떨어졌다. 그는 아내를 길바닥에 내동댕이치고 발로 찼다. 죽지 않을 정도로 때렸다. 그리고 성경과 찬송가를 압수하여 불태워 버렸다. 이런 모진 핍박에도 어머니는 매일 새벽 제단을 쌓았다. 날마다 걸

평양사범학교 시절 김계용의 가족사진

어서 당시 100명 정도 출석하던 소안동교회의 새벽예배에 참석했다. 계용은 네 살 때부터 어머니의 손에 이끌려 교회학교에 출석하게 되었는데, 어린아이와 같이 순수하고 깨끗한 마음으로 복음을 오롯이 수용했다. 어머니의 기도가 계용에게 조용히 스며들었다.

평양사범학교

어린 김계용은 명석했다. 고진 공립보통학교를 1등으로 졸업하고 평양사범학교에 입학할 정도였다. 모두 부러워했다. 평양사범학교는 김계용 안에 있는 천부적인 교사 자질과 학자적 열정을 일깨우고 그의 왕성한 지적 욕구를 충족시켰으며, 탁월한 민족주의 교육자로 그를 성장시켰다.

평양사범학교는 조선총독부 규정에 의거하여 일제강점기인 1923년 관립으로 세워진 곳이었다. 학생들에게 학비와 숙식비, 용돈까지 지급하며 초등학교 1종 교사를 양성했으니 전국의 인재가 몰려들었다. 학교는 평양에서도 경치가 가장 좋은 을밀대 부벽루 가까이에 우뚝 서 있었다.

사범학교는 황민화(皇民化)교육의 산실이었다.[5] 일본식 교육을 철저히 시키는 지도자 교육기관이었다. 총독부는 학생들을 특별하게 대우하며 매달 장학금으로 20원을 주었다. 김계용은 이 돈으로 넉넉히 공부했다. 교육학 전공 서적은 물론이고 소설 등 문학을 많이 읽었는데 특히 『흙』, 『무정』 등 일제강점기 문학가 이광수의 책은 모두 읽었다. 평양사범학교는 김계용에게 최고의 지적 산실이었고[6] 그는 놀랍게 성장했다.

김계용은 민족주의자였다. 당시 일본의 억압에 저항하던 많은 학생들처럼 김계용도 노트에 "민족과 핏줄은 못 속인다."라는 낙서를 썼다가 발각되어 경찰서에 끌려갔다. 그리고 이틀간 유치장 생활을 했다. 학과목 성적은 좋았지만 평양사범학교가 일본인 교육 엘리트를 양성하는 곳인지라 유치장에 다녀온 전과는 그의 졸업에 걸림돌이 되었다. 다행히도 김계용을 아끼던 한국인 수학 교사가 나서주어 1940년 그의 도움으로 겨우 졸업할 수 있었다. 이런 경험으로 김계용은 더더욱 일본에 저항하는 민족주의 지식인이 되었다.

노총각의 결혼

1940년 열아홉 살이 된 김계용은 한 살 연상의 이진숙과 결혼했다. 신부는 독실한 기독교 가정에서 자라 성경학교를 졸업한 신앙인이었다. 전형적인 동

---

5 '황민화교육'이란 일제가 중일전쟁 이후 민족 문화를 말살하고 조선을 병참기지화하기 위해 조선인과 재일 조선인 등에게 실시한 것으로 일본 및 그 식민지의 주민들에게 일본 천황에게 충성할 것을 요구하는 교육 정책이다.

6 박희성, 『김계용 목사 전집』 6권(서울: 도서출판 한컴, 1998), 37.

양 미인상이었다. 선남선녀인 김계용과 이진숙은 신의주 마전교회에서 계효원 목사의 주례로 결혼식을 올렸다. 천생연분이라는 축하가 쏟아졌지만 집안 어른들의 걱정이 하나 있었다. 맏형은 열두 살에, 둘째 형은 열여섯 살에 결혼했는데 막내 김계용은 열아홉 살, 너무 늦은 나이에 결혼한 것이었다.

웅변 선생님

김계용은 강계의 회룡국민학교에서 5년간 교편을 잡았다. 학생들은 그를 '재미있게 가르치는 선생님'이라 불렀고 그는 탁월한 실력을 인정받아 1945년 교감으로 승진했다. 일본인 교사가 모두 떠난 학교에서 해방의 감동을

김계용과 이진숙의 결혼사진(1940)

온몸으로 누리며 조선말을 마음껏 가르칠 수 있어 기뻤다. 학생들에게 한국어로 이야기를 들려주고 동요, 애국가 등을 가르쳐주었다. 홍진국민학교의 김용학 학생은 김계용 선생으로부터 웅변 지도를 받아 평안북도 전체 학생 웅변대회에서 1등을 했다. 훗날 미국에서 유학하여 천문학 교수가 된 그는 이렇게 고백했다. "저는 김계용 선생님을 너무 존경한 나머지 숭배하고 있습니다."[7] 김계용의 탁월한 웅변술은 후일 대설교가가 되는 데 기초가 되었다.

목회의 길로 들어서다

감옥에서 부르는 찬송

그 무렵 김계용은 주례를 해준 계효원 목사의 권유를 뒤로하고 남신의주교회에 출석했다. 1947년 어느 날 이학인 담임목사가 정색하며 물었다.

"내가 보기에 김 집사는 앞으로 신학을 공부하고 목사가 되는 것이 좋겠어. 신학교에 가서 공부할 마음이 없는가?"

"목사님, 저 같은 사람을 그리 봐주시니 정말 황송하고 감사합니다. 생각해보겠습니다."

정중하게 대답은 했지만 그는 집으로 돌아오며 속으로 코웃음을 쳤다. '우리 목사님 참 웃기시네. 목사님, 그만 웃기십시오. 저를 잘못 보셨습니다. 내가 아무리 해먹을 게 없어도 목사 노릇은 안 하지. 절대 안 해!'[8]

한편 공산당이 장악한 북한에서는 생활하기가 점점 어려웠고 소망은 더

7 박희성, 『김계용 목사 전집』 6권, 42.

8 박희성, 『김계용 목사 전집』 4권(서울: 도서출판 한컴, 1998), 19.

이상 보이지 않았다. '남한으로 가자!' 김계용은 남한으로의 탈출을 계획했다. 그는 월남을 결정하고 철산에 있는 굴속으로 숨어들었다. 고등어를 잡아먹고 얼마 뒤 목을 축이러 밖으로 나왔다가 해안 경찰에게 붙잡혔다. 경찰은 사상이 불온한 선생이 사표도 내지 않고 월남을 공작했다며 반동분자라는 죄목으로 그를 감옥에 끌고 갔다. 20년 징역형이 선고되었다.[9]

노모와 아내를 생각하자 한없이 눈물이 나왔다. 모든 것을 체념할 수밖에 없었다. 그때 잠자던 믿음이 되살아났다. 그리고 새로운 사람이 되었다. 옥중에서 기도할 때마다 목사가 되라는 이학인 목사의 말이 가슴을 울렸다. 형무소에서 성령으로 거듭나는 체험을 하며 그는 눈물로 헌신했다. "이왕 죽을 바에는 값지게 살다가 죽자. 물욕도, 명예욕도 다 던지고 가난하게, 깨끗하게, 값지게 살다 죽자." 마음이 가을 하늘처럼 맑아졌다. 찬송이 터져 나왔다. "내 주여 뜻대로 행하시옵소서/ 온몸과 영혼을 다 주께 드리니/ 이 세상 고락간 주 인도하시고 날 주관하셔서/ 뜻대로 하소서." 하루에도 몇 번씩 찬송을 불렀다.

'주께서 오라고 하시면 오고, 가라고 하시면 가겠나이다.' 감옥 생활은 하나님의 섭리였다. 하나님의 섭리는 신의주형무소 소장을 통해서 나타났다. 소장은 김계용 선생의 부친이 농사지을 때 소작인으로 일한 사람의 아들이었다. 옛 소작인은 아들에게 이럴 때 신세를 갚아야 한다고 사정했고 아들은 아버지의 간청을 받아들였다. 20년형을 받았던 김계용은 수감 후 4개월 만에 석방되었다. 그리고 곧 신의주 제2교회 전도사가 되어 "죽으면 죽으리라"는 에스더의 마음으로 사역을 시작했다. 김계용은 후일 설교에서 자신의 감옥 생활을 사명으로 해석했다.

---

9 박희성, 『김계용 목사 전집』 4권, 20.

> 제가 목사가 된 것은 신의주형무소에서 받은 사명 때문입니다. 사도 바울은 로마서 8장 28절에서 "우리가 알거니와 하나님을 사랑하는 자 곧 그의 뜻대로 부르심을 입은 자들에게는 모든 것이 합력하여 선을 이루느니라"라고 했습니다. 여러분은 지금 고난을 받고 있습니까? 경제적으로, 육체적으로, 가정적으로, 사회적으로 어려운 고난을 당하고 있습니까? 그 고난을 숙명이 아니라 사명으로 알아야 합니다.[10]

김계용에게 감옥 생활은 큰 고난이었다. 하지만 그 고난 가운데에서 더 큰 하나님의 사명을 받았다. 주님의 뜻을 분별하는 지혜를 얻었다. 감옥 생활은 하나님의 섭리요, 인도였다.

기약 없는 이별

김계용은 인민군으로 강제 징집되었다. 4남매를 둔 스물아홉 살의 가장은 가족들과 생이별을 해야 했다. 아내는 초등학교 담장 너머로 인민군에 징집되는 남편의 모습을 바라보며 하염없는 눈물을 흘렸다. 기약 없는 이별이었다. 그 이별이 그렇게 오래 이어질 줄 몰랐다. 김계용은 신의주 비행장에서 2주간 훈련을 받고 인민군이 되어 남쪽으로 행군했다. 산속에서 야영을 거듭하며 개성에 도착한 어느 날, 그는 칠흑 같은 밤에 탈영했다. 걷고 또 걸어 십자가가 보이는 교회에 들어갔다. 교인의 도움으로 굴속에서 몇 주간 지내다가 국군을 만났다. 감격이었다! 국군을 통해 서울에 있는 한경직 목사에게 연락이 닿았고, 한 목사는 즉시 미군 헌병 차를 보내주었다. 그는 검문검색 없이 한경직 목사의 자택으로 직행했다. 사모님이 인절미를 대접해주었다. 평생 잊을 수 없는, 최고의 맛이었다.[11]

---

10 박희성, 『김계용 목사 전집』 2권(서울: 도서출판 한컴, 1998), 524.

11 김명순, 『죽어서 더욱 살아 계신 이 김계용 목사』, 33.

부흥의 새 아침

시간이 흘러 김계용 목사는 1961년 서울 무학교회에 담임으로 가게 되었다. 그해 봄, 판잣집 공장에 불이 났다. 공장을 삼킨 불길은 무학교회에도 옮겨 붙었다. 타다 남은 교회당을 보며 이웃 주민들이 말했다. "저놈의 교회, 매일 싸움만 하더니 불 잘 붙었다. 싹 쓸어버리지!" 부임한 지 3개월쯤 된 김계용 담임목사는 그 주일에 단호하게 설교했다. "이 불이 진즉에 붙었더라면 얼마나 감사한 일이겠는가!" 정작 불이 붙어야 할 심령에는 불이 안 붙고 있으니 참으로 안타깝고 가슴 아픈 일이었다. 김 목사의 마음은 장차 멸망할 예루살렘을 바라보며 우셨던 예수님의 마음이었고, 이런 마음은 교인들에게 울림을 주었다. 김 목사의 설교 후 교인들은 각 심령에 성령의 불이 임하기를 기도했고, 곧 성령이 강하게 임재했다. 어려운 분란이 해결되고 부흥의 새 아침이 밝아왔다. 예배당에 천국의 영광이 가득했다. 하늘은 맑고 나무는 푸르렀다.

김계용 목사는 뜨거운 성령의 역사를 부르짖는 목회자였을 뿐 아니라 일상 생활에서 매우 단정하고 정결한 삶을 유지했다. 북한에 가족을 두고 왔기에 평생 독신으로 목회하면서 여성과의 관계를 냉엄하고 철저하게 관리했다. 가령 여성 교인을 만날 때면 꼭 조카를 불러 함께 이야기를 나눴다.

한경직 목사의 제안으로 장로교 총회는 1966년 김계용 목사를 브라질 선교사로 파송했다. 1967년 5월부터 시작한 브라질연합교회 사역은 김계용 목사의 사랑의 지평을 확장시켰다. "당시 브라질에는 2,000-3,000명의 교포가 있었는데 아무런 기반이 없어 불안정한 데다 신파와 구파로 나뉘어 서로 미워하며 헐뜯고 있었다. 서로 결혼도 안 시킨다는 법 아닌 법이 있을 정도였다."[12] 김계용 목사는 "누가 무어라고 오해하든 마음의 상처를 주든 항

---

12 김명순, 『죽어서 더욱 살아 계신 이 김계용 목사』, 59.

변이나 해명 한 마디 안하고 그저 묵묵히 흙먼지를 뒤집어쓴 채 손수 시멘트로 벽을 바르며 성전 공사에 전념했다."[13]

교회 안에서 신파와 구파는 기도하면서 서로 경쟁했다. 건축 헌금도 서로 더 많이 하려고 경쟁했다. 재정은 예산의 두 배가 모였고 그런 가운데 교회는 계속 부흥했다. 새로 지은 3층 예배당이 완공도 되기 전에 꽉 찼다. 1960년대 말, 매 주일 장년 450명, 학생 400명이 모였다. 그는 고백했다.

> 지금 생각하면 브라질 사역이 제 목회 인생에서 정신적으로 제일 괴로웠던 때인 것 같습니다. 오죽하면 3년이 지난 후 포기하고 돌아가려는 생각까지 했겠습니까? 하지만 그곳에서 저는 참는 자에게 복을 주시는 하나님의 은총을 깨달았습니다. 브라질연합교회는 제 마음 깊은 곳에서 생각나는 곳입니다. 그리운 교회와 교인들입니다. 역경에서 맺어진 사랑입니다. 그곳 교회의 성도들은 제가 가장 사랑하는 이들이 되었습니다.

김계용 목사는 나성영락교회에서 목회의 꽃을 다시 피웠다. 1973년 39명으로 시작한 교회는 그가 은퇴한 1989년에 이르러 6,000여 명이 되었다. 매주 참석 인원이 장년 2,400명, 교회학교 1,100명인 대표적인 이민교회가 되었다. 김계용 목사는 복음의 메시지로 갈등을 풀어가는 '피스메이커'(peace maker) 목회를 했다. 인류학자 이광규는 집단 간 반목과 대립을 설명하는 갈등이론(conflict theory)으로 재미 한인 사회를 이해했는데, 그에 따르면 미국에서 민족 간의 경쟁이 심화하면서 공격성이 강화되고 편견과 차별이 가중되며 민족들이 계층화한다.[14] 이처럼 재미 한인 사회는 영어 숙련도와

---

13 김명순, 『죽어서 더욱 살아 계신 이 김계용 목사』, 60.

14 Pierre L. van den Berghe, *Race and Racism* (New York: John Wiley & Sons, 1967), 12; 이광규, 『재외한인의 인류학적 연구』(서울: 집문당, 1997), 108-109.

미국 문화 적응 정도에 따라 신파와 구파로 나뉘고 가치관의 차이로 반목했으며 이는 교회 내의 갈등과 분열로 이어지곤 했다. 그러나 나성영락교회는 달랐다. 김계용 목사는 갈등이론을 넘어 성경적인 피스메이커, 평화이론을 성품으로 보여주었다. 교회는 목회자를 닮는다. 나성영락교회는 분열하지 않고 성장했다.

김계용 목사, 그에게는 높음이 없었다. 차가움도, 날카로움도 없었다. 노함과 분노는 더더욱 볼 수가 없었다. 언제나 집안의 아버지같이, 가까운 스승같이, 혈육을 나눈 형제같이 남녀노소를 막론하고 누구에게나 따듯하고 온유하며 겸손하고 부드럽게 안도감과 평안을 안겨주는 어른이었다. 한평생을 영적인 지도자이자 정신적 지주로서 단 한 순간의 소홀함 없이 6,000명의 영락 대가족을 보살펴주었다. 슬플 때 함께 울고, 기쁠 때 함께 웃고, 어려울 때 함께 기도하고, 힘들 때 함께 고난받는 진정한 목자요, 기둥이요, 스승이었다.[15]

사람들은 언제나 환하게 웃는 김 목사의 영성과 성품을 존경했다. 그는 겸손한 종이었다. 그는 교회 밖에서도 존경을 받았다. 나성영락교회는 각 분야별로 전담 교역자를 두었는데 특히 장애인을 위한 부서는 사역 수준이 매우 높았다. 영어권 2세 교육과 해외선교 부서 역시 눈부신 열매를 맺어 이 기간 동안 영어 예배 회중이 놀랍게 성장했다.

김계용 목사의 목회는 박희민 목사가 후임으로 오면서 다시 한번 빛을 발했다. "박희민 목사는 너그러운 인상과 인자한 모습 등 전임 김계용 목사와 비슷한 점이 많았다. 자그마한 키까지 전임과 똑같다고, 좋은 의미로 화제가 되었다. 이로써 나성영락교회는 평화롭고 무리 없이 전후임이 교체된 좋은 본보기가 되었다."[16]

---

15 김명순, 『죽어서 더욱 살아 계신 이 김계용 목사』, 70-71.

16 김명순, 『죽어서 더욱 살아 계신 이 김계용 목사』, 87.

디아스포라의 사명과 신학교육

인류학자 이광규는 말한다. "세계에 흩어진 한민족에게 세계사는 크나큰 사명을 주었다. 그것은 한민족에게 국제화시대에 유리한 조건을 준 것이요, 국제화시대에 선두를 달릴 수 있는 유리한 환경을 조성해준 것이다."[17] 김계용 목사는 한국교회와 이민교회의 미래를 디아스포라의 선교적 사명으로 해석한다.

> 우리 한민족이 하나님 앞에 잘난 것 없는, 동양의 작은 나라 백성임에도 불구하고 오늘날 기독교가 왕성하게 되었으니 이는 동양과 제3세계에 대한 선민적 사명이 한국교회에 있기 때문이라고 봅니다. 또한 미국에 이민 온 동포들이 열심히 교회를 세우고 예배하고 말씀을 공부하는 등 신앙의 열정을 품는 것은 우연이 아니라, 하나님께서 우리 미주 교포를 선민으로 선택하셔서 우리 본국 교회와 제3세계 교회 간의 다리 역할을 하고 선교적 역할을 감당하게 하시기 때문인 줄로 믿습니다.

그가 생각한 한인 디아스포라의 의미는 선교에 있었다.

김계용 목사는 초대 학감으로서 미주장로회신학대학교(Presbyterian Theological Seminary in America. 이하 '미주장신대')를 세우는 데 주도적인 역할을 하였다. 그는 1978년 김성락 박사가 초대 학장으로 취임할 때 초대 학감을 지냈고, 이후 1980년 2대 학장이 되어 1990년까지 학교 설립과 성장

---

17 이광규, 『재외한인의 인류학적 연구』, 30.

에 큰 기여를 했다.[18] 특히 학교 설립 이념에 결정적인 영향을 미쳤다.[19] 미주장신대 최초의 캠퍼스는 나성영락교회 교육관으로, 나성영락교회는 미주장신대가 목회자와 선교사를 양성하는 데 적극적으로 나서서 도왔다.[20] 현재 미주장신대는 5가지 교육 비전을 갖고 운영되고 있다. 첫째, 양질의 신학 교육, 둘째, 맑고 역동적인 영성교육, 셋째, 글로벌 리더십 교육, 넷째, 인문학적 교양교육, 다섯째, 실제적인 이중언어 교육이다.[21] 6대 총장 이상명은 디아스포라 지역에 세워진 신학교육기관으로서 미주장신대가 존재하는 이유와 선교적 사명에 대해 다음과 같이 이야기한다.

> 미국에는 오랜 전통과 역사를 간직한 유수한 신학교가 많이 있지만 본교는 본교만의 존재 이유와 사명감을 가지고 이민 사회와 교회 그리고 세계선교

---

18 1990년 9월 1일, 박희민 박사가 3대 학장으로 취임하였다. 이후에는 한국 장로회신학대학교 명예총장 서정운 박사(4대)와 한국교회사가 김인수 박사(5대)가 각각 학장과 총장으로 취임하였다.(5대부터는 학장에서 총장으로 직함이 바뀌었다.)

19 미주장신대 6대 총장 이상명은 디아스포라에 세워진 신학교육기관의 선교적 사명을 강조한 김계용 목사의 신학교육정신을 계승하여 미주장신대의 사명을 다음과 같이 밝힌다. "본교는 하나님과 그의 교회, 그리고 복음 전파의 대상인 이 세상에서 효과적인 사역을 감당할 수 있도록 학생들을 철저히 훈련시킴으로써 하나님의 교회를 섬기고 그의 나라를 확장시키기 위해 존재합니다. 해외한인장로회 총회 직영 신학교로서 본교가 지닌 중요한 사명은 경건, 헌신, 학문 탐구, 그리고 복음 실천과 관련된 훈련을 통해 교회와 사회를 섬길 지도자들을 양성하는 것입니다. 본교는 하나님의 부르심에 응답하는 사람들을 예수 그리스도의 복음을 선포하는 전도자로서 그리고 이 땅에서 하나님 나라의 일꾼으로서 헌신된 삶을 살도록 훈련시킵니다. 이를 위해 신학적인 기초를 쌓게 하고 전문적인 사역 훈련과 영적 훈련에 매진하도록 교육시킵니다. 교표(校標)인 '경건과 학문'(pietas and scientia)과 장로교회의 신조들과 해외한인장로회의 헌법에 기초하여 교회와 하나님 나라 건설에 헌신할 수 있는 사역자들을 교육하고 양성함을 사명으로 합니다." 참조. http://www.ptsa.edu/학교안내/설립이념/ (2021. 8. 31. 접속).

20 미주장신대는 '남가주장로회신학교'라는 교명으로 로스앤젤레스 근교 페어팩스에 위치한 나성영락교회 교육관에서 첫 수업을 시작함으로써 개교했다.

21 http://www.ptsa.edu/ (2021. 8. 31. 접속).

현장을 복음으로 섬기는 신학교가 되기 위해 힘찬 도약을 준비하고 있습니다. 본교는 서구 신학의 한계, 즉 한국교회가 가지고 있는 역동적인 영성을 담아내지 못하는 점을 보완하고 또한 한국 신학의 한계, 즉 깊이 있는 신학적 성찰과 전망을 제시하지 못하는 한계를 극복하여 이민목회와 세계선교를 주도하는 학교로 발돋움해야 하는 기로에 서 있습니다. 세계의 중심부라고도 할 수 있는 로스앤젤레스 지역에 위치한 본교는 다문화·다인종 사회에서 복음으로 잘 훈련받는 주님의 일꾼들을 미주 지역을 포함한 전 세계 800만 한인 디아스포라 지역뿐 아니라 열방으로 파송해야 할 사명이 있습니다.[22]

김계용·이진숙 부부와 아들 가족(1990. 8.)

22 http://www.ptsa.edu/학교안내/ (2021. 8. 31. 접속).

'선교'에서 한인 디아스포라의 존재 이유를 찾았던 김계용 목사의 교육 비전은 그가 초석을 놓은 미주장신대의 인재 양성을 통해 지금도 여전히 진행 중이다. 디아스포라 교육자로서 김계용 목사가 남긴 교육 사상과 선교 신학은 181개국에 사는 750만 한인 디아스포라는 물론 전 세계의 선교 현장에 씨알처럼 흩뿌려져 열매를 맺고 있다.

한 알의 밀알

나성영락교회에서 은퇴한 김계용 목사는 자유인이 되었다. 이제 북한에 두고 온 가족을 만날 시간이 되었다. 그는 1990년 8월 평양에 도착했다. 40년간 어쩔 수 없이 헤어져 살았던 아내와 자식을 만난다는 생각에 감격이 벅차올랐다. 여생을 가족과 함께하겠다는 벅찬 꿈도 꾸었다.[23] 드디어 꿈에 그리던 아내를 만났다. 한눈에 알아볼 수 있었다. 아들도 만났다. 얼마 후 북한 당국은 홍동근 목사를 통해 나성영락교회에 다음과 같은 전보를 보냈다. 전문에 따르면 김 목사는 평북 구성시 자홍1동 94반에 사는 부인 이진숙, 아들 김광훈 집을 방문하고 부인, 아들과 동행, 9월 1일 고향인 신의주 남구역 와이동에 사는 형수 집과 부모 묘지를 돌아본 뒤 10시 30분 심장마비로 형수 집에서 사망했다.[24] 북한에서 9월 2일 자로 발송한 전보는 9월 5일에 도착했으며 내용은 다음과 같다.

> 재미 교포 김계용 목사는 평양북도 구성시 자홍1동 94반에 사는 부인 이진숙, 아들 김광훈 집을 방문하고 부인, 아들과 동행하여 9월 1일 고향 신의주

23 김계용은 이북에 가서 아내에게 40년 긴 이별을 사과하고, 할 수만 있다면 아내를 미국으로 데려와 남은 여생을 함께 보내고 싶어했다.

24 "북한 간 재미목사 심장마비로 사망/'신의주 형수집서'," 「중앙일보」(1990년 9월 8일자), 19면.

남구역 와이동에 사는 형수의 집과 부모 묘지를 돌아보고 당일 10시 30분 심장마비로 사망하였음을 알림. 부인과 자식들의 요구로 영구를 고향 부모 묘지 옆에 안치하려 함. 해당 부문에 알려주기 바람. —동포 원호위[25]

40년 만의 감동이 다하기 전에 그는 한 알의 밀알이 되어 죽었다. 그곳에 묻혔다. 못 오시는 님을 그리는 우리 가슴이 아픈 것은 사실이다. 하지만 다 하나님의 경륜 가운데 된 일이기에 이것도 합력하여 선을 이룰 것이다. 부활의 생명이 그와 함께하고 있다. "한 알의 밀이 땅에 떨어져 죽지 아니하면 한 알 그대로 있고 죽으면 많은 열매를 맺느니라."(요 12:24)

김계용 목사는 자상한 아버지 같은 목회자였다. 따뜻한 사랑의 성품을 가진 목회자였다. 그러나 그는 북녘 하늘 아래에 있는 사랑하는 아내와 자식을 기억하며 40년 동안 독신 생활을 했다. "철저한 독신 의지의 결단으로 일관해온 거룩한 삶, 그러기에 사람들은 그를 가리켜 '살아 있는 성자'라 했다. 누가 법을 만들어놓은 건 아니지만 여성이 있는 곳이라면 늙고 젊음을 막론하고 금남의 구역인 줄 알고 감히 방문 한 번 못하고, 단체가 아니면 차마 얼굴을 마주할 기회조차 갖지 않았던 빈틈없는 독신의 장벽은 40년을 헤아려 단 한 번의 구설수도 허용하지 않았다."[26]

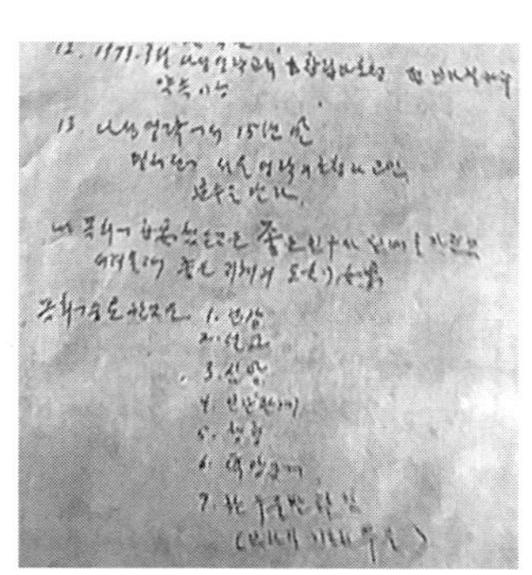
김계용 목사의 친필 메모

25 이진숙 사모는 임종 순간을 이렇게 전했다. "부모 산소에 성묘를 다녀온 후 가슴이 답답하다고 하며 등을 두들겨 달라고 하여 두드려 드렸는데, 점점 몸에 기운이 빠지면서 드러누워 만져보니 수족이 식고 맥박이 뛰지 않았다."

26 김명순, 『죽어서 더욱 살아 계신 이 김계용 목사』, 70.

선한 목자
김계용을 기억하며

사랑과 고독의 나무

1990년 9월 27일, 나성영락교회에서 김계용 목사 추모예배가 있었다. 평생 김 목사와 가까이 지내며 마음으로 대화했던 허영진 목사(오렌지카운티영락교회 원로목사)가 마태복음 27장 46절에 근거하여 "사랑과 고독의 함수관계"라는 제목으로 다음과 같이 추모했다.

> 김 목사님을 추모하면서 새삼 제 가슴에 와 닿는 낱말 하나가 있습니다. 그것은 '고독'이라는 낱말입니다. 아무리 큰 칭호와 빛나는 명예를 김 목사님께 드린다 해도 그가 누구보다도 고독한 인간이요, 고독한 목회자였다는 것은 엄연한 사실로 남습니다. 그리고 나는 왜 그런지 그 고독이 김 목사님을 김 목사님 되게 한 근원이었다는 생각이 드는 것입니다.
>
> 그러면 김 목사님의 생애에서 이 고독은 어떤 의미가 있습니까? …김계용 목사님의 고독은 어떤 고독이었습니까? 그의 고독은 병리적인 고독도, 운명적인 고독도 아닌 제3의 고독이었다고 말하고 싶습니다. 제3의 고독이란 무엇이겠습니까? 그것은 사랑하기 때문에 자초하는 고독입니다. 인간 고독의 극치는 예수 그리스도의 십자가상에서 찾아볼 수 있습니다. "나의 하나님, 나의 하나님, 어찌하여 나를 버리시나이까?" 이 부르짖음은 그리스도의 절대 고독을 보여줍니다. 그리고 이 고독은 인간을 너무나 사랑했기 때문에 주님이 자초하신 고독이었습니다. 병리적인 고독은 인간을 황폐하게 만듭니다. 운명적인 고독은 인간을 체념과 허무의 함정에 빠뜨립니다. 그러나 사랑의 뿌리에서 자라난 고독의 나무는 위대합니다. 거기에 위로와 소망과

은혜와 생명의 열매가 풍성하게 열리는 것입니다.

김계용 목사님은 고독의 주인공이었으나 그의 고독은 우리 주님의 고독을 가장 많이 닮은 고독이었습니다. 그는 하나님을 사랑하고 양떼를 사랑하고 사모님을 사랑했기 때문에 스스로 즐거이 그 고독의 멍에를 짊어지신 것입니다. 그야말로 그의 생애는 사랑의 뿌리에서 자라난 고독의 나무였습니다. 그러기에 우리는 그 나무에서 향기롭고 아름다운 은혜의 열매를 얼마든지 나누어 받을 수 있었던 것입니다. 김 목사님의 귀한 뜻을 기리는 방법이 많을 것입니다. 그러나 그 모든 방법의 근본 정신은 우리 모두가 사랑의 뿌리로 가꾸어낸 그 고독의 나무를 이어받아 누구나 와서 따먹을 수 있는 은혜의 열매를 익게 하는 것이 되어야 할 줄 압니다.[27]

허영진 목사는 우리에게 믿음의 과제를 남긴다. "김 목사님은 세상을 떠나셨으나 그의 믿음이 이 땅에 남아서 우리와 우리 후손에게 계속 말씀할 수 있게 하는 일, 이것이 지금 남은 우리가 해야 할 과제라고 믿습니다." 시인 김문희는 김계용 목사를 추모하여 시 〈죽어서도 살아 계신 이〉를 썼다.[28]

슬프고 험한 시대를 가슴으로 안아내면서
투명한 하늘빛으로 밝혀 한 생애 살다 가신 이가
여기 있습니다.

아픔과 그리움을 이슬처럼 익혀
오히려 위로와 사랑으로 나누어주면서
봄볕처럼 따스하게 살다 가신 이,

---

27 허영진 목사가 "사랑과 고독의 함수관계"라는 제목으로 행한 추모사(1990년 9월).
28 김명순, 『죽어서 더욱 살아 계신 이 김계용 목사』, 135.

믿음은 하늘에 닿고 뜻은 바다처럼 깊었어도
스스로 고고하지 않으시고
가난한 이웃의 친구로 살다 가신 이,

가진 것 없어도 언제나 넉넉하시고
외로웠어도 더없이 기쁘시더니,
십자가의 언덕을 찬송의 시내로 바꾸시고
오늘은 죽어서 더욱 살아 계신 이.

아! 한 많은 한 생애 사루어
어두운 우리 가슴에 믿음의 등불을 주고 가신 이가
여기 있습니다.

잊을 수 없는 사표(師表)

김계용 목사 추모 1주기를 맞아 『김계용 생애 화보집』이 발간되었다. 이 화보집에는 작가 김명순의 다음과 같은 글이 실려 있다.

> 고(故) 김계용 목사님은 우리에게 귀한 발자취를 남기셨습니다. 목회자를 위하여, 분단 가족을 위하여, 부부의 윤리를 위하여 그리고 이민교회사적인 의미에서 그러했습니다. 그의 목회 40년 그리고 분단의 역사 속에서 가족과 헤어져 지냈던 40년의 독신 생활은 생각하는 이마다 가슴 깊이 진리가 무엇인지를 깨닫게 하고 있습니다. 일제강점기의 청소년기부터 하나님께 헌신한 청년기 그리고 6·25전쟁에서 그의 신앙적 행동은 두드러지게 나타났고 그 후 대구 중앙교회, 서울 무학교회, 브라질 상파울루에 있는 연합교회를 거쳐 미국 로스앤젤레스에 있는 나성영락교회에 이르기까지 그의 목회적

성과와 지도자적 성품은 지금도 그를 생각하는 모든 사람에게 잊을 수 없는 사표가 되고 있습니다.[29]

김계용 목사는 눈물을 가득 품은 디아스포라로 살았다. 평안북도 의주군에서 평양으로, 평양에서 서울로, 서울에서 브라질 상파울루로, 상파울루에서 미국 로스앤젤레스로, 로스앤젤레스에서 다시 북한으로 이산가족을 만나러 갔다. 그는 한 알의 밀알이 되어 죽었다. 그리고 많은 열매를 맺었다.

김계용 목사는 인간관계를 소중히 여겼고 브라질연합교회와의 약속을 지켰다. 자신의 역할과 한계를 알았기에 서울영락교회의 초청을 수용하지 않았다. 그는 어려울 때 친구와 선배에게 지혜를 구하는 목회자였다. 그는 덕망 있는 설교자였고, 그의 설교에서는 생수의 강물이 흘러내렸다. 설교를 통해 디아스포라 교육이라는 하나의 우물을 우직하게 팠다.

김계용 목사는 나라 잃은 민족을 사랑했다. 제자들을 사랑했다. 고아와 과부를 돌보았다. 선한 목자가 되어 디아스포라를 품었다. 그의 사랑에는 역사하는 힘이 있었다. 그의 삶에는 잔잔한 감동이 물결쳤다. 위대한 디아스포라 교육자 김계용 목사를 우리에게 선물로 주신 주님께 감사한다.[30]

---

29 김명순, 『죽어서 더욱 살아 계신 이 김계용 목사』, 15.

30 필자는 1989년 9월 9일, 해외한인장로회 서남노회에서 김계용 목사의 설교 "선한 목자"를 듣고 목사 안수를 받았다. 감동적인 순간으로 기억한다.

임동선

11장 생명을 하늘에 맡긴 사람

-**남종성**(월드미션대학교 학부 학장, 신약학 교수)

꿈을 키워준 고향
대부도

모든 사람의 인생은 가치가 있다. 그들의 눈물과 땀, 절망과 희망, 성공과 실패 모두가 소중한 것이다. 그러나 어떤 사람은 생명의 주인이 자신이라고 생각하고, 어떤 사람은 생명의 주인이 하늘에 있다고 믿는다. 우리가 임동선 목사를 주목하는 이유는 그가 자신의 생명을 하늘에 맡긴 사람이었기 때문이다. 임동선 목사의 삶은 어떻게 한 인간이 하늘의 은혜를 입고 그 은혜에 응답하며 살아갔는지를 보여준다. 그 은혜의 여정을 작지만 정성스럽게 나누고자 한다.

임동선은 1923년 11월 13일 경기도 부천군(현재는 부천시) 대부면 동리에서 태어났다. 대부면은 조용하고 아름다운 섬마을이었다. 인천에서 배로 2시간 정도 거리로, 바람이 불면 배가 다니지 않았다. 초등학교도 하나, 경찰서도 하나, 극장은 아예 없어 문화 생활과는 거리가 먼 곳이었다. 동네 사람들은 술을 즐기고 겨울에는 노름을 했다. 술 때문에 세상을 떠난 사람도 여럿 있었다. 이런 곳에서 임동선은 8남매 중 여섯째로 태어났다. 천성이 명랑하고 개구쟁이라 자연에 펼쳐진 산과 들과 바다를 놀이터 삼아 맘껏 뛰어다녔다. 지기를 싫어하여 형님들과 씨름을 해도 꼭 이기려 들었다. 운동회에서는 1등을 도맡아 했다.

임동선 목사

대부도에는 나지막하지만 나무들이 울창한 황금산이 있다. 황금이 매장되어 있다는 설이 있어 붙은 이름이다. 토끼가 유난히 많은 그곳에서 어린 임동선은 겨울방학 때 토끼 사냥을 자주 했다. 황금산은 해발 167m 정도 되었는데 대부도의 최고봉인지라 그는 이 산에 자주 올라 꿈을 키웠다. 산에 오르면 인천 시내가 다 보였다. 큰 도시를 바라보며 보다 큰 세상을 꿈꾸고 인천항에서 장항이나 군산항으로 항해하는 배들을 보며 미지의 세계를 동경했다.

어린 시절 임동선에게 가장 큰 영향을 준 사람은 할아버지였다. 할아버지는 대부도에서 가장 뛰어난 한학자이자 서당의 훈장이었다. 손자의 총기와 명석함을 일찌감치 알아본 그는 서당에 찾아온 댕기 땋은 총각들을 엄하게 교육하는 동안 손자는 더더욱 애제자로 삼아 두 배 이상 공부를 시켰다. 공부한 내용을 외우지 않으면 밥도 주지 않았다. 너무 엄격하여 어린 동선이 '할아버지는 언제 돌아가시나?' 하고 생각할 정도였다.

동선은 여섯 살 때 벌써 『천자문』을 떼었다. 이어서 『동몽선습』, 『명심보감』, 『소학』 등을 엄격한 할아버지 밑에서 제대로 배웠다. 할아버지는 겉으로는 엄했지만 속마음은 손자를 대단히 사랑했다. 대부도에서 큰 인물이 나오기를 원했던 그는 일제강점기 당시 애국자이기도 하여 "대한은 대한인이 되찾아야 한다."라고 했다. 그리고 남이, 임경업, 최영, 이순신 장군 등이 했던 유명한 말을 직접 써서 벽에 붙여놓곤 했다. 자연히 그런 글을 읽으며 어린 임동선은 자신도 장군이 되겠다는 꿈을 꾸었다.

할머니는 이야기꾼이었다. 총기가 좋아 한번 들은 이야기는 잊는 법이 없었다. 게다가 독서광이라 많은 책을 읽었다. 〈수호지〉, 〈삼국지〉, 〈서유기〉, 〈금병매〉, 〈옥류몽〉, 〈춘향전〉, 〈심청전〉 등을 훤히 꿰고 있었다. 할머니는 손자 임동선에게 팔베개를 해주며 자기가 읽은 이야기를 실감나게 말해주었고 어린 동선은 이야기에 빨려들어 할머니에게 말했다.

"할머니, 나는 이다음에 커서 유비처럼 덕이 많은 장수가 될래요."

"오, 그래야지. 그래야 많은 사람을 포용할 수가 있는 거란다. 우리 동선이는 크게 될 거야. 할미는 그것을 믿기에 아무 걱정이 없다."

할아버지는 엄격했지만 할머니의 품은 항상 따뜻했다. 할머니는 어린 임동선에게 무한한 상상력과 자신감을 심어주었다. 임동선의 부모는 평범했다. 아버지는 농사꾼으로 성실하게 살았고, 어머니는 착하고 인자한 분이었다. 가난한 살림을 마다하지 않고 불평 한마디 없이 살았으며 효심도 극진했다. 임동선은 부모님을 통해 어른의 권위를 당연히 인정하고 존중하는 법을 알게 되었다. 희망이 잘 보이지 않는 조용한 섬 대부도에서 그는 큰 꿈을 키워갔다.

하나님의 종으로

임동선이 열일곱 살 되던 1940년, 가정에 큰 변화가 일어났다. 할아버지가 세상을 떠난 지 3일 만에 큰형마저 숨을 거두고 만 것이다. 대동아전쟁 준비에 광분하던 일제는 더 거세게 압박해왔고 가족들은 고향을 떠나기로 결단했다. 북으로, 북으로 가다가 결국 중국 땅 만주까지 갔다. 장백산 자락이었다. 이곳에 움막을 짓고 개간을 하기 시작했다. 산세가 얼마나 험한지 낮에도 산짐승이 내려왔다. 산간 황무지라 1년이 지나도록 외부 사람들을 만날 수 없었다.

어느 날 임동선은 세상 구경을 한다고 춘양에 나갔다. 그때 한복을 입은 젊은이들이 지나가는 것을 보았다. 문득 "대한은 대한인이 되찾아야 한다."라는 할아버지의 말씀이 생각났다. 그의 가슴에는 그야말로 젊은 피가 부글부글 끓어 넘쳤다. 그 길로 간도 특별부대에 자원입대했다. 최고 지휘관은 중국인이고 부대원은 조선 청년들이었다. 그는 몇 달 후 봉천 육군학교에 입학했고 졸업 후 영안 특별부대에서 근무하다가 1945년 해방을 맞이했다.

세상으로 나아간 청년 임동선은 일제 치하에서 고통당하는 조국의 현실을 마주하고는 해방을 위해 만주 벌판을 누비고 다녔다. 그러하기에 조국 광복은 그에게 남다른 의미가 되었다. 생명을 걸고 찾아온 조국이었다. 임동선은 설교에서 종종 세 가지 피에 대해서 말했다. 육신은 어머니의 피 때문에, 공산당과 일본으로부터 얻은 자유는 군인들의 피 때문에, 우리의 영혼은 그리스도의 피 때문에 존재하는 것이라고 말이다.

죽음의 문턱에서 하나님께 붙들리다

해방 후 임동선은 나라를 위해 큰일을 하고 싶었다. 그래서 이념 갈등이 극에 달한 혼란한 정국에 공산주의의 정체를 파악하고자 북한을 방문했다. 그러나 남쪽에서 넘어온 스파이로 몰려 체포되고 말았다. 그는 만주에서 독립군으로 활동한 자신을 선처해줄 것이라 기대했지만 오산이었다. 험악하게 끌려가 한 시간 정도 몽둥이로 두들겨 맞고 결국 실신했으며 3일 뒤에는 인민재판을 받았다.

"친애하는 인민 동지 여러분, 이곳을 염탐하러 온 반동분자 이 사람을 어떻게 할까요?"

"사형에 처해야 합니다."

"죽이시오, 죽여요!"

"좋소. 동무들의 열화와 같은 의견을 받아들이겠소. 남조선 스파이 임동선을 사형에 처하도록 하겠소."

사형선고를 받고 감방으로 돌아온 임동선은 억울함과 두려움에 떨었다. 미친 세상이 아니면 이런 일이 일어날 수 없다고 생각했다. 벽에 머리를 박고 주먹으로 벽을 때리며 몸부림을 쳐봤지만 자신의 생명을 구해줄 수 있는 사람은 단 한 명도 없었다. 그때 집안에서 유일하게 예수를 믿는 넷째 형 임수열 전도사가 생각났다. 그가 전해주던 성경 구절도 기억이 났다. 그는 하나님께 무릎을 꿇었다.

'하나님! 만일 하나님이 살아 계시다면 나를 살려주십시오. 나를 살려주신다면 우리 형님처럼 신학 공부를 하고 형님과 같이 하나님의 일을 하겠습니다. 거짓 없는 제 중심의 말입니다, 하나님.'

이런 간절한 기도에 하나님은 다음과 같은 음성으로 말씀하셨다.

'동선아, 안심하거라. 너는 결코 죽지 않는다. 너는 나의 종이 될 것이다.'

알 수 없는 평안이 밀려왔다. 이제까지 경험하지 못한 영혼의 안식이었다. 깊은 잠에 빠졌다가 다음 날 아침에 일어나니 깨질 것 같던 머리가 맑아지고 몸도 개운했다. 군인 두 명이 들어와 임동선을 어디론가 끌고 갔다. 그곳은 바로 김일성의 집무실이었다. 그런데 놀랍게도 만주에서부터 알고 있던 김성환이라는 분이 함께 있는 것이 아닌가. 그는 김일성의 최고 정치고문으로 일하고 있었다. 김성환은 김일성 앞에서 임동선을 변호해주었고 김일성은 너털웃음을 터뜨리며 이렇게 말했다.

"동무, 나는 동무 같은 훌륭한 청년이 필요하오. 평양역 앞에 있는 인민위원회에서 동무의 역량을 과시해주시오."

다 죽어가던 목숨이 살아나는 순간이었다. 그러나 김일성과 함께 일할 수는 없었다. 조국을 분탕질한 몹쓸 자라는 걸 잘 알고 있었기 때문이다. 이러지도 저러지도 못하고 있을 때 지혜가 떠올랐다.

"이 사나이의 생명을 살려주신 은혜를 어찌 잊을 수 있겠습니까? 그러나 저는 젊습니다. 이곳에서 일하는 것도 중요하지만 서울대학교의 백남훈 교수 밑에서 경제학을 공부하고 돌아와 나라를 위해 충성하고 싶습니다."

임동선의 말에 두 사람은 크게 놀라며 칭찬을 해주었다.

"생각이 곧고 귀한 청년이구먼. 그래요. 부디 백 교수로부터 잘 배우고 돌아와 나를 도와주시오. 내가 기다릴 것이오."

김일성은 흔쾌히 허락하면서 비서에게 명령했다.

"이 동무래 38선을 무사히 넘어갈 수 있도록 증명서를 하나 써주라우."

비서는 증명서를 발급해주었다. 이렇게 하여 임동선은 38선을 넘었다. 38선을 넘자마자 그는 김일성이 써준 증명서를 박박 찢었다. 하나님은 청년 임동선을 죽음의 문턱까지 이끌어가셨다. 생명이 자기 것 아님을 철저히 깨닫게 하셨다. 죽음 앞에서 그는 하나님을 찾을 수밖에 없었다. 아니, 하나님께서 그를 항복시키셨고 그는 하나님께 붙잡혔다.

회심, 새롭게 태어나다

38선을 넘은 임동선은 하나님께 약속한 대로 신학을 하기로 결심했다. 당시 서울신학교에서 공부하던 넷째 형님 임수열 전도사를 만나 기쁨의 상봉을 하고 곧 신학교 입학 절차를 밟았다. 세례를 받은 후 시험에 합격해 서울신학교에 들어간 것이 1946년, 그의 나이 23세 때였다.

입학식 후 5일간 신학교에서는 김응조 목사가 주강사로 나선 심령부흥회가 열렸다. 임동선은 부흥회라는 집회에 처음 참석했다. 설교를 들으며 처음 받은 인상은 '그 목사, 참 말 잘한다.'였다. 이어서 '저렇게 고래고래 소리를 지르다가 목이 쉬지는 않을까?'라는 걱정이 들었다. '저렇게 땀을 비오

듯 쏟으면서 설교를 하면 사례를 얼마 정도 받을까?'라는 궁금증도 일었다. 생각이 꼬리에 꼬리를 물던 중 이번에는 '강사 목사님이 나한테 이야기하는 것 같다. 형님이 저분에게 내 과거를 다 알려주었는가 보다.'라는 생각이 들었다. 그러더니 갑자기 죄의식이 밀려오면서 도저히 몸을 움직일 수 없었다. 부흥회는 저녁 늦게 끝났다. 학생들은 모두 돌아갔지만 임동선은 도저히 일어날 수가 없었다. 숨을 쉰다는 것 자체가 두렵고 떨렸다. 그대로 엎드려 밤을 새워 기도했다.

"주님, 저는 죄인입니다."

한밤중에 밝고 환한 빛이 그의 마음에 비춰졌다. 옛일들이 파노라마처럼 떠올랐다. 낯 뜨거워 고개를 들 수 없었다. 하나님이 비춰주시는 밝은 빛 아래에서 자신이 참으로 천하에 더러운 죄인 중의 죄인임을 깨달은 그는 눈물과 콧물이 뒤범벅되도록 아프게 울었다. 하나님 앞에서 죄목을 하나하나 아뢰며 용서를 구했다. 밤을 새우고 나니 어느덧 새벽기도회였다. 강사 목사님은 철저히 회개할 것을 강권했다. 그리고 회개 간증할 사람은 하라고 했다. 학생들이 하나둘 간증을 시작했다. 임동선도 자리에서 벌떡 일어났다. 수많은 학생들의 눈이 그에게로 쏠렸다.

"나는 오만하고 무례했습니다. …하나님을 무력한 존재로 깔보고 예수 믿는 사람들을 경멸했습니다. …나는 죄인 중에 괴수입니다."

부끄러움이 담긴 그의 간증이 끝났을 때 강당은 학생들의 박수 소리로 떠나갈 듯했다. 새벽기도회를 마치고 밖으로 나왔다. 맑고 신선한 바람이 얼굴을 스쳤다. 무척이나 행복하게 느껴졌다. 입에서는 찬송가가 저절로 흘러나왔다.

지게꾼 고학생

자립심이 강한 임동선은 신학교를 다니는 데 필요한 모든 비용을 스스로 해결하기로 결심했다. 그는 지게꾼 일을 선택했다. 해방 직후에는 버스나 택시가 없었기에 짐을 운반해줄 사람들이 필요했다. 그는 지게를 구입하여 서울역에서 일을 시작했다. 쌀가마니나 과일박스를 등에 지고 오랜 시간 고갯길을 넘을 때면 너무 힘들어 포기하고 싶은 심정이 들곤 했고 수차례 실신도 했다. 임동선은 지게꾼 생활을 하면서 노동이 신성하다는 사실을 몸소 깨달았다. 배고픔이 얼마나 큰 고통인지를 경험해보니 밥을 먹을 수 있다는 것 자체가 복이었다. 노동에는 고통이 필연적으로 따르지만 이를 통해 인간이 성숙해지니 노동이 얼마나 귀한가!

임동선은 지게꾼 생활을 하면서도 공부하기를 멈추지 않았다. 짐을 모두 나른 후 한밤중이 되어 길거리에 인적이 드물어지면 대로에서 마음껏 소리치며 설교를 연습했다. 그러다 유치장에 끌려가기도 했으나 어떠한 상황이나 환경도 배움에 대한 그의 열정을 멈추게 할 수 없었다. 그는 역경이 있든, 즐거움이 있든 모든 삶의 장소가 하나님의 사람으로 만들어지는 훈련의 장소임을 일찍부터 깨달았다.

이성봉 목사와의 만남

임동선은 예수님과 사도 바울의 삶을 인생의 모토로 삼았다. 또한 동시대를 살아간 이성봉 목사의 영향도 많이 받았다. 이성봉 목사는 한국의 무디(D. L. Moody)라고 불린 설교자이다. 임동선은 신학교 1학년이던 1946년에 이 목사를 처음 만났고 이듬해부터 그와 순회 전도를 함께했다. 가까이에서 삶을 같이하며 인격적인 감화를 받고 특별히 그의 설교에 영향을 많이 받았다. 이성봉 목사의 능력 있는 복음적 설교에 사람들이 회개하고 예수께로 돌아오는 모습을 보며 큰 감동을 받은 것이다.

임동선 목사는 이성봉 목사로부터 기도 생활, 말씀 생활, 복음 전도의 생활, 성결하고 성령 충만한 생활, 교파를 초월한 목회관 등을 그대로 이어받았다. 이성봉 목사만큼 자신에게 큰 영감을 준 사람은 없다고 했는데, 그의 영향을 받아 전도 열정이 얼마나 컸던지 결혼식을 하기 전날까지 친구와 함께 강원도 순회전도를 하다가 태백산을 넘어 처가가 있는 경북 예천에 와서 결혼식을 올릴 정도였다. 훌륭한 스승을 만난다는 것은 복이다. 임동선 목사가 한국 기독교 역사의 훌륭한 스승인 이성봉 목사를 만난 것은 하나님의 큰 섭리였다. 신앙생활의 뿌리가 부실하고 기초가 부족했던 백지 같은 임동선에게 이성봉 목사는 신앙과 목회의 아름다운 밑그림을 완벽하게 그려주었다.

오대산에서 받은 성령의 불

임동선은 고학생으로 지게꾼 생활을 하면서도 기도와 말씀 읽기를 게을리하지 않았다. 동틀 녘에는 새벽예배에 나가 기도하고 밤이 오면 어두운 강당에 들어가 기도했다. 시간만 나면 삼각산과 관악산에 올라가 산기도도 했다. 한번은 졸업을 한 학기 앞둔 여름방학 때 기숙사에서 함께 생활하는 친구와 먼 길을 떠나 기도하기로 했다. 목적지는 강원도 오대산으로 정했다.

오대산에는 상원사라는 절이 있다. 이곳은 우리나라에서 가장 오래된 국보 36호 동종(구리종)이 보관되어 있는 곳이기도 하다. 상원사에 도착한 그들은 스님에게 자신들이 방문한 이유를 설명하고 머물 수 있는 방 하나를 부탁했다. 스님은 친절하게 암자 하나를 내주었다. 이 암자는 본채와 떨어져 있어 큰 소리로 찬송을 하고 고래고래 소리를 질러도 괜찮았다. 일사각오를 하고 금식기도를 시작했다. 그러다 6일째 되던 날, 극심한 허기가 몰려오고 물이 바뀌어서인지 살도 퉁퉁 부어올랐다. 마귀의 속삭임이 들렸다.

'부질없는 짓이야. 괜한 고생 하지 말고 하산해. 교역자가 되면 금식기도 할 일이 많을 텐데 왜 사서 이 고생을 하고 야단인가?'

귀 기울이지 않으려 했지만 마귀의 유혹은 집요했다. 그의 눈은 자꾸 선

이성봉 목사(가운데)와 임동선 목사(뒷줄 오른쪽)

반을 향했다. 그곳에는 비상식량인 미숫가루가 놓여 있었다. 그는 배가 고파 덜덜 떨리는 손을 자신도 모르게 미숫가루 봉지 속으로 넣었다. 보는 사람이 아무도 없었다. 친구에게 들킬까 봐 재빨리 미숫가루를 수저로 떠서 입에 넣었다. 그렇게 맛이 좋을 수가 없었다. 천하를 얻은 기분이었다.

그러나 그 순간도 잠시, 자괴감이 몰려들었다. 슬픔이 온몸을 감쌌다. 금식 서원을 지키지 못했을 뿐 아니라 같이 간 친구 몰래 미숫가루를 훔쳐 먹었다는 죄책감이 그를 짓눌렀다. 먹은 미숫가루를 토해내려고 손을 넣어 구역질을 해댔다. 그러나 소용없는 일이었다. 자신이 한 짓이 허망하여 걷잡을 수 없이 눈물만 터져 나왔다. 그러다 정신이 들었다. '이미 엎질러진 물인데 어떻게 쓸어 담을 수 있단 말인가?' 이런 생각을 하면서 그는 밖으로 뛰어나와 시원한 공기를 들이키며 하늘의 총총한 별들을 바라보았다. 별들이 자신을 위로해주는 것 같았다. 그때 깊은 곳에서 고백이 터져 나왔다.

'오, 주여, 나를 용납하소서. 나약한 죄인입니다.'

이때 하나님의 음성이 들려왔다.

'너만 나약한 것이 아니다. 모든 인간이 하나같이 나약한 존재이다.'

그때 '훅' 하는 더운 기운이 밀려오면서 가슴이 뜨거워졌다. 엿새를 굶어 기분이 이상해진 걸까 싶었지만 알 수 없는 기쁨이 마음속에서 샘솟았다. 그날 저녁 그는 방에 들어가 다시 기도에 힘썼다. 전심으로 기도하는데 갑자기 방에 불이 가득했다. 불은 아궁이에서 굴뚝으로, 굴뚝에서 아궁이로 힘 있게 움직이고 있었다. 석유를 몇 통 부어 활활 타오르는 광경이었다. 그는 한동안 이 불 속에서 지냈다. 불길이 그토록 거세게 임하는데도 옷이 타지 않고 살도 데지 않았다. 뜨거운 성령을 체험한 것이다. 이는 임동선의 생애에서 가장 극적인 체험일 뿐 아니라 그의 삶과 사역을 붙들고 승리로 이끌어준 놀라운 사건이었다.

환상 체험

1948년 여름방학 때 임동선은 이성봉 목사를 따라 강원도 순회집회를 따라다니며 전도를 했다. 집회가 끝나 서울로 돌아오려는데, 이성봉 목사가 진부에 좀 더 머물러 있으라고 했다. 그곳에 목회자가 없으므로 잠시나마 그들을 돌보라는 당부였다. 임동선은 말씀에 순종하여 그곳에 남았다. 저녁에 기도를 하고 피곤한 몸을 쉬기 위해 자리에 누웠다. 그런데 눕자마자 교회가 흔들리며 그의 몸이 둥둥 떠올랐다. 잠든 상태가 아니었고 눈은 뜨고 있었으며 분명 의식도 있었다. 몸이 계속 위로 떠올랐고 한참 후 그는 어떤 곳에 도착했다.

천사가 오른쪽을 보라고 했다. 시선을 그쪽으로 향하니 요한계시록 21-22장에 기록된 천국이었다. 지상에서 볼 수 없었던 아름답고 빛나는 도성이었다. 그 다음에는 천사 몇 명이 그를 어두운 세계로 끌고 가 창고의 문을 열었다. 냄새 나고 연기가 가득한 그곳에 두 눈이 빠진 나체 상태의 남녀가 있었다. "여기가 어디냐?" 하고 물어보니 천사는 "세상에서 눈으로 죄지은 자들을 가두는 곳이다."라고 대답했다. 두 번째 창고의 문이 열렸고 그곳에는 팔이 잘린 사람들로 가득했다. 여기가 어디냐고 다시 물으니 그곳은 세상에서 손으로 죄지은 자들을 가두는 곳이라고 했다. 세 번째 창고에는 남녀가 나체로 있었는데 배꼽을 중심으로 살이 열십자로 째져 있어 창자가 흘러나왔다. 이곳은 어디냐고 또 물었다. 천사는 "간음죄를 지은 자들을 가두는 곳"이라고 말했다.

대답이 떨어지자마자 임동선은 벌떡 일어났다. 온몸에 땀이 흘렀다. 그는 정신없이 기도했다.

'오, 나의 하나님이여! 제게 왜 이런 것들을 보여주십니까?'

고요한 음성이 들려왔다.

'너는 전도자가 되려고 신학을 공부하는 사람이지? 이 사실을 똑똑히 알고 전도하라!'

그 후 이 환상 체험은 임동선 목사의 사역에 지대한 영향을 미쳤다. 어떤 유혹이 와도 물리칠 수 있는 교훈을 얻게 된 것이다. 임동선 목사는 자신의 영적 체험만이 최고라고 생각하지 않았다. 하나님이 각 개인에게 역사하시는 방법은 다르다고 생각했다. 그렇지만 체험적 신앙이 중요하다는 것을 많이 강조했다. 특별히 사역자들에게는 영적 체험이 필수적이라며 힘써 구할 것을 당부했다. 또한 이런 체험과 더불어 말씀의 능력과 덕성을 길러야 한다고 강조했다.

결혼과
목회

인생의 반려자 임재순 사모

임동선은 1948년 1월 9일 임재순과 결혼식을 올렸다. 임동선은 신학대학에 다니던 고학생이었고, 임재순은 대구의 신명여학교를 졸업한 후 초등학교 교사로 봉직하고 있었다. 세상의 기준으로 보면 한쪽으로 기울어진 결혼이라고 볼 수 있었다. 그러나 임재순의 어머니 장갑성 권사는 신앙의 사람이었다. 모든 것을 믿음의 눈으로 보았다. 임재순은 임동선에게 하늘이 주신 선물이었다. 임동선의 부족한 부분을 완벽하게 채워주었다. 교인들을 돌보느라 여념 없는 남편을 대신해 가정 살림과 자녀교육을 도맡아 했으며 남편이 개척교회 목회나 군목 사역을 할 때 늘 곁에서 최선을 다해 기쁨으로 내조했다.

미국에 이주해 와서도 집안 생활을 책임졌다. 봉제공장에서 미싱을 돌리던 임 사모는 남편의 성공이 자신의 성공이요, 자녀들의 성공이 자신의 성공이라 생각하면서 초과 근무도 마다하지 않았다. 휴가 때도 다른 곳에서 일을 하여 조금이라도 경제에 보탬을 주고자 했다. 사모가 일하지 않으면 가족들의 삶이 유지될 수 없었다. 종아리가 붓도록 화장실 가는 것을 참아가며 열심히 일했다. 미국에 새로 온 사람들이 자립할 수 있도록 그들에게 미싱을 가르쳐주기도 했다. 이들 중 봉제 공장 사장이 된 사람도 있었다. 임 사모는 미국에 잘 정착하는 이들을 보며 큰 보람과 기쁨을 느꼈다.

개척한 교회는 날로 부흥했다. 그렇지만 가정 경제는 임재순 사모가 계속 책임질 수밖에 없었다. 12년 동안 미싱을 돌리고 있던 어느 날, 그녀는 오전에 쉬는 시간을 알리는 벨이 울리자 자리에서 일어났다. 그런데 갑자기 발이 움직여지지 않았다. 눈앞이 뿌옇게 흐려지면서 왼손이 뻣뻣하게 굳어졌다. 구급차에 실려 병원으로 이송된 그녀의 나이는 56세였다. 임재순 사모는 누구보다도 올곧고 알차게 인생을 살아왔다. 누구에게도 부끄럽지 않은 인생을 살아왔다고 자부할 수 있었다. 그러나 질병을 통해 그녀는 처절한 고난과 외로움을 경험했다. 조롱 섞인 말, 상처 되는 말을 들어도 변명하거나 자존심을 세울 수 없었다.

임재순 사모는 눈을 감고 지난날을 더듬어보았다. 예수를 잘 믿는다고 자부해왔지만 죽음의 문턱이라는 절박한 순간에 하나님 앞에서 부끄러움이 엄습해왔다. 그녀는 허점투성이인 자신을 발견하고 하나님을 더욱 꼭 붙들었다. 이내 하나님의 함께하심이 느껴지면서 세상 잡념이 사라졌다. 마음이 평안하게 잦아들었다. 만약 하나님이 살려주시면 후회 없는 삶을 살 것이라고 다짐했다. 이후 임재순 사모의 병세는 호전되었다. 고향을 방문하기도 하고 남편과 함께 남미 선교여행, 동남아 선교여행, 성지순례를 다녀오기도 했다.

희생은 한 알의 밀알과 같은 것이다. 밀알이 땅에 심겨져 죽지 않으면 열매를 맺을 수 없다. 임동선 목사의 삶을 돌아보면 많은 열매가 맺혀 있다. 그러나 이 열매들은 거저 맺힌 게 아니다. 한 알의 밀알처럼 땅에 심겨져 죽는 헌신이 있었기에 가능했다. 그리고 그 헌신은 임동선 목사 개인만이 아니라 가족들의 희생이기도 했다. 임재순 사모의 헌신은 마음이 시리도록 아프다. 눈물겹도록 안타깝다. 범접할 수 없을 만큼 맑은 사랑의 이야기이다. 그런 희생과 헌신의 삶이 어디에서 왔을까? 바로 하나님의 인도하심이었다. 화려하고 편안한 삶을 바라보기보다 주님을 위해 한 목숨 바치겠다는 그 헌신은 하나님으로부터 온 마음이었기에 가능했다.

공군 군목 시절

부산 피난 중 총회에서 안수를 받은 임동선은 부산 동래온천교회에서 목회를 했다. 부임해서 첫 예배를 드리는데 참석 교인이 15명이었다. 당시 교회는 적산가옥(패망한 일본인 소유의 주택) 2층을 세내어 예배를 드리고 있었다. 매주 교인이 늘어 건물 전체를 매입하게 되었고, 이때 부산으로 옮겨온 서울신학교도 동래온천교회에 자리를 잡았다. 이제 막 안수를 받은 임동선 목사는 매주일 신학교 교수들 앞에서 설교하는 특권을 누리게 되었다. 교수들은 임동선 목사에게 장차 큰 나무가 될 것이라고 칭찬을 해주었다. 이곳에서 2년 반 목회를 하는 동안 교인은 350여 명으로 늘어났다.

서울 시내의 여러 교회에서 담임목사 청빙을 해왔다. 안정되고 큰 교회들이었다. 이때 여주성결교회의 어느 여집사가 찾아와 여주로 다시 와달라고 했다. 여주성결교회는 임동선이 신학교를 졸업하고 처음으로 목회한 곳이다. 그는 서울로 가기를 포기하고 여주로 돌아갔다. 때는 1953년 9월이었다. 가보니 번듯하던 교회 건물은 사라지고 피땀 흘려 세운 종각도 자취를 감췄다. 임동선 목사가 다시 부임해왔다는 소식에 흩어져 있던 성도들은 기쁨으로 환호하며 모여들었다. 피난길을 같이하면서 죽음의 고비를 수없이 넘긴 생명의 동지들이었다.

여주성결교회에 다시 부임한 지 5개월 정도 지났을 때 군대 소집 영장이 나왔다. 교회는 발칵 뒤집혔다. 동네의 유지들까지 나서서 징집을 보류해달라고 청원했다. 그러나 임동선 목사는 국가의 명령이니 주저 없이 따르겠다는 입장이었다. 마침 교단 본부로부터 연락이 왔다. 임 목사를 군목으로 추천한다는 것이었다. 그는 이왕 군 복무하는 것, 군목 사역과 병행해도 보람되겠다는 생각을 하고 1954년 5월 15일 공군군목학교에 입대했다. 6개월간의 고된 훈련을 마친 임동선은 공군 중위로 임관하여 경남 사천 비행기지로 배속되었다. 젊은 청년들에게 복음을 전해야 나라에 희망이 있다고 생각했기에 군 선교에 최선을 다했다. 비행 훈련 중 불의의 사고로 죽어가는 젊은 이들을 볼 때면 뜨거운 눈물을 많이 흘렸다. 도의 선양이나 사상 무장을 위한 강연, 구치소 심방, 병원 심방, 구제 사업, 대민 봉사, 특별 집회 등을 바쁘게 다니며 코피가 터지도록 사명을 감당했다.

사천에서 3년간 근무한 임동선은 1959년 9월 1일부로 소령으로 진급, 서울 공군본부로 전속하게 되었다. 한 달 후에는 공군 군목실장이 되었다. 그리고 약 2년 반이 지난 1962년 3월 1일, 대령으로 진급하면서 초대 군종감이 되었다. 그는 군에서도 솔선수범하여 많은 사람들의 존경을 받았다. 군목으로서 사병들의 사상교육과 정신 무장에 힘을 보태고 더불어 많은 위로와 격려를 제공했다. 무엇보다 복음의 능력을 설파했다.

공군 창립 기념예배를 여의도 공군본부 군인교회에서 드리게 되었다. 이때 이승만 대통령도 참석했다. 평소 같으면 전혀 얼굴을 보이지 않던 삼군총장을 비롯하여 고급 장교들과 국회의원들까지 참석하여 교회는 입추의 여지가 없었다. 이윽고 예배가 시작되었다. 임동선 목사는 이사야 6장 1-11절을 본문으로 "부름받은 이사야"라는 제목의 설교를 시작했다. 성경 본문을 설명한 다음 우리나라의 현 상황이 이사야 당시의 상황과 유사하다고 언급하면서 이런 상황에서 우리나라가 해야 할 게 무엇이냐는 질문을 던졌다. 그러고는 이 대통령을 가리키면서 외쳤다. "이사야가 먼저 회개함으로써 도탄에 빠진 국가를 건져냈듯이 저 경무대부터 철저히 회개해야만 이 나라에 하나님의 복이 임하고 살길이 열릴 것입니다."

그때 대통령의 표정에 미세한 변화가 일었다. 참모총장을 비롯하여 함께 모인 사람들은 젊은 목사가 끝장났다고 생각했다. 임 목사는 예배를 마치고 인사를 하기 위해 교회 입구에 섰다. 대통령이 제일 먼저 출구로 나왔다. 그는 임 목사의 손을 꼭 쥐면서 말했다.

"임 목사, 내가 오늘 모처럼 좋은 설교를 들었소이다. 부디 오늘 같은 설교를 방방곡곡에 다니면서 외쳐주시오."

대통령은 노안에 미소를 머금고 떠나가면서 손까지 흔들어주었다. 걱정하던 많은 사람도 이 광경을 보고 젊은 목사의 용기와 담대함에 큰 감명을 받았다. 이 일은 널리 회자되면서 임동선 목사의 목회자상이 사람들에게 각인되는 계기가 되었다. 임동선 목사는 후회 없이 열정적으로 사역하다가 1964년 12월 30일 11년간의 군 생활을 마감했다. 사회에 나가서도 군목 시절에 그와 함께했던 사람들은 여전히 임 목사를 존경하며 목회와 선교의 동역자가 되어주었다.

미국 유학과 목회

군종감까지 지내고 제대를 하자 여러 곳에서 청빙을 해왔다. 그러나 배움에 대한 열망은 여전했다. 아내에게는 면목이 없지만 지금이 아니면 기회가 없을 것 같았다. 아내도 남편이 배움을 이어가는 것에 찬성하고 동조해주었다. 남편이 유학하는 동안 자신이 한국에 남아 자녀교육과 가계를 책임져야 했지만, 그래도 남편의 꿈을 위해 기꺼이 헌신하기로 한 것이다.

1965년 5월 19일, 비행기를 타고 미국으로 출발했다. 동양선교회(Oriental Missionary Society, OMS) 선교사로서 일평생 한국에서 사역하다가 모국으로 돌아간 길보른(E. Kilbourne)과 헤인스(P. Haines) 선교사가 공항에 나와 반가이 맞아주었다. 임 목사는 두 달 동안 동양선교회에 근무하는 케이픈(Capen) 씨 집에 머물렀다. 미국에 올 때 수중에는 150달러가 전부였다. 시간이 지나면서 재정은 고갈되기 시작했다. 3명 합숙에 22달러 하는 싸구려

기지교회를 방문한 이승만 대통령 내외와 임동선 목사(왼쪽에서 네 번째)

하숙집에서 지냈다. 화장실도 없고 오븐은 물론 냉장고나 옷장도 없었다.

후배 목사가 파커앤선(Parker & Son)이라는 대형 인쇄소에서 근무하다가 공부하기 위해 동부로 떠나게 되었는데, 임 목사에게 그 일자리를 소개해주었다. 젊은 사람도 감당하기 어려운 중노동을 요하는 곳이었다. 첫날부터 열심히 일했다. 목사라는 타이틀, 군종감이라는 계급, 나이 등을 다 내려놓았다. 그러나 일은 언제나 고되었다. 한 층을 올라가는 데 1분도 걸리지 않는 엘리베이터 안에서 큰 대(大) 자로 누워 피로를 풀기도 했다. 육체적인 노동도 힘들었지만 더 힘든 것은 한국에 두고 온 가족들 생각이었다. 가정 경제를 책임지며 희생하고 있는 아내를 생각하면 미안함과 그리움이 밀려왔다. 자녀들이 고국에서 어렵다는 편지를 보내올 때마다 왈칵 울음이 쏟아지고 자책감이 들었다. 그는 이렇게 오래 떨어져 지내는 건 좋지 않겠다는 생각이 들어 가족들을 미국으로 초청했다.

임동선은 만 2년 만에 가족들과 로스앤젤레스 국제공항에서 기쁨의 상봉을 했다. 가족들은 임동선이 생활하는 집에 도착했다. 썰렁한 방에 침대가 덩그러니 놓여 있고 그 밖에 낡은 소파 한 개가 살림의 전부였다. 허술한 방 한구석에서 향기가 풍겨 나왔다. 남편이 아내 맞이하는 마음을 전하려고 정성스럽게 탐스럽고 향기로운 흰 꽃 한 아름을 가져다놓은 것이다. 아내는 남편이 얼마나 혼자서 외로웠을까 하는 생각이 들자 한쪽 가슴이 무너져 내리는 것 같았다. 콧날이 시큰해졌다. 본격적인 미국 이민의 삶이 시작되었다. 큰아들은 한국에 두고 왔고, 큰딸은 고등학교에, 작은딸은 초등학교 6학년에, 막내아들은 초등학교 4학년에 입학시켰다. 그리고 남편은 인쇄소에 다니고 아내는 유대인이 경영하는 봉제 공장에서 바느질을 시작했다.

임동선은 포모나에 있는 북침례신학교에 입학했다. 생활비는 아내가 맡기로 하고 남편은 파트타임으로 옮겼다. 임동선은 아침 일찍 아내를 다운타운 공장에 데려다주고 50km 떨어진 포모나로 달려가서 공부를 했다. 그리고 돌아오는 길에 인쇄소에서 일을 한 뒤 저녁에 아내를 태우러 갔다. 강의 내용을 녹음하여 밤늦게까지 계속 들어가며 복습했다. 고속도로에서는 졸음을 이기기 위해 허벅지를 꼬집고 머리카락을 뽑고 뺨도 치고 고래고래 소리를 질러가며 무던히도 자신과 싸워야 했다. 몰려드는 졸음을 이기지 못해 죽을 뻔한 일도 여러 번 있었다.

이렇게 땀을 흘리며 노력한 결과 1970년 6월 30일 임동선은 신학석사 학위를 받았다. 입학한 지 3년 만의 쾌거였다. 북침례신학교는 학생 부인들에게 명예 신학석사 학위를 수여했다. 임재순 사모도 그 학위를 받아 하늘을 나는 기분이었다.

동양선교교회 창립

1970년 7월 29일, "선교, 교육, 봉사"라는 목적으로 로스앤젤레스 아이롤로 스트리트(Irolo St.)에 있는 임동선 목사의 집에서 동양선교교회가 시작되었다. 첫날 모임에 장년 15명, 어린이 15명으로 모두 30명이 예배를 드렸다. 그

1969년 북침례신학교 재학 시절, 성지순례 후 로스앤젤레스 국제공항에서 가족과 함께

날 헌금 액수가 435달러였는데, 전부 조국의 농어촌 교회에 선교비로 보냈다. 피아노 반주는 큰딸 승혜가 맡았고, 작은딸은 2층에서 아이들에게 성경 말씀과 노래, 율동을 가르쳤다. 사모는 작은아들과 같이 집 안을 정돈하며 커피를 끓였다. 한국에서 고등학교를 졸업하고 미국에 온 큰아들은 주일에 교인들을 태워 교회로 데려왔다. 임 목사 가족은 주일마다 하루 종일 집을 개방하고 저녁에는 다시 집 안을 청소한 뒤 하나님께 감사의 예배를 드렸다.

동양선교교회는 개척 3개월 만에 90명이 넘는 규모로 성장했다. 장소가 좁아 웨스트 산타바바라에 있는 백인 침례교회 2층 교육관으로 이전했다. 거리가 멀어지고 예배 시간도 오후 1시로 변경되었지만 교인들은 불평하지 않고 열심히 신앙생활을 했다. 어느새 교회 식구는 120명으로 늘어나 예배당 바깥 계단까지 서서 예배를 드려야 했다. 더 넓은 예배 처소를 다시 구하지 않으면 안 되었다. 이번에는 크렌쇼(Crenshaw)에 있는 남가주치과협회 건물을 사기로 했다. 이 건물은 2층으로 되어 있고 적어도 200명은 수용할 수 있었다. 밤새 눈물로 하나님께 간구할 때 건물 구입은 현실이 되었다.

임동선 목사는 청소와 심부름, 차량 운행뿐 아니라 교회에서 밤낮없이 거의 살다시피 지내며 온갖 일을 돌봤다. 약 6개월 후에는 성도가 200명에서 300명으로 늘었다. 예배를 1, 2부로 나눠 드리게 되었고 2층 중고등부실도 좁아졌다. 크렌쇼에서 빚을 갚자마자 다시 교회를 옮겨야 할 상황이 된 것이다. 또다시 전쟁이었다. 교회는 웨스턴에 있는 랄프스 마켓을 구입하기로 결정했다. 크렌쇼 건물을 구입한 지 3년 만이었다. 랄프스 마켓의 매매가는 62만 5,000달러에 이르렀다. 12만 5,000달러를 먼저 지급하고 나머지 50만 달러는 15년 동안 매월 4,500달러씩 갚는 조건으로 계약을 했다. 대지는 1,700평, 수용 인원은 1,500명이며 주차는 130대가 가능했다.

미국에 사는 이민자들은 늘 피곤에 시달리며 지쳐 있었다. 임동선 목사는 고단한 육체와 메마른 영혼들에게 위로와 희망의 메시지를 전달했다. 그의 메시지를 듣고 있노라면 어느새 새로운 용기와 삶의 의욕이 일어났다. 성도들의 삶의 현장을 열심히 뛰어다니며 제단에 엎드리는 임 목사의 모습은 많은 양을 끄는 초원의 목자 같았다. 목회자의 열정과 비전 그리고 시설이 갖춰지면서 동양선교교회는 이민교회의 대표로 우뚝 서게 되었다.

교육에 대한 열정

임동선 목사는 이민 사회에서 자녀교육 문제가 심각하다는 걸 잘 알고 있었다. 부모가 맞벌이를 해야 하기에 자녀들을 잘 돌볼 수 없는 경우가 많았다. 부모가 교육 수준이 높아도 미국의 교육 시스템을 잘 모르는 데다 언어적 한계가 있어 자녀를 돕기가 쉽지 않았다. 부모와 자녀 사이의 대화가 원활하지 않아 아이들이 나쁜 친구들과 어울리며 탈선하는 경우도 있었다. 한국의 언어와 정신과 얼을 심어주어야 했다. 이런 일들을 교회가 반드시 해야 했다.

그는 이중언어에 능통하면서 주님께 충성을 다하는, 실력 있는 교역자와 교사들을 발굴하여 교회교육의 질을 높였다. 이것이 적중하여 동양선교교회가 아이들을 잘 가르친다는 소문이 났다. 믿지 않는 부모들도 아이만은 동양선교교회에 맡겼다. 자연스럽게 그 부모들도 예배에 참석하면서 신앙을 갖게 되었다. 다른 교회에 다니는 부모들도 아이만은 동양선교교회에 보냈다. 일부 교회는 교회학교 아이들을 아예 동양선교교회에 위탁해서 교육을 하기도 했다. 이로 인해서 교회도 성장을 했지만 이민 사회 전체의 자녀 교육도 크게 향상되었다.

아이들 교육을 위한 공간을 확충하기 위해 새로운 토지를 구입하여 4층의 최신식 건물을 지었다. 1층은 체육관으로 만들어 젊은이들이 마음껏 모여 운동을 하며 체력을 키우게 했고 나머지는 교육관으로 사용했다. 제2교육관을 구입해서 영어권 사역(english ministry)에 더욱 박차를 가하고 도서관을 개관, 이민자들에게 정신적 양식을 공급하기도 했다.

이민 사회의 표상

미국에 최초로 이주한 한인들은 1903년 하와이 사탕수수밭 노동자들이었다. 그들은 하루 10시간씩 노동하며 60센트를 벌어 교회에 헌금하고 독립운동 후원금을 보냈다. 이들은 이민 사회에서 청교도처럼 살아가며 조국의 독립에 큰 기여를 했다. 1965년에 새로운 이민법이 제정되면서 많은 사람이 미국 이민의 길에 올랐다. 그들은 특별히 로스앤젤레스로 많이 몰려들었다.

동양선교교회는 1970년 로스앤젤레스에서 시작되었다. 이민 사회를 섬기기 위한 사명을 가지고 태어난 것이다. 하나님은 이때를 위하여 임동선 목사와 동양선교교회를 준비시키셨다. 그리고 임 목사는 이 어려운 시대적 사명을 외면하지 않고 선한 목자의 심정으로 전심을 다해 섬겼다. 지역사회에 어려움이 생기면 발 벗고 나섰다. LA폭동이 일어났을 때 폭동 피해자 구호

경찰관 가족에게 장학금을 전달하는 임동선 목사

에 앞장섰다. 흑인 학생들이나 경찰관 가족을 위해 장학금도 지급했다. 마약 퇴치 운동에 앞장서고 유권자 등록 운동을 추진하기도 했다. 멕시코시티에 지진이 나고 고국에 홍수가 났을 때 많은 사랑의 구제비를 보냈다. 무료 법률 상담도 실시하고 지역사회를 위한 의료 봉사도 했다. 임동선 목사는 연합 사업에도 힘을 썼다. 로스앤젤레스 지역에서 함께 섬겼던 목회자들은 하나같이 임 목사를 존경하고 그가 교회 연합을 위해 힘쓴 것에 깊은 감사를 표한다.

임동선 목사가 미주 한인 사회에 기여한 것은 다 나열할 수 없다. 그러나 그중 가장 큰 것을 꼽으라면 바로 그의 설교이다. 그의 설교는 말뿐이 아닌 삶으로 하는 설교, 갈급한 심령을 채우고 깨진 마음을 어루만지는 설교, 새로운 용기와 희망을 갖게 하는 설교였다. 성도들은 그 말씀을 의지해 다시금 힘을 내어 한 주간 살아가며 이민 사회에 뿌리내릴 수 있었다.

월드미션대학교 설립

임동선 목사는 목회에 헌신했을 뿐만 아니라 교육자로서도 큰 역할을 했다.

대표적인 예가 1989년에 월드미션대학교를 세운 것이다. 그는 학교의 미래를 바라보며 "이 학교를 세운 것은 좋은 목회자를 기르기 위함이요, 열성적인 선교사와 평신도 지도자를 기르기 위함입니다. 그리고 당장은 안 되겠지만 머지않은 장래에 한국계 하버드대학교, 한국계 예일대학교, 한국계 프린스턴대학교로 키우고 싶습니다."라고 말한 바 있다. 세상을 떠날 때는 자신의 전 소유, 심지어 생명보험까지 이 학교에 기증했다.

월드미션대학교는 1999년에 캘리포니아 주정부의 인가를 받고 2006년에는 성서고등교육협회의(Association for Biblical Higher Education) 정회원 인가, 2013년에는 신학대학원협회(Association of Theological Schools)의 정회원 인가를 받았다. 현재는 미국의 주류 신학대학교와 어깨를 나란히 하며 미주 이민교회는 물론 세계 디아스포라 한인교회와 선교에 큰 기여를 하고 있다. 임동선 목사는 학생들에게 지성, 영성, 덕성을 강조했다. 그리고 지성은 책방에서, 영성은 골방에서, 덕성은 고난의 현장에서 온다고 가르쳤다. 여기에 희생과 인내와 사랑도 강조했다. 임동선 목사의 목회정신은 월드미션대학교 후학들에게 계승되었으며 이들은 세계 곳곳에 흩어져 맡겨진 사명에 최선을 다하고 있다.

세계복음선교연합회 설립

임동선 목사는 1987년에 세계복음선교연합회(World Evangelical Mission Alliance, WEMA)를 세웠다. 세계복음선교연합회는 세계선교에 뜻을 같이 하는 교회와 기관이 모인 선교 연합체이다. 지구촌을 목장 삼아 사역하던 그는 미주를 비롯한 세계 곳곳에 지교회를 세웠다. 선교지를 다니면서 교포들도 많이 만났다. 그곳에서 "교회가 없으니 도와달라."라는 부탁을 받을 때면 교회를 세우고 목사를 파송하는 등 지원을 아끼지 않았다. 이뿐만 아니라 원주민을 위해 선교사를 파송하고 원주민교회도 많이 세웠다. 시간과 여건이 허락되면 틈틈이 순회 집회를 인도했는데 그때마다 사역자들은 새롭게 충전되어 힘 있게 사역에 정진했다. 임동선 목사의 이런 선교 활동으로 세계복음선교연합회의 교회와 선교사 수는 점점 늘어났다.

임동선 목사가 살아 있을 당시 지교회와 기관을 보면 참으로 놀랍다. 지교회는 북미(미국, 캐나다), 중남미(멕시코, 코스타리카, 에콰도르, 콜롬비아, 온두라스), 남미(브라질, 아르헨티나, 파라과이), 유럽(독일, 프랑스, 이탈리아, 영국, 체코, 러시아, 알바니아), 중동(이스라엘, 팔레스타인, 터키, 파키스탄, 카자흐스탄), 오세아니아(호주, 뉴질랜드, 파푸아뉴기니), 아시아(한국, 중국, 일본, 태국, 몽골, 인도네시아, 베트남, 네팔), 아프리카(남아프리카공화국, 우간다, 기니, 카메룬, 케냐) 등에 걸쳐 전 세계적으로 퍼져나갔다. 기관은 미국, 러시아, 파라과이, 콜롬비아, 남아프리카공화국에 6개의 신학교와 중국, 쿠바, 터키, 케냐, 브라질, 인도 등에 7개의 성경학교 및 선교센터를 두었다. 임동선 목사가 세운 세계복음선교연합회는 초교파적인 선교 연합체로서 이민교회 선교 역사의 모델이라고 평가된다.

생명을
하늘에 맡긴 사람

임동선 목사는 2016년 93세로 소천할 때까지 세계 50여 개국을 방문하고 약 1,200회의 집회를 인도했다. 그의 방문 지역은 대부분 개척지였다. 교회가 없는 곳에 교회를 세우고, 척박한 환경의 선교지에 가서 말씀을 전하고 선교사들에게 힘을 주었다. 그는 젊은 사람도 소화하기 힘든 일정을 강행하곤 했는데 한번은 중간에서 환승하다가 잠깐 잠이 들어 비행기를 놓친 적도 있다. 아프리카의 모기에 물려 사선을 넘나들기도 했다. 아무리 장거리라도 그는 늘 삼등칸을 탔다. 가는 곳마다 자신이 가진 것을 다 주고 왔는데 양복도, 구두도, 외투도 다 벗어주었다.

그의 헌신적 삶을 가장 또렷하게 보여주는 것은 소천하기 직전 15박 16일로 다녀온 선교여행이었다. 브라질, 우루과이, 칠레, 페루 등 4개국을 순회하는 여정이었는데, 무려 8번이나 비행기를 갈아타야 했다. 교회 관계자와 동행자들이 비즈니스석을 강하게 권유했음에도 불구하고 그는 슈바이처 박사의 일화를 소개하면서 휠체어를 의지하여 끝까지 비행기 삼등석을 탔다. 이것은 누구에게 보이기 위함도 아니요, 자신의 의를 드러내고자 함도 아니었다. 어쩌면 그의 몸은 자신에게 익숙한 삼등석에서 더 귀한 단잠을 잘 수 있었으리라. 그는 이 마지막 선교여행을 끝으로 그토록 사모하던 주님의 곁으로 떠났다.

임동선 목사의 평전을 쓰면서 필자의 뇌리에서 떠나지 않는 생각은 그가 자신의 생명을 하늘에 맡긴 사람이었다는 것이다. 그는 자기 생명을 가지고 자기주장을 하지 않았다. 자신이 전적으로 죄인이기에 하나님의 은혜 없이는 살 수 없다는 것을 철저하게 깨달았다. 이것을 알았기에 개인과 가정을 희생할 수 있었고 인생의 부귀영화도 다 버렸다. 6·25의 참화 속에서도 자신의 생명보다 성도들의 생명을 우선시할 수 있었다. 군목 생활 중에도 계급을 강조하지 않고 철저한 희생과 섬김으로 장병들의 마음을 사로잡았다. 이민교회 사역을 할 때도 자신이 죽어 다른 사람을 살리는 밀알과 같은 역할을 했다. 그는 죽을힘을 다해 주님의 뜻을 찾고 또 찾았던 사람이다.

백남준

12장 새로움과 탈경계의 예술적 이름을 살다!

비디오아티스트, 전위예술의 선구자

-박현옥(청운대학교 사회서비스대학 학장, 공간디자인학과 교수)

백남준의 예술적 뿌리

어린 시절 눈앞에 펼쳐진 형형색색의 실

백남준, 그를 생각하면 무지개가 떠오른다. 어린 시절 형형색색의 실을 짜던, 가업인 공장에서 펼쳐진 화면이 영감을 주었으리라 생각한다. 1932년생 조선의 백성들은 하얀색 옷을 주로 입었으며 결혼식이 있을 때나 설빔으로 색동옷을 입었다. 서민의 집에서는 그다지 많은 색상의 직물은 없었을 것이다. 어린 시절 경험한 색과 다양한 이미지는 개인의 사고에 엄청난 영향을 준다고 볼 수 있다. 인간의 눈으로 식별할 수 있는 색은 2만 가지 이상이며 직물을 짜는 과정에서 그 조화를 보게 된다. 색색의 실은 백남준의 비디오 작품에서 색색의 전깃줄로 이어진다. 아무도 쉽게 경험할 수 없던 다채로움이 그의 작품과 표현 방식에 녹아 있음을 느낄 수 있다. 백남준 자체가 다면적 사고체이기 때문에 그를 공부하다 보면 그 속에 다양한 모습이 발견된다.

앞마당 피아노 건반에 몸을 맡기고

백남준은 1932년 7월 20일, 일제강점기 격변의 시기에 서울 종로구 서린동에서 태어났다. 섬유업을 운영하는 부유한 아버지 백낙승과 어머니 조종희 사이에서 3남 2녀 중 막내로 자랐다. 요즘 말로 금수저이다. 대부분의 조선인은 경제적으로 어려워서 교육의 기회를 제대로 얻지 못한 반면 그는 유복한 가정에서 고급 교육을 받을 수 있었다. 큰누나 백희득은 피아노 레슨까지 받았지만 부친은 아들을 사업가로 키우고 싶어 하였다. 백남준은 피아노 소리가 너무나 좋았고 그 리듬을 온몸으로 느끼는 그런 아이였다. 큰누나가 레슨을 받는 모습과 그 소리를 기억하지만 피아노를 칠 수는 없었다. 그는 앞마당에 피아노 건반을 그려놓고는 나름으로 연주하고 지휘하며 홍얼거렸다. 본인이 듣고 기억하는 피아노의 음을 이미지화했다. 이미 퍼포먼스가 가미된 예술적 경험을 하고 있었다고 볼 수 있다. 본인이 지휘자이기도 하고 피아노 연주자이기도 하였다. 이러한 경험은 훗날 다양한 방식으로 표현된 생각의 뿌리를 형성하였다. 하고 싶은 것은 어떤 방식으로든 표현하는 그만의 스타일을 갖게 한 원동력이 되었다.

샤머니즘, 굿판의 기억과 꿈의 흐름

백남준이 추구하는 소통과 참여의 예술에는 샤머니즘의 소리와 이미지 그리고 굿판의 상황 등이 구체적으로 영감을 준 것으로 보인다. 타국에서도 한국적 뿌리를 잊지 않은 디아스포라 예술인 백남준은 그의 작품에 고국에 대한 정서를 깊이 담았다. 가령 그는 담뱃대, 요강, 장독, 갓, 고인돌, 거북이 등 다양한 한국 전통 관련 오브제[1](objet)를 그의 작품에 활용하고 있다. 동시에 그는 한국인을 넘어 '시베리언 몽골리언'의 일원이라는 정체성을 가지고 있다.[2]

---

1 프랑스어 '오브제'(objet)는 초현실주의 미술에서, 작품에 쓴 일상 생활 용품이나 자연물 또는 예술과 무관한 물건을 본래의 용도에서 분리하여 작품에 사용함으로써 새로운 느낌을 일으키는 상징적 기능의 물체를 이르는 말이다.

디아스포라는 '~너머'를 뜻하는 고대 그리스어 '디아'(dia)와 '씨를 뿌리다'를 뜻하는 '스페로'(spero)가 합성된 단어이다. 이산(離散) 또는 파종(播種)을 의미한다. 원래는 팔레스타인을 떠나 세계 각지에 흩어져 살면서 고유의 규범과 생활관습을 유지하는 유대인을 가리키는 말이었다. 이제는 그 의미가 확장되어 본토를 떠나 타국에서 자신들의 규범과 관습을 유지하며 살아가는 공동체 집단 또는 그들의 거주지를 가리키는 말로 사용되기도 한다. 백남준은 시대 정치적 상황으로 본국을 떠나 새 세상에서 혼돈적 사상과 현상을 접하며 진정 새로운 예술로 시대에 맞서고 세계적 공존의 메시지를 표현하고자 한 것으로 보인다.

가법혼색과 감법혼색

백남준을 생각하면 가법 및 감법혼색이 그려진다. 광학에서 붉은빛, 노란빛, 파란빛이 조합되면 흰빛으로 나타나듯 그의 삶과 생각과 행동을 가법혼색으로 엮어보면 맑고 깨끗한 흰빛 열정이 보인다. 세 가지 색의 물감을 혼합하면 검은색이 되듯이 그가 만든 작품안에는 다양한 사상이 녹아 있다. 그의 창의적 정크 아트와 최첨단 기술 융합의 정점에서 고상하고 품격 있는 블랙스톤이 연상된다. 이렇게 백남준을 이해한다면 한 축으로는 국가의 경계와 예술의 경계를 허물고 융합해낸 평화주의자와 세계주의자의 모습이 보인다. 또 한 축을 살펴보면 타자를 배려하고 자기 자신을 인식하라는 구도적 메시지가 담겨 있다. 모든 것의 아름다움을 역설하는 동시에 개인의 참된 행복 추구라는 메시지를 예술적으로 던져주는 선구자의 모습을 찾을 수 있다.

2 송태현, "백남준 예술세계와 전통사상," 「인문콘텐츠」 제19호(2010): 504.

진정한 쾌락과 환희의 의미를 인식하다

백남준이 진정으로 표현하고자 했던 예술은 그리스 시대 에피쿠로스학파의 쾌락의 정원과도 그 맥락이 함께한다고 볼 수 있다. 에피쿠로스학파 철학자들은 그 어떤 욕망도 갖지 않는 것이 진정한 쾌락이라고 보았다. 물론 실제로 그 길을 찾아가는 여정이 쉽지는 않다. 다양한 해석이 있을 수 있으나 그들은 '하나의 빵과 한 잔의 물'의 소중함을 말하고 있다. 오늘날 얘기하는 소확행[3]이 아닐까 생각한다. 이는 개인의 소중함과 보편적 행복의 추구로 볼 수 있다. 그는 어떤 특수한 계층과 정해진 규범의 음악 세계가 아닌, 개개인의 가치를 나타내는 음악 세계를 이야기하였다. 미에 대한 기준도 제각기 다른 아방가르드적[4] 생각과 표현을 추구하였다. 백남준의 예술 세계는 전통적인 공간에서 이뤄지는 클래식 공연과 달리, 인체를 포함한 새로운 도구와 새로운 행위, 새로운 소리를 총집합하여 관객을 일깨운다. 또한 CD, 비디오테이프, 텔레비전 모니터에 영상과 움직임의 전자기술을 이식함으로써 예술과 과학, 기술을 접목한 비디오아트를 선구적으로 확산시켰다. 이는 지구 생태계를 생각하고 경험과 시간을 소환하여 조형화하는 예술 작품을 만들어내어 상업예술을 재탄생시킨 것이다. 주목할 만한 점은 텔레비전이 캔버스가 되는 놀라운 기적이다. 인공위성과 레이저아트는 여러 나라의 물리적 거리를 뛰어넘어 메시지를 전달하였다. 또한 이것은 과거와 현재, 미래를 연결하는 가교로 기능하여 불멸의 예술을 탄생시켰다. 지금이야 익숙하지

---

3 '소확행'(小確幸)은 "소소하지만 확실한 행복"의 약칭으로, 일본의 소설가 무라카미 하루키(村上春樹)가 미국 소설가 레이먼드 카버(Raymond Carver)의 단편소설 *A Small, Good Thing*에서 따와 만든 신조어이다.

4 프랑스어로 아방가르드(avant-garde)는 기성의 예술 관념이나 형식을 부정하고 혁신적 예술을 주장한 예술 운동으로 20세기 초에 유럽에서 일어난 다다이즘, 입체파, 미래파, 초현실주의 등을 지칭하는 것으로 이전과 다른 새로운 사고와 표현방식을 의미한다. 참조. https://ko.dict.naver.com/#/entry/koko/8e79e4084bce425eab5e06fa495b7c66

만 당시에는 생소했던 와이파이 세상, 디지털 네트워크의 세상이 만들어졌다. 백남준은 한국과 일본, 독일과 미국을 넘나드는 동서양의 문화 인식과 경험을 토대로 새로움을 엮어내었다. 더불어 음악과 공학 기술을 접목함으로써 거대 21세기 인류 예술의 융합을 보여주었다.

백남준의 교육과 작품 세계

당대 최고의 음악 스승 신재덕, 이건우를 만나다

1945년, 그는 경기공립중학교에 입학하였다. 당시 음악 선생님이자 누나의 친구인 신재덕(1917-89)을 만나서 피아노와 성악에 대한 기초적 지식을 배웠다. 또한 월북 음악가 이건우(1919-82)를 사사하여 작곡을 배우며 새로운 음악에 대하여 공부하였다. 그를 통해 오스트리아 출신 작곡가 아놀드 쇤베르크(Arnold Schoenberg, 1874-1951)의 음악 세계를 접하게 되었다. 전통 고전음악을 공부하면서 무언가 틀에 박힌 듯한 질서정연함에 싫증을 느끼던 백남준은 새 기법의 현대음악을 접하고는 자유로움과 해방감을 맛보았다. 그는 태생적으로 '해학과 흥'이라는 DNA가 있는 한국인이었다. 현대음악은 숨 막히는 일제강점기 속에 있던 그에게 뻥 뚫리는 탈출구가 되었고, 이후 그가 전위예술가로, 플럭서스의 창립 단원으로, 비디오아티스트로 살아가는 데 근원이 되었다.

홍콩 로이덴학교에서 외국어를 공부하다

1949년 11월, 백남준이 18세 되는 해였다. 백남준의 아버지는 똑똑한 막내

아들을 가업을 이어받을 유능한 사업가로 만들기 위해 해외 출장에 동행시켰다. 그가 첫 번째로 간 곳은 홍콩이었다. 아버지는 아들에게 통역을 담당시켰고, 출장 일정을 마친 후 그를 영국계 학교인 로이덴학교(Royden School)에 입학시켰다. 아버지에게는 다 계획이 있었다. 일제강점기 이후 미군정을 통해 해방을 맞으면서 세계적인 흐름을 읽고 있었던 것이다. 유능한 사업가가 되기 위해서는 유럽 문화에 대한 이해가 필요하다고 생각하였다. 홍콩에서의 6개월은 짧은 기간이지만 언어 능력이 뛰어난 백남준에게는 영어 공부를 할 수 있는 소중한 기회가 되었다.

1950년 6월 25일 한국전쟁이 발발하였다. 백남준 가족은 부산으로 피난을 갔다가 일본으로 가게 되었다. 이어 백남준도 잠시 한국에 들어왔다가 일본으로 향했고, 그곳에 거주하면서 자연스럽게 일본의 주택과 생활양식 그리고 문화를 익히게 되었다. 1954년, 그는 아버지의 기대와는 달리 그토록 원하던 예술가의 길을 선택하였다. 경영학 대신에 미학을 선택하고 음악과 작곡도 공부하게 된 것이다.

일본 동경대학교에서 아놀드 쇤베르크를 연구하다

백남준은 오스트리아에서 태어나 미국으로 귀화한 작곡가이자 음악이론가, 음악교육가인 아놀드 쇤베르크에 대해 졸업논문을 쓰면서 그가 서양인이지만 동양사상을 이해하고 이를 음악적 사고와 표현에 적용한 것에 매우 큰 감동을 받았다. 백남준은 중학교 때 담임 선생님인 철학자 이당(怡堂) 안병욱(1920-2013)으로부터 마르크스주의도 배웠다. 혼돈과 아픔의 시기에 지식인의 저항정신으로 마르크스 사상에 관심을 가진 것은 당연한 것으로 보인다. 일제강점기의 아픔이 채 가시기 전에 전쟁이라고 하는 참혹한 상황을 보았을 테다. 그는 사회주의적 평등이 지구상에서 진정으로 이루어지기가 쉽지 않음을 느꼈다. 나라를 잃어버리고 전쟁을 겪고 여러 나라에서 유학하고 세계 여러 곳에 초대되어 전시 활동을 하는 등의 삶은 쉽지 않았다. 그러나 그런 삶을 사는 동안 다양한 민족의 생활양식과 정신세계와 공간을 경험한 것은 그의 사고와 표현에 큰 영향을 주었다.

급변하는 시대적 상황 속에서 일본 유학은 백남준에게 소중한 사람을 만나는 계기가 되었다. 바로 음악 선생님인 노무라 요시오(野村 義男, Nomura Yoshio)였다. 그는 국적이 달라도 백남준의 진정한 스승이 되어 그의 가치를 알아봐주었고, 이국 생활의 아픔과 차별 속에서 힘들어하는 백남준에게 사랑을 주었다. 백남준이 무엇을 생각하고 어떤 세상을 갈구하는지를 파악하였다. 편견 없이 표현할 수 있는 음악 세계를 추구하는 그에게 노무라 요시오는 존 케이지(John Cage, 1912-92)라는 전위음악가를 소개해주었다. 불평등과 차별의 상황에서 벗어나려면 지금과는 다른 무언가가 필요하다고 생각한 백남준은 1956년 도쿄대학교를 졸업한 후 전위예술가 존 케이지를 만나기 위해 독일 뮌헨대학교로 유학을 갔다. 그리고 이 학교에서 한 해 동안 트라지불로스 게오르기아데스(Thrasybulos Georgiades)에게 음악사를 배웠다.

독일에서 스토크하우젠과 그의 스승 존 케이지를 만나다

독일 뮌헨대학교에서 시작한 음악 공부는 일본에서의 공부와 별반 다르지 않은, 전형적인 수업이었다. 1957년 이곳에서는 자신이 추구하는 음악 세계를 모두 실현할 수 없다고 판단한 백남준은 다름슈타트(Darmstadt)로 가서 '국제 신음악 페스티벌'에 참석하고, 그곳에서 현대 전위음악 작곡가의 한 사람으로 전자음악 발전에 크게 기여한 카를하인츠 스토크하우젠(Karlheinz Stockhausen)을 만났다. 프라이부르크 음악대학에 입학하여 볼프강 포르트너(Wolfgang Fortner)에게서 작곡도 배웠다. 1958년 드디어 다름슈타트 하기 세미나에서 신음악 과목을 맡았던 존 케이지를 만난다. 존 케이지는 미국 출신의 음악 이론가로서 플럭서스에서 활동했으며, 우연성 음악을 시도하여 많은 음악가에게 큰 영향을 끼친 전위예술가이자 아방가르드 음악가였다.[5] 존 케이지의 연주는 백남준을 매료시키기에 부족함이 없었다. 백남준은 무척 떨렸고 동서양 사상의 융합을 보여주는 새로운 음악에 대한 기대로 흥분하였다. 유럽의 전형적인 클래식 음악이 아니라 뉴모드와 뉴패션의 음악 세계를 만난 것이다. 어떤 소리도, 심지어 사람의 움직임조차 음악이 될 수 있으며 반대로 아무 소리가 없는 것도 음악이 될 수 있다는 것을 알게 된다. 그는 다시 쾰른으로 이사하여 쾰른대학교에 입학하였다. 또한 서독일 라디오방송의 전자 스튜디오에 들어가 전자음악도 공부하였다. 그곳에서는 음향 생성기로 합성 음향을 만들 수 있었다. 그는 한국의 시와 물소리, 아기가 말을 더듬는 소리, 클래식 음악을 콜라주하여 비디오테이프의 기본 구조를 형성하였다.

생애 최초의 공연, 대스승 케이지를 경외하며 그를 넘어서다

1959년 뒤셀도르프 갤러리 22에서 백남준은 인생 최초로 존 케이지를 경외하는 공연을 한다. 제목은 〈존 케이지에게 바치는 경외: 테이프 리코더와 피아노를 위한 음악〉(Homage to John Cage: Music for Tape Recorder and Piano)이었다. 존 케이지에 푹 빠져 전위음악 세계를 공부하다가 존 케이지를 위한 최초의 퍼포먼스 공연을 개최한 것이다. 미리 준비한 테이프 리코더

---

5 '우연성 음악'(Aleatoric)이란 주사위를 뜻하는 라틴어 '알레아'(Alea)에서 유래된 용어로, 서양음악의 전통적 통념에서 벗어나 작곡이나 연주 과정에 우연성을 도입함으로써 불확정성을 추구하는 음악을 일컫는다. 존 케이지는 너무나 추상화되고 정밀하게 구성된 예술음악에 대한 철저한 반발로서, 무대 위에서 소리를 지르거나 음식을 먹거나 피아노를 부수고 스피커로 소음을 내기도 하는 일종의 '쇼' 같은 행동을 한다. 또한 피아노곡 〈4분 33초〉(1954)에서는 피아니스트가 피아노 앞에 4분 33초 동안만 앉아 있다가 퇴장한다. 참조. https://ko.wikipedia.org/wiki/우연성_음악

에서는 베토벤 교향곡 5번, 독일 가곡, 라흐마니노프의 피아노 협주곡 제2번이 흘러나오고 다양한 일상 생활의 소리도 나왔다. 전형적인 음악 도구인 피아노를 손으로 연주하는 대신 머리로 내려치고 깡통을 발로 차기도 하였다. 그것은 악기가 가진 놀라운 파괴력으로 '공격'을 표현하는 행위음악의 시작을 알린 것이다. 존 케이지의 공연이 음악에서 소리의 경계를 무너뜨린 것이라면, 백남준의 공연은 전통 음악과 전통 공연을 뛰어넘는 시도였다. 이 공연을 통해 백남준은 스승을 기리며 그를 뛰어넘는 새 장을 펼쳤다. 1년 뒤에는 〈피아노포르테를 위한 습작〉(Etude for Piano Forte)에서 관객에게 샴푸를 붓고 존 케이지의 넥타이를 자르는 등 과감한 퍼포먼스를 하고 공연장을 떠나, 한참 뒤 전화를 걸어 공연 종료를 알리는 등 무언가 새로운 시선을 우리에게 던져주었다.

이토록 전위예술가 백남준은 이전과 전혀 다른 공연으로 관객에게 색다른 흥분과 충격을 안겨주었다. 공연 전 품고 있던 기대를 넘어 상상의 나래를 펼치게 해주는 그런 기인(奇人)이었다. 격렬하고 파괴적이고 파격적인 행동을 통해 그가 보여주려던 것은 무엇일까? 인간이 만든 모든 행태에 대한 반란적 생각 아닐까? 그 시절 피아노와 바이올린은 음악가의 도구이고 태반의 서민이 갖지 못한 창조적 인공물이다. 단지 클래식 음악에 대한 반기일까? 약육강식의 세상, 뺏기고 아팠던 시절의 내재화된 아픔을 그리 표현한 것은 아닐까?

플럭서스 운동에 창단 멤버로 참여하다

'플럭서스'(Fluxus)는 1960-70년대에 걸쳐 일어난 국제적인 전위예술운동이다. 1962년 독일 헤센주(州)의 비스바덴 시립미술관에서 열린 '플럭서스 국제 페스티벌, 신음악'(Fluxus International Festival, New Music)에 리투아니아 출신의 미국인 조지 마키우나스(George Maciunas)가 초청장에 이 용어를 쓰면서 알려졌다. '플럭서스'는 '변화', '흐름', '움직임'이라는 뜻으로 라틴어에 어원을 두고 있다. 즉 '변화의 바람'을 일컫는 말로 이전과는 다름을 표방하는 새로운 운동이라 할 수 있다. 이 초청장에서 토머스 슈미트(Thomas Schmit)는 '플럭서스'가 당시 유행하던 미국 스타일과 유럽 스타일에 대항하는 예술 형태로 시작되었다고 밝히고 있다. 토머스 슈미트 역시 전위예술 운동가 중 한 사람이다. 새로운 물결인 이 플럭서스는 기존의 유럽과 미국에서 이루어진 고전음악에 대한 새로운 방식, 새로운 표현, 새로운 가치를 발견하고자 하는 이들의 몸부림과 예술철학적 고뇌가 담긴 것으로 볼 수 있다.

백남준과 함께한 사람들

백남준의 첫 번째 전자기술 의사 슈야 아베[6]

슈야 아베(Shuya Abe)는 일본인으로 1963년부터 1970년 초반까지 백남준 작품의 엔지니어로 함께한 사람이다. 그는 비디오 신디사이저, 텔레비전 실험과 로봇 작품에 기술을 제공한 백남준 작품의 전자기술 의사이다. 백남준과 슈야 아베의 첫 인연은 일본에서 이루어졌다. 당시(1963) 백남준은 로봇을 만들고 싶어 아르바이트생 사이토 규타오와 반 년간 작업을 했으나 원활하게 작동되지 않아 아베의 도움이 필요하였다. 그는 내구성을 높이기 위하여 로봇에 사용된 톱니바퀴를 좋은 것으로 교체하고, 뼈대의 강도를 높

---

6 백남준아트센터, 『인터뷰프로젝트5: 슈야 아베. 이정성』(용인: 백남준아트센터, 2016).

이고, 배선을 정리하고, 손과 다리의 동작이 가능하도록 베어링을 설치하는 등의 기술적인 작업을 진행하였다. 백남준은 아베를 자신의 작품의 가장 위대한 의사라고 하였다. 사실 이러한 조력자가 없다면 아무리 좋은 생각과 의도라 해도 실현되기가 무척 까다롭고 시간이 걸린다. 복합매체 사용과다양한 기술 활용이 요구되는 〈TV 부처〉나 〈덕수궁〉, 〈텔레비전 정원〉과 같은 종합적 비디오아트는 한 예술가가 혼자의 힘으로 작업하기에 너무 어렵다. 일생을 살아가면서 자신의 생각을 알아주거나 때로는 그 이상의 공감대를 형성하며 함께 실현해주는 사람을 만난다는 것은 행운이다. 아베와의 두 번째 작업은 6년 후인 1969년에 비디오 합성기에서 이루어진다. 백남준은 이를 위한 개념도를 그려서 아베에게 보여주었고 아베는 약 5개월 만에 이를 완성시킨다. 〈백-아베 비디오 합성기〉는 미국에서 사용되었으나 영상이 완벽하게 재생되지 않는 사고가 났다.

백남준의 두 번째 전자기술 의사 이정성

슈야 아베 이후 백남준의 전자기술 의사는 바로 이정성[7]이다. 이정성은 종로 세운상가 전기기술자였다. 백남준과는 1986년 10월 3일 개천절을 맞아 과천 국립현대미술관 개관일(8월 25일)과 88올림픽 개최를 기념하기 위해 박물관 로비에 타워형 작품인 〈다다익선〉(The More, the Better)을 설치하면서 엔지니어로 참여한 것이 계기가 되어 만났다. 이후 20여 년간 백남준과 함께 작업을 하였다. 그는 미국 뉴욕 휘트니 미술관, 스위스 취리히에서 열린 백남준 회고전, 독일 쾰른의 브란덴부르크 게이트, 이탈리아 베니스 비엔날레 독일관, 광주 비엔날레, 스페인 빌바오 미술관 등에 이르기까지 텔레비전 모니터와 분배기를 이용하여 다양한 백남준의 작품을 설치하였다. 백남준

7 백남준아트센터, 『인터뷰프로젝트5: 슈야 아베·이정성』, 26-51.

을 만난 것은 그에게 새로운 콘텐츠 작업의 기회가 되었다. 우주를 꿈꾸고 늘 새로운 것을 이루고자 했던 위인 백남준의 머리를 공유하고 그 마음을 읽으면서 자신의 기술과 에너지와 노력으로 새로운 세상을 이뤄낼 수 있었던 것이다. 이러한 이유로 이정성은 20년 이상 백남준의 작업을 위해서 지구의 반 바퀴도 주저함 없이 달려가고 밤낮으로 그 일에 몰두하였다. 지금도 그는 백남준을 생각하면 너무나 기꺼이 행복하게 그 작업을 하고 싶다고 말한다. 누구에게나 이런 사람이 하나라도 있다면 행복하게 이 세상을 잘 살았다고 할 수 있을 것이다.

평생의 동반자 구보타 시게코, 부부의 연을 맺다

독일에서의 플럭서스 활동과 성공적인 퍼포먼스 공연 덕분에 1964년, 백남준은 일본과 미국으로부터 초청을 받았다. 특히 일본의 전위예술 중심지인 소게츠(草月) 미술관 측으로부터 공연을 요청받았는데, 그곳에서 그는 피아노를 머리로 두드릴 뿐 아니라 연주 중에 피아노를 부수고 머리카락에 먹물을 묻혀 글씨를 써내려가는 등의 퍼포먼스를 하였다. 여기에서 그는 평생의 반려자이자 예술의 동반자인 아내 구보타 시게코(久保田 成子)를 만난다. 또한 〈로봇 K-456〉의 탄생에 함께한 전자기술자 슈야 아베도 만나게 된다. 백남준은 1977년 3월 21일, 46세 때 구보타 시게코와 결혼을 하였으며 2006년 1월 29일 마이애미 자택에서 세상을 떠날 때까지 부부로서 30여 년을 함께 보냈다. 구보타 시게코와는 일본에서 만나 연인으로, 친구의 부인으로 다시 예술적 친구로 10여 년간 여러 관계를 형성하다가 진정한 배우자로, 또 예술 작업의 조력자로 부부의 연을 맺는다. 구보타 시게코는 결혼 이후 뉴욕과 뒤셀도르프 그리고 마이애미까지 그와 가장 가까이에서 함께한 사람이다.

뉴욕 소호에서의 삶과 작품

비디오아트의 새 장르 개척

백남준은 미국의 전위음악가이자 첼리스트인 샬롯 무어만(Charlotte Moorman)의 초청을 받아 일본에서 공연을 마친 후 〈로봇 K-456〉과 함께 미국 뉴욕으로 갔다. 그리고 그곳에서 샬롯 무어만과 성공적인 공연을 함께 한 후 미국으로 거처를 옮겼다. 이때 첫선을 보인 〈로봇 K-456〉은 고물 텔레비전과 트랜지스터라디오로 만들어졌는데, 이 작품은 소리를 지르고 노래하며 흉내를 내기도 하였다. 그리고 훗날 1980년 박영덕 화랑 앞에서 교통사고로 생을 마감하는 퍼포먼스를 하였다. 〈로봇 K-456〉의 죽음은 새로운 탄생과 영원하지 않은 사물의 세계를 나타낸다.

이후 백남준은 1986년 〈로봇 가족〉(Family of Robots), 1995년 〈라이트 형제〉(Wright Brothers) 등의 작품을 선보였으며 광주 비엔날레(1995)에서는 전자 부품을 이용한 〈백-아베 비디오 합성기〉(Paik-Abe Video Synthesizer), 〈코끼리 마차〉(Elephant Cart) 등도 선보였다. 샬롯 무어만과의 인연은 계속되어 이후에도 다양한 프로그램에서 협연함으로써 음악과 인체 결합이라는 신체음악의 새 장르를 개척하였다.

인공위성으로 우주 오페라를 시작하다

신기술, 신제품과 음악과 예술을 연결하는 새로운 시도에 늘 관심 많던 백남준은 1960년대 초반에 인공위성을 이용, 샌프란시스코와 상하이에서 동시에 연주하는 계획을 세웠으나 실패하였다. 오랜 세월이 흘러 1984년 인공위성을 이용한 작품 〈굿모닝 미스터 오웰〉(Good Morning, Mr. Orwell)이 드디어 성공하였다. 뉴욕의 스튜디오에서 존 케이지가 선인장을 두드리며 연주하자 머스 커닝엄이 춤을 추고 파리의 스튜디오에서는 그의 절친인 요셉 보이스와 샬롯 무어만이 피아노와 첼로를 연주하였다. 이브 몽탕의 상송도 울려퍼지고 록 밴드의 공연과 패션쇼가 열리기도 하였다. 음악과 춤과 퍼포먼스, 대중예술과 고급예술이 서로 어우러져 비빔밥처럼 편집되고 재구성되어 인공위성을 통해 생중계되었다.

이 작품은 영국의 작가 조지 오웰(George Orwell, 1903-50)이 그의 저술 『1984』(*Nineteen Eighty-Four*)에서 묘사하고 예측한 미래 사회의 모습이 잘못되었음을 말하고 있다. 1949년에 발표된 소설 『1984』는 전체주의 사회와 기계에 의해 사람이 철저히 감시와 통제, 고발당하는 모습을 묘사함으로써 과학기술이 현대 사회에 끼치는 악영향, 즉 인간의 기계화, 비인간화를 말하였다. 〈굿모닝 미스터 오웰〉은 이를 정면으로 반박한 것으로, 조지 오웰이 기계와 기술의 부정적 종말을 예측했다면 이와 반대로 백남준은 기술을 잘 이용하면 사람들이 더욱 소통하며 서로를 알게 되고 즐거움을 통해 행복감을 높일 수 있다는 긍정적 측면을 전위적으로 보여준다. 이 공연을 사람들은 '우주 오페라'라고 불렀으며 이에 대해 미국과 독일에서는 상반된 평가가 나오기도 하였다. 그러나 세계적인 비디오아티스트로서의 명성을 크게 알리는 계기가 되었고 한국에서도 이 공연을 통해 백남준의 존재 가치가 드러나게 되었다.

동서양의 공존과 소통을 보여주다

키플링(J. R. Kipling, 1865-1936)은 영국의 단편 소설가이자 시인으로 노벨 문학상(1907) 수상자이다. 키플링은 인도 뭄바이에서 태어났고, 당시 인도는 영국령이었다. 그는 제국주의자로서 인도에 대한 영국의 정책과 신념을 긍정적으로 보았기에 동서양은 서로 다르며 만날 수 없다고 생각하였다. 그러나 백남준의 생각은 달랐다. 그는 자신의 그러한 생각을 동료인 샬롯 무어만과 공유하며 키플링의 생각을 반박할 작품을 구상하였는데 바로 〈바이바이 키플링〉(Bye Bye Kipling)이다. 이 작품은 그가 생각한 두 번째 '우주 오페라'로, 동양을 상징하는 우리나라의 사물놀이패와 서양을 상징하는 미국의 타악기 그룹 연주를 각각 다른 곳에서 진행하면서 동시에 중계하였다. 또한 뉴욕에서는 클래식 음악을, 한강변에서는 마라톤 경기를 중계하기도 하여 예술과 스포츠의 어우러짐을 보여주었다. 동양인과 서양인이 서로 악수하는 장면을 위성으로 보여주어 동서양이 공존하며 서로 소통할 수 있음을 보여주기도 하였다. 이념적·공간적 간격에도 불구하고 예술과 운동을 통해서 하나가 될 수 있음을 보여준 것이다. 어쩌면 비틀스와 마이클 잭슨을 이어받아 지금 BTS가 미국의 빌보드 차트에서 연속 1위를 하는 이런 날을 예상한 것이라고 볼 수도 있다. 서양이 이룬 것을 동양이 할 수 있고, 동양이 이미 창출한 대문명이 있었기에 서양이라는 대문명이 탄생할 수 있었음을 그는 보여주었다. 이렇듯 백남준은 상생과 공존 그리고 소통과 진보의 역사적 순환성과 상호 보완성을 피력하였다.

다채로운 그의 작품, 베일을 벗기다

세상에 와서 한바탕 멋지게 노닐다 우리 곁을 떠난 백남준! 그가 살아온 삶의 궤적을 그려보는 것은 무척이나 의미 있고 가슴 설레는 일이다. 그의 삶은 평면이기도 하고 구형이기도 하고 순간이기도 하고 영원이기도 하다. 백남준에 대하여는 많은 책이 출간되었다. 그의 일대기를 다룬 책은 물론이고 그의 전시회를 최근부터 역순으로 정리한 책, 일본과 독일에서 펼쳐진 그의 새로운 생각과 표현 양식과 퍼포먼스를 다룬 책, 그가 한국으로 돌아온 후 유치원 시절 친구인 이경희와 만나고 헤어진 내용을 담은 책 등이 있다. 용인 백남준아트센터에서 그가 만난 사람들과 그의 작품 세계를 구체적으로 다룬 책도 있다. 그 외에도 종교적으로는 선 사상과 노자, 장자까지 다루며 한국적 정서가 녹아 있는 전통 굿과 고사 등 일상 생활을 소환한 도서도 있다. 그리고 본능적이고 우주적인 소통, 피카소나 앤디 워홀과 같은 시대의 파격적 예술가를 함께 다루기도 하였다. 수많은 지성과 연속되는 창의력, 시대를 뛰어넘는 첨단기술적 도구, 장인들과의 연계로 조명한 그의 작품 세계는 다채로웠다.

저자들은 백남준을 기계와 기술을 통해 일상을 바꾸고 세계를 바꾸는 예술가, 과학과 예술의 접점으로 이뤄지는 디지털아트의 선구자,[8] 해프닝과 비디오아트의 새로운 세계를 연 예술가,[9] 창조를 꿈꾸는 호랑이,[10] 동서양을 넘나드는 예술의 칭기즈칸[11]이라고 보았다. 또한 그를 예술철학을 구현하고 초기 예술의 융합 미학을 실천한 사람으로 다루기도 하였다.[12]

머서가에서 쓰러지다

1996년 4월 9일 백남준은 여느 때와 다름없이 뉴욕 머서가 5층 아파트에서 아내 구보타 시게코와 함께 일상을 보내다가 뇌졸중으로 쓰러졌다. 뇌졸중으로 몸이 불편해졌음에도 그는 이전과 다름없이 헐렁한 멜빵바지와 자신이 디자인한, 큰 주머니가 달린 와이셔츠를 즐겨 입었다. 그는 외모의 세련됨이나 육체적 안락함을 추구하기보다는 새로운 예술과 새로운 도구를 이용하여 새로운 작품 만들기를 좋아하였다. 또 그것을 공연할 때 관중이 즐거워하는 모습을 보며 무척이나 기뻐하기도 하였다. 투병 중에 그는 다시

---

8 노소영, 『디지털 아트-우리시대의 예술』(파주: 자음과모음, 2016), 30.
9 김홍희, 『백남준과 그의 예술』(서울: 도서출판 디자인하우스, 1992).
10 나정아, 『창조를 꿈꾸는 호랑이 백남준』, 웅진 생각쟁이 인물 09(서울: 웅진씽크하우스, 2010).
11 남정호, 『동서양을 호령한 예술의 칭기즈칸 백남준』(파주: 아르테, 2020).
12 임산, 『청년 백남준: 초기 예술의 융합 미학』(서울: 마로니에북스, 2012).

일어날 수 있다는 소망과 열정으로 창작 활동을 멈추지 않았다. 아픔을 통해서 더 많은 생각을 하게 되고 죽음을 생각하면서 우주와의 소통이라는 인연의 고리를 떠올린 것 같다. 마침내 천(天)·지(地)·인(人)에 대한 생각을 형상화한 사각형(□), 원형(○), 삼각형(△)을 통해 바닥과 천장 그리고 그 관계를 엮어내는 야곱의 사다리를 주제로 〈동시변조: 감미로움과 숭고함, 야곱의 사다리〉(Modulation in Sync-Sweet and Sublime, Jacob's Ladder)라는 작품을 만들었다.

아픔 속 대작이 탄생하다

2000년 뉴욕의 구겐하임 미술관(Solomon R. Guggenheim Museum)에서 '백남준의 세계'로 연출된 〈동시변조〉는 천·지·인을 형상화하였다. 땅은 이전에 발표한 〈TV 정원〉(TV Garden)으로 50-100여 개의 사각형 텔레비전에 비디오 영상이 나오게 하여 바닥에 설치하였으며, 구겐하임 미술관 중앙에 있는 로툰다의 천장에서 쉴 새 없이 변하는 여러 기하학적 형상을 레이저 빛으로 나타내어 하늘을 형상화하였다. 이는 〈달콤하고 장엄한〉(Sweet and Sublime)이라는 제목으로 기획되었다. 수직으로는 인공폭포를 설치하여 물이 흘러내리는 가운데 거울을 설치하고 레이저를 쏘아 올려 지그재그형 계단을 연상시키는 연출을 하였다. 이를 백남준은 〈야곱의 사다리〉(Jacob's Ladder)라고 명명하였다. '야곱의 사다리'는 구약 창세기에 나오는 이야기로 '천국으로 가는 길'을 나타내며, 서양에서는 구름 사이로 내려오는 한 줄기 빛을 지칭하기도 한다. 즉 희망을 보여주는 것으로 그에 따르면 이는 인간관계에서 자신과 타인을 어떻게 형성하는가에 달려 있다. 인간의 다양한 모습은 지그재그의 형태 속에 있는 여러 개의 삼각형으로 형상화된다. 우리는 고통의 심연에서 창조주의 위대함을 인식하고 각자 삶의 여정에서 경험하는 뜨거운 감동을 우주에 전하고 싶을 때가 있다. 바로 그러한 점이 백남준의 작품 세계에서 우리가 경험하는 것이라고 본다. 또한 50여 개의 텔레비전은 그의 발과 육신이 미국에 있음을 의미하는 듯하다. 동시에 하늘을 나타내는 타원에는 소용돌이 중심에 태극이 있는데, 이는 그가 한국을 잊지 않고 있음을 보여주는 것이 아닐까 생각한다. 나아가 한국과 미국이 끈끈한 동맹 관계를 여러 면에서 보여주기를 기대하는 맘이 담겨 있다. 미래의 두 나라가 세상의 빛이 되기를 소망하는 그의 깊은 애국과 평화 사상을 담아낸 것은 아닐까 하는 생각도 든다.

한국에서 만나는 백남준

과천 국립현대미술관에서 〈다다익선〉을 만나다

〈다다익선〉(The More, the Better)은 과천 국립현대미술관 로비에서 만날 수 있는 백남준 작품이다. 〈다다익선〉은 누구나 알다시피 '많을수록 좋다'라는 말이다. 백남준은 이 작품을 구상하면서 처음에는 텔레비전 모니터 400-500개로 가능하리라 생각하였는데 구조가 만들어지면서 결국 1,000개 가까이 사용하게 되었다. 이에 "많으면 좋지!" 하는 말을 하면서 〈다다익선〉이라는 작품명이 만들어졌다. 게다가 개천절이 10월 3일이니 이것을 1,003으로 하여 개천(開天) 즉, '하늘을 열다'라는 의미를 부여하면 좋겠다 싶어 1,003개를 쓰게 되었다.[13] 〈다다익선〉의 디자인을 살펴보면 탑의 형식은 '우리나라의 시작'을 의미하며, 이는 '세상을 열다'라는 의미와 '모두가

---

13 '백남준을 기리는 사람들'(백기사) 공동대표인 김원의 인터뷰 내용 중.

모여 공존의 삶을 연다'는 의미를 담고 있다. 각각의 개체가 하나의 온전함을 나타내고 그 완전한 하나하나가 모여 진정으로 화합된 세계를 역동적으로 구현하며 영원히 나아간다는 것을 보여준다.

〈다다익선〉은 건축가 김원[14]에게 백남준이 스케치 한 장을 보여주면서 가시화하였다.[15] 김원은 〈다다익선〉이 '2만 년의 과거, 천년의 미래'라는 시간관을 투영하고 있지는 않을까 하면서 스톤헨지나 바벨탑, 스파이럴 형태와 삼층탑 등 건축 형식을 함축하고 있다고 보았다. 그렇다. 조선 숙종 때 돌에 새긴 천상열차분야지도(天象列次分野之圖)도 연상되고, 이스라엘에서 필자가 산 도자기에 그려진 12간지도 연상된다. "지금에서 영원으로, 영원은 과거로부터"라는 문구가 떠오른다. 그것은 예루살렘 성의 굳게 닫힌 다마스커스 문과 전통시장, 좁은 골목길, 통곡의 벽, 검은 옷에 키파를 쓰고 있는 정통 유대인들, 쉰들러 리스트의 마지막 장면인 라임스톤의 공동묘소, 골고다 언덕의 비아 돌로로사, 갈색 옷의 수사들과 수많은 여행객 등 영화나 역사 속에서 볼 법한 것들을 같은 시공간에서 보며 '수천 년의 시간이 바로 이 순간에 존재하는구나.' 하고 느끼게 되는 신비로운 감정이다. 그 속에 수천 년의 시간성이 남아 있고 그 속에 다가올 미래의 모습이 여전히 담겨 있었다. 과거는 현재의 얼굴이며 미래는 그 과거에서 시작됨을 본능적으로 알 수 있다. 〈다다익선〉은 시간성과 지속성 그리고 영원을 담은 듯하다.

백남준을 만날 수 있는 공간

한국에서 백남준의 작품을 볼 수 있는 곳은 늘어나는 추세이다. 서울에는

---

14 건축가 김원은 〈다다익선〉(The More, the Better)의 구조적 설계자이며 백남준의 기리는 사람들의 공동대표이다. 〈부록 2〉에서 그와의 인터뷰를 실었다.

15 이경희 편, 『백남준의 드로잉편지: 죽음의 문턱에서 유치원 친구 이경희에게 보내온』(파주: 태학사, 2020), 179-80.

과천 국립현대미술관 http://www.mmca.go.kr	백남준기념관, 생가 https://sema.seoul.go.kr	아라리오뮤지엄 인 스페이스 http://www.arariomuseum.org
〈다다익선〉 	〈문-문-문〉 〈TV경-자화상〉 〈백남준의 책상〉 〈소호 작업실〉 	〈TV 첼로 1971〉 〈히드라부처 1984〉 〈세기말 인간 1992〉 〈노마드 1994〉 

대전시립미술관 https://www.daejeon.go.kr	부산시립미술관 https://art.busan.go.kr/	뮤지엄 산 http://www.museumsan.org
〈프랙탈 거북선〉 	〈덕수궁〉 	〈커뮤니케이션 타워〉 

본태미술관 http://www.bontemuseum.com	매종 글래드 https://maisongladjeju-hotels.com	백남준아트센터 https://njp.ggcf.kr/
〈TV 첼로 1995〉 〈금붕어를 위한 소나타 1992〉 〈나는 결코 비트겐슈타인을 읽지 않는다〉 	〈9 엔틱 우드 TV 캐비닛 1989〉 	〈TV 정원〉 〈TV부처〉 외 

국내에서 백남준의 작품을 볼 수 있는 곳

과천 국립현대미술관, 백남준기념관, 아라리오뮤지엄 인 스페이스, 강원도 원주에는 뮤지엄 산, 경기도 용인의 백남준아트센터 그리고 제주도에 본태미술관과 호텔 등이 있다. 또한 대전시립미술관과 부산시립미술관도 있으며 2022년 1월 6일 개관한 울산시립미술관도 1호 소장품으로 백남준의 〈거북〉(Turtle)을 전시한다. 그 외 개인 소장 갤러리까지 합하면 대한민국은 지금 백남준과 사랑에 빠져 있다.

백남준을 만날 수 있는 도서

2021년 3월 교보문고 홈페이지에서 '백남준'으로 검색되는 도서는 33권이었다. ISBN이 부여된 책이다. 이 중 품절되거나 구입할 수 없는 6권을 제외하고 필자는 28권의 단행본을 구하였다. 다음은 백남준의 작품만을 분석한 2권과 백남준의 이름은 있으나 그 내용이 백남준을 다루고 있지 않은 책 3권을 제외하고 23권의 도서를 저자, 제목, 출판사, 출판연도로 정리한 것이다.

저자	제목	출판사	출판연도
① 김홍희	백남준과 그의 예술-해프닝과 비디오아트	디자인하우스	1992. 10
② 이용우	백남준 그 치열한 삶과 예술	열음사	2000. 5
③ 이경희	백남준 이야기	열화당	2000. 9
④ 에디터 데커 김정용(역)	백남준-비디오 예술의 미학과 기술을 찾아서	궁리	2001. 5
⑤ 김홍희	백남준-새로운 세계를 연 비디오 예술가	나무숲	2001. 6
⑥ 나정아	백남준 창조를 꿈꾸는 호랑이	씽크하우스	2010. 6
⑦ 김수남	총체예술, 바그너에서 백남준까지 총체예술개론	도서출판월인	2011. 3
⑧ 김은지	비디오조각과 젠가: 전자기계기술예술 백남준 그리고 미술관-독일과 일본	한국학술정보	2011. 9
⑨ 이경희	백남준, 나의 유치원 친구	디자인하우스	2011. 9

⑩ 임산	청년, 백남준: 초기 예술의 융합 미학	마로니에북스	2012. 3
⑪ 천호선	내 생의 한 획, 백남준 -어느 문화예술행정 전문가의 회상	눈빛	2014. 7
⑫ 노소영	디지털 아트: 우리시대의 예술-기계와 기술을 통해 일상을 바꾸고 세계를 바꾸는 예술	자음과모음	2014. 9
⑬ 손형우	노장과 백남준의 예술세계-예술철학 편	대유학당	2015. 1
⑭ 이은주	백남준 이후 미디어 아티스트와의 인터뷰	유피	2016. 3
⑮ 데이비드 조슬릿 안대웅(역)	피드백 노이즈 바이러스: 백남준, 앤디 워홀 그리고 이미지 정치에 관하여	현실문화	2016. 3
⑯ 김미영	미침: 그림 같은, 화가들의 삶	이채	2016. 5
⑰ 구보타 시게코, 남정호	나의 사랑 백남준-아내 구보타 시게코가 들려주는 백남준의 삶과 사랑, 예술	arte (아르테)	2016. 8
⑱ 백남준아트센터	슈야 아베·이정성(백남준아트센터 인터뷰프로젝트5)	백남준 아트센터	2016. 9
⑲ 이은주	사진으로 만난 인연: 이은주 사진집』	안나푸르나	2017. 10
⑳ 백남준 에디트 데커 외(편집) 임왕준 외(역)	백남준: 말에서 크리스토까지 (개정판)	(재)경기문화재단 백남준 아트센터	2018. 9
㉑ 임영균	Nam June Paik, Now Here(백남준 지금 여기)	이길이구 갤러리	2019. 5
㉒ 백남준, 남정호	백남준-동서양을 호령한 예술의 칭기즈칸	아르테	2020. 4
㉓ 이경희(편집)	백남준의 드로잉 편지: 죽음의 문턱에서 유치원 친구 이경희에게 보내온	태학사	2020. 6

백남준과 관련한 단행본은 2010년까지 6권(26.1%)이었으며 이후 5년간 7권(30.4%)이 더 출간되었다. 그러나 2016년 이후 현재까지 10권(43.5%)이 출간되면서 지속적으로 증가하고 있다. 즉 우리 사회가 백남준 예술의 가치에 관심을 갖고 연구를 확대하기 시작한 것은 2016년 이후라고 볼 수 있다. 특히 2000년대 이후 10년간은 주로 백남준의 가정환경과 시대적 배경 그리고 일본, 독일, 미국으로 이어지는 그의 여정과 작품 해석에 초점을 두고 있다.

이 과정에서 비디오아트의 창시자, 새롭고 모험적인 행위예술, 그에게 영향을 준 스승과 동료 등 백남준의 삶과 비디오아트를 전반적으로 다루었다. 이러한 경향은 계속 이어지고 있으나 2011-15년에 발행된 7권의 내용을 분석해보면 이전과는 다른 경향이 나타남을 알 수 있다. 백남준의 작품 세계를 보다 깊이 있게 분석하고 있는 것이다. 특정 주제와 특정 시기별로 그의 작품을 조명하고, 비디오아트의 발전 과정 속에서 백남준의 가치나 위상을 분석하였다. 또한 백남준을 문화·예술·행정의 관점에서 바라본 책들이 나오기 시작하였다. 최근 5년 동안은 백남준과 유사한 철학적 메시지나 선구자적 인물 등을 백남준과 함께 다룬 책들도 나왔다. 비교 분석 및 융합적 사고로 백남준의 가치를 재조명하려는 시도로 보인다.

백남준 이야기를 마치며

이제 백남준 전시회,[17] 그의 생애(부록 1)와 작품, 그를 기억하는 사람들 등을 통해 그의 흔적을 찾아 떠났던 여정을 마무리하고자 한다. 먼저 '백남준을 기리는 사람들'의 공동대표인 김원 건축가를 만나 특별 인터뷰를 하고 사진도 제공받았다.(부록 2) 그리고 목포에서 백남준의 전시를 기획한 김순주 큐레이터를 만났다. 이 만남을 계기로 「오마이뉴스」의 김형순 기자와 백해영 갤러리의 백해영 관장 등 많은 분을 만나게 되었다. 2021년 5월 7일부터 6월 27일까지 개최된 백남준 '나의 예술적 고향'에 대한 전시 내용은 김형순 기자와의 인터뷰로 대신한다.(부록 3) 필자는 그동안 건축 자재 견본이나 생활 속에서 발생하는 쓰레기를 가지고 작품 활동을 하면서 버려진 것들을 재생하고 삶의 파편들을 재구성함으로써 시간적 연속성과 지속성 그리고 새로운 탄생을 표현하였다. 동서양의 대립과 공존, 현실에 대한 부정, 아방가르드적 사고와 플럭서스 등 백남준이 보여주는 역동적이고 파괴적인 시작을 일상에서 표현한 하나의 예가 아닌가 하는 생각도 들었다. 백남준은 누구나 예술가가 될 수 있고 무엇이든 소재가 될 수 있다고 말했는데, 이는 내 생활 철학과도 맥락을 함께하는 듯하다.[16] 이제 4차 산업혁명 시대를 살아가는 우리는 초연결(hyperconnectivity)과 메타버스(metaverse)의 새로운 사이버 공간에서 새로운 소통을 앞에 두고 있다. 백남준은 아마도 이 혁명의 직전에서 우리 모두를 세계인으로 연결해준 것 같다.

---

16 2020년 11월 12일부터 2021년 2월 28일까지 조선일보사와 예술의 전당이 공동 주최한 조선일보 100주년 한글특별전 'ㄱ의 순간' 전에 백남준의 작품 〈W-3〉(64개 모니터, 1994년 제작, 학고재 소장)이 전시되었다. 도록의 설명에는 www, 즉 world wide web의 의미로 1974년부터 이미 인터넷 세상의 도래를 예견하고 20여 년 동안 완성한 작품으로 10×20m의 거대한 벽면에 X문양과 음파(音波)·광파(光波) 형태 'W'의 중첩으로 소리의 질서를 시각화한 것이다. 이 64개 모니터는 한글 창제의 원리인 주역(周易)의 64괘를 의미한다고 되어 있다. 대구시립미술관은 2021년 6월 15일부터 2021년 9월 26일까지 개관 10주년을 기념하여 대구포럼을 기획하였다. 1970년대 대구현대미술제(1974-79)의 역사적 순간을 떠올리고 새로운 세상을 향한 아방가르드들의 실험정신을 계승하려는 의지가 담아 "시를 위한 놀이터"라는 주제로 백남준을 비롯한 8인 작가를 조명하였다. "달은 가장 오래된 텔레비전"이라고 말한 백남준은 중국 당나라 시인 이태백이 놀던 달을 보며 시간을 초월한 상상을 펼쳤던 것을 보여준다. 덕수궁 국립현대미술관에서는 2021년 7월 8일부터 2021년 10월 10일까지 "DNA 한국 미술 어제와 오늘"이라는 주제로 전시가 진행되었다. 'Dynamic N(&) Alive'(역동적이고 살아 있는)는 우리 미술의 과거와 현재라는 뜻이다. 즉 우리의 몸에 조상의 유전자(DNA)가 이어지듯 우리 문화재와 미술품도 그렇다는 것을 보여주는 의미이기도 하다. 고대에서 현대까지, 북방에서 남방까지, 토기·도자기·불상·공예·조각·회화에서 현대 백남준의 미디어아트(토끼와 달, 반야심경 등)까지 시간과 지역, 사람은 달라지지만 무의식적·의식적으로 원형의 이미지가 지속적으로 반복되고 변주된다는 것을 눈으로 보고 느낄 수 있도록 치밀하게 준비한 전시이다.(서경대학교 이복규 명예교수 감상평) 그 외에도 목포에서는 단독으로 전시회가 열렸다.

〈부록 1〉 백남준의 일생

다음은 1932년부터 2006년까지의 백남준의 일생[17] 및 2022년 탄생 90년 행사를 도식화한 것이다.

1932. 7. 20
사업가 백낙승과 조종희의 3남 2녀 중 막내로 서울 종로구 서린동에서 태어남

1945-50
경기중학교에 입학하여 신재덕과 이건우에게 피아노, 작곡, 음악 이론 등을 지도받음

1950
한국전쟁 발발 직전 홍콩을 거쳐 일본 고베로 이주

1956
일본 동경제국대학에서 음악예술사 학위 취득 아놀드 쇤베르크를 주제로 졸업 논문을 씀

1957
독일 뮌헨대학교에 입학하여 음악예술사 전공 칼하인츠 슈톡하우젠과 첫 만남

1957-58
독일 프라이부르크 음악대학에서 현대음악 작곡가인 볼프강 포르트너에게 사사받음

1958
제13회 다름슈타트 하계 국제 신음악 강좌에 참가하여 존 케이지를 만남

1958-63
독일 쾰른 WDR방송국에서 전자음악 작업

1960/1961
독일 쾰른대학교 하계/동계 입학

1963-64
일본에 잠시 체류하고 미국 뉴욕으로 이주

1977
플럭서스 동료이자 비디오아티스트인 구보타 시게코와 결혼

1978-95
독일 뒤셀도르프 미술 아카데미 비디오학과 교수로 재직. 미국 뉴욕과 독일 비스바덴, 뒤셀도르프 등에 거주

1996. 4. 20.
미국 뉴욕에서 뇌졸중으로 쓰러짐

1996-2006
미국 뉴욕과 플로리다에 거주

2006. 1. 29.
미국 플로리다주 마이애미에서 소천

〈부록 2〉 백남준 특별 인터뷰: 건축가 김원('백남준을 기리는 사람들' 공동대표)

◆ 안녕하세요? 김원 대표님, 〈다다익선〉의 구조를 설계하신 것으로 알고 있습니다. 백남준 선생님과의 인연은 언제부터 시작되었는지요?

과천 국립현대미술관을 개관하던 날, 중앙 로툰다[18]를 보고 누군가가 미국의 구겐하임이 연상된다는 말을 하자 차별화한 중앙 광장에 조형물을 설치하자는 의견이 나왔습니다. 그 작품을 비디오아티스트 백남준에게 맡기자는 결정이 나왔고 백남준은 "이 공간에 어느 정도 크기와 높이를 해야 기대할 만한 작품이 될지 모르겠다."라고 하였습니다. 그는 구조를 담당할 건축가를 소개해달라고 요청했고 그렇게 저는 〈다다익선〉 작업에 공동 참여하게 되었지요. 예산이 없어 텔레비전을 누군가가 기증을 해주었으면 좋겠다고 생각하며 삼성에 요청하였습니다. 처음 400-500개였다가 1,000개 넘어가면서 어려움은 있었지만 삼성은 홍보 효과 등의 가치를 듣고 기꺼이 기증해주어 〈다다익선〉의 실행이 가능해졌습니다.

◆ 〈다다익선〉은 미나렛(Minaret, 모스크의 부속 건물로 예배 시간을 공지할 때 사용하는 탑)이 생각나기도 하고 구겐하임의 빈 공간이 생각나기도 합니다. 1,003개의 모니터로 안전한 탑 구조를 만드는 것이 쉽진 않았을 것 같습니다. 이러한 구조를 생각하신 배경과 설계상 어려운 점은 무엇이었는지요?

백남준은 〈다다익선〉을 위해서 여러 번의 스케치를 구상하였습니다. 처음

---

17 백남준문화재단, 『나의 예술적 고향: 라인란트의 백남준』(서울: 백남준문화재단, 2014), 79에 기술된 백남준 생애 연보를 토대로 재구성함.

18 '로툰다'(rotunda)는 원형 홀이 있는 둥근 지붕의 건물을 말한다.

에는 원통형을 스케치했다가 올라갈수록 좁아지는 형태로 바꾸면서 구조적으로 안정된 피라미드 형식을 생각하게 되었지요. 이 과정에서 백남준과 함께 텔레비전 수상기를 놓고 체크도 하고 쌓아보기도 하고 스케치를 수정하기도 하였습니다.

저는 텔레비전 수상기가 무거워 자체 하중을 줄이기 위해 속은 비우고 외관은 탑 형태로 구성할 필요가 있음을 제안했습니다. 슬라브를 그냥 올리면 안 되고 아래 기둥이 암반에 착석되어 안정된 구조가 되어야 한다고 하였지요. 이렇게 〈다다익선〉의 구조가 탄생하게 되었습니다. 당시 백남준은 프랑스 퐁피두센터(Centre Pompidou)에 프랑스 삼색기를 설치하기 위하여 모니터를 바닥에 두고 파란색, 하얀색과 빨간색으로 이 작품을 구성했는데 가장 큰 규모였습니다. 이 〈다다익선〉으로 1,003개의 모니터를 쌓아올려 이제껏 작품 중 가장 큰 구조물이 탄생하였습니다.

◆ 백남준 선생님의 일생을 기리다 보니 백기사(백남준을 기리는 사람들)를 알게 되었습니다. 백남준 선생님의 저작권이 잘 정리되어 있지 않아 사실 제가 전국을 다니면서 사진을 찍었습니다. 저작권 개념이 확립되어 있지 않은 이런 상황에 대해 백남준 선생님의 생각은 어떠할지 여쭤보고 싶었습니다. 대표님 생각은 어떠신지요?

저는 개인적으로 〈다다익선〉을 백 선생과 공동으로 작업했고 또 그렇게 명시되어 있습니다. 그 이후 백 선생과 관련된 전시회도 하고 강연도 하고 책도 내고 하였는데 저작권에 대해 생각해본 일이 없습니다. 백 선생님도 살아생전에 이런 부분을 말씀하신 적이 없습니다. 백 선생은 자신의 작품을 많은 사람이 보고 느끼고 생각할 수 있다면 무척 좋아하시리라 생각합니다. 백 선생님의 저작권을 누가 말할 수 있겠습니까? 나는 그렇게 생각합니다.

과천 국립현대미술관 〈다다익선〉 관련 전시와 김원 그리고 백남준

◆ 백남준 선생님을 공부하다 보니 참으로 치열하게 예술 활동을 하시고, 시대적 환경도 잘 견뎌내시고, 다양한 문화와 언어를 경험하면서 그 모두를 융합한 새로운 예술 장르를 만들어내셨다는 생각을 했습니다. 이것이 그분의 위대한 점이 아닐까 생각해봅니다. 대표님은 백남준의 '참나', '참 의미'가 무엇이라고 생각하십니까?

제 생각에 이분의 가장 큰 관심은 표현 방식뿐만 아니라 그것이 갖고 있는 콘텐츠에 있다고 봅니다. 한국의 기원에 대하여 "중국 사람은 농업 민족, 일본 사람은 어업 민족, 한국 사람은 사냥꾼"이라고 비유하신 적이 있지요. 즉 "한군데 정착하지 않고 여러 곳에 관심을 가지는 노마드(nomad)라고 평가하면서 나 자신도 그러하다."라고 말씀하셨습니다. 소머리를 걸어두거나 머리카락으로 그림을 그리는 등의 기괴하고 파격적인 퍼포먼스는 자신을 보여주고자 하는 시도였던 것으로 보입니다. 백 선생은 "나는 황화(黃禍)다. 'Yellow Peril'. 칭기즈칸은 황색이야, 그것이 나야."라고 말하신 적이 있습니다. 그는 칭기즈칸이 그 넓은 대륙을 횡단하고 정복하듯이 다양한 문화를 섭렵하고 새로운 가치와 사고의 확장을 위해 재앙과도 같을 수 있는 놀랄 만한 이벤트로 세계인을 집중시켰는데 그것을 표현한 것이 아닐까 생각합니다. 또한 루이 14세가 "짐은 곧 국가다."라고 말한 것과 같은 의미이기도 하지요. 그의 새로운 표현혁명과 생각혁명에 유럽인들이 번쩍 관심을 두게 되었습니다. 그의 작업이 완전히 대성공을 하게 된 것이지요.

휘트니미술관(뮤지엄 오브 아메리칸 뮤지엄)에서 미국현대미술100년 전을 개최하였는데 그 내용의 많은 부분이 백남준 작품입니다. 그가 미국에서 살았고 미국 미술을 만든 것이니 곧 미국 작가이지요. 1995년 황금사자상은 백남준이 독일 대표로 출전하여 받은 것입니다. 그러니 그는 독일 작가입니다. 일본에서 공부하여 일본에서 아방가르드 예술로 이룬 성과이니 일본 작가이지요. 또한 〈다다익선〉으로 한국에서 엄청난 사랑을 받았으니 그는 한국 작가입니다. 이렇듯 여러 나라가 자기 나라 작가라고 말하는 이는 많지 않을 겁니다.

◆ 대표님에게서 느껴지는 온화함과 선견지명의 모습이 참으로 좋았습니다. 어떤 면에서는 백남준 선생님과 닮아 있으며 맥을 함께한다고 생각합니다. 앞으로 백기사의 활동은 어떻게 진행하실 계획인지요?

정말로 해야 할 일이 많은데 백 선생님의 작품이 온전하게 정리된 것은 아닙니다. 예를 들어 "텔레비전 4개를 두고 'PAIK'라고 적어두면 백 선생님 작품이다." 이런 경우가 있을 수도 있지요. 5년 전인가 문화관광부에서 비용을 받아 1차 작업을 했습니다. 그래도 아직 백 선생님 작품의 진위와 스토리를 담은 2차 작업이 필요하다고 생각합니다.

〈부록 3〉 백남준 특별 인터뷰: 아트 저널리스트 김형순

◆ 안녕하세요? 백남준 전시회가 특별히 목포에서 열리게 된 계기가 있는지요?

백남준 선생님의 전시인 '나의 예술적 고향'(Nam June Paik, My artistic Heimat)이 목포 오거리문화센터에서 2021년 5월 7일부터 6월 27일까지 열렸는데요, 이는 목포 출신으로 서울 이태원에서 갤러리를 40여 년간 운영해 온 백해영 관장이 주관하였으며 독일통인 김순주 디렉터가 기획을 맡아 이루어졌어요. 특히 이번 전시에는 백해영 관장의 기부와 목포 시장의 협조, 신안 태평염전과 한국 파버카스텔(FaberCastell)의 협찬이 있었어요. 개막식엔 김종식 목포시장, 전성규 목포대 교수, 1980년대 뉴욕에서 백남준과 활동한 임영균 교수도 참가했습니다. 임 교수는 인사말에서 백남준을 일본 작가로 알고 있는 미국인이 많아 충격을 받고 백남준의 사진을 찍게 되었다고 합니다.

이번 목포전을 준비하는 데만 거의 1년쯤 걸렸어요. 작년 6월 서울 '백남준 전(展)' 이후, 루브르 아부다비(Louvre Abu Dhabi)에서 '백남준과 BTS' 전을 계획했으나 백해영 관장을 포함해 우선 뜻이 맞는 회원들(백남준과 프렌즈)이 모여 백남준 공부를 시작했어요. 6개월간 월요강좌 40강을 마치고 유튜브에 올리며 732쪽의 백남준 자료집도 만들면서 준비했어요.

◆ 이번 전시에서는 공연과 연주 등 다양한 프로그램이 진행된 것으로 알고 있습니다. 구체적으로 어떤 프로그램이 있었으며 백남준을 목포 시민들에게 알리기 위한 특별한 전략은 무엇인가요?

백남준은 전시를 '무언가 일어나는 것'(something happens)으로 보았어요.

백남준 전시인 '나의 예술적 고향' 포스터와 목포시립교향악단의 공연

백남준에게 전시는 '무엇인가를 필연적 의도를 가지고 우연적 지속성을 만들어내는 것'(something happens)이었지요. 이번 전시도 작은 규모이지만 목포시립예술무용단과 목포시립교향악단의 특별 공연이 열렸습니다. 또 이번 전시는 예술에 대한 정보화 마인드를 불러일으키며, 목포시 시정에도 간접적인 영향을 주었어요. 이곳 문화 인사와 교류가 있었고, 전국에서 온 백남준 관련 인사와 대화를 통해 시너지 효과도 얻었다고 봅니다. 전시와 관련해서 김순주 기획자는 MBC에서 '백남준 특강'을 했고, 저는 목포대에서 '백남준 강의'를 했어요.

◆ 백남준에 대한 강의와 기고를 많이 하시는데, 백남준 작품에 가장 영향을 끼친 사상과 백남준이 일반 대중에게 보여준 가장 획기적인 표현 방식은 무엇이라고 생각하시는지요?

백남준의 1963년 첫 전시 개념은 '선불교'에서 왔어요. '귀로 보고 눈으로 듣는, 즉 시각(sight)과 청각(sound)이 하나 되는' 방식, 음악이 미술이 되고, 미술이 음악이 되는 융복합 예술이죠. 그래서 전시 제목도 '음악의 전시'(Exposition of Music)가 되었고, 부제도 기존 서구 미술판을 밀어낸다는 의미의 '추방'(Expel)이었죠. 이번 전시를 통해 백남준의 예술에서 '텔레비전'이 어떻게 '인터넷'으로 발전해왔는지 알 수 있는데요, 1963년 첫 전시에 텔레비전이 등장했고, 1993년 베니스 비엔날레에서 '전자초고속도로'(혹은 인터넷)로 업그레이드해 황금사자상을 받았어요. '일방형'이 '쌍방형'이 되는 소통 방식의 전환은 가히 혁명적이라고 볼 수 있습니다. 백남준은 시공을 넘어 최저 비용으로 더 빠르고 쉽게 인류가 정보와 지식을 공유하며 함께 사는 세상을 염원했고, 지구촌이 하나가 되는 그러한 유토피아는 이제 어느 정도 실현되었다고 봅니다.

◆ 이번 백남준의 나의 예술적 고향 목포전에 전시된 주요 작품을 시대순으로 정리해주실 수 있는지요?

1970년대 서구의 '성상'(性狀, icon)인 바이올린을 길에서 끌고 다니는 백남준 퍼포먼스도 이번에 선보였어요. 백남준은 텃세를 부리는 '서구 우월주의'를 인정하지 않았어요. 이 영상을 찍은 사람은 독일의 미술사가 헤르조겐라트(W. Herzogenrath) 박사였어요. 그는 백남준의 의도를 알았죠. 1980년대 작품으로 파리, 뉴욕, 쾰른, 서울 등의 방송 채널을 연결한 우주 오페라인 〈굿모닝 미스터 오웰〉(Good Morning Mr. Orwell)과 1990년대 작품으로 백남준이 베니스에서 황금사자상을 받았을 때 찍은 에디션 사진도 전시장 벽면에 게시하였습니다.

메인 작품으로 전시장 중앙에 〈나는 결코 비트겐슈타인을 읽지 않는다〉(I never read Wittgenstein)가 전시되어 있어요. 이 제목은 '서구 철학에 맹종하지 말라!'라는 메시지를 전합니다. 비트겐슈타인이 플라톤 이후에 서구에서 아무리 위대한 철학자라 하더라도 백남준의 비디오아트 시각언어를 서양의 언어철학의 틀에 맞출 수 없다고 선언한 셈입니다. 사방에 걸린 4대의 텔레비전은 '동서남북'과 '춘하추동' 등 우주의 질서와 순환을 상징한다고 볼 수 있습니다. 벽체에 일곱 가지 무지갯빛 닮은 색동이 전자 빛과 만나 관객을 황홀케 합니다. 그 형태가 단순한데 이는 백남준이 뇌졸중 후 작품으로 세심함과 보다 강렬한 단순함으로 예술적 가치를 전달하고 있지 않나 하는 생각입니다.

이번 전시의 또 다른 하이라이트는 〈호랑이는 살아 있다〉(Tiger lives)(2000년, 45분)입니다. 이 작품은 새천년인 2000년 첫날 새천년맞이 행사로 발표한 것으로, 당시 87개국에 생중계되었죠. 백남준은 한국인을 호랑이로 의인화하면서 "서구에 진출해 세계사에 유례가 없는 분단국의 처량한 신세를 청산하고 어엿한 통일국가로 나가야 한다."라고 강력한 메시지를 전달했습니다. 이 작품에는 화려한 금수강산을 찬양한 '금강에 살으리랏다'와 분단된 철조망을 태우는 영상도 불쑥 튀어나옵니다. 호랑이와 사자의 대결에서 사자를 물리치는 한국 호랑이의 기상이 또한 대단합니다. 요즘 BTS나 봉준호 영화를 보면 한국 대중문화가 미국과 경쟁하는 시대가 되었는데 60년 전만 해도 상상할 수 없는 일이었지요.

◆ 백남준의 작품 세계가 시기별로 확연히 정리되었습니다. 백남준이 우리 세대에 남긴 귀한 메시지는 무엇이며 우리는 어떻게 그 메시지를 실현해야 할까요?

백남준은 금과옥조 같은 유언을 우리에게 남겼습니다. 20세기는 0.2% 인구인 유대인들이 노벨상의 22%를 받으면서 정치, 경제, 문화, 과학, 철학에서 이바지했듯 21세는 한국인이 그 역할을 해야 한다고 봤어요. 이런 백남준의 유언이 요즘 실제로 이뤄지고 있지요. 또한 백남준은 시대정신을 중시했죠.

그와 관련된 작품인 한반도와 유럽이 그려진 〈지도의 우화〉(Map Allegory from Crimea to Korea)를 보면 백남준은 이미 60년 전에 유라시아 전성시대를 예언했다고 볼 수 있습니다. 백남준 스스로 자신의 목소리로 유라시아 작가의 본을 보여주었습니다.

우리나라는 반도국가이지만 70년간 섬나라였어요. 이제 그 멍에를 벗어나야 합니다. 백남준이 주장한 유라시아시대에는 남행열차 종착역 목포에서 아침 먹고 북한, 중국을 지나 시베리아 횡단 철도를 타고 베를린으로 가 그곳 국립현대미술관에서 세계 미술품을 감상하는 그날이 오길 바랍니다. 나아가 백남준은 남의 영토를 침범하지 않으며 한국이 최고급 지식과 정보를 생산하고, 그런 대중 지성을 전 세계에 공급한다면 그게 바로 '탈영토제국주의'가 된다고 보았어요. 그러기에 인구수나 위치에 상관없이 목포시도 앞으로 그런 글로벌 역할을 톡톡히 하게 되는 날이 있으리라 봅니다.

백남준은 동료 플럭서스 친구들처럼 '지방자치 옹호자'였고 '문화민주주의자'였지요. 백남준도 이번에 자신의 전시가 목포에서 열린 것을 좋아했을 것입니다. 프랑스 철학자 질 들뢰즈(Gilles Deleuze)는 "디지털 노마드 시대, 변방은 없다."라고 했잖아요. "예술이 중심주의를 깨야 한다."라고 말입니다. 근대 문화유산이 풍부한 목포는 예향으로 호남에서 품격 있는 문화도시입니다. 목포 시민도 이번에 정보화시대에 걸맞은 정보아트의 새로운 에너지를 받았기에 문화적 자존심과 자신감을 더 높이게 될 것입니다.

김은국

13장 이산적 상상력의 작가

-**이상명**(미주장로회신학대학교 총장, 신약학 교수)

이산자로서 산 재미 작가

'호모 비아토르'(Homo Viator), 김은국의 생애를 이처럼 잘 표현한 말이 있을까 싶다. 이 말은 프랑스의 철학자 겸 극작가 가브리엘 마르셀(G. Marcel)이 정의한 것으로 '여행하는 인간', '떠도는 사람', '길 위의 사람'을 뜻한다. 인간은 여정을 끝내기까지 항상 길 위에 있으면서 탄생에서 죽음으로, 과거에서 미래로, 한 장소에서 다른 장소로 끊임없이 유랑하거나 이주한다. 정주(定住)하지 못하고 부평초처럼 부유하는 것, 한 조각 구름처럼 떠돌다 사라지는 게 삶의 본질일 터이다.

김은국의 생애와 문학에는 일제강점기와 한국전쟁으로 인한 이산(離散)과 유랑(流浪)의 서사가 진하게 배어 있다.[1] 비극적 상실감, 이산과 유랑의

---

1 '이산'(離散)에 해당하는 영어 단어는 '디아스포라'(diaspora)이고, 이는 '흩뿌리다', '퍼트리다'를 뜻하는 그리스어 단어 '디아스포라'(διασπορά)에서 파생되었다. 이 단어는 본래 팔레스타인을 떠나 온 세계에 흩어져 살면서 유대교의 규범과 생활관습을 유지하는 유대인들을 일컫는다. 이후 특정 민족이 사의든 타의든 기존에 살던 땅을 떠나 다른 지역으로 이동하여 집단을 형성하는 것, 또는 그러한 집단을 이르는 말로 사용되었다.

경험은 그의 문학세계를 이해하는 중요한 실마리이다.[2] 그가 한국계 최초로 노벨문학상 후보에 오른 이면에는 한반도를 둘러싼, 역사적 비극이 낳은 '피난민 의식'이라는 트라우마가 자리한다.[3] 민족적 수난의 역사와 뒤엉켜 그가 개인적으로 경험한 질곡과 상실감은 고스란히 장차 태어날 작품을 위한 비옥한 토양이 된다. 그는 한국의 근현대사를 자신의 문학 소재와 기초로 하여 이산적 삶을 깊이 있게 형상화함으로써 한국계 미국 문학을 본격 궤도에 올려놓는다. "가장 한국적인 것이 가장 세계적인 것이다."라는 클리셰(cliché)처럼, 그는 한국 역사라는 특수한 시공간에서 작품의 배경과 소재를 빌려오지만 인간의 고통과 구원이라는 보편적 주제를 다룬다. 나아가 인간 본성에 대한 깊은 성찰과 고통의 현장에서 인간이 느끼는 신(神)의 부재 같은 묵직한 형이상학적 통찰을 작품에 반영한다. 한반도 공동체가 겪은 특수한 경험을 녹여 인류 보편적 가치를 추구하는 작품으로의 승화가 그를 세계적 문학가의 반열에 오르게 한 원동력이다. 그가 말했듯이 "하나의 조그마한 '역사'를 가진 하나의 인간이 커다란 역사와의 대결에서 빚어지는 불가피한 갈등과 투쟁에서 오는 긴장" 속에서 인간은 무엇이며, 인간은 무엇으로 되어야 하는가를 작품 속에서 끊임없이 탐색한다.[4] 김은국은 식민지 체제와 분단 상황이 낳은 이산적 상상력을 무기로 하여 특수성과 보편성 사이의 절묘한 조화와 균형을 꾀한 내용을 자신의 작품 세계에 투영한다. 이

김은국

2 김욱동, 『김은국: 그의 삶과 문학』(서울: 서울대학교출판부, 2007), 147-48.

3 김욱동, 『김은국: 그의 삶과 문학』, 50.

4 김은국, 『잃어버린 시간을 찾아서: 김은국 수필집』(서울: 서문당, 1985), 47-48.

것이 그를 한국계 작가로서는 최초로 노벨문학상 후보에 오르도록 한 동인(動因)이다.

어린 시절

김은국은 1932년 3월 13일 함경남도 함흥에서 부친 김찬도와 모친 이옥현 사이의 2남 2녀 중 장남으로 태어났다. 아버지 김찬도는 부유한 지주 집안 출신으로 항일운동에 가담하다 옥고를 치른 지식인이다. 어머니 이옥현은 북에서 유명한 예술가 집안 출신이고 그의 외삼촌 모두 예술가로 활동했다. 특히 외할아버지 이학봉은 한국교회사에 큰 족적을 남긴 장로교 목사요, 신학자로서 공산주의에 저항하다 1950년 10월 18일 대동강변에서 북한 정권에 의해 총살당한 인물이다. 다서가(多書家) 외조부의 서재에 파묻혀 김은국은 어릴 때부터 책을 많이 읽으면서 성장했다. 친가 쪽의 실천적이고 민족주의적인 성향, 외가 쪽의 예술적이고 초월적인 기질은 김은국이 세계적 문학가로 성장하는 데 밑거름이 됨은 물론 그의 작품 세계에도 적잖은 영향을 미쳤다.[5]

중산층 기독교 집안에서 자란 김은국은 비교적 유복한 어린 시절을 보냈다. 일제강점기에 어린 시절을 보낸 그에게 '중산층'과 '기독교'라는 이 두 조합의 집안 배경은 그의 생애에 차지하는 의미가 자못 컸다. 당시 중산층은 다른 계층에 비해 진취적이며 자유주의적인 특성이 강했고, 기독교인들은 서구 문명을 적극 수용하여 서구식 근대 교육에 처음 눈을 뜬 이들이었기에 이 두 요소는 김은국의 내면세계 형성에 큰 역할을 했다.

김은국은 태어난 지 1년 만에 부모 손에 이끌려 두만강 건너 만주 젠다오(間島)의 룽징(龍井)으로 이주한다. 룽징에는 캐나다 선교사들이 세운 은진

5 김욱동, 『김은국: 그의 삶과 문학』, 20.

중학교가 있었다. 이곳은 기독교청년회(YMCA) 명예총무 전택부, 시인 윤동주, 민주화운동가 문익환, 크리스찬아카데미 원장 강원용 등 한국 근현대사에 한 획을 그은 인물들을 많이 배출한 서구식 근대 교육기관이었다. 그가 쓴 마지막 소설 『잃어버린 이름』(*Lost Names*)에서 김은국은 어린 시절 자신이 살던 만주의 한인 주거 지역을 유대인들의 '게토'(ghetto)에 비견한다.[6] 당시 만주에는 중국인, 만주인, 몽골인, 일본인, 조선인 등 무려 50개 이상의 민족이 있고 45개의 다른 언어가 사용되었다고 하니 다문화·다인종 복합 공간이었던 셈이다. 만주로 이주하였지만 외부와 거의 단절된 채 여러 다양한 인종에 둘러싸여 살아가는 조선인들의 삶은 신산하고 고단할 수밖에 없었다. 낯선 이국땅에서 겪은 '이산'과 '유랑'의 경험은 태생적 코드와 같은 유전자로 그의 의식과 작품 세계에 흐른다.

김은국은 6살 때인 1938년부터 아버지의 고향 황해도 황주에 정착해 성인이 될 때까지 살았다. 황주는 소년 김은국에게 만주보다 더욱 낯선 땅이었다. 그는 당시 느낀 이산자의 심경을 『잃어버린 이름』에서 다음과 같이 피력했다. "나는 이제 여기, 다시 한 번 뿌리째 뽑혀서, 옛날에는 우리 것이었지만 이젠 더 이상 우리 것이 아닌 땅-외국 땅이 아니면서 외국이 되어버린 땅-에 이식되어, 혼자 울적하게, 친구도 없이, 어리둥절하니 앉아 있다."[7] 조선 시대 권력 구조에서 멀찌감치 비켜 있던 황해도는 근대에 접어들어 우리나라 최초로 기독교 등 서구 문물을 과감하게 수용, 김구와 이승만 같은 선각자들을 배출한다.[8]

---

6 김은국, 『잃어버린 이름』(서울: 다림, 2015), 33-34.
7 김은국, 『잃어버린 이름』, 59.
8 김욱동, 『김은국: 그의 삶과 문학』, 30.

월남과 군 복무

김은국은 1944년 황해도 평양고등보통학교를 다니던 중 이듬해 8월 중퇴, 고향으로 돌아와 황주에서 가족과 함께 해방을 맞이했다. 해방의 기쁨도 잠시, 1947년 북녘 땅에 공산주의 정권이 들어서자 그의 집안은 지주인 데다 기독교 배경이라는 내력 때문에 인민의 적으로 몰려 타도의 대상이 되고 만다. 갈수록 심해지는 공산주의 정권의 박해를 피해 아버지와 함께 남으로 내려와 목포에 정착하기 전, 잠시 머문 남해의 조그마한 섬에서 김은국은 지난한 격동의 역사 속으로 내동댕이쳐진 피난민으로서의 자의식을 다음과 같이 표현한다. "드디어 눈을 감았다. 두 사람은 다 같이 깊은 잠에 빠져들었다. 그래도 경종이 달린 시계는 쉬지 않았다. …남해의 조그마한 섬, 초가집 농가의 작은 단칸방에서, 북녘에서 고향을 잃고 방랑의 길에 올라선 두 나그네가 잠든 방 속에서 그 시계는 멈춤 없이 역사를 속삭였다."[9] 이산자가 된 그에게는 아버지가 행낭 속에 늘 넣고 다니던 커다란 자명종 시계 소리가 역사의 거친 맥박처럼 느껴졌다.[10]

1948년 가을, 실향민으로 목포에 정착한 김은국은 목포고등학교(구 목포중학교)에 전학하여 학업을 이어간다. 목포는 문학과 예술의 도시이다. 이 도시가 낳은 예술가들을 언급할 때는 소설가 박화성, 극작가 김우진, 차범석, 천승세, 시인 김지하, 평론가 김현, 소설가 최인훈과 함께 김은국이 빠지지 않는다. 김은국은 당시 6년제이던 목포중학교 제4회(1950) 졸업생이다. 그 무렵 우리나라 최초의 여류 소설가라 일컬어지는 박화성이 1937년부터 1962년까지 목포 용당리(현 용당동)에 살면서 리얼리즘에 기반한 소설을 발표한다. 그녀는 일제 식민지하 조선인 농민과 도시빈민의 현장을 형상화하는 작품 활동에 몰두한다. 이북에서 내려온 김은국은 가족과 함께 박화성의

---

9 김은국, 『잃어버린 시간을 찾아서』, 26.

10 김욱동, 『김은국: 그의 삶과 문학』, 46.

집필실 인근에 살며 그녀의 문학적 영향을 받은 것으로 추정된다.[11] 식민지 시대의 아픔을 작품의 살과 뼈로 삼았다는 점에서 박화성의 작품 세계는 김은국의 작품 세계와 조우한다.

1950년 서울대학교 경제학과에 다니던 중 6·25전쟁이 발발하자 김은국은 그해 가을 해병대에 입대한다. 그러나 두 달 만에 폐렴에 걸려 의병 제대한다. 그러나 회복 후 1952년 육군에 자원 입대해 연락장교와 통역장교로 복무하다 한국전쟁이 끝난 뒤 1954년 12월 4년 동안의 군대 생활을 마치고 육군 보병 중위로 명예 제대한다. 그렇게 열여덟 살부터 스물두 살까지 김은국은 군인으로서 제2차 세계대전 이후 우리 역사에서 그 유례를 찾을 수 없는 동족상잔의 비극적 전쟁을 몸소 경험했다. 이 경험이 없었더라면 김은국은 첫 장편소설 『순교자』(*The Martyred*)와 두 번째 장편소설 『심판자』(*The Innocent*)를 쓸 수 없었을 터이다.

도미(渡美)와 문학 수업

군 복무 시절 아서 투르도 미군 소장의 부관으로 근무한 덕분에 김은국은 그와 뉴욕대학교 샬럿 마이네크 교수로부터 도움을 받아 미국 유학에 올랐다. 미국에서 김은국은 '리처드 김'(Richard E. Kim)이라는 미국 이름을 써가며 1959년까지 버몬트주 미들베리대학교에서 역사학과 정치학을 공부했으나 학사학위는 받지 못하고 수료했다. 이후 학위 없이 입학할 수 있는 존스홉킨스대학교 창작과에 입학하여 1960년에 콩트 한 편으로 문학석사 학위를 받았다.

같은 해 덴마크 독일계 미국인 페넬로우프 앤 그롤(Penelope Ann Groll)

---

11 "[이지현의 기독문학기행] 참호 속에서 묻다… 신은 존재하는가: 전쟁소설 '순교자' 김은국 모교 목포고와 역사관," 「국민일보」(2017년 9월 2일 자). 참조. http://news.kmib.co.kr/article/view.asp?arcid=0923808593

아내 페닐로우프 앤 그롤(Penelope Ann Groll)과 아들 데이비드(David)와 딸 멜리사(Melissa)와 함께

과 결혼하고 이 무렵 미국 시민권을 획득했다. 그는 1962년 다시 아이오와 대학교 '작가 워크숍' 프로그램에 입학해 창작석사 학위를 취득, 이때 졸업 작품으로 제출한 소설이 2년 후 발표한 『순교자』의 모태가 된다. 이런 점에서 아이오와시티는 김은국을 세계적 작가로 태어나게 한 산실이다.[12]

아이오와대학교에서 창작석사 학위를 받은 그는 곧바로 하버드대학교 극동 언어 및 문학과에 입학하여 1963년 다시 문학석사 학위를 받았다. 그는 1963년부터 롱비치주립대학교 영문학과에서 강의했으며, 첫 장편소설 『순교자』를 출간하여 작가로서 명성을 얻은 1964년에는 매사추세츠대학교 영문학과 조교수로 창작 강의를 맡았다. 그 외 뉴욕주 시러큐스대학교와 캘리포니아주 샌디에이고주립대학교 등에서도 초빙교수 자격으로 강의함으

12 김욱동, 『김은국: 그의 삶과 문학』, 72.

로써 도미한 지 10년 만에 소설가와 대학교수로 미국 지식인 사회에서 확고한 위치를 차지했다.[13]

첫 장편소설 『순교자』와 노벨문학상 후보

김은국의 첫 장편소설 『순교자』는 출판 과정부터 순탄하지 않았다. 대중이 좋아할 만한 로맨스나 전쟁 장면이 나오지 않아 인기를 끌지 못할 것이라 여겨 출간을 번번이 거절당한다. 허탈감을 느낀 김은국은 한 번만 더 거절당하면 원고를 찢어버리고 출판을 단념하겠다고 마음먹고 있었는데 뜻밖에 뉴욕의 조지 브래질러(George Braziller) 출판사가 그의 작품을 출간하겠다는 편지를 보내온다. 우여곡절 끝에 1964년 가까스로 출간된 『순교자』는 상업적 성공을 거두면서 비평가들에게 주목받는다. 김은국은 이 작품으로 하루아침에 일약 세계적 작가로 이름을 떨쳤고 『순교자』는 1965년 '내셔널 북 어워드'(National Book Award) 최종 심사에 오르며 20주 연속 미주 전역의 베스트셀러 자리를 지키고 10여 개 언어로 번역되었다. 적잖은 비평가들이 그를 표도르 도스토예프스키(F. Dostoevsky), 조셉 콘래드(J. Conrad), 솔 벨로(S. Bellow), 미겔 데 우나무노(M. de Unamuno), 알베르 카뮈(A. Camus) 같은 세계 문단의 대가들에 견주는 평가를 내놓는다.[14] 『순교자』에 대한 높은 관심과 선풍적 인기 덕분에 김은국은 1969년 한국인 최초로 노벨문학상 후보에 오르나 러시아

미국에서 출간된
『순교자』(*The Martyred*) 초판

13 김욱동, 『김은국: 그의 삶과 문학』, 83.
14 김욱동, 『김은국: 그의 삶과 문학』, 76.

작가이자 사회주의 리얼리즘의 대가 미하일 숄로호프(M. Sholokhov)에게 자리를 내주었다.

한국에서는 『순교자』에 대한 반응이 엇갈렸다. 일부 언론은 이 작품에 묘사된 한국교회와 목회자의 이미지가 긍정적이지 않다는 이유로 김은국을 배신자, 배교자라 질타했으며 특히 보수 기독교 교단은 극한 부정적 평가를 내놓기도 했다. 그럼에도 『순교자』는 한국에서 큰 반향을 불러일으켰다. 1964년 국립극단은 연극 〈순교자〉를 무대에 올리고, 1965년 유현목 감독은 영화로 제작했다. 1970년에는 미국 작곡가 제임스 웨이드가 만든 〈순교자〉가 한국에서 공연되고 뉴욕에서도 공연되어 갈채를 받았다.[15]

김은국이 작가가 되기로 처음 결심한 것은 『순교자』가 출간되기 5년 전인 1959년 여름이었다. 미들베리대학교에서 필수 과목 가운데 하나인 과학을 이수하지 못해 그는 졸업할 수 없는 처지에 놓였다. 학교 당국은 이 과목을 이수할 수 있도록 그에게 다른 대학교의 서머스쿨(Summer school) 과목을 수강하도록 권유했다. 이후 그는 매사추세츠주 케임브리지에 있는 하버드대학교를 방문, 그곳에서 유명 시인이자 문학비평가인 앨런 데이트 교수의 '인상파 소설' 강의를 우연찮게 들었다.

이날 데이트 교수는 폴란드 태생으로 선원 생활을 하다가 영국으로 귀화하여 영어로 소설을 쓴 작가 조셉 콘래드에 대해 강의하고 있었다. 김은국은 이 강의에 매료되어 하버드대학교를 방문한 본래 목적을 망각한 채 다음날 이 강의에 등록했다. 사회과학을 전공하던 그는 이 일을 계기로 소설가가 되기로 결심했다. 그는 이러한 전향을 훗날 '변형'이라는 말로 표현하며 다음과 같이 회상했다. "그날 아침 우연히 들어간 문학 강의실에서 콘래드 이야기를 들으면서 그때까지 해오고 간직하고 있던 준비–즉 정치, 역사, 사

15 강정인, 『죽음은 어떻게 정치가 되는가』(서울: 책세상, 2017), 230–31; 김욱동, 『김은국: 그의 삶과 문학』, 78, 82–83.

1965년 유현목 감독이 제작한 영화 〈순교자〉의 한 장면

회 그리고 종교와 예술을 바탕으로 한 마음의 자세-가 일종의 '변형'을 일으켜 문학이란 것으로 승화되는가 싶었다."[16] 일제강점기와 한국전쟁의 참상으로 야만과 광포만 할거하던 비극의 시대를 이산자로 살아온 김은국의 문학은 이제까지 그가 경험하고 사색하고 연구해온 모든 것을 이산적 상상력으로 녹여낼 수 있는 일종의 용광로이자 정신적 해방구였을 터이다.

---

16 김욱동, 『김은국: 그의 삶과 문학』, 87.

이후 장편소설 『심판자』와 『잃어버린 이름』

김은국은 1967년 매사추세츠대학교 영문학과 부교수직에서 사직하고 집필에 전념, 1년 후 두 번째 장편소설 『심판자』를 발표한다. 이 소설은 미국과 한국에서 별다른 주목을 끌지 못했다. 전작으로 얻은 명성에 되레 금이 갈 정도로 몇몇 비평가는 『심판자』가 문학성과 오락성에서 모두 실패한 소설이라는 혹평을 서슴지 않았다. 군 문제를 다룬 이 작품이 관심을 얻지 못한 데에는 1960년대 말 미국의 반전(反戰) 분위기도 한몫했다. 한국 독자들은 이 작품이 5·16군사정변을 정당화하기 위한 것이 아니냐는 의혹의 눈길을 보냈다. 김은국은 이런 비판적 시각에 대해 5·16군사정변을 소재로 삼은 것이 아니라 보편적 인간의 문제를 다룬 것이라고 거듭 설명했으나 사정은 달라지지 않았다.[17]

1970년 김은국은 세 번째 장편소설 『잃어버린 이름』을 출간해 『심판자』로 잃었던 작가의 명성을 되찾았다. 이 작품은 일제강점기를 견뎌낸 한 가족과 그 속에서 당차게 성장한 한 소년의 이야기를 다룬다. 미국 사회에서 다문화주의에 대한 관심이 고조되던 1990년대 말, 이 소설은 대학교와 중고등학교에서 소수 민족 문학의 텍스트로 널리 읽혔다. 『순교자』가 베스트셀러의 명성을 누렸다면 『잃어버린 이름』은 스테디셀러로서 독자들의 꾸준한 사랑을 받고 있다.[18] 1931년 『대지』(*The Good Earth*)로 노벨문학상을 수상, 세계적 작가로 명성을 얻은 펄 벅(P. S. Buck)은 이 소설이 출간되기 전 원고를 읽은 후 이 작품에 대한 찬사를 아끼지 않으며 다음과 같이 평했다.

> 나는 이 작품을 김은국의 최고작으로 꼽고 싶다. 그가 이 작품에서 다루고

---

17 김욱동, 『김은국: 그의 삶과 문학』, 92; 김욱동, "'순교자' 작가 김은국의 행적을 찾아서," 「신동아」(2005.3): 328.

18 김욱동, 『김은국: 그의 삶과 문학』, 302.

> 있는 한국 역사의 한 대목은 나도 읽어서 잘 알고 있는 시대의 것이다. 그는 한 가족의 눈을 통하여 외세에 따른 강점과 수난을 겪고 마침내 해방을 맞기까지의 한 나라의 국민 감정을 감동적으로 그려내었다. 이 작품은 한국을 소재로 쓴 창작으로서는 내가 지금껏 읽은 그 어느 것보다 훌륭하다.[19]

김은국은 이 작품을 직접 번역하여 1991년에 을유문화사에서 출간했는데, 번역판 서문에 작품의 집필 배경을 간략히 밝혔다. "이 작품을 다시 펴내게 된 것은… 우리 한국인은 마음 한구석에 아직도 일제의 악몽에 사로잡혀 있어 그 악몽에서 하루 속히 깨어나는 데 이 작품이 조금이라도 도움이 되었으면 하는 마음에서이다."[20]

한국에서의 활동

1977년 시러큐스대학교와 샌디에이고주립대학교의 초빙교수 강의를 끝으로 김은국은 미국 강단을 완전히 떠났다. 그 후 1981년 세계적으로 유수한 역사와 명망이 깊은 풀브라이트 재단(Fulbright Foundation)으로부터 연구비를 지원받아 교환교수 자격으로 서울대학교 인문대학 영어영문학과에서 강의를 맡았다. 이는 그가 오래전부터 가져온 소원의 이행이기도 했다.[21] 그는 '현대 미국 작가론', '영미 작가 연구', '영문 산문 강독' 등을 강의하며 한국의 여러 신문에 기고했다. 1981년부터 4년간 영자신문 「코리아 헤럴드」(*Korea Herald*)와 「조선일보」에 칼럼을 썼다. 기고한 글을 통해 그는 어린

---

19 Jae-Nam Han, "Richard E. Kim," *Asian American Novelists: A Bio-Bibliographical Critical Sourcebook*, ed. Emmanuel S. Nelson(Westport, Conn.: Greenwood Press, 2000), 136에서 재인용.

20 김은국, "독자들에게 드리는 글을 대신하여,"『잃어버린 이름』(서울: 을유문화사, 1991), 3.

21 김욱동,『김은국: 그의 삶과 문학』, 98, 362.

1980년대 초반 교환교수로 서울대학교에서 강의하는 모습

시절의 추억부터 해방기의 경험, 한국전쟁, 음악, 한미 관계 등 다양한 주제를 다뤘다. 1985년에는 이 글들을 한데 묶어 『잃어버린 시간을 찾아서』라는 책으로 출간했다.[22]

1980년대 들어서 김은국은 번역에 전념한다. 이때 6권의 영문 도서를 번역했으며 이 중에는 어니스트 헤밍웨이(E. Hemingway)의 『에덴동산』(*The Garden of Eden*, 1986), 솔 벨로(S. Bellow)의 『죽음보다 더한 실연』(*More Die of Heartbreak*, 1987) 같은 문학작품과 제이콥 브로노우스키(J. Bronowski)의 『인간 등정의 발자취』(*The Ascent of Man*, 1985) 같은 과학사나 문화인류사로 분류되는 책이 있다. 그는 한국 문학 작품을 영어로 번역하기도 했는데 그렇게 번역한 작품 중 하나가 이범선의 『오발탄』이다. 이 번역으로 그는 1974년도 '현대한국문학 번역상'을 수상한다.[23] 그는 1981년 뜻밖에도 『파랑새 이야기』라는 창작동화를 출간했다. 이 동화는 같은 해 동화출판공사가 몇 년 계획으로 발간한 아동용 그림책 '그림나라 100' 시리즈

22 김욱동, 『김은국: 그의 삶과 문학』, 99, 363.
23 김욱동, 『김은국: 그의 삶과 문학』, 100-103, 118.

가운데 한 권이다. 어린이들의 꿈과 이상을 다룬 『파랑새 이야기』를 통해 그는 시간의 장벽을 뛰어넘는 사랑과 희망을 전했다. 이 동화에서 '파랑새'는 바로 그것을 상징하는 메타포이다.

한편 김은국은 1981년부터 1989년까지 KBS 텔레비전의 다큐멘터리 원고를 집필하면서 리포터와 내레이터로 활약했다. 그가 관여한 다큐멘터리는 한국 기독교와 전쟁, 일본·중국·러시아의 한인 동포, 만주와 시베리아 대륙 횡단 철도 등 그 소재가 자못 다양하다. 특히 1987년 방영된 〈소련 땅의 한인을 찾아서〉의 후속작이라 할 5부작 다큐멘터리 〈시베리아 횡단 철도〉를 위해 한 달 이상 소련에 머물며 리포터로 활동하기도 했다. 이 경험을 바탕으로 1989년 김은국은 에세이집 『소련과 중국, 그리고 잃어버린 동족들』을 출간했다.[24]

이제까지 출간된 장편소설과 함께 다큐멘터리에 반영된 그의 관심은 자발적이든 비자발적이든 고향이나 고국을 등진 이산자들의 삶 언저리를 여전히 탐색하고 있음을 보여준다. 일제강점기에 태어나 한국전쟁을 겪은 후 고국을 등지고 미국에서 이산자로 살며 그가 느꼈을 비극적 상실감을 어찌 다 알 수 있을까마는, 그의 작품 속에 무수히 등장하는 '잃어버린'이라는 단어가 암시하듯 그는 '잃어버린' 그 무엇을 찾아 끊임없이 유랑해왔음을 알 수 있다.

은둔과 타계

1980년대 말 1990년대 초 유명하던 광고 문구 "가슴이 따뜻한 사람, 그 깊은 인생을 듣는다", "가슴이 따뜻한 사람과 만나고 싶다"를 기억하는 이들이 많은데, 이 광고의 문구를 만들었을 뿐만 아니라 모델로도 활동한 이가 바

---

24 김욱동, 『김은국: 그의 삶과 문학』, 103-104.

로 김은국이다. 이 광고는 대중에게 좋은 평가를 받으며 '불멸의 카피'라 칭할 정도로 화제가 되었다.[25] 김은국은 1990년 문화예술 창달과 국가 발전에 기여한 공로로 대한민국 정부로부터 옥관문화훈장을 받은 직후 모든 공적 활동을 중단하고 은둔 생활에 들어간다. 은둔의 시작과 함께 그는 점차 세상 사람들의 뇌리에서 잊혀진다. 2005년에 들어서 그가 매사추세츠주 슈츠베리에서 암 투병을 하고 있다는 소식이 알려진다. 그는 병마와 싸우며 1970년대부터 구상해온 네 번째 작품 『잃어버린 넋』(*Lost Souls*)을 집필하였지만 이 작품은 끝내 세상의 빛을 보지 못한다. 2009년 6월 23일, 김은국은 슈츠베리의 자택에서 77세를 일기로 세상을 떠난다.[26]

이산적 상상력의 결정체

『순교자』(*The Martyred*)

앞에서 언급한 것처럼 김은국을 세계적 문학가의 반열에 오르게 한 작품은 1964년에 발표한 처녀작 『순교자』이다. 이 작품으로 그는 한국계 최초로 노벨문학상 후보에 오른 재미 작가가 된다. 「뉴욕타임스」는 『순교자』는 도스토예프스키와 알베르 카뮈 등의 문학 세계가 보여준 위대한 도덕적·심리적 전통을 이어받은 훌륭한 작품으로 영원히 남을 것이라는 찬사를 보냈다.[27] 「로스앤젤레스 타임스」는 "이것은 우리가 위대한 소설이라 부를 소수의 20세기 작품군에 포함될 만한 눈부시고 강력한 소설"이라며 경탄을 표했

---

25 김욱동, 『김은국: 그의 삶과 문학』, 234

26 김욱동, 『김은국: 그의 삶과 문학』, 142-44, 148-49, 363.

다.[28] 「새터데이 리뷰」(*Saturday Review*)도 "『순교자』의 이야기는 신랄하면서도 사색적이고 일종의 미스터리처럼 교묘하게 전개된다. 그러나 이 작품은 추리 소설적인 감각이 아니라 종교적인 미스터리이다. 『순교자』는 인간 조건의 기본 특성을 포착하고 있다. 감동적이고 설득력이 있으며 품위가 있다."[29] 라고 평했다. 「어소시에이티드 프레스」(*Associated Press*) 역시 "『순교자』는 예수 그리스도가 십자가에 못 박혀 마지막으로 절규할 때와 같은 절망에 처해 있을 때 기독교인의 신앙과 고뇌를 다룬 작품이다. 치밀하게 그림을 그리는 듯한 기법으로 쓴 김은국의 이 소설은 인간의 정신적 시련 과정을 잘 포착하였다."라고 평했다.[30] 김은국의 *The Martyred*(순교자)를 한국어로 번역한 문학평론가 도정일은 해설에서 다음과 같이 이 작품의 업적을 논했다.

> 『순교자』의 재발견에 관한 나의 이 짧은 보고서에서 내가 적극적으로 말하고 싶은 것은 김은국의 이 소설이 한국전쟁을 배경으로 한 어떤 특수한 사건을 인간의 보편적 운명에 관한 '세계문학적' 주제와 연결시키고 있다는 점의 중요성이다. 나는 이것이 소설 『순교자』의 큰 업적이라 생각한다. 죽음은 인간의 보편적 운명이며 그 운명에 나포된 인간의 절망, 괴로움, 수난, 불의(不義)는 인간의 보편적 고통이다. 그런데 그 고통에 무슨 의미가 있는가? 고통을 보상할 정의가 있는가? 고통이 없고 인간 존재 자체가 무의미하다면 인간은 그 난국에 어떻게 대처할 것인가? 『순교자』가 파고드는 것은 이

---

27 장량수, "사랑-신 없는 세계에서의 구원의 길-김은국 작 〈순교자〉론," 「한국문학논총」 제17집(1995.12): 184.

28 도정일, "소설 『순교자』의 미스터리," 김은국, 도정일 옮김, 『순교자』(서울: 문학동네, 2010), 314 참조.

29 김욱동, 『김은국: 그의 삶과 문학』, 163-64.

30 "Review of The Martyred," *Associated Press*(Feb. 1964): 15.

런 질문들이며 그 질문들에 대한 특수한 응답의 방식들이다.[31]

『순교자』는 김은국이 국군 장교로 한국전쟁에 참여한 자신의 경험을 공산주의자들에 의해 처형당한 외조부 이학봉 목사와 관련된 실제 사건에 더하여 이산적 상상력으로 형상화한 작품이다. 추리소설적 기법, 빠른 전개와 반전, 가독성을 높이는 단문의 문체는 독자를 작품 세계로 끌어들이는 놀라운 흡입력으로 작용한다.

김은국은 한 인터뷰에서 『순교자』와 관련하여 "전쟁 속에서의 인간의 한계 조건과 종교적 갈등을 다루고 있다."라고 밝힌 바 있다.[32] 질곡과 전쟁의 부조리 상황을 의식하고 신의 존재와 인간의 가치를 탐색하는 김은국에게서 도스토옙스키와 카뮈의 향기를 맡는 것은 자연스럽다. 인간이 처한 부조리한 상황을 카뮈는 페스트로, 김은국은 전쟁으로 표현할 뿐 "한낱 무의미하고 부조리한 우주에 '유배 온' 사람"의 고통과 절망을 작품에서 그리고 있다는 점은 유사하다.[33]

『순교자』는 한국전쟁 중 평양을 배경으로 하여 이념 대립이 만들어낸 비극적 사건을 다루면서 신앙과 양심의 갈등을 생생하게 그려낸 장편소설이다. 이 소설은 목사 12명을 집단 처형한 사건에 대한 진실 공방을 미스터리 형식으로 파고든다. 한민족의 참혹한 역사 속에서 발생한 특수한 사건을 인간 실존과 보편적 운명이라는 문학적 테마로 연결하여 추리소설적 기법으로 풀어내고 있다. 절망에 빠진 인간이 신앙을 갈망하는 데에서 발생하는 의혹과 고뇌를 천착한 걸작이기도 하다.

미국 언론과 문단으로부터 다채로운 호평과 찬사를 받은 『순교자』의 이

---

31 김은국, 『순교자』, 317.
32 김욱동, 『김은국: 그의 삶과 문학』, 171.
33 김욱동, 『김은국: 그의 삶과 문학』, 172.

야기 세계를 잠시 거닐면서 이 소설이 전하려 하는 메시지를 탐미해보자. 『순교자』의 시대적 배경은 한국전쟁, 시점은 1·4후퇴 전 국군이 평양을 탈환한 때이다. 이야기는 1950년 11월 육군본부 정보처 평양 파견대 장 대령과 이 대위가 한국전쟁 직전에 일어난 목사 집단 처형 사건을 수사하는 것으로 시작한다.

한국전쟁 직전 평양에서 14명의 목사가 공산군 비밀경찰에 체포되어 그중 12명의 목사는 총살을 당하고 2명의 목사는 살아남는다. 목사들이 신을 부인하고 자본주의를 부정하기를 바라는 그들의 고문에 의해 대부분의 목사는 쉽게 굴복한 후 죽임을 당한다. 이 대위는 생존자 중 한 명인 신 목사를 찾아가 사건의 진상을 묻지만 그는 그날의 진실을 함구한 채 대답을 회피한다. 공산주의에 대한 반감을 고조시키고 이 집단 처형 사건을 정치 선전으로 이용하려는 장 대령은 살해된 12명의 목사를 '순교자'로 규정하고 추도예배를 준비한다.

이 과정에서 실무 책임자인 이 대위는 장 대령과 충돌하며 다른 곳에 진실이 있을지 모른다는 의혹을 품게 된다. 그 와중에 육군 방첩대가 생포한 북한군 평양 비밀경찰 소속 정 소좌는 12명의 목사들이 "살려달라 아우성을 치고, 자기네 신을 부정하고 동료들을 헐뜯다가 개처럼 죽어갔다."라고 폭로한다. 외려 현장에서 살아남은 신 목사가 끝까지 고문에 굴하지 않았기 때문에 그 용기에 감탄한 나머지 공산당이 그를 살려준다. 또 다른 생존자인 한 목사는 신 목사로부터 신의 존재를 믿지 않는다는 고백을 들은 후 절망을 견디다 못해 끝내 실성하고, 공산당은 미쳐버린 그를 신 목사와 함께 풀어준다.

신 목사는 전쟁으로 인한 대중의 고통과 불행을 목도하며 진실을 은폐하고, 그 12명의 목회자를 미화하고 순교자로 만들어 신도들에게 환상을 갖도록 하는 것이 자신의 역할이라 여긴다. 사실 신 목사는 전쟁 전부터 이미

무신론적 신앙으로 기울어 있었고 그것을 겪으며 인간 고통의 무의미와 그 고통의 현장에 부재하는 신을 더욱 철저히 자각한다. 신 목사는 약속이 깨지고 희망이 실종된 현실에서도 여전히 약속을 믿고 희망에 기대어 살 수 있도록 하려면 어떻게 해야 할 것인가라는 문제에 직면한다. 『순교자』는 전쟁이라는 극한상황 가운데 놓인 인간 실존과 그 고난 속 신의 부재를 정면으로 다룬다. 이 대위는 참혹한 전쟁이라는 부조리한 상황 속에서의 신의 부재를 날 선 말로 신 목사에게 외친다. "당신의 신은 우리의 고난을 이해하지도 않을뿐더러 인간의 비참, 살육, 굶주린 백성들, 그 많은 전쟁 그리고 그 밖의 끔찍한 일들과는 애당초 아무 상관도 하려 하지 않습니다."[34]

신 목사의 인간적 고뇌는 이 작품 곳곳에서 느껴진다. 공산군의 고문에 못 이겨 신을 부정하고도 결국 처형당한 목회자 12명을 '순교자들'이라 거짓 증언하며, 비참한 전쟁 속에서도 목숨을 이어가는 성도들의 삶의 최후 보루가 신앙이었기에 '변절의 진실' 대신 '살아내기의 희망'을 주어 정신적 터전을 무너뜨리지 않으려고 스스로 '유다'가 되어 고뇌하는 대목에서는 더욱 그렇다.

> 날 좀 도와주시오. 불쌍한 내 교인들, 전쟁과 굶주림과 추위와 질병 그리고 삶의 피곤에 시달리는 이들을 내가 사랑할 수 있게 도와주시오. 고난이 그들의 희망과 믿음을 움켜쥐고 그들을 절망의 바다로 떠내려 보내고 있소. …우린 절망과 싸우지 않으면 안 돼요. 우린 그 절망을 때려부수어 그것이 인간의 삶을 타락시키고 인간을 단순한 겁쟁이로 쪼그라뜨리지 못하게 해야 합니다.[35]

---

34 김은국, 『순교자』, 253.
35 김은국, 『순교자』, 255.

김은국의 생애와 문학에 관련된 여러 편의 논문을 기고하고 도서를 출간한 서강대학교 명예교수 김욱동은 신 목사의 종교관이 1960년대와 1970년대 라틴아메리카를 휩쓴 해방신학과 그 궤를 같이한다고 진단한다. 내세의 구원보다 현세의 구원에 무게를 두고 자신의 종교적 신앙을 정치적 현실이나 민중의 일상사와 관련지어 가난하고 고통받는 사람들을 도와주려고 한 남미의 로마가톨릭 신부들의 신학적 입장이 신 목사의 입장과 멀지 않다는 것이다.[36] 신의 유무나 진위를 따지는 것보다 '지금 여기서' 피 흘리고 공포에 질린 인간을 사랑하는 일이 더 중요하다고 여기기 때문이다. 『순교자』를 통해 저자가 전하고자 하는 메시지는 실존주의적 논조를 띤 신 목사의 주장에서 공명한다.

> 나는 인간이 희망을 잃을 때 어떻게 동물이 되는지, 약속을 잃었을 때 어떻게 야만이 되는지를 거기서 보았소. 그렇소. 당신이 환상이라 부른 그 영원한 희망 말이오. 희망 없이는, 그리고 정의에 대한 약속 없이는 인간은 고난을 이겨내지 못합니다. 그 희망과 약속을 이 세상에서 찾을 수 없다면 (하긴 이게 사실이지만) 다른 데서라도 찾아야 합니다.[37]

일본의 국민작가로 평가받는 엔도 슈사쿠(遠藤周作)의 『침묵』(沈默)이 17세기 일본의 기독교 수난사 속에서 하나님의 침묵과 신앙을 지켜내기 위한 배교라는 주제를 다루었다면, 『순교자』는 한국전쟁 시기 평양 기독교 수난사의 한 장면에 얽힌 배교와 신의 부재 및 인간의 고통을 깊이 있게 응시한다. 『순교자』는 한국전쟁과 기독교를 소재로 하여 인간 실존이라는 보편

---

36 김욱동, "김은국 소설에 나타난 자서전적 요소," 「새한영어영문학」 제49권 제1호(2007.2): 35.

37 김은국, 『순교자』, 271.

적 문제에 초점을 맞춘 작품이다. 아울러 외양과 실제의 간극, 인간 삶에서의 환상의 중요성 등 다양한 주제를 다룬다. 『순교자』는 제2차 세계대전 이후 미국 문단에 거세게 불어닥친 매카시즘(McCarthyism), 전쟁문학, 실존주의 등과 긴밀한 관계가 있다. 이 작품을 통해 나타내려는 김은국의 사상은 한마디로 '실존주의적 휴머니즘'이라 할 수 있다.[38] "신이 없는 성자, 내세의 구원이 없는 복음"을 전하는 신 목사의 환영이 우리가 사는 21세기 포스트모던 사회에서도 휘젓고 다니고 있다.[39] 고난 속에서 힘을 발휘하지 못하는 신앙이라면 그것은 죽은 신앙일 터이다. 인간의 고통과 절망에 대한 답을 초월적 존재에게서 찾으려는 쇠렌 키르케고르(Saren Kierkegaard)나 카를 야스퍼스(Karl Jaspers)와 달리 카뮈는 내세의 삶에 희망을 두는 일이 진정 삶에 대한 죄악이라 단언한다. 카뮈의 말처럼 '부조리의 포도주'를 마시고 '무관심의 빵'을 먹는 것이 사람이지만 그래도 살아가려면 사랑이 필요하다. 허무와 좌절로 가득한 세상에서 인간은 신을 불러낼 수밖에 없다. 그럼에도 인간은 고투하며 우선 사는 일이 절박하다. 신적 정의도 신의 존재도 부재로 느껴지는 현장에서 혼자서 우선 버텨야 하는 것이 인간 실존이 아니던가.[40]

김은국은 『순교자』의 헌사를 카뮈에게 바쳤다. "'이상한 형태의 사랑'에 대한 그의 통찰이 나로 하여금 한국 전선의 참호와 벙커에서의 허무주의를 극복할 수 있게 해줬다. 알베르 카뮈에게."

38 김욱동, 『김은국: 그의 삶과 문학』, 175, 178, 190.

39 김욱동, 『김은국: 그의 삶과 문학』, 175.

40 "[고전으로 세상 읽기] 16. 한국계 첫 노벨문학상 후보 김은국의 '순교자': 신과 진실보다 중요한 인간에 대한 사랑," 「부산일보」(2019년 7월 14일 자). 참조. http://www.busan.com/view/busan/view.php?code=20190711000088

『심판자』(*The Innocent*)

김은국은 『순교자』 집필을 끝낸 후 그 여세를 몰아 막바로 두 번째 소설 『심판자』의 집필을 시작했다. 두 번째 소설을 집필할 때 김은국은 미국 내 명망 있는 존 사이먼 구겐하임 기념재단(John Simon Guggenheim Memorial Foundation)으로부터 재정적 도움을 받는다. 1968년 『심판자』가 출간된 후, 이 작품에 대한 미국 문단과 언론사의 평가는 호의적이라기보다는 악의적 기조가 주류를 이뤘다. 그럼에도 에이브 리비츠는 「클리블랜드 플레인 딜러」(*Cleveland Plain Dealer*)에 쓴 서평에서 "김은국은 이 작품에서 매우 심각한 문제를 던진 가장 탁월한 작가라는 찬사를 듣고 있고 앞으로도 계속하여 들을 것이다."라고 밝혔다. 「선데이 헤럴드 트래블러」(*Sunday Herald Traveler*)에 서평을 쓴 찰스 플러드도 "김은국은 상당한 센세이션을 일으킨 『순교자』보다 더 훌륭한 작품을 썼으며 앞으로도 쓸 수 있다는 가능성을 이 『심판자』에서 보여주었다."라고 주장했다.

또한 제럴딘 루이스는 「오리건 저널」(*Oregon Journal*)에 실린 서평에서 "표도르 도스토옙스키나 알베르 카뮈의 작품에 필적할 만한 작품이다. 전미국출판대상(NBA)의 가장 유력한 후보작이다."라는 찬사를 아끼지 않았다.[41] 이러한 호평에도 불구하고 뉴욕이나 시카고 같은 대도시 언론의 반응은 냉담했다. 이 무렵 월남전 여파로 미국에 불어닥친 반전운동은 한국의 군사혁명을 다룬 『심판자』에 대하여 비판적인 분위기를 고조시키는 데 일조했다.

『심판자』는 『순교자』의 이야기가 끝나는 지점에서 시작하고 『순교자』의 화자(話者) 이 대위가 『심판자』 이야기를 이끌어가기에 『순교자』의 후속편이라 할 수 있다. 저자는 『심판자』의 첫머리에서 소령으로 진급한 이 대위의

41 김욱동, 『김은국: 그의 삶과 문학』, 238-39.

입을 빌려 "전쟁은 1953년 여름 어느 저녁 느지막이 끝이 났다. …나는 미국으로 떠나는 길에 부산에 와 있었다."라고 밝힌다.[42] 또한 이 소령 외에 『순교자』의 여러 등장인물이 『심판자』에 다시 나타난다.[43]

『순교자』가 평양을 배경으로 한 한국전쟁을 소재로 삼았다면 『심판자』는 남한에서 발생한 군사 쿠데타를 소재로 삼았다. 전자가 전쟁 가운데 작중 인물의 내적 갈등을 다루었다면, 후자는 군사 쿠데타를 모의한 중심인물의 내적 갈등을 다루었다. 앞서 언급한 것처럼, 김은국이 애써 부인하지만 『심판자』는 1961년 5월 16일 새벽에 일어난 한국의 군사혁명을 소재로 한 작품이다.[44] 소설의 주요 플롯은 부패한 고위 장성들 및 정부 관료들과 이에 맞서 쿠데타를 모의하는 젊은 장교들 간의 대립과 갈등이다. 군사혁명 세력을 이끄는 이는 민 대령이지만 이 혁명의 전략적·이론적 업무는 주인공 이 소령이 맡는다. 군사혁명 과정에서 현실주의자 민 대령과 이상주의자 이 소령은 번번이 갈등을 빚는다.

한편 군사혁명 세력에 적대적인 마 소장, 함 중장, 안 준장 등은 사적 이익을 위해 악행을 서슴지 않는 악의 화신들이다. 군사혁명 세력은 이들과의 협상과 대결 과정을 통해 혁명을 성공으로 이끈다. 그러나 무혈혁명을 꿈꾸던 이 소령의 계획과 달리 혁명은 많은 사상자를 내었고 혁명의 주모자인 민 대령도 살해당하고 만다. 『심판자』는 선과 악, 목적과 수단, 이론과 실천, 이상주의와 현실주의 사이의 이항 대립적 갈등을 통해 이야기를 전개한다. 따라서 이 작품의 작중 인물들은 구체성을 띤 개별적인 인물이 아닌, 선이나 악의 화신처럼 전형적인 인물로 묘사된다.[45] 이런 점에서 『심판자』는 선과 악

---

42 Richard E. Kim, *The Innocent*(Boston: Houghton Mifflin, 1968), 1; 김은국, 나영균 옮김, 『심판자』(서울: 중앙일보사, 1968), 17.

43 김욱동, 『김은국: 그의 삶과 문학』, 231-32, 234.

44 김욱동, 『김은국: 그의 삶과 문학』, 242.

45 김욱동, 『김은국: 그의 삶과 문학』, 283.

의 긴장과 갈등을 중요한 주제로 다루지만 그 주제를 극적으로 형상화하는 데에는 실패했다는 평가를 받는다.

『잃어버린 이름』(*Lost Names*)

김은국은 그의 글과 작품 곳곳에서 '잃어버린'이라는 표현을 즐겨 사용한다. 그가 속한 세대는 '잃어버린' 것이 많기 때문일 것이다. 일제강점기와 한국전쟁으로 '이름'과 '고향'과 '나라'를 상실한 김은국의 생애는 우리 민족이 겪은 수난사와 맞물려 불가불 고단한 이산자의 이력으로 점철된다. 자신의 세 번째 소설이자 마지막 작품 『잃어버린 이름』을 통해 김은국은 '이름 잃은' 어린 시절의 아픈 기억을 소환한다. 이는 『순교자』와 『심판자』보다 더 먼 자신의 과거 경험을 기억하고 추억함이다. 신사참배, 창씨개명, 제2차 세계대전 등 한반도를 둘러싼 굵직한 역사적 사건들이 개인의 삶에 어떤 영향을 끼쳤는지 잃어버리거나 잊지 않기 위함이다. 『잃어버린 이름』은 식민지 국민이라는 굴욕과 혼란에 휩싸인 소년의 내면 성장과 역사적 성찰을 통해 일제강점기 말, 고통과 수난을 하루하루 견뎌야 했던 한민족의 아픔을 생생하게 표현한다. 『잃어버린 이름』은 주제와 내용 못지않게 형식과 기교가 뛰어나다. 무엇보다 이 소설의 백미라 할 서정성을 놓칠 수 없다. 『순교자』와 『심판자』가 서사적 성격을 띠고 있다면 『잃어버린 이름』은 서정적 특징을 지닌 작품이다.

제목의 '이름'이라는 낱말은 이 작품을 이해하는 키워드이다. 존재하는 모든 것에는 그 나름의 이름이 주어지듯, 모름지기 '이름'이란 이 세상에 있음을 증거하는 기호이다. "내가 그 이름을 불러주었을 때 그는 나에게로 와서 꽃이 되었다."라는 김춘수의 시구처럼, 이름을 불러줄 때 비로소 존재가 실체로 확인된다. 일제강점기에 강제로 자신의 '이름'을 버려야만 하는 상황은 주인공 소년의 정체성 혼란으로 이어진다. 이 같은 역사를 만든 이전

집필하고 있는 김은국(1964년경)

세대에 대한 원망도 소년의 마음속에 서린다. 그는 부당한 현실을 견디는 것밖에는 아무것도 할 수 없다는 사실에 답답함도 느낀다. 하지만 그 속에서 소년은 극복하고 견딜 수 있는 의지를 찾아나간다. 동시에 자신이 옳다고 생각하는 방향으로 당차게 나아간다.

『잃어버린 이름』은 김은국의 작품 가운데에서 자서전적 특성을 가장 뚜렷이 엿볼 수 있는 소설이다. 김은국은 『잃어버린 이름』을 '가족사진'에 빗댄 적이 있는바,[46] 이 소설을 읽노라면 오랜 시간 다락방에 놓여 있던 한 가족의 빛바랜 가족사진을 바라보면서 과거를 생생히 전해 듣는 느낌을 받는다. 이 소설에는 유년 시절을 거쳐 사춘기에 이르는 13년 동안 작가의 삶이

---

46 김욱동, 『김은국: 그의 삶과 문학』, 351.

깊이 아로새겨져 있다. 미국 문단 내에서 『잃어버린 이름』의 장르를 둘러싼 논쟁이 일어날 때, 비평가 이블린 맥큔(Evelyn McCune)은 이 소설의 장르를 논픽션이나 자서전으로 규정하며 "저자의 나이 한 살 때부터 열세 살 때에 이르는 일곱 개의 느슨한 에피소드로 이루어진 자서전이다."라고 주장했다.[47] 한편 오버벡(S. K. Oberbeck)은 이 작품의 장르를 '자서전적 회고록'이라고 평했다.

이 작품은 주인공이자 일인칭 화자인 '나'(소년)와 그 가족들이 시간의 흐름에 따라 겪는 일련의 사건들로 구성된다. 모두 일곱 개의 에피소드로 이뤄진 소설의 얼개는 이러하다. 첫 번째 에피소드 "강을 건너서"는 독립운동가인 화자의 아버지가 눈보라 휘몰아치는 겨울에 고향을 등지고 두만강을 건너 만주로 이주하는 과정을 묘사한다. 두 번째 에피소드 "귀향"은 화자가 일곱 살 되던 해 부모를 따라 다시 고향으로 돌아와 소학교에 다니며 겪은 일들을 다룬다.

이 작품에서 가장 목가적이라 할 수 있는 세 번째 에피소드 "옛날 옛적, 어느 일요일에"는 화자가 읍내에 사는 할아버지와 할머니를 방문한 후, 밤에 시골 과수원으로 돌아오는 장면을 시적 언어와 이미지로 그린다. 이 작품의 제목이기도 한 네 번째 에피소드 "잃어버린 이름"은 창씨개명을 둘러싼 사건을 다룬다. 다섯 번째 에피소드 "제국과 고무공"은 태평양전쟁 막바지에 일제가 학생들에게 나누어준 고무공을 회수하는 사건을 이야기한다. 여섯 번째 에피소드 "누가 죽어가고 있는가?"는 태평양전쟁 중 고등학생인 화자가 평양 남쪽에 비행장을 건설하는 데 동원된 역경을 다룬다. 마지막 에피소드 "함께 역사를 만들며"는 해방 직후 어수선한 정국에서 화자가 겪은 다양한 경험을 이야기한다.[48]

---

47 김욱동, "김은국 소설에 나타난 자서전적 요소," 41.

48 김욱동, 『김은국: 그의 삶과 문학』, 42.

『잃어버린 이름』은 주인공이 온갖 시련을 겪으며 영혼의 눈을 떠가는 데 초점을 맞춘다. '자아 성장', '정신적 성장'은 이 소설의 주요 테마이다. 화자는 일련의 사건들을 경험하면서 가족 공동체의 중요성은 물론 인간에 대한 연민과 보편적 인류애를 깨달아간다. 김은국은 "마음의 고향"이라는 글을 통해 『잃어버린 이름』에서 화자인 '나'가 느낀 유사한 감정을 다음과 같이 밝힌다.

> 넓고 넓은 우주 속에서 인간 인류가 어떻게 되건 말건 무표정하고 무관심인 이 우주 밑에서 하나의 '나'란 지극히도 고독한 것이고 무서울 정도로 외로운 것이다. '나'하고는 다른 '나' 사이에 그나마 무엇인가 유대가 있고 연관이 있다는 것이 그 얼마나 위로가 되는 것일까.[49]

김은국은 '나는 누구냐?'라는 질문에 답해줄 수 있는 한 가지가 '뿌리'이며 '고향'이라고 언급한 적이 있다.[50] 돌아갈 조국이 있고, 돌아갈 고향이 있다는 것은 행복하다. 반대로 돌아갈 조국, 돌아갈 고향이 없다고 상상해보자. 얼마나 서럽고 두려울 텐가. 조선 말기부터 일제 치하에서 우리 선조들이 조국을 잃은 서러움과 식민지 백성으로 겪어야 했던 갖은 탄압과 지긋지긋한 가난의 한을 가슴에 안고 광활한 만주 벌판으로, 하와이 사탕수수 농장으로, 멕시코 '애니깽'(Henequen) 농장으로 이산하여 모진 생활을 한 것이 그리 멀지 않다. 부모, 고향 산천, 조국이 그리우면 〈아리랑〉과 〈타향살이〉 노래 부르며 빼앗긴 조국, 빼앗긴 고향을 찾기 위해 독립자금을 모으고 후세 교육을 해온 것이 우리의 이민 역사이다.

『잃어버린 이름』은 제1세대 이민 작가로서 한국 역사와 문화유산을 후세

---

49 김은국, "마음의 고향," 『잃어버린 시간을 찾아서』, 201.

50 김은국, 『잃어버린 시간을 찾아서』, 201.

는 물론 미국 독자들에게 알리려는 작가의 책임의식이 반영된 문학적 산물이다. 이런 작품 활동은 어린 시절 입었던 상처를 치유하고 다시는 그런 오류의 역사를 반복하지 않도록 하려는 작가정신의 발로이다. 소설 속 화자는 민족적 비운과 격동의 시간을 겪은 저자 김은국과 오버랩(overlap)된다. 나아가 이 소설은 영혼의 해방이라는 주제도 함께 다룬다. 『잃어버린 이름』에서 일본 제국주의는 인간 영혼의 속박을 상징한다. 따라서 정치적 해방은 영혼의 해방을 가리키는 기호이며 상징이다. 이 소설을 통해 김은국은 우리나라가 일본의 억압과 속박에서 벗어나 자유를 되찾는 과정을 영혼 해방과 연결하여 그 둘의 상관관계를 은연 중에 보여주려고 한다.[51] 여기서 자유와 해방은 일제의 수탈과 폭력이 남긴 상흔을 극복하여 정신적 탈식민으로 나아가기 위한 몸짓과 다르지 않다. 저자가 직접 경험한 이산자로의 고뇌와 격통에 기댄 이산적 상상력으로 '나'에게서 '우리'로, '민족'에서 '세계'로, 그리고 '우주'로 확장하며 인간 실존과 보편적 운명의 문제를 형상화하여 소설의 지평을 넓혀나간다. 이것이 김은국을 세계적 작가가 되도록 추동한 힘이다.

김은국을 회고하며

김은국은 한민족 역사의 격동기에 태어나 미국 매사추세츠주 북서쪽 끝에 위치한 작은 동네 슈츠베리에서 쓸쓸히 타계할 때까지 이산자의 삶으로 점

51 김욱동, 『김은국: 그의 삶과 문학』, 349.

철한다. 일제강점기 함경남도 함흥시에서 태어나 만주 벌판에서 어린 시절을 보내고, 황해도 황주와 평양에서 젊은 시절을 보낸 그는 공산주의 세력의 탄압을 피해 북쪽 고향을 뒤로하고 가족과 함께 남쪽 끄트머리 항구도시 목포에 삶의 터전을 마련한다.

이후 한국전쟁 동안 서울에서 군인으로 4년간 복무하고 도미, 버몬트주 미들베리에서 시작하여 메릴랜드주 볼티모어와 매사추세츠주 케임브리지를 거쳐 아이오와주 아이오와시티로 이주한다. 작가가 된 이후에는 캘리포니아주 롱비치와 샌디에이고, 뉴욕주 시러큐스, 다시 매사추세츠주 애머스트와 슈츠베리 등으로 돌아다닌다. 한때 '신에게 버림받은 곳'이라 불리던, 외지고 작은 슈츠베리에서 타계할 때까지 그의 생애는 부유하는 이산자의 삶 그 자체였다.

한민족의 비극적 역사를 경험한 그는 다양한 문화가 공존하는 미국에서 자신의 문학 세계를 개척한 한인 디아스포라 문학가이다. 민족적 고난과 그로 인한 이산자로서의 개인 경험을 고통과 죽음이 지배하는 부조리한 현실과 그 한복판에서 살아가야 하는 인간 실존의 문제로 재해석한 작가라 할 수 있다. 한국을 무대로 하고 한국인을 작중 인물로 등장시키지만 작가의 의식은 분단과 전쟁에만 국한되지 않는다. 그는 신의 부재와 인간의 원죄를 주제로 하여 인간의 고뇌와 갈등, 한계와 도전, 비극과 구원, 진상과 허위 같은 인간 보편적 문제로까지 작품 세계를 확대한다. 작품을 통해 한 개인과 민족의 특수한 고난을 인류가 처한 보편적 실존의 문제로 풀어낼 수 있었던 것은 그의 지난한 이산적 경험 덕분일 터이다.

한 인터뷰에서의 언급처럼, 그가 한국에 있었더라면 노벨문학상 후보에 오를 수 있는 작품은 써내지 못했을 것이다.[52] 한평생 그가 겪은 이산과 유

---

52 이어령, 『세계 지성과의 대화』(서울: 문학사상사, 2004), 79.

랑의 삶으로 인해 '잃어버린' 것들은 이렇듯 그의 작품을 통해 생생히 되살아나 우리와 만난다. 잃지 않으려 간직해오던 기억의 편린을 바탕으로 개인의 특수한 경험을 인류의 보편적 가치로 승화시킬 수 있었던 것은 그가 겪은 유랑 경험에 이산적 상상력을 매개한 결과이다. 그는 창조한 작중 인물들을 통해 역사의 횡포 속에 던져진 인간 운명과 그것에 저항하며 해방과 승리를 진정 추구하려고 한다.

비극과 부조리가 여전한 세계를 바라보며 그를 회고하고 그리워하는 이유는 실향한 이산자로 살다 간 그가 절망 대신 희망이, 증오 대신 사랑이 인간의 영원한 고향임을 보여주며 이를 작품으로 체현하기 때문이다. '인간은 무엇이며, 어떻게 살아야 하는가'를 고뇌하며 그 답을 찾아 여정 중에 있는 이가 있다면 김은국이 걸어온 삶의 궤적과 그가 남긴 작품들을 적어도 한 번쯤 살펴봐야 하리라.

14장 세계 물리학계의 BTS

-박창현(입자물리학자, 가주목양교회 담임목사)

무궁화 꽃이 피었습니다

한류 열풍이 전 세계를 강타하고 있다. 영화 〈미나리〉와 7인조 보이 그룹 방탄소년단(이하 'BTS')은 한류 열풍을 세계적 현상으로 만드는 데 크게 일조했다. 이런 한류 열풍에 힘입어 최근 한국 드라마 〈오징어 게임〉이 다시 세계를 들썩였다. 이 드라마는 큰 상금이 걸린 미스터리한 '데스 게임'에 많은 사람이 초대되면서 벌어지는 이야기를 소재로 하는데, 작품에 등장하는 첫 번째 게임이 '무궁화 꽃이 피었습니다'이다.

덕분에 이 '무궁화 꽃이 피었습니다'라는 문장이 전 세계적으로 굉장히 유명해졌다. 그런데 이는 한국에서 이미 소설 제목으로 유명한 문장이기도 하다. 바로 김진명의 『무궁화 꽃이 피었습니다』인데, 이 소설은 '이휘소 박사'와 연관되어 있다.

이휘소는 1970년대에 이미 세계 물리학계의 BTS와 같은 존재였지만, 지금은 같은 한국인들조차 그를 기억하는 이가 그리 많지 않아 씁쓸하다. 사람들에게 '이휘소 박사를 아느냐'고 물어보면 대부분 모른다고 대답하지만, '소설 『무궁화 꽃이 피었습니다』를 아느냐'고 물어보면 아는 이들이 제법 있다. 작가 김진명은 이 소설을 쓸 때 이휘소를 염두에 두고 주인공을 그렸다면서 다음과 같이 고백했다.

이휘소

> 개인의 최고 명예랄 수 있는 노벨상마저 포기하고 조국의 핵 개발을 위해 죽음을 각오한 채 귀국했던 천재 물리학자… 이미 죽음을 예견한 채 모든 영화를 버리고 조국으로 달려와 핵 개발을 완료하려 했던 이휘소… 나는 이 박사의 삶과 죽음을 한반도의 국민들과 함께 나누어야 한다는 책임감 앞에서 한시도 자유로울 수 없었다.[1]

김진명은 소설 속 주인공을 핵무기 개발을 위해 죽음을 각오하고 귀국했다가 살해당한 천재 물리학자로 설정했다. 주인공은 박정희 대통령으로부터 조국의 핵무기 개발을 도와달라는 편지를 받고 많은 고민을 한다. 그가 물리학을 공부한 이유는 핵에너지를 이용한 자원 개발과 자원의 새로운 창조를 통해 인류를 구원하는 것이었으나, 조국이 공산화될 위험에 처한 것과 전쟁의 소용돌이 속에 빠지게 된 상황을 보고 죽음을 각오하고 조국을 돕는다. 심지어 다리뼈 속에 원자폭탄 설계도를 감추어 한국으로 돌아온다. 이와 같은 그의 행보는 미국을 당황스럽게 했고, 한국에 핵무기가 있는 것을 원하지 않던 미국은 결국 그를 북악 스카이웨이에서 교통사고사로 위장하여 살해한다. 소설에 묘사된 이휘소의 마지막은 이렇게 끝난다. 이 소설의 영향으로 많은 이들은 이휘소 박사를 북악 스카이웨이에서 죽임당한 비

---

1 김진명, 『무궁화 꽃이 피었습니다(1권)』(서울: 해냄, 1994), 7-9.

운의 핵물리학자라고 알고 있다. 그러나 이러한 소설의 내용은 허구일 뿐이다. 실제 이휘소 박사는 소설 속 주인공과는 여러 면에서 다르다.

소설과 실제의 차이

이휘소 박사는 소설 속 주인공처럼 핵물리학자가 아니라 '입자물리학자'였다. 둘 사이에는 큰 차이가 있다. "입자물리학이 입자 하나를 갖고 씨름하는 것이라면 핵물리학은 그 입자들이 모여서 만들어내는 통계적 효과를 연구하는 것"이다.[2] 그는 '기본 입자'인, 히그스 보손(Higgs boson), 맵시 쿼크(Charm Quark), 렙톤(Lepton)[3]을 연구한 입자물리학자였다.

박정희 대통령이 보낸 편지를 읽은 후 주인공이 쓴 일기도 실제로는 존재하지 않는, 작가의 상상의 산물일 뿐이다. 이러한 사실은 이 박사의 유가족들이 소설가 김진명을 상대로 제기한 소송의 판결문에서도 확인할 수 있다.[4] 그가 유명을 달리한 장소도 실제와 다르다. 그는 북악 스카이웨이가 아니라 미국 시카고로 연결되는 고속도로 I-80에서 교통사고로 사망했다. 나아가 소설과 달리 그가 타계한 후 그의 아내는 생존하여 남은 자녀들을 잘

---

2 최준석, "[과학 연구의 최전선] 핵물리학자 유인권 부산대 교수," 「주간조선」(2019년 8월 5일 자). 참조. http://m.weekly.chosun.com/client/news/viw.asp?nNewsNumb=002569100020&ctcd=C08

3 J. E. Gunn et al., "Some Astrophysical Consequences of the Existence of A Heavy Stable Neutral Lepton," *The Astrophysical Journal* 223(1978.8): 1015-31.

4 법률나무, 『소설 이휘소 무궁화 꽃이 피었습니다. 사건』(서울교육방송 e-book, 2017), 22.

양육했다. 또 소설과 실제가 다른 점은 이휘소가 국립묘지에 안장되지 않았다는 점이다. 그는 죽기 직전까지 살던 시카고 근처 글렌엘린(Glen Ellyn)이라는 마을의 공동묘지에 묻혔다. 이처럼 사람들 사이에는 이휘소를 둘러싼 사실과 허구가 혼재되어 있고, 그의 실제 이력에 대해 아는 이는 별로 없다.

세계 물리학계의 거성(巨星)으로 떠오르다 사고사로 우리 곁을 홀연히 떠난 이휘소 박사는 어떤 사람인가? 우리는 그의 제자들 가운데 한 명인 강주상 박사가 쓴 『이휘소 평전: 한국이 낳은 천재 물리학자』를 통해 그의 생애를 반추할 수 있게 되었다. 이 책을 중심으로 그의 생애를 재구성하려 한다.

이휘소 박사의 생애

독서를 좋아한 아이

이휘소는 1935년 1월 1일 서울에서 의사 부부 아버지 이봉춘과 어머니 박순희의 3남 1녀 중 장남으로 태어났다. 부친 이봉춘의 어릴 적 꿈은 물리학도가 되는 것이었지만 그는 그 꿈을 이루지 못하고 의사가 되었다. 그래서였는지 그는 의사로 활동하면서 빈번히 내적 갈등을 겪었다. 어려운 환자들을 돌보려고 의사가 되긴 했지만 돈을 받고 치료해야 하는 현실에 스스로 괴로워했다. 그래서 의사 면허가 있었음에도 불구하고 6·25전쟁 때를 제외하고는 의사로 활동하지 않았다. 이런 연유로 이휘소의 모친 박순희가 생계를 책임져야 했다. 의사였던 박순희는 원효로에 있던 자혜병원에서 근무하다 휘소가 초등학교를 입학할 무렵 신설동에서 자애의원을 개원했다. 이후 휘소는 비교적 유복한 시절을 보낼 수 있었다.

많은 이들은 이휘소가 어린 시절부터 천재성을 나타냈으리라 생각할 것이다. 그러나 초등학교 시절 그는 눈에 띌 정도로 특출난 아이는 아니었다. 여느 아이들처럼 친구들과 어울려 장난치는 것을 좋아했다. 물론 유별나게 독서를 좋아하기는 했다. 가까이 사는 친구의 집에 많은 책이 있어서 휘소는 어릴 때부터 다양한 책을 접할 수 있었다. 그 친구의 집에는 해방되면서 쫓겨난 일본인들이 남기고 간 온갖 종류의 도서가 소장되어 있었다. 휘소는 그 책들을 마음껏 읽으며 새로운 지식을 섭렵했다.

어린 휘소가 주로 읽은 책은 과학, 만화, 추리소설, 문학 종류였다. 그중에서도 가장 심취한 책은 월간지 「어린이 과학」이었다. 휘소는 그 잡지에서 화성에도 인간이 살 수 있다는 공상과학 이야기를 읽으며 과학에 대한 꿈을 키웠다. 과학을 향한 열정은 중학생 시절 화학반 활동으로 이어졌다. 그는 화학반에서 정성 분석, 정량 분석 등의 실험에 열의를 보였다.

물리학에 대한 관심

휘소가 고등학교 1학년에 다닐 무렵, 민족의 비극 6·25전쟁이 발발했다. 그의 가족은 전란을 피해 마산으로 피난을 가야 했다. 피난 생활 중에도 가족의 살림살이는 그리 부족하지 않았다. 그의 아버지가 마산 인근의 창원 보건소장으로 취직했기 때문이다. 그의 아버지는 국록(國祿)을 받아 무료로 환자를 치료하면서 큰 보람을 느꼈다고 한다. 그러나 1951년 12월 어느 밤에 휘소의 부친은 개울둑을 걷다가 그만 실족사하고 말았다. 휘소가 고등학교 2학년 때의 일이었다.

이 일로 인해 큰 경제적 책임이 그에게 주어졌다. 그는 다니던 고등학교를 중퇴하고 검정고시를 치른 후, 1953년 서울대학교 화공학과에 입학한다. 그는 수업을 들으며 물리학에도 관심을 보였다. 대학교 3학년 때는 '양자역학'(Quantum Mechanics)을 개인적으로 공부할 정도였다. 양자역학이란 극소 세계를 기술하는 물리학 이론으로, 대략 1,000만 분의 1mm보다 작은 세계에 대한 학문이다. 양자의 세계는 우리가 경험하는 일상적인 세계와 매우 다른데, 상상할 수 없을 정도로 비상식적인 일들이 상식인 양 매우 자연스럽게 일어난다.

물리학에 흥미가 생긴 이휘소는 화공학과에서 물리학과로 전공을 바꾸기를 원했으나 쉽지 않았다. 그러던 차에 6·25전쟁 참전 미군 장교 부인회의 지원으로 서울대학교를 졸업하는 대신 미국 오하이오주 옥스퍼드에 소재한 마이애미대학교로 유학길에 오른다. 그때가 1955년 1월 30일이었다.

마이애미대학교 시절

마이애미대학교에 입학한 이휘소는 빨리 졸업하고 싶었다. 어머니가 매달 부쳐주는 50달러로는 유학 생활을 감당할 수 없었기 때문이다. 매달 최소 100달러 이상이 필요했기에 입학한 지 두어 달 후부터 이휘소도 아르바이트를 시작해야 했다. 그가 처음으로 한 일은 중국 음식을 배달하는 일이었다. 그가 존경하던 아프켄(G. B. Arfken) 교수가 그에게 그 일자리를 소개해주었다.

음식 배달은 정말 힘들었지만 이휘소는 그런 상황에서도 열심히 공부해서 항상 1등을 놓치지 않았다. 그 무렵 그는 어머니에게 이렇게 편지를 썼다. "돈벌이 일을 하면서도 우등이라면 얼마나 장합니까? 공부도 가일층 노력해 학기 말에는 전부 A로 해보겠습니다."[5]

마이애미대학교 시절 그는 그의 인생에 많은 도움을 준 교수들을 만나게 된다. 그중 한 명이 앞서 언급한 아프켄이다. 그는 물리학도라면 누구나 알 정도로 유명한 학자인데, 물리학을 배우려면 그가 쓴 책 『수리물리학』

---

5 강주상, 『이휘소 평전: 한국이 낳은 천재 물리학자』(서울: 사이언스북스, 2017), 37.

(*Mathematical Methods for Physicists*)을 반드시 공부해야 한다. 이휘소에게 큰 도움을 준 또 다른 교수는 스내퍼(E. Snapper)였다. 그는 그로부터 현대대수학(Abstract Algebra)을 배웠다. 이것은 굉장한 행운이었다. 아인슈타인 이후로 물리학은 수학의 두 분야인 기하학과 대수학의 지식을 통합하는 방향으로 진전되어 왔는데, 바로 그 스내퍼 교수가 대수학과 기하학의 통합을 연구한 사람이었기 때문이다. 이러한 배움은 그에게 큰 도움이 되었다. 실제로 이휘소는 그에게 배운 지식으로 군론(群論, group theory)에 관한 논문을 쓸 수 있었다.

피츠버그대학교 시절

미국에 온 지 1년 5개월 만에 이휘소는 마이애미대학교를 졸업하고 조교 장학금을 받는 조건으로 피츠버그대학교로 옮겼다. 이 무렵 이휘소는 자신의 영문 이름을 '벤저민 리'(Benjamin W. Lee)로 정했다. 그가 자신의 이름을 '벤저민'으로 정한 이유는 벤저민 프랭클린(B. Franklin)을 아주 좋아했기 때문이다. 그는 서울대학교 재학 시절부터 미국 건국의 아버지 가운데 한 명인 벤저민 프랭클린을 존경했다.

이휘소는 대학원에서 조교로 일하며 학업에 매진했다. 당시 그는 연구 조교와 교육 조교를 맡았고, 강의도 하나 배정받아 학생들을 가르치기도 했다. 덕분에 매달 24달러 정도의 돈을 받을 수 있었고 재정적 여유도 생겼다. 더는 한국에 있는 어머니에게 손을 벌리지 않아도 되었다.

그 시절 그에게 큰 도전을 주는 일이 일어났다. 전공 분야인 소립자물리학에서 노벨 물리학상 수상자가 나온 것이다. 1957년 노벨 물리학상은 "약한 상호작용 안에서의 반전성 보존에 대한 질문"(Question of Parity Conservation in Weak Interactions)[6]이라는 논문을 쓴 중국인 물리학자 양전닝(杨振宁)과 리정다오(李政道)에게 돌아갔다. 이 일로 이휘소는 크게 홍

분했는데, 그 이유는 양전닝과 리정다오가 논문에서 다룬 '케이 중간자'(K meson)의 붕괴가 그에게도 익숙한 이론이었기 때문이다. 이 일로 그는 큰 자신감을 얻을 수 있었다. 이후 이휘소는 석사학위 논문으로 "산란 행렬의 해석성과 그 응용"(On the Analytic Properties of the Scattering Matrix with Some Application)에 대해 썼다. 이 논문을 다시 손질하면서 분산 관계에 관한 사항을 추가하여 「피지컬 리뷰」(*Physical Review*)에 투고하기도 했다.

이휘소는 피츠버그대학교에서 또 한 명의 큰 은인을 만나게 된다. 이론 핵물리학과 고전역학을 강의하던 메슈코프(S. Meshkov) 교수이다. 그는 중력파를 탐지하는 'LIGO(Laser Interferometer Gravitational-Wave Observatory) 프로젝트'에도 참여할 정도로 훌륭한 물리학자였다. 메슈코프는 일찍이 이휘소의 천재성을 알아보았다. 그의 추천으로 이휘소는 펜실베이니아대학교의 클라인(A. Klein) 교수 밑에서 박사과정을 밟을 수 있게 되었다. 당시 클라인 교수는 '장(場)이론'(field theory)의 한 분야인 '다체계에 대한 연구'(Generalized Hartree-Fock Approximation for the Calculation of Collective States of a Finite Many-Particle System)를 진행하는 중이었다. 이휘소는 그에게 장이론에 대한 지도를 받을 수 있었다.

펜실베이니아대학교 시절

그는 펜실베이니아대학교 박사과정 중 연구장학금(Harrison Special Fellowship)을 받을 수 있었다. 더 이상 조교 일을 할 필요 없이 오직 연구에만 집중할 수 있게 된 것이다. 그는 클라인 교수의 지도하에 핵자와 케이 중간자 산란 과정의 2개 파이온 입자 교환에 대해 공부한 후 "파이온-파이온 산란에서의 P 파동 공명 현상"(P-Wave Resonance in Pion-Pion

---

6 *Physical Review* 104(1957.10): 254.

Scattering)[7]이라는 논문을 발표했다. 그리고 마침내 1960년 11월, 25세의 나이에 "이중 분산 표현에서 케이 중간자와 핵자 산란에 대한 연구"(Study of K+N Scattering in the Double Dispersion Representation)라는 논문으로 박사학위를 받게 된다.

박사학위를 받은 이휘소는 1961년 8월까지 펜실베이니아대학교에서 박사후연구원이자 전임강사로 지냈다.[8] 그는 미국에 온 지 6년 만에 처음으로 안정된 생활을 누릴 수 있었고 어머니에게 돈도 보내드릴 수 있는 여유가 생겼다.

펜실베이니아대학교에서 이휘소 박사는 아주 중요한 논문을 하나 쓴다. 이휘소 자신도 그 논문에 대해 스스로 '거작'이라고 자평할 정도였다.[9] 논문의 제목은 "단순군과 강한 상호작용의 대칭성"(Simple Groups and Strong Interaction Symmetries)인데, 강한 상호작용(strong interaction)을 받는 소립자가 리 군(Lie group) 안에서 선형적 구조로 표현될 수 있다는 것을 보여준 논문이었다. 이 논문에는 수학과 물리학이 반씩 섞여 있었고, 당시 많은 사람에게 호평을 받았다.

프린스턴고등연구원 시절

이휘소는 펜실베이니아대학교의 배려로 1년 동안 고등연구원(Institute for Advanced Study)에서 일하게 되었다. 미국 뉴저지에 소재한 프린스턴고등연구원은 순수 학문 분야의 유명 과학자들이 강의나 연구 자금 등에 구애받지 않고 첨단 학문 분야를 연구하는 곳으로 유명하다. 고등연구원은 네 가

---

7 Benjamin W. Lee and Michael T. Vaughn, "P-wave Resonance in Pion-Pion Scattering," *Physical Review Letters* 4(1960.6): 578-80.

8 이은유, 『(현대 물리학의 별) 이휘소』(서울: 자음과모음, 2011), 83.

9 강주상, 『이휘소 평전』, 92.

프린스턴 고등연구소

지 분야(역사, 수학, 자연과학, 사회과학)에 대해 연구하는데, 이곳이 유명한 이유는 이곳 출신 가운데 35명이 노벨상을 받았고, 수학계의 노벨상인 필즈상(Fields Medal)을 수상한 62명 가운데 44명이 이 연구소 출신이며, 이외에도 과학과 수학 분야에서 수많은 수상자를 배출했기 때문이다.[10]

이휘소는 고등연구원에 있는 동안 '양-밀스 이론'(Yang-Mills theory)에 점점 빠져들었다. 양-밀스 이론은 앞서 언급한 중국인 물리학자 양전닝과 로버트 밀스(R. Mills)에 의해 제안된 이론으로서, 후일 약력(weak force)과 전자기력을 합치는 데 크게 공헌했다. 마침 고등연구원에 양전닝이 함께 연구원으로 있어 이휘소는 더 깊게 연구할 수 있었다. 고등연구원 원장 오펜하이머(J. R. Oppenheimer)는 종종 이휘소와 양전닝을 함께 불러 이야기를

---

10 고등연구원 홈페이지(https://www.ias.edu/about/mission-history).

나누었는데, 이 덕분에 이휘소는 양전닝과 친해질 수 있었다. 이때의 인연은 후일 이휘소가 스토니브룩(SUNY, Stony Brook)으로 옮기는 계기를 제공해 주었다.

결혼과 영주권·시민권 취득

이휘소는 고등연구원에 있는 동안 말레이시아 출신의 중국인 심만청(Marianne)과 결혼했다. 유학 생활을 하면서 만남을 가질 상대를 찾는 일에 어려움을 느끼다가 그는 필라델피아에서 가깝게 지내던 심만청에게 연락을 했다. 당시 그녀는 머크사(Merck & Co.) 연구소의 세균학자로 일하면서 의과대학 입학을 준비하고 있었다.

이휘소가 있던 프린스턴과 심만청이 지내던 필라델피아는 기차로 1시간 정도 거리였다. 그들은 주말마다 만나다가 1962년 3월에 약혼하고, 그해 5월 7일 워싱턴에서 결혼했다. 결혼 후에는 그들은 필라델피아로 이사했다. 오랫동안 유학 생활을 하면서 연구에만 전념하여 몸이 많이 말랐던 그는 결혼 이후 살이 붙고 생활의 안정도 누리게 되었다. 심만청은 중국계였지만 한국 요리를 열심히 배웠다. 그녀의 헌신으로 이휘소는 점점 더 건강해졌다.

이휘소가 결혼을 서두른 이유는 심만청의 체류 신분 문제 때문이었다. 당시 심만청은 교환 방문 비자(J-1 visa)로 미국에 있었다. 그는 1962년 6월에 이탈리아 트리에스테(Trieste)에서 열리는 국제 고에너지 물리학회(International Conference on High Energy Physics)에도 참석하고 아내의 신분 문제도 해결해주기 위해 영주권을 신청하여 취득했다. 1968년에는 미국 시민권도 받았다.

어머니의 도미

1965년 2월 이휘소의 어머니는 큰아들 이휘소와 살기 위해 한국에서 모든 것을 정리한 후 도미했다. 미국에 도착한 후 그녀는 적잖이 놀랐다고 한다. 한국에 있을 때 미국 여자들은 모두 버릇없고 개방적이며 문란하다는 말을 많이 들었기 때문이다. 하지만 그와 달리 그녀가 만난 미국 여성들은 친절하고 예의 바르고 단정했다.

어머니가 미국에 왔음에도 이휘소는 어머니를 많이 챙겨드리지 못했다. 보통 부모님이 오시면 이곳저곳에 모시고 다니면서 함께 시간을 보내야 하지만, 그의 미국 삶은 고달팠다. 미국 사회의 주류에 들어가기 위해 한 시도 쉬지 않고 일해야 했다. 결국 아들만 바라보고 온 어머니는 서운함을 많이 느꼈고, 미국에 온 지 1년 반 만에 이렇게 말하며 한국으로 돌아갔다.

> 나 다시 한국으로 갈란다. 이거야 원, 내가 아들하고 있는 건지 다른 세상 사람하고 있는 건지. 공부 때문에 그러는 건 알겠는데 며느리도 손자들도 말이 통하지도 않고… 이거 외로워서 어디 살겠니?[11]

이휘소는 어머니만 돌보지 못한 것이 아니었다. 그는 물리학계 사람들 외에는 잘 만나지 않으려 했다. 이로 인해 재미한국과학기술자협회(Korean-American Scientists and Engineers Association)에 소속된 한국인들 사이에 그에 대한 좋지 않은 소문이 퍼졌다. 거만하고 잘난 체하는 사람이라고 소문이 난 것이다. 그도 그럴 것이 그는 재미한국과학기술자협회의 발기인 중 한 명인 데다 초대 본부 평의원과 2대 부회장까지 역임했지만 거의 활동을 하지 않았다. 외부와의 접촉을 피할 만큼 그에게 중요한 것은 오직 물리학뿐이었다. 이휘소는 사람을 사귀는 것보다 물리학 연구를 가장 우선적으로 생각했다.

---

11 이은유, 『(현대 물리학의 별) 이휘소』, 92.

펜실베이니아대학교에서의 교수 생활

프린스턴고등연구원에서의 활동을 마치고 이휘소는 박사학위를 받은 펜실베이니아대학교로 돌아가 교수 생활을 시작했다. 이휘소는 펜실베이니아대학교 교수로 있는 동안 세계 각국에서 열리는 물리학회에 참석하느라 연중 절반 이상은 학교를 떠나 있었다. 그를 초청하는 학회가 점점 늘어났다. 참석하는 물리학회마다 토론의 중심에 늘 그가 있었다. 사람들은 그와의 대화를 통해 많은 영감을 얻었다. 어떤 학자는 이휘소 박사와의 대화에 대한 소회를 이렇게 전했다. "이 박사와 5분 대화하고 나면 집에 돌아와 2시간은 생각해봐야 했다."[12] 그는 많은 물리학자 사이에서 뛰어난 계산 능력과 탁월한 해석 능력으로 언제나 인정받았다.

이휘소는 실험물리학에도 관심이 많았다. 이론을 연구하는 사람이 실험에도 관심이 많다는 것은 굉장한 장점이다. 아무리 이론이 근사해도 실험을 통해 그것을 증명하지 못하면 아무런 소용이 없기 때문이다. 그는 실험에 대해 관심을 가진 정도가 아니라 실험에 대해 통달한 수준이었다. 그 주변의 이론물리학자들은 그를 보고 이런 농담을 했다고 한다. "아, 그 유명한 실험물리학자 있잖아!"[13] 이렇게 학자들은 이 박사를 준(準)실험물리학자로도 인정해주었다.

뉴욕주립대학교 스토니브룩 캠퍼스

1965년 이휘소는 스토니브룩에서 일하고 있는 양전닝으로부터 이직 제의를 받았으나 그 제안에 선뜻 응할 수 없었다. 펜실베이니아대학교에 있는 동안 대학 당국이 그에게 많은 혜택을 주었기 때문이다. 그가 스토니브룩의 교수직을 제안받았다고 하자 펜실베이니아대학교 당국은 정교수 승진까지 제안

---

12 강주상, 『이휘소 평전』, 126.

13 강주상, 『이휘소 평전』, 128.

했다. 그러나 이휘소는 결국 양전닝의 제안을 받아들여 스토니브룩으로 옮겼고, 그곳에서 정교수가 되었다. 이 선택의 결정적인 이유는 스토니브룩이 젊은 학자들에게 보다 좋은 연구 환경을 제공해주었기 때문이다. 이 무렵 그는 처음으로 단독주택을 구입했다. 이전까지는 연구 활동 때문에 아파트를 임대해서 살았는데 스토니브룩으로 옮기면서 담보 대출로 연구실과 가까운 곳에 집을 마련한 것이다.

스토니브룩에 와서야 이휘소는 한국 유학생들과 자주 어울렸다. 날씨가 좋을 때는 그들과 소프트볼 운동도 했다. 집으로 유학생들을 초대해서 파티도 열었다. 그때 이휘소의 아내는 한국 유학생들에게 된장찌개 만드는 법을 배웠다고 한다.

1972년 여름, 이휘소는 네덜란드 암스테르담에서 열린 국제입자물리학학회(IPPOG)에 참석했다. 그곳에서 나중에 노벨상을 받게 될 대학원 학생 헤라르뒤스 엇호프트(Gerardus't Hooft)를 만났다. 이 박사는 엇호프트의 연구가 중요하다는 것을 바로 알아보고 그가 제안한 주제를 계속 연구했다. 이런 이휘소 박사의 연구 덕분에 엇호프트도 노벨 물리학상을 받을 수 있게 되었다. 엇호프트는 1999년 노벨 물리학상을 수상하면서 이휘소 박사의 업적에 대해 다음과 같이 언급했다.

> …내가 보기에는 이휘소가 모두 옳았다. 그가 우리의 계산 이후, 이 문제에 관해 발표한 논문들은 모두 상당한 가치가 있는 일들이었으며, 그에 관한 업적은 충분히 인정받아야 했다. 이휘소 박사는 당시 에이버스(E. S. Abers)라는 젊은 연구원과 함께 양-밀스 게이지 장이론(Yang-Mills theory)의 양자 현상 계산 방법에 관한 긴 보고 논문을 완성했다.[14] 이 논문은 이후 엄

---

14 *Physics Reports* 9(1973.11): 1-141.

청나게 많이 인용되었는데, 그 이유는 당시 이 분야에 관심을 가지고 연구를 시작한 많은 학자들이 이휘소 박사가 개발한 방법이 펠트만(M. J. G. Veltman)과 내가 원래 개발한 파인만 도형(Feynman diagram)을 이용한 증명 방법보다 훨씬 직관적으로 이해하기 쉬웠기 때문이다. 따라서 객관적인 입장에서 공평하게 이야기하자면, 이휘소 박사의 논문들은 우리의 것들과 상보적인 관계에 있었다고 본다. 결론적으로 이휘소 박사의 논문들로 인해 국제학계에서 많은 동료 학자들이 우리가 개발한 방법론이야말로 제대로 완성된 방법임을 인정하는 계기가 마련되었다.[15]

엇호프트는 자신의 노벨상 수상에는 이휘소 박사의 연구가 큰 도움이 되었다고 고백했다. 그는 자신이 개발한 방법과 이휘소 박사의 방법이 상호보완적 관계에 있다는 것을 알고 있었다. 이휘소 박사의 업적에 대한 엇호프트의 평가를 듣노라면 이런 생각이 든다. 만약 이휘소가 1999년까지 살아 있었다면 그도 엇호프트와 함께 노벨상을 공동으로 수상하지 않았을까? 그렇게 되었을 개연성이 상당히 높다.

와인버그와 살람

노벨상 수상자 중에 이휘소 박사의 도움을 받은 사람이 또 있다. 이휘소는 '렙톤 모형'으로 노벨상을 받은 와인버그(S. Weinberg)에게도 큰 영향을 미쳤다. 1967년 와인버그는 훗날 표준 모형으로 발전되는 "렙톤 모형"(A Model of Leptons)이라는 논문을 발표했다. 이 논문은 발표 당시에는 그다지 이목을 끌지 못했다. 그 논문에는 여전히 재규격화(renormalization) 문제와 중성 흐름(neutral currents)의 부재 문제가 있었다. 와인버그의 논문에

15 강주상, 『이휘소 평전』, 149-50.

남아 있던 재규격화 문제를 해결한 것은 바로 이휘소였다. 덕분에 이 논문은 학계에 아주 중요한 논문이 되었다. 1973년의 실험에서 중성 흐름이 발견되면서 와인버그를 포함한 세 명의 학자가 노벨상을 수상했다.

노벨상을 받은 파키스탄의 물리학자 살람(Muhammad Abdus Salam)도 이휘소의 덕을 크게 본 사람이다. 살람은 이 박사를 찾아와 자신도 와인버그와 동일한 내용으로 발표했는데 아무도 인정해주지 않는다고 불평했다. 이휘소가 확인해보니 정말 살람의 주장이 맞았다. 이휘소는 직접 나서서 '와인버그 모델'(The Weinberg Model)이라는 명칭을 '와인버그-살람 모델'(The Weinberg-Salam Model)로 바꾸어주었다. 덕분에 살람은 와인버그와 함께 노벨상을 받을 수 있었다. 이 일을 계기로 이휘소와 살람은 굉장히 가까워졌다. 그 둘에게는 개발도상국 출신의 유명 물리학자라는 공통점도 있었다. 나중에 살람은 1978년 서울에서 열린 이휘소 추념 국제학술회의에도 참석했다.

엇호프트와 와인버그, 살람 외에도 이휘소 박사에게 영향을 받은 노벨상 수상자들이 더 있다. '맵시 쿼크'를 발견하여 1976년도 노벨상을 받은 리히터(B. Richter)와 팅(Samuel C. C. Ting)이나 '점근 자유 이론'(The Discovery of Asymptotic Freedom In The Theory of The Strong Interaction)으로 2004년 노벨상을 받은 그로스(D. J. Gross), 윌첵(F. Wilczek), 폴리처(H. D. Politzer) 등은 모두 이휘소 박사로부터 큰 영향을 받은 사람들이다.

페르미 국립가속기연구소

1971년 이휘소는 교환교수 자격으로 캘리포니아공과대학교에 5개월간 머물렀다. 캘리포니아공과대학은 한인들이 많이 거주하는 로스앤젤레스와 가까운 파사데나(Pasadena)에 있다. 그는 파사데나에 머물면서 가족들과 한국 음식을 자주 즐겼다. 이 무렵 이휘소는 어머니에게 한국에 다녀가고 싶다

둘레 6.3km에 달하는 페르미 국립가속기연구소의 입자가속기 테바트론

는 편지를 쓰기도 했다.

1973년 이휘소는 페르미 국립가속기연구소(Fermi National Accelerator Laboratory, 이하 '페르미랩')로 다시 직장을 옮겼다. 그는 이곳에서 초대 이론물리학부 부장을 지내면서 시간강사로 시카고대학교에서 강의도 했다. 그가 페르미랩으로 옮긴 이유는 '물리 이론은 물리 실험과 같이가야 한다.'는 생각 때문이었다. 당시 페르미랩에는 입자가속기라는 거대한 장치를 이용해 상당히 많은 실험을 하고 있었다. 이휘소는 이곳에서 이론 연구는 물론이고 다양한 실험에도 참여할 수 있었다. 이러한 과정을 통해 그는 물리학의 핵심 주제로 조금 더 다가가며 양자 역학(quantum mechanics)의 통일 이론(unification theory)에 대한 근본 이론을 연구했다.

한국 방문

1974년 9월 이휘소는 도미한 지 19년 만에 한국을 방문했다. AID 차관(Act for International Development loan)에 의한 서울대학교 원조 계획의 일환으로 미국 측 심의위원 자격을 얻은 것이다.

1974년 서울대는 혜화동에서 관악으로 캠퍼스를 옮기는 중이었다. 그때 주한 미 대사관의 교육담당관 윌리엄스(Williams)는 AID의 마지막 사업으로 서울대에 500만 달러를 빌려주려고 했다.[16] 여기에는 두 가지 조건이 있었다. 첫 번째 조건은 그들이 빌려주는 만큼 서울대도 똑같이 500만 달러를 투자해야 한다는 것이었다. 두 번째 조건은 사업의 적합성을 위해 한·미 공동으로 타당성 조사를 하자는 것이었다. 이휘소는 이 타당성 조사를 위한 조사위원으로 선정된 것이다. 그는 한국의 정치문제로 인해 한국을 방문하지 않고 있었다. 그러던 그가 어떻게 AID 조사위원 위촉을 수락했는지는 분명하지 않지만 이때는 가족 모두를 데리고 한국을 방문했다.

별이
지다

그로부터 몇 년 뒤인 1977년 6월 16일, 이휘소 가족은 콜로라도의 아스펜물리연구센터(Aspen Center for Physics)에서 열리는 학회와 페르미랩 자문위원회에 참석하기 위해 자동차로 이동하는 중이다. 가족들이 다 함께 간 이유는 아스펜에서의 공식 일정이 끝나는 대로 콜로라도에서 6주간의 휴가를 보낼 계획이었기 때문이다. 전날 늦잠을 자서 당일 출발이 늦어졌고 "조금만 쉬었다 가자."라는 가족들의 의견을 무시한 채 이휘소는 고속도로 I-80을 쉬지 않고 달렸다.

16 한국물리학회 50년사 홈페이지(https://www.kps.or.kr/content/50years/html/kps223.html).

그들은 시카고에서 출발하여 고속도로를 따라 서쪽 일리노이주의 키와니(Kewanee) 부근을 지나고 있었다. 도로는 왕복 4차선으로, 그 가운데에는 폭이 약 20m나 되는 잔디밭이 있었다. 1시 무렵 반대쪽 차선에서 마주오던 대형 트레일러 차량의 타이어 펑크가 나면서 중앙선을 넘어와 이휘소 차량의 운전석을 덮쳤다. 그는 피할 틈도 없이 철제 창틀에 머리를 부딪혔다. 다른 가족들은 모두 무사했으나 이휘소는 병원으로 이송되기도 전에 숨을 거두고 말았다. 그의 아내는 두피에 부상만 조금 입었고, 당시 열네 살과 열두 살이던 두 자녀 역시 기적적으로 크게 다치지 않았다.[17] 이휘소 박사의 영결식은 사고 후 5일 만에 가톨릭 신부의 집례로 치러졌다. 영결식장에서 페르미랩 소장 윌슨(R. R. Wilson)은 이휘소를 추모하며 다음과 같이 말했다.

> 이휘소는 세계적으로 명성이 알려진 매우 창의적인 이론물리학자로서 근대의 이론물리학자 20인을 거명한다면 반드시 포함시켜야 할 인물입니다. 현재 펼쳐지는 물리학의 황금기에는 이휘소가 큰 공헌을 했고, 우리는 이를 높이 평가하는 것입니다.

윌슨의 추모사는 다음과 같이 이어졌다.

> 이론 물리 분야에서 이휘소는 가장 근본적인 수준에서 물리 문제를 연구했습니다. 그는 100편 이상의 주옥같은 논문을 썼는데 제가 이해하기 힘들 정도의 순수 물리 이론입니다. 그러나 그의 타고난 장점은 난해한 물리 개념

---

17 "Dr. Benjamin Lee, 42, of Fermilab; Noted Physicist Was Crash Victim," *New York Times*(Jun. 18, 1977): 17. 참조. https://www.nytimes.com/1977/06/18/archives/dr-benjamin-lee-42-of-fermilab-noted-physicist-was-crash-victim.html

들을 실험물리학자는 물론 필요하다면 일반인까지도 이해시키는 능력과 재능이라 하겠습니다.[18]

이휘소의 하관식은 장의사들의 파업으로 한참 뒤인 7월 18일에 이루어졌다. 이휘소는 글렌엘린(Glen Ellyn)이라는 조용한 마을의 공동묘지에 묻혔다. 그의 시신이 이곳에 안치된 것은 이곳이 사고를 당하기 직전까지 가족과 함께 살던 지역인 데다 아이들이 다 커서 대학에 갈 때까지 그곳을 떠나고 싶지 않다는 아내 심만청의 바람 때문이었다.

이휘소 박사의 연구와 생각

한국 정치에 대해

1963년 11월 22일 미국의 케네디(J. F. Kennedy) 대통령이 암살되어 미국 전체가 들썩였지만 이휘소는 그 사건보다 한국 정치에 더 관심이 있었다. 그는 당시 미국 영주권자였음에도 언젠가는 다시 한국에 돌아갈 것이라고 생각하며 살았다.

그가 박사학위를 받을 무렵, 한국은 격동의 소용돌이에 빠져들고 있었다. 1961년 5월 16일, 5·16군사정변이 일어났다. 군사 쿠데타를 일으킨 박정희는 곧바로 군사혁명위원회를 설치하고 그것을 다시 국가재건최고회의로 개편한 후 제5대 대통령 선거를 통해 대통령에 당선되었다. 쿠데타로 집

---

18 강주상, 『이휘소 평전』, 197-98.

권한 박정희 정권에 저항한 많은 정치인들과 학생들이 구속되었다. 그런 한국을 본 이휘소는 큰 절망을 느꼈다. 그때부터 그는 한국 정부에 대해 비판적인 태도를 취했다. 심지어 3선 개헌이 일어나자 그는 동료들에게 한국이 부끄럽다고 말하기도 했다. 이휘소 박사는 독재정권이 있는 한 한국에 가지 않겠다고도 했다.

한국 물리학계 발전에 공헌

이휘소는 한국의 대학원 교육에 관심이 많았다. 그는 한국의 대학원이 국제적 수준으로 성장하길 원했고 이를 위해 여름학교를 운영하고 싶어 했다. 1971년, 한국과학원(Korea Advanced Institute of Science, KAIS) 부원장 정근모 박사에게 그는 다음과 같은 제안을 했다.

> 한국과학원(KAIS)이 주관할 하계 물리학교를 제안합니다. …KAIS에서 기과학(물리학을 말함)을 진흥하는 수단으로 하계 물리학교가 특별히 좋은 방도라고 생각합니다. …외국에서 저명한 학자 3-5명과 비슷한 규모의 국내에서 연구 활동이 활발한 학자들로 강사진을 구성한다면 큰 경비가 들지 않을 것입니다. …하계 물리학교는 매년 2-4주 정도의 기간으로 정기적으로 개최할 것을 제안합니다.[19]

그러나 얼마 뒤 이휘소는 자신의 제안을 철회했다. 한국에서 유신 체제가 강화되는 것을 보고 크게 실망했기 때문이다. 하지만 결국 그의 제안은 이루어졌다. 1996년 10월 1일, 그가 제안한 고등과학원(Korea Institute for Advanced Study, KIAS)이 서울 홍릉에 개원한 것이다. 이 고등과학원은 매

19 강주상, 『이휘소 평전』, 174-75.

년 여름마다 물리 학교를 운영하며 실력 있는 학자들을 키웠고, 그 결과 2022년도 필즈상(Fields Medal) 수상자인 허준이 박사(2015-21년 재직)와 같은 학자들도 배출할 수 있었다.[20]

이휘소가 심사한 AID 차관 보고서도 완성되었다. 그는 차관 보고서에서 교수 분야, 학생 분야, 시설 분야, 행정 분야, 하계 학교와 방문자 계획과 관련된 제안을 했다. 그 가운데서 특별히 눈에 띄는 것은 학생 분야 부분에서 모든 대학원생들이 일반 장학금이나 조교 장학금을 받아야 한다고 주장한 부분이다. 그가 그렇게 주장한 이유는 자신도 그렇게 장학금을 받으며 현 위치까지 올라올 수 있었기 때문이다. 한국도 좋은 인재를 키우려면 그래야 한다고 주장한 것이다.

대한민국 정부는 이휘소의 공로를 기려 그가 사망한 후, 그에게 국민훈장 동백장을 추서했다. 한국과학기술한림원(Korean Academy of Science and Technology, KAST)도 2006년 이휘소 박사의 업적을 기려 그를 '한국 과학

이휘소는 입자물리학의 대가였다.

20 참조. http://kor.kias.re.kr/file/10th_kias.pdf. 14.

기술인 명예의 전당'에 헌정했다. 당시 그와 같이 헌정된 사람으로는 최무선, 장영실, 김정호, 허준, 우장춘, 이태규 등이 있다.

이휘소 박사의 연구 업적

'이휘소'를 검색하면 그가 '게이지 이론'(gauge theory)의 성립과 '맵시 쿼크', '암흑 물질'(dark matter)의 발견에 공헌했음을 알게 된다.[21] 이제 그가 남긴 연구 업적을 간단히 살펴보면서 그를 추모하려고 한다.

게이지 이론의 재규격화

물리학 법칙 중에 '뇌터의 법칙'(Noether's theorem)이라는 것이 있다. 자연계에 '대칭성'(symmetry)이 존재하면 그 대칭성과 관련된 보존(保存) 물리량이 항상 있다는 것이다.[22] 예를 들어 시간의 대칭성은 에너지 보존 법칙과 대응하고, 평행 이동의 대칭성은 운동량 보존 법칙과 대응한다. 그리고 '게이지 대칭성'(gauge symmetry)은 '전하량 보존 법칙'과 대응한다.

이때 전하(電荷)란 모든 전기의 기본 단위를 말한다. 지금도 우리가 사용하는 전기는 전하를 기본 단위로 하고 있다. 그 전하는 게이지(gauge)와 관련되어 있다. 이 게이지를 양자장론(quantum field theory) 방법으로 다루면

---

21 FAMPeople 홈페이지의 'Benjamin W. Lee' 항목. 참조. https://fampeople.com/cat-benjamin-w-lee

22 Kazuo Fujikawa, Benjamin W. Lee, and A. I. Sanda, "Generalized Renormalizable Gauge Formulation of Spontaneously Broken Gauge Theories," *Physical Review D* 6(1972.11): 2923-43.

양자장론의 기본 특성으로 인해 항상 무한대가 튀어나온다. 이것은 앞서 언급한 노벨상 수상자 와인버그도 직면한 문제였다. 그는 이 문제를 해결하려고 노력했지만 결국 실패했고, 자신의 논문에는 잘 계산하면 해결될 것이라고만 언급했다. 이 문제를 해결한 것은 이휘소였다.

이휘소는 이 문제를 해결하기 위해 1964년에 자발적 대칭 붕괴에 관련된 논문인 "대칭성의 자발적 붕괴는 영-질량 입자를 암시하는가?"(Does Spontaneous Breakdown of Symmetry Imply Zero-Mass Particles?)를 발표했다.[23] 이 논문에서 그는 학계 최초로 '히그스 메커니즘'(higgs mechanism)이라는 용어를 사용하기도 했다.[24]

그는 이와 관련하여 1969년에 다시 '시그마 모델'(Sigma model)에서의 자발적인 대칭와 관련된 논문인 "시그마 모델의 재규격화"(Renormalization of the Sigma Model)를 발표했다.[25] 이때 이휘소는 '범함수'(functional)라는 것을 사용했다. '범함수'란 함수를 변수로 이용하는 것으로 사실 물리학계에서 이미 많이 이용하던 것인데, 이 방법을 '재규격화'에 적용한 것이다. 이 방법은 와인버그가 제안한 게이지 이론의 재규격화를 증명하는 데 큰 도움이 되었고, 그가 노벨상을 수상하는 데에 큰 기여를 했다. 이것은 훗날 엇호프트에게도 상당한 영향을 주었다. 당시 엇호프트는 양-밀스 이론에서 게이지 대칭 붕괴(gauge symmetries broken) 이론을 연구했는데 이휘소에게 영감을 얻어 비-아벨리안 게이지 이론(non-abelian gauge theory)에서의 재규격화에 성공하게 되었고, 그 결과 노벨상을 받을 수 있었다.

---

23 Abraham Klein and Benjamin W. Lee, "Does Spontaneous Breakdown of Symmetry Imply Zero-Mass Particles?," *Physical Review Letters* 12(1964.3): 266-68.

24 FAMPeople 홈페이지의 'Benjamin W. Lee' 항목.

25 Benjamin W. Lee, "Renormalization of the σ-model," *Nuclear Physics B* 9(1969.3): 649-72.

맵시 쿼크의 탐색과 제이 프사이 입자 발견

이휘소의 연구 업적과 관련된 맵시 쿼크를 설명하기 전에 먼저 간략히 쿼크(quark) 연구에 대한 역사를 살펴보자. 1963년 강입자(hadron) 안에 기본적 구조가 있다는 사실이 발표되었다. 이 발표에 따르면 모든 강입자들은 두세 개의 쿼크 입자로 구성되어 있고, 쿼크는 '위 쿼크'(up), '아래 쿼크'(down), '기묘 쿼크'(strange) 셋으로 구성되어 있다.[26]

그러나 이내 이 세 개의 쿼크만으로는 설명할 수 없는 '중성 흐름'(neutral currents)이라는 현상이 관찰되었다. 이휘소는 동료 학자 가이아(M. K. Gaillard)와 로스너(J. L. Rosner)와 함께 이 중성 흐름을 설명할 수 있는 네 번째 쿼크인 '맵시 쿼크'를 분석하기 시작했고,[27] 케이 중간자의 분열을 계산하고 맵시 쿼크의 질량을 예측하여 "맵시 쿼크의 탐색"(Search for Charm)이라는 논문을 발표했다.[28]

이는 대단한 일이었다. 아직 발견되지 않은 새로운 입자의 성질을 미리 계산하고 발표한 것이었기 때문이다. 실제로 이 논문을 발표하고 몇 개월이 지난 1974년 11월 11일, 그가 제안한 맵시 쿼크의 성질을 가진 입자(제이 프사이 입자, J/ψ)가 두 연구 그룹에서 동시에 발견되었다. 이 발견은 물리학계의 전설이 되었다. 1978년 서울대학교에서 개최된 '이휘소 추모 소립자 물리학 심포지엄'에서 살람은 이 발견에 기여한 이휘소 박사의 업적에 대해 이렇게 평했다.

"이휘소 박사의 정확하고도 믿을 수 있는 맵시 쿼크의 질량 추정이 없었더라면 맵시 쿼크에 대한 우리의 이해가 그렇게 빨리 이루어지지 않았을 것

---

26 Raymond A Serway, et al., *College Physics*, 7th ed. (Boston, MA: Cengage, 2005), 993.

27 FAMPeople 홈페이지의 'Benjamin W. Lee' 항목.

28 Mary K. Gaillard, Benjamin W. Lee, and Jonathan L. Rosner, "Search for charm," *Reviews of Modern Physics* 47(1975.4): 277-310.

입니다."[29] 이휘소의 예측의 영향을 받아 제이 프사이 입자를 발견한 이들은 1976년에 노벨상을 받았다.

무거운 중성미자 예측

교통사고가 나기 한 달 전, 이휘소는 와인버그와 함께 무거운 중성미자에 대한 논문 "안정적이고 무거운 중성미자의 존재의 천체물리학적 결과들"(Some Astrophysical Consequences of the Existence of a Heavy Stable Neutral Lepton)을 발표했다.[30] 이 논문은 '암흑 물질'의 발견을 위한 방향을 제시해준 논문이었다.[31]

관측된 우주와 실제 우주 사이에는 큰 차이가 있다. 우주에 있는 22% 정도의 물질은 여전히 우리의 관측에 포착되지 않았다.[32] 이렇게 수수께끼에 싸인 물질을 '암흑 물질'이라고 부른다. 무려 50여 년 전, 이휘소는 우리가 아직도 관측하지 못한 그 암흑 물질의 후보로 현재 표준 우주 모형 내에서 '안정적이고 무거운 중성미자'(heavy stable neutral lepton)를 언급하며 그것을 어떻게 다루어야 할지를 제시했다.[33] 논문을 보면 이휘소와 와인버그는 무거운 중성미자의 질량의 범위와 밀도를 아주 구체적으로 예측했다. 그들은 무거우면서 안정적인 입자가 초기 우주에 있었고, 그것이 다른 입자들과 결합되어 어떻게 다른 물질로 전환되었는지를 설명했다.[34]

---

29 이은유, 『현대 물리학의 별 이휘소』, 103.

30 J. E. Gunn, et al., "Some Astrophysical Consequences of the Existence of A Heavy Stable Neutral Lepton," 1015-31.

31 강주상, 『이휘소 평전』, 188.

32 다니구치 요시아키, 『암흑우주: 암흑물질 암흑 에너지 그리고 은하의 탄생』, 정현수 역(서울: 바다출판사, 2011), 73.

33 Benjamin W. Lee and Steven Weinberg "Cosmological Lower Bound on Heavy-Neutrino Masses," *Physical Review Letters* 39(1977.7): 165-68.

34 FAMPeople 홈페이지의 'Benjamin W. Lee' 항목.

이것은 이 중성미자가 닫힌 우주(closed universe) 안에서 어떤 역할을 할 수 있는지 보여주었다.[35]

우주의 빗장을 열어줄 제2의 이휘소를 소망하며

1950년대 한국은 과학기술 분야에서 뒤쳐진 국가였다. 그 시절 유학생으로 도미하여 미국 물리학계의 주류 인사가 되기까지 이휘소의 학문 여정은 한 편의 드라마와 같았다. 이휘소는 수많은 사람들과 학문적으로 교류하며 그들로부터 많은 도움을 받았지만, 그를 현대 물리학계의 거성으로 거듭나게 한 것은 결국 학문에 대한 그의 피나는 노력과 열정이었다. 연구가 한창 무르익던 42세의 이른 나이에 그가 우리 곁을 홀연히 떠난 일은 우리 한인 역사의 큰 비극 가운데 하나이다. 이는 현대 물리학계의 엄청난 손실이기도 하다.

그의 생애를 반추하면 누구나 이런 상상을 할 것이다. '만약 그가 그렇게 일찍 타계하지 않았다면 어떻게 되었을까?' 그는 죽기 직전까지도 우주를 둘러싼 미스터리에 관하여 폭넓게 연구하고 있었다. 다음은 그와 공동연구를 가장 활발하게 한 와인버그의 증언이다.

> …사망 당시 그의 연구는 대단한 창의성을 발휘했다. 마지막 6개월 동안 CP 대칭 파괴(CP symmetry broken), 경입자 수 비보존, 게이지 이론에서 약한 상호작용(weak interaction)의 고에너지 현상, 게이지 대칭의 확장 등을 다

35 Benjamin W. Lee and Steven Weinberg "Cosmological Lower Bound on Heavy-Neutrino Masses," 165-68.

루었다. 한편 우주론에 관한 연구를 시작했는데, 또 다른 새로운 분야를 개척하는 것을 매우 즐겼다.[36]

이휘소 박사가 지금까지 생존했더라면 암흑 물질의 비밀도, 통일장 이론도, 양자컴퓨터에 대한 이론을 둘러싼 비밀도 우리에게 풀어주었을지 모른다. 그의 연구 업적을 계승한 한국인 노벨 물리학 수상자가 여럿 나왔을지 누가 알겠는가? 하나님은 우리에게서 이휘소를 너무 일찍 데려가셨다. 우주의 비밀을 인류에게 알려주기에는 아직 이르기 때문이었을까? 그와 동시대를 살았다는 것에 큰 위로를 얻을 뿐이다. 우주의 비밀을 푸는 데 인류가 한 걸음 나아간 데에는 그의 공헌이 적지 않다.

이휘소를 생각하면 최근 전 세계 케이팝(K-pop)의 아이콘으로 부상한 BTS가 떠오른다. 그들보다 훨씬 이른 시기에 활동한 이휘소는 세계 물리학계의 신성(新星)이었다. BTS는 멋진 노래와 화려한 퍼포먼스를 장착한 케이팝으로 세계 음악 시장의 신기원을 열고 있지만, 이휘소는 이미 1970년대에 세계 물리학계를 견인한 걸출한 학자였다. 세계 물리학계의 BTS라 할 만큼 그는 수많은 동료 물리학자들의 찬사를 한몸에 받았다. 그의 연구 업적으로 현대물리학의 지평은 크게 확장되었다. 동시대의 연구자들은 그를 통해 영감을 얻었고, 여러 노벨상 수상자들이 그를 통해 나왔다. 그들의 연구와 수상에 마중물 역할을 하고 너무도 이른 나이에 타계한 그의 빈자리가 그래서 더욱 허허롭다. 그를 계승한 제2의 이휘소가 미주 한인 사회에서 배출되어 신비와 경이로 가득한 우주의 빗장을 열어주길 기원한다.

---

36 Chris Quigg and Steven Weinberg, "Benjamin W. Lee," *Physics Today* vol. 30:9(1977.9): 76.

강영우

15장 빛을 향한 발걸음

– **김홍신**(작가, 전 국회의원)

세상이 원망스러웠던 시절

1944년 경기도 양평군 서종면 문호리에서 출생한 강영우는 부모님과 누나, 두 동생이 있는 단란한 가정에서 자랐다. 아버지는 강영우가 열세 살 때 병으로 일찍 돌아가셨다. 강영우는 열다섯 살이던 중학교 2학년 때 친구들과 축구를 하다가 눈에 공을 맞아 '외상에 의한 망막박리'를 진단받고 시력을 잃었다. 의사는 현대의학으로 치료가 불가능하다고 했다. 아들이 앞을 볼 수 없다는 소식에 어머니는 충격을 받고 쓰러져 뇌출혈로 8시간 만에 세상을 떠났다.

하루아침에 불행이 들이닥쳐 사남매는 모두 고아가 되었다. 결국 누나가 학교를 그만두고 봉제공장에 취직하여 매달 받는 적은 급여로 어린 동생들을 돌봤다. 그러나 공장에서 힘겹게 일하던 누나마저 2년이 안 되어 과로로 세상을 떠났다. 어린 강영우는 장애인에 대한 편견을 고스란히 피부로 느끼며 멸시와 천대 속에서 살아야 했다. 그를 보고서 아침부터 재수가 없다고 소금을 뿌리는 사람도 있었다고 한다.

강영우와 어린 두 동생은 뿔뿔이 흩어져야 했다. 13살인 남동생은 철물

점에서 심부름을 하며 주인집에서 살았고 9살인 여동생은 보육원으로, 강영우는 맹인 재활원으로 들어갔다. 하루하루가 견디기 힘들고 고통스러운 나날이었다. 왜 이런 시련과 어려움이 닥치는지 세상이 원망스러웠고, 삶을 포기하고 싶은 유혹 가운데 1년 동안 자신과의 싸움을 하게 되었다. 신앙생활을 하고 있던 그는 눈물을 흘리며 주님께 하루빨리 이 고통에서 벗어나게 해달라고 간구했다.

강영우

빛을 향해 걷다

강영우는 기독교방송에서 인생 상담을 진행하고 있던 반병섭 목사를 찾아가 그에게 상담을 받고 용기를 얻었다. "갖지 못한 한 가지를 불평하기보다 이미 갖고 있는 열 가지에 감사하자."라는 반 목사의 말은 소년 강영우의 마음에 큰 힘과 영향을 주었다. 또한 병든 몸으로 힘든 삶을 살면서도 복음을 전한 사도 바울의 신앙을 배웠다.

1961년 열일곱의 나이로 서울맹학교에 입학한 그는 중학교 1학년 과정을 시작했다. 그리고 확실한 꿈과 비전을 품으며 두 사람을 자신의 롤모델로 삼아 본받겠다는 의지를 굳게 다졌다.

한 사람은 일본의 시각장애인 교수 이와하시 다케오였다. 강영우는 그의 눈을 치료해주던 국립의료원 구본술 박사로부터 그에 대해 듣고 그를 인생의 모델로 삼게 되었다. 다케오 교수는 와세다대학교 재학 중 시력을 잃고 시각장애인이 되었지만, 좌절하지 않고 더욱 열심히 공부하여 영국으로 유학까지 가서 에든버러대학교에서 박사학위를 취득했다. 그리고 귀국 후 간사이대학교에서 학생들을 가르치면서 일본 최초의 시각장애인 복지시설을 설립하는 등 평생을 시각장애인의 자립과 복지를 위해 헌신했으며 인권과 복지 분야의 개척자로 널리 존경받았다.

또 한 사람의 롤모델은 그리스도교를 전 세계로 전파한 사도 바울이었다. 바울은 몸에 병을 지닌 채 힘겹게 살았지만 그 병으로 인한 고통과 아픔을 원망하거나 저주하지 않고 오히려 복으로 여기며 감사하고 시련을 극복한 사람이었다. 강영우는 이런 사도 바울의 정신과 신앙을 교훈으로 삼아 힘들고 어려운 환경 속에서도 한 걸음씩 앞으로 나아갔으며, 장애를 극복하기 위해 남보다 피나는 노력을 했다.

다케오와 사도 바울, 이 두 롤모델은 강영우에게 선명한 비전과 꿈을 품게 했다. 그가 품은 비전과 꿈은 누구나 한 번쯤 새해에 목표로 다짐했다가 며칠 만에 흐지부지되고 소홀히 하는, 그러한 가벼운 희망 사항이 아니었다. 고통을 각오하고 힘든 시간을 복된 시간으로 여기며 처절한 인생의 걸림돌인 장애를 통해 세상 사람들의 편견을 바꿔보려는 안간힘이었다.

확고한 목표와 희망의 등불

그는 한국의 이와하시 다케오가 되겠다는 집념으로 공부했다. 마음의 상처와 육신의 고통 가운데서도 아시아와 유럽에 복음을 전파한 사도 바울처럼, 비록 두 눈은 보이지 않을지라도 온몸이 으스러지도록 노력하겠다는 열정을 가졌다. 점자와 타자를 배우고 낮에는 맹학교, 밤에는 검정고시 학원에 다니며 주경야독을 했다.

점자를 배우는 것은 고통이었다. 6개의 점을 조합하여 문자를 만들어내는 과정이 신기하기는 했지만 읽고 이해하기가 상당히 어려웠다. 그래도 밤낮으로 끊임없이 반복하다 보니 점자 하나하나가 조금씩 익숙해졌다. 그의 노력과 집념은 어느 학생도 따라갈 수 없을 정도로 놀라웠고, 경이로움에 가까운 결과를 만들어냈다. 일반 영어학원에 다니면서 동시에 개인지도를 받으며 공부했기에 맹학교 기숙사로 돌아오면 몸이 녹초가 되곤 했다. 장애를 가진 몸으로 꿈과 비전만을 품은 채 앞으로 나아가기란 여간 어렵지 않았다. 하지만 공부에 대한 갈망을 채우고, 인생의 롤모델인 다케오 교수와 사도 바울 같은 인물이 되겠다는 확고한 목표를 이루려면 어떠한 어려움도 견뎌야 했다.

그는 누구보다 빨리 점자와 타자를 배웠으며 이는 검정고시를 준비하는 데 아주 큰 도움이 되었다. 긍정적인 마음으로 보통 사람보다 열 배, 스무 배 노력했기에 많은 사람들이 그에게 격려와 도움을 보내주었다.

희미하게 보이는 그녀의 얼굴

서울맹학교에 입학한 강영우는 수업료를 마련해야 했다. 1961년 5월 셋째 주 일요일 오후 2시, 그는 자신의 사정을 잘 아는 이웃 권귀순 씨의 도움으로 광화문 조선일보사 뒤편에 있는 중앙소년단에 가게 되었다. 그곳에서 여대생들은 걸스카우트 본부의 지도자가 되는 데 필요한 훈련을 받았는데, 그날은 소년 강영우를 위해 특별한 모금 프로젝트가 진행되었다. 강영우는 감사 인사를 하기 위해 그곳을 방문했다. 그는 프로그램이 진행되는 동안 여대생들로부터 여러 도움을 받았다. 그들 중 한 명이 나중에 강영우 박사의 아내가 된 석경숙(숙명여대)이었다. 당시 강영우는 맹학교 중등부 신입생이고 석경숙은 대학생이었다. 강영우를 흘끔흘끔 쳐다보던 석경숙의 눈에는 강영우가 맹인 소년처럼 보이지 않았다. 가난과 실명의 고통에 찌든 모습을 상상했는데 전혀 그렇지 않았다.

"누가 영우 소년을 버스정류장까지 데려다주고 오겠냐?"라고 할 때 석경숙은 어디서 그런 용기가 났는지 "제가 다녀오겠습니다." 하며 허락이 떨어지기도 전에 강영우의 손을 덥석 잡고 광화문 사거리로 나섰다. 그리고 그 때 처음으로 강영우에게 "제 이름은 석경숙이에요."라고 자신을 소개했다. 소년 영우의 눈에 희미하게 비친 여대생의 얼굴은 예쁘고 천사 같았다. 망막 손상으로 서울맹학교에 입학한 그때만 해도 완전히 시력을 잃지 않았기 때문에 아주 희미하게나마 사물을 볼 수 있었다.

그때부터 주말이면 경숙 누나는 소년을 만나기 위해 맹학교 기숙사를 찾아갔다. 강영우에게 책을 읽어주고, 영어와 수학 등 공부를 도와주고, 여러 안내도 해주었다. 석경숙의 도움으로 강영우는 더욱 열심히 공부하며 힘든 줄도 모르고 맹학교 생활 1년을 보냈다.

강영우를 1년간 주말마다 가르치고 도와준 석경숙은 소년 강영우를 동생으로 삼았다. 그녀는 자원봉사자로 1년, 누나로 6년, 약혼녀로 3년 그리고 2012년까지 아내로 40년을 그의 지팡이가 되어 살았다. 강영우 박사와 세상에서의 마지막 이별의 정을 나눈 2012년 2월 23일까지 거의 50년 가까이 삶을 함께해온 것이다. 훗날 석 여사는 가슴속에 깊이 간직해온 신앙고백을 다음과 같이 전했다. "주님께서 내게 저 불쌍하고 초라해 보이는 맹인 중학생이 10년 후 나의 신랑이 된다는 사실을 미리 알려주셨다면 나는 그대로 도망쳤을 것이다."

당시 석경숙은 강영우가 투병과 방황으로 여러 해 학교에 다니지 못했다는 사실을 몰랐다. 단지 두 사람이 대학생과 중학생이라고만 생각해 부담없이 강영우의 누나가 되겠다고 한 것이다. 2년 정도 지나 강영우의 성적표에 있는 생년월일을 보고 그가 자신과 한 살 반밖에 차이가 나지 않는다는 사실을 알게 되었지만 그때는 그것이 아무런 문제가 되지 않았다.

맹인 소년은 누나가 되어준 석경숙을 위해 열심히 공부했다. 누나를 실망시키지 않으려면 명문대학교에 합격해야만 했다. 석경숙은 독실한 신앙의 가정에서 엄격한 교육을 받고 자란 숙명여대 영문학도였다. 강영우는 그런 그녀와 몇 년간 함께하며, 모든 면에서 엄격할뿐더러 예리한 질문을 던지곤 하는 그녀를 대하느라 여러 번 진땀을 흘렸다고 한다.

10년 만에 얻은 기쁨

강영우가 목표한 대학은 언더우드(Horace Grant Underwood) 선교사가 세운 연세대학교였다. 언더우드 선교사는 20대의 젊은 나이에 선교사로 조선 땅을 밟았는데, 그는 1885년 4월 5일 부활주일 예배를 드리며 다음과 같이 주님께 기도드렸다.

주님!
저를 황무지와 같은 이 죽음의 땅에 왜 보내셨습니까?
조선 땅은 암흑 속에 갇혀 있습니다.
모든 나무와 동식물이 죽었습니다.
살아 있는 어떠한 생명체나 활동을 볼 수 없습니다.
주님!
이 부족한 종을 어떠한 생명체도 살 수 없는 죽음의 도시, 조선 땅에 보내신 이유가 무엇입니까?
이곳에 꼭 있어야 되겠습니까?
그것이 제게 주신 사명이라면 주님께 순종하겠습니다.

언더우드 선교사는 어떠한 희망도 보이지 않는 조선 백성을 위해 무엇을 해야 할지 기도로 찾고 또 찾았다. 연세대학교는 그러한 언더우드 선교사가 기독교정신으로 세운 학교였고, 강영우는 미국에 있는 믿음의 후원자로부터 도움을 받아 이곳에서 인생의 비전을 싹틔우며 꿈을 향해 희망의 발걸음을 내딛었다. 처음에는 입학을 거부당했으나 믿음으로 다시 접수하여 당당하게 연세대학교 학생이 되었다. 그가 인생의 가장 깊은 밑바닥에서 시작하여 10년 만에 얻은 기쁨이요, 주님의 은혜였다. 그는 석경숙의 축하를 받으며 함께 감사와 기쁨을 나눴다.

강영우는 대학교 1학년 때 이미 졸업 후에 떠날 미국 유학과 결혼에 대한 비전을 확고하게 갖고 있었다. 어느덧 20대 중반 나이에 접어들었다. 4년의 노력 끝에 어느 누구도 따라올 수 없는 우수한 성적을 거두었으나 낮은 체육 점수 때문에 차석으로 연세대를 졸업했다. 그동안 석경숙의 도움과 헌신은 기대 이상이었다.

연세대 졸업 후 미국 피츠버그대학교(University of Pittsburgh)에 입학 지원서를 제출한 그에게 뜻밖의 소식이 날아들었다. 합격, 가슴 벅차오르는 합격이었다. 어둠 속에서 어떠한 희망도 가질 수 없었던 장애인 청년이 미국 명문인 피츠버그대학교로부터 영광스러운 합격 통지를 받은 것이다. 그러나 비자를 받는 것부터 비행기를 타는 것까지 그의 앞에는 수많은 난관이 산 넘어 산처럼 놓여 있었다.

비자 신청부터 어려웠다. 당시 민관식 문교부 장관은 장애가 있는 학생의 유학을 허가하지 않았고, 고 미국대사관 역시 비자를 발급해주지 않았다. 강영우는 백방으로 수소문한 끝에 민관식 문교부 장관의 친구가 김관석 목사라는 사실을 알게 되었다. 김관석 목사는 강영우의 고향 양평에서 목회한 분으로, 강영우가 어릴 때 인사한 적이 있었다. 그는 김관석 목사를 찾아가 긴급하게 도움을 청했고 결국 문교부 장관의 허가를 받아 유학 비자를 취득할 수 있었다.

한편 강영우의 마음에는 서울맹학교 중고등 과정과 연세대학교 졸업까지 10년 동안 희생과 정성을 쏟아준 석경숙 누나의 비중이 실로 클 수밖에 없었다. 미국 유학을 홀로 떠난다는 것은 거의 불가능해 보였다.

프러포즈로 30년의 비전을

강영우 청년이 유학을 준비하던 그 시절은 석경숙에게는 인생을 함께할 만한 사람을 만나 결혼을 준비해야 할 시기였다. 그녀는 어머니의 권유로 몇 번의 선을 보았지만 마음에 드는 청년을 만나지 못했다. 한번은 맞선을 보기로 한 상대 청년에게 "동생이 있는데 시각장애인이다. 그 동생을 데리고 나가겠다."라고 미리 얘기하고 강영우를 데리고 갔다. 맞선 자리에서 석경숙은 청년에게 맹인에 대한 생각을 물었고 우리 사회의 맹인에 대한 고정관념을 주제로 대화를 이어갔다. 그녀는 강영우를 위해 청년에게 중요한 질문을 던졌다. "혹시 결혼하면 제 동생 영우를 돌봐줘야 하는데 괜찮은지요?" 아마도 청년은 속으로 '그녀와 결혼하면 평생 힘들지 않을까?' 하는 생각을 했을지 모른다. 그 청년과의 만남은 더 이어지지 않았다.

석경숙의 어머니는 딸의 결혼에 대해 염려했으나 그녀를 힘들게 하지는 않았고 강영우는 그녀에게 연세대학교 선배를 소개해주면서 결혼을 재촉했다. "누나가 빨리 가야 내 차례가 오지!" 하지만 마음속으로는 걱정이 많았다. 청소년기부터 청년에 이르기까지 석경숙을 짝사랑하며 10년 넘게 가까이 지내왔는데 어느 날 갑자기 결혼해버리면 어떡하나 초초하고 불안하여 일이 손에 잡히지 않았다. 석경숙과 강영우는 42년생과 44년생이기 때문에 두 살 정도 차이가 나는데 생일을 감안하면 겨우 1년 6개월 정도 차이였다.

숙명여대를 졸업한 석경숙은 미국 펜실베니아주에서 시각장애인 교사 연수를 받고 1968년 1월에 귀국했다. 그녀는 당시 26세의 결혼 적령기 여성으로 미국 유학까지 다녀온 엘리트요, 인재였다. 1960년대 대한민국 청년들이 선망하는 최고의 신붓감이었다.

강영우는 1968년 1월 학기말 시험을 준비하고 있었다. 그는 미국에서 갓 귀국한 석경숙에게 학기말 시험 대필을 부탁하고 함께 시험장에 들어갔다. 시험 후 그는 석경숙과 함께 백양로를 걸으면서 프러포즈를 하고 30년의 비전을 발표했다. "오늘부터 석은옥으로 부르겠다. 석은 변치 않는 돌이요, 은은 귀한 것이요, 옥은 빛나는 아름다움을 뜻하기에 그렇게 하겠다."라고 말하자 그녀도 좋아라 했다. 30년의 비전이란 '석'의 시대 10년, '은'의 시대 10년, '옥'의 시대 10년을 말했다.

'석'의 시대 10년은 석경숙을 처음 만난 1961년부터 연세대를 졸업한 1971년까지 험난한 고통을 견뎌온 돌밭 같은 세월이었다. 드문 성씨인 석경숙의 '석' 자는 강영우의 고통스러웠던 지난 삶에 상징적인 의미가 크다.

1972년부터는 '은'의 시대이다. '은'의 시대에는 하나님의 은혜 가운데 결혼을 하고 미국에 유학을 가서 박사학위를 받고 자녀를 낳고 양육하는, 조금은 힘들지만 행복한 가정을 이뤄 기쁨을 누리는 날이 많을 것이다. 인내하며 잘 견디도록 하자.

그리고 1982년부터 1991년까지는 '옥'의 시대 10년이 될 것이다. 이때는 아름답고 영롱하게 빛을 발하는 옥처럼 하나님께 찬란한 영광을 돌려드리는 복된 명문 가정의 '옥'의 시대가 펼쳐질 것이다. '옥'의 시대 10년은 복이 넘치는 삶이 될 것이다. 그 후로는 모든 것을 주님께 맡기고 그분의 인도에 따라 살아가는 '주님' 시대의 삶이다.

10년 동안 강영우를 동생으로만 생각해온 석경숙은 감동과 놀라움을 감출 수가 없었다. 늘 어리게만 여기고 대학 졸업 때까지 지켜봤지만 이런 훌륭한 생각을 갖고 있을 줄은 몰랐다. 물론 강영우가 싫지는 않았고 이성적인 감정도 있었다. 하지만 부부로 함께할 것은 생각해보지 못했다.

어머니의 권유로 맞선을 여러 번 보는 동안 연인으로 발전하여 결혼을 깊이 생각할 정도로 교제하는 청년은 없었다. 또한 강영우의 소개로 만난 선배 중에도 미래를 계획하고 일생을 함께하고 싶은 상대를 찾지 못했다.

결혼에 대해 깊이 고민하며 기도하던 석경숙 앞에 강영우가 동생이 아닌 인생의 반려자로 30년의 비전과 꿈을 펼쳐놓았다. 자의 반 타의 반으로 선을 본 여러 청년이 그녀의 눈앞에 스쳐 지나갔고, 동생 영우가 아닌 인생의 동반자 강영우와 그들을 저울질하게 되었다. 저울은 한쪽으로 크게 기울어졌다. 청년 강영우는 선을 보면서 만난 다른 청년들과 본질적으로 달랐다. 동생으로만 여겨온 영우는 이미 분명한 비전과 꿈을 갖고 있는 훌륭한 청년이었다. 앞을 볼 수 없고 부모도 잃은 고아였지만 죽음의 극점에서 연세대를 차석으로 졸업한 우수한 청년이었다. 석경숙은 강영우가 힘차게 뻗어 나가도록 그의 내조의 지팡이가 되게 해달라고 주님께 기도하고는 그의 아내가 되겠다고 마음을 정했다.

석경숙은 아버지가 돌아가셨기 때문에 어머니와 결혼에 대해 상의했다. 어머니는 강영우를 딸의 제자나 후배 정도로만 생각했지 딸의 결혼 상대로는 전혀 생각하지 않았기에 경숙이 그와 결혼하겠다고 했을 때 완강하게 반대했다. 그러나 경숙은 계속하여 설득하고 이해를 구하면서 승낙을 받아냈다. 친한 친구들의 반대도 경숙의 굳은 결심을 이길 수가 없었다. 두 사람은 결혼한 후 유학길에 올랐다.

신혼부부의 유학 생활

1972년 연세대학교 교육학과를 졸업한 강영우는 결혼하여 유학길에 오른 후 피츠버그대학교에서 상담학 석사와 교육학 철학박사 학위를 취득했으며 기간은 3년 7개월이 걸렸다. 험난한 시기였지만 큰 보람과 성취감을 얻은 시기이기도 했다. 1972년부터 시작된 은의 시대 10년은 강영우·석경숙 신혼부부의 유학 생활과 함께 시작되었다.

결혼 전, 은의 시대 10년은 어느 정도 예측된 삶이었다. 힘들어도 새로운 생활에 대한 호기심과 성취감으로 버틸 수 있었다. 부부의 목표는 짧은 기간 안에 공부를 마치고 한국으로 돌아와 대학 강단에 서서 후학을 가르치는 것이었다. 강영우의 피나는 노력과 집념은 가히 놀라웠고 아내의 도움은 극진했다.

대학원생 강영우는 거의 매일 20시간 넘게 공부를 한 탓에 새벽에 잠들기 일쑤였다. 하루 종일 수업을 들었지만 교수가 내준 과제물은 누구보다 빨리 제출하여 담당교수의 칭찬을 받곤 했다. 아내 석은옥은 신혼 생활의 기쁨과 즐거움을 누리기보다 신랑의 손과 발이 되어야 했으며 교수가 내준 과제물 작성을 돕는 조교 역할을 해야 했다. 강영우의 밤은 휴식하는 시간이 아니었다. 그는 밤부터 새벽까지 아내가 녹음해준 도서를 반복해 들으며 전공과목 전체를 거의 외워버렸다. 그 시절 32세 강영우의 집중력과 암기력은 최고의 경지에 오른 듯했다.

아내 석은옥은 매일 남편을 학교에 데려다주고 수업이 끝나는 시간에 맞춰 데리러 갔다. 하루는 남편을 강의실로 데려다준 다음 도서관에 가서 그의 교과서를 녹음하고 있었다. 1인 3역의 임신 4개월차 아내는 깜박 잠이 들어 늦게야 강의실에 도착했고, 걱정하며 기다리던 남편은 아내를 보자마자 화를 냈다. 최초의 부부 싸움이 일어났다. 마음이 상한 아내 석은옥은 적지 않은 충격에 여러 날 동안 일이 손에 잡히지 않았다.

'은'의 시대는 '석'의 시대보다 더 힘들었다. '석'의 시대 10년은 어린 시절 누나와 동생으로 쌓아온 향기로운 추억과 순수한 만남의 즐거움, 호기심으로 가득했다. 그러나 좀 더 행복해야 할 '은'의 시대는 사방에 짙은 안개가 깔린 듯 두 사람 모두에게 너무도 힘들었다.

아내 석은옥은 첫아이 임신으로 몸을 가누기도 어려웠기에 남편의 도움이 절대적으로 필요했다. 하지만 남편에게 도움을 청하는 데는 한계가 있었

강영우·석은옥 부부

고 오히려 혼자서 여러 일을 도맡아야 하는 처지였다. 도움을 청할 곳이 없어도 인내하고 견뎌야 했다. 그런 아내가 자신을 매일 학교에 데려다주는 것이 힘들겠다고 생각한 강영우는 자신들이 사는 아파트 건너편에 맹학교가 있다는 것을 알게 되었다. 그는 그 학교에 가서 보행 지도교사에게 부탁하여 혼자 강의실을 오갈 수 있는 훈련을 받았다. 몇 달 후 아이가 태어나면 아내에게 의존하기가 더더욱 힘들어질 것이라고 생각한 것이다. 얼마 지나지 않아 강영우는 아내의 도움 없이 홀로 학교를 오가는 데 익숙해졌다.

연방검찰청 검사장 손버그와의 만남

하루는 학교 가는 길에 갑자기 소나기가 쏟아졌다. 평상시 오가던 길이지만 소나기를 피하다 보니 길을 잃고 헤매게 되었다. 소나기 소리에 청각까지 무디어져 도저히 방향을 잡을 수가 없었다. 이때 그의 앞에 자동차 한 대가 멈춰 섰다. 그리고 운전자가 문을 열어주며 '비가 오는데 차를 타고 가라.'고 권유했다. 워낙 많은 비가 내리고 있었기에 강영우는 사양하지 않고 차에 올랐다.

"누구신데 저에게 이런 친절을 베푸시는지요?"

"저는 연방검찰청 검사장 손버그입니다."

"그렇게 높으신 분이 저 같은 장애인을 차에 태워주시다니요?"

"미국은 신분이 높을수록 더욱더 봉사를 많이 합니다."

대화를 나누다가 학교에 도착한 강영우는 그에게 감사 인사를 건네며 차에서 내렸다. 그는 강영우에게 명함을 건네며 언제 한번 집무실에 방문하라고 말했다. 그는 후에 연방 법무장관과 펜실베이니아 주지사를 두 번이나 지낸 손버그 변호사로, 강영우가 유학 생활을 하는 동안 큰 힘을 보태주었다. 두 사람은 이후 46년간 줄곧 친한 친구로 지냈다.

강영우는 3년 7개월 만에 마침내 피츠버그대학교 대학원에서 상담학으로 석사를, 교육학으로 철학박사 학위를 취득했다. 한국 최초의 시각장애인 박사가 탄생한 것이다. 한 인간의 승리이며 조국 대한민국의 자랑이었다. 각고의 노력으로 얻은 그의 박사학위는 아내의 헌신과 희생의 값진 열매였다. 그는 아내 석은옥과 함께 박사학위 취득의 감격과 기쁨을 나누었다.

'은'의 시대 10년의 약속은 진행 중이었으며 아내 석은옥도 남편의 집념과 노력에 감탄했다. 피츠버그대학교 총장은 3년 7개월 만에 석박사학위를 취득한 강영우를 훌륭한 인재로 인정했다. 시각장애를 가진 그가 어떻게 그렇게 짧은 기간에 학위를 취득할 수 있었을까? 그야말로 연구 대상이었다. 실력 있고 건강하고 우수한 미국의 젊은 청년들도 학위를 받으려고 5-6년 공부하다가 실패하는 경우가 많은데, 어떻게 3년 7개월 만에 성공할 수 있었는지 납득하기 어려웠다. 피츠버그대학교 총장은 대한민국 문교부를 통해 강영우 박사를 추천했으나 시각장애인이 어떻게 일반 대학생들을 가르칠 수 있겠느냐는 선입견 때문에 어느 대학에도 임용되지 못했다. 1970년대에는 미국 박사학위 소지자를 한국 대학들이 우대하여 모셔갔고 강영우도 당연히 그렇게 되리라고 기대했다. 장애인이라고 해서 예외가 될 줄 생각지 못했다. 당시에 한국은 장애인에 대한 편견이 심했다. 더욱이 '아침에 장님을 보면 재수가 없다.'는 미신까지 믿는 정서가 깔려 있었기에 대학교수들도 쉽게 받아들이지 못했다. 강 박사 부부는 큰 벽에 부딪쳤다.

세 살 반, 2개월 된 두 아들까지 모두 네 식구의 생계비(200불) 지원이 끝나고 비자도 만료가 되어 그들 앞에 가로막힌 산은 막막하기만 했다. 그러나 "하나님을 사랑하는 자 곧 그의 뜻대로 부르심을 입은 자들에게는 모든 것이 합력하여 선을 이루느니라"(롬 8:28)라는 성경 말씀이 강 박사 부부에게 큰 위로가 되었다.

그러던 중 한 입양가족이 천사처럼 나타났다. 그들은 거처를 제공해주었고, 덕분에 강 박사 가족은 피츠버그대학교 박사후과정에 한 학기 등록하여 비자를 연장할 수 있었다. 박사후과정은 미국에 정착하여 미국 시민으로 살기 위해서 꼭 공부해야 할 과목이었다. 강 박사는 미국 역사와 미국 법학, 두 과목을 신청했다.

미국 역사는 청교도의 역사이며 청교도는 기독교 문화의 중심을 이루는 정신이었기에 이 공부는 강영우 박사가 미국 문화에 새로이 눈 뜨는 계기가 되었다. 또한 미국법을 배우면서는 미국을 건국한 조지 워싱턴의 국가관과 철학을 알게 되었고 미국의 법이 다양한 인종 간 조화를 어떻게 도모하는지를 배우게 되었다. 자신감을 찾은 강영우 박사는 인디애나주 게리시 교육청 시각장애인 담당관으로 임용되어 1977년 1월부터 근무하며 영주권을 신청했다. 3개월이 지나 아내도 게리시 교육청의 시각장애인 지도교사로 임용되어 28년을 봉직하고 은퇴했다. 강영우 박사 부부의 헌신적인 교육 열정은 게리시 교육청에 화제가 되었다.

A Light in My Heart[빛은 내 가슴에(생명의말씀사, 2008, 영문판)]는 한국인 최초의 시각장애인 박사 강영우와 석은옥 여사의 수기로, 영화로도 제작되어 많은 사람에게 감동을 선사했고 미국에서도 큰 반향을 불러모았다. 이

로 인해 강영우 박사 초청 강연회가 여러 곳에서 열렸다. 일례로 강 박사는 시카고에 있는 일리노이주립대학교의 특임교수로 초빙되어 강연을 했다. 강 박사의 소식이 뉴스를 통해 한국에 전해지자 특수교육으로 잘 알려진 대구대학교에서도 그를 특임교수로 초빙해 학생들에게 특강하는 자리를 마련했다.

반기문 유엔 사무총장과의 인연

로타리재단 장학생으로 공부한 강 박사는 게리시 교육청에 근무하면서 그 지역 로타리에 가입하여 회원으로 활동했다. 1992년에는 창립 75주년 기념으로 선정한 75명의 봉사자에도 포함되었다. 2008년 이동건 국제로타리 회장은 120만 회원 가운데 한 명에게 '지구촌 인권 박애 봉사상'을 수여했는데, 강영우 박사가 이 상을 받고 수만 명의 세계로타리 지도자 앞에서 감동적인 연설을 했다.

2007년 1월 반기문 외교통상부 장관이 제8대 유엔 사무총장에 당선되었다. 강영우 박사와 반기문 총장의 인연은 깊다. 강 박사는 유엔 세계장애위원회 부의장과 시어도어루스벨트재단(Theodore Roosevelt Association) 고문으로 봉사하며 6억 5,000만 세계 장애인의 복지 향상을 위해 헌신해왔다. 이는 1996년 유엔 창립 50주년과 루스벨트 타계 50주년 기념으로 제정된 루스벨트 국제장애인상(Franklin Roosevelt International Disability Award)의 첫 수상국으로 한국이 선정되는 데 결정적인 역할을 했다.

루스벨트 국제장애인상은 수상국의 국가원수에게 수여되었기 때문에 강 박사는 루스벨트재단 고문 자격으로 한국을 방문했다. 1996년 당시 김영삼 대통령의 의전비서관은 반기문 총장이었다. 그는 강영우 고문을 공항에서 영접하여 청와대까지 안내하는 의전을 담당했다. 그러면서 두 사람은 친분이 두터워졌다. 두 사람은 나이도 같았기 때문에 금방 친구가 되었다.

2006년 12월 외교통상부 장관직에서 물러나 이듬해 1월 유엔 사무총장에 취임한 반기문 총장은 전 세계 유엔 지도자들을 초청했다. 유엔 장애위원회의 부의장 강영우 박사도 초청했다. 강 박사는 이 자리에서 반기문 총장을 전 세계에서 모인 지도자들에게 소개했다. 연단에 선 강 박사는 대한민국 외교통상부 장관 재직 시 중증장애인의 목욕 봉사 일화를 언급했다.

"반기문 총장이 외교통상부 장관으로 재직할 때 중증장애인이 모여 사는 곳을 방문했는데, 중증장애 한 분이 배변하여 곤란한 상황이 되었습니다. 10분 정도 잠깐 들르기로 한 곳이라 가벼운 마음으로 위로하려는 방문이었습니다. 그러나 반 총장은 다음 일정을 모두 취소하고 배변한 중증장애인의 옷을 벗겨 목욕을 깨끗이 시켜드린 후 기저귀와 옷을 갈아입혀 드렸습니다."

그러고는 "반기문 총장은 세계인을 위해 그 어떤 지도자보다 앞장서서 일할 유엔의 수장으로 부족함이 없는 분"이라고 덧붙였다. 참석자들은 모두 자리에서 일어나 힘찬 박수를 보내며 반기문 유엔 사무총장을 환영했다. 강영우 박사의 소개를 받아 연단에 올라선 반기문 유엔 사무총장은 다시 강 박사를 소개했다.

"유엔 장애위원회 부의장 강영우 박사는 1996년도에 제가 대통령 의전비서관이었을 때 국무총리, 국회의장 및 대통령을 만나셨던 분으로 제가 감히 범접할 수 없는 분입니다. 유엔 장애위원회 부의장으로 6억 5,000만 세계 장애인들의 복지 향상을 위해 수고하시는 강영우 부의장님에게 뜨거운 응원을 부탁드립니다."

참석자들은 다시 한번 기립하여 뜨거운 찬사를 보냈다. 반기문 유엔 사무총장과 강영우 유엔 장애위원회 부의장의 위상이 높아지고 세계 지도자들의 시선이 대한민국으로 집중되었다. 한국인의 의지가 세상에 드러난 것은 우리 모두의 자부심이 아닐 수 없다. 제2의 반 총장, 제2의 강 박사 같은 대한의 청년들이 전 세계 어디에든 있다. 장애인이지만 좌절의 늪에서 나

2008년 6월 17일, 로스앤젤레스 컨벤션센터에서
국제 인권상을 수상한 강영우 박사(앞줄 가운데)

와 위엄 있고 기개 넘치는 모습으로 전 세계인에게 감동을 주는 강 박사는 5,000만 한국인의 자랑이요, 720만 디아스포라 한인들이 나아갈 길이다.

한국인으로 미국 최고위직에 오르다

미국 루스벨트 홍보센터 강당에는 127개의 특별한 의자가 있다. 이 의자에는 자유, 인간애, 인권, 민주주의 등 프랭클린 루스벨트 대통령의 비전을 실천한 위인 127명의 이름이 새겨져 있는데 대표적인 인물로 케네디, 레이건, 클린턴, 코피 아난, 록펠러, 맥아더 등이 있고 C열 중앙 102번째 의자에는 '강영우'가 새겨져 있다. 2000년에 강영우 박사 부부는 미국 인명사전에 수록되었고 이듬해인 2001년 세계인명사전에 올랐다. 우리나라에서는 중학교 영어 교과서에 강영우 박사를 21세기 영웅으로 소개하고 있다.

노무현 대통령 재직 시에는 청와대에 초청받았는데, 이 소식이 널리 알려지면서 여러 중·고등학교와 대학교 및 공공기관, 교회 등에도 초청받게 되었다. 또한 영문판 저서인 *A Light in My Heart*(빛은 내 가슴에)가 아버지 부시 대통령에게 전달되었고, 아들 부시 대통령은 장애를 딛고 우뚝 선 강영우 박사를 대통령 직속기구인 대통령 장애인 정책자문위원 15인 중 1인으로 임명했다. 한국인으로서는 미국 최고위직에 오른 것이다.

1995년 MBC 방송대상을 받은 MBC 특집극 〈눈먼 새의 노래〉는 강영우 박사의 성공적인 재활 과정을 그린 드라마로 방영 당시 온 국민에게 사랑과 감동을 주었다. 2011년 10월 송파구 장애 청년들이 근무하는 '아름다운 가게' 개장 행사에 강 박사가 참석했는데 어떤 아주머니 한 분이 감격에 벅찬 목소리로 강 박사에게 꼭 인사를 드리고 싶다며 찾아왔다. 17년 전 남편과 사별한 후 열 살 난 아들과 살고 있던 아주머니는 생활고와 마음의 고통 속에서 극단적인 선택을 준비하고 있었다. 그러던 중에 〈눈먼 새의 노래〉를 보게 되었다. 아주머니는 '저렇게 시각장애를 가진 청년도 훌륭하게 사는데 건강한 몸을 가진 내가 이대로 죽을 수는 없다, 열심히 살아야겠다.' 하고 다짐하며 '언젠가 그를 만나 감사 인사를 해야지.'라고 생각했다고 한다.

강영우 박사는 2008년 12월 부시 대통령 직속 장애위원회 정책차관보직을 내려놓았지만 그의 차남 강진영 변호사가 2009년 1월 오바마 대통령 입법특별보좌관으로 임명되었다. 미주 한인 최초로 백악관 최고위직을 역임한 아버지 강영우 박사가 퇴임하고 아들 강진영 변호사가 백악관으로 입성하는 기적이 연출된 것이다.

아들 진영 군과 오바마 대통령의 인연은 특별하다. 진영 군은 명문인 필립스 아카데미 앤도버(Phillips Academy Andover) 고등학교와 시카고 대학교(University of Chicago)를 졸업하고 듀크대학교 법학대학원(Duke

한국전쟁 60주년 평화기도회에 참석한 조지 부시 대통령과 함께(2010. 6. 서울)

University School of Law)에서 법률을 공부하여 변호사가 되었다. 시카고대학교에 다닐 때에는 대학 근처에 있는 흑인 가정 아이들의 과외 공부를 지도하고 주변 노인들이 사는 낡은 집에 페인트를 칠하는 등 봉사 활동에 열정적이었다. 교내 봉사 활동에도 적극적이어서 학생 대표로 대학 이사회에 참여했으며 졸업식에서 클린턴 대통령 봉사상을 받았다. 한편 그는 대학에서 봉사 활동을 하며 미셸 오바마도 알게 되었다.

듀크대학교 법학대학원 재학 중에는 월 3만 5,000달러까지 받을 수 있는 고수입의 유혹을 뿌리치고 월 2,000달러로 민주당 에드워드 케네디 상원의원 밑에서 인턴 생활을 하면서 미국 상원의회에 첫발을 내디뎠다. 듀크대학원 졸업 후에는 케네디 상원의원과 친분이 두터운 민주당 부대표 딕 더빈 상원의원의 보좌관이 되었으며, 2008년 민주당의 오바마가 대통령에 취임하면서 딕 더빈 상원의원의 추천으로 오바마 대통령 상원 담당 입법특별보좌관직을 맡게 되었다. 그는 2015년까지 6년간 오바마 대통령 입법특별보좌관직을 지내다가 이후 전국 민주당 변호사 기관인 'Demand Justice'의 수석자문위원으로 중요한 역할을 맡고 있다.

꿈이 현실로 이뤄졌고 미주 한인 사회와 한인 동포의 자부심은 이루 말할 수 없었다. 이 일은 미국에서 자라나는 청소년과 청년뿐 아니라 전 세계 한인에게 큰 영향을 주었으며 대한민국 언론에서도 뜨겁게 보도되었다.

강 박사 부부의 자녀교육

강 박사의 큰아들 진석은 어린 시절 남들과 달리 앞을 못 보는 아빠에 대해 불만이 있었다. 진석이 세 살쯤 되었을 때 한번은 아빠가 앞을 볼 수 있으면 좋겠다고 말했다고 한다. 그때 강 박사는 "열심히 공부해서 의사가 되어 아빠 눈을 고쳐주렴."이라 했고 아들은 "그럴게요."라고 대답했다. 초등학생인 아이는 운동을 몹시 좋아했지만 아빠가 같이 놀아주지 못하자 부정적인 생각으로 가득 찼다. "우리 아빠는 축구도 못 해요. 농구도 못 해요. 자전거도 못 타요." 진석은 늘 우울한 표정으로 그렇게 말했다.

"아빠는 내가 세상에서 제일 머리가 좋다고 생각하겠지만 그저 보통이에요. 공부 잘해서 영재 학급에 들어간 동생에게나 기대하세요." 아들의 이 말을 들은 강 박사 부부는 아이에게 자신감과 자존감이 결여되어 있고 열등감으로 가득한 것을 보았다. 아들의 열등감과 부정적 사고를 바꿔주지 않으면 문제를 안은 채 세상을 살게 될 것 같았다. 강 박사는 아들에게 잠자기 전 동화책을 읽어주기 시작했다.

"진석아! 아빠가 읽어준 동화책 내용 잘 들었니?"

강 박사는 캄캄한 밤에 불도 켜지 않고 점자책을 읽어주면서 아빠가 엄마보다 더 잘할 수 있는 것을 알려주었다. 그리고 시력 없이 박사학위를 받고 대학교수도 하고 있다는 긍정적인 면을 설명해주었다. 그 후 어린 진석은 불빛이 없는 밤에 동화책을 읽어줄 수 있는 사람은 우리 아빠뿐이라고 말했다. 강 박사는 또한 자신감과 자존감을 불어넣기 위해 진석의 생일인 4월 23일이 대문호 셰익스피어가 태어난 날임을 알려주면서 "생일이 같은 건 우연이 아니란다. 너도 셰익스피어와 같은 인물이 될 수 있어."라고 말해주었다. 진석의 생일에 부활절 버금가는 위대한 사건이 일어날 것이라는, 예언

오바마 대통령과 그의 특별보좌관으로 백악관에 입성한 차남 진영

아닌 예측을 해주었다. 그런데 놀라운 일이 일어났다.

1년 남짓 되어 진석이 자신감과 자존감을 되찾고 영재 학급에 들어간 것이다. 그리고 필립스 엑시터 아카데미 고등학교를 거쳐 하버드대학교를 졸업했다. 하버드대학교 진학에는 진석의 긍정 에너지가 결정적인 역할을 했다. 입학을 위해 제출한 에세이 제목은 "어둠 속에서 책을 읽어준 아빠 이야기"였고 내용 중에는 다음과 같은 문장이 있었다.

> 시각장애인의 아들인 나는 아빠로부터 긍정적 사고를 배웠다. 모든 장애인에 대해서도 긍정적 사고를 갖게 되었으며, 사람을 외모로 판단해서는 안 된다는 것을 배웠고, 안과의사가 되겠다는 결심을 확고하게 가졌다.

초등학생에서 청소년으로 넘어가는 중요한 시기에 아들의 부정적인 사고를 긍정적인 에너지로 바꾸어준 강 박사 부부의 자녀교육은 놀라울 정도로 탁월했다. 진석은 하버드대학교를 졸업한 후 인디애나대학교 의과대학을 거쳐 2000년 4월 23일 듀크대학교 의과대학에서 안과 전문의 박사학위를 취득했다. 그리고 이후 안과의사로, 조지타운의대 교수로, 안과학회장으로 열심히 활동했다. 2019년부터는 의료선교를 위해 1년에 한두 차례 남미 온두라스에 가서 직접 주민들에게 수술을 해주고, 안과의료센터를 설립하여 재정적 도움을 주는 자선기관으로 등록하였다.

이렇게 시각장애인 고아로 자란 강영우 박사는 50년 가까이 석은옥 여사와 함께하며 그녀의 희생과 헌신에 힘입어 명문 가문을 이루게 되었다.

마지막 강연

2011년 10월, 강 박사는 한 달 체류 계획으로 고국을 방문했다. 일정 중 마지막은 부산교도소 재소자들을 위한 강연이었다. 부산교도소장 초청으로

교도소에 들어선 강 박사는 교도관의 안내를 받아 두꺼운 철문 6개를 통과하여 200여 명의 재소자들 앞에 섰다. 부산교도소는 청송교도소보다도 더 끔찍한 범죄자들이 모인 곳으로, 재소자 거의 대부분의 죄목이 살인죄였다. 강영우 박사는 무슨 말을 할까 생각하다 말문을 열었다.

> 저는 지금 여러분 앞에 서 있어도 여러분을 볼 수 없습니다. 제 눈에는 보이는 게 아무것도 없습니다. 여러분 중에는 저와 같은 유년기나 청소년기를 보낸 사람이 아무도 없을 것입니다. 저는 어린 나이에 눈을 다쳐 맹인이 되었으며 부모를 잃고 누나마저 떠난 상황에서 더 어린 동생들을 돌봐야 하는 고아 중에 고아였습니다. 처절한 삶의 고통과 어둠의 터널에서 빠져나와 여러분 앞에 서 있는 저는 미국에서 최초로 박사학위를 받은 한국인 시각장애인이며 미국 대통령 직속기관인 장애위원회 정책차관보로 근무한 고위직 공무원이 되었습니다. 한순간의 잘못은 씻을 수 없지만 몸과 마음을 다시금 바르게 하여 참회하고 내일의 희망과 꿈을 가슴에 담은 채 하루하루를 성실히 살아가면 여러분에게 좋은 날이 반드시 찾아올 것입니다. 지금 처한 어려움을 잘 이겨내시길 바랍니다.

강 박사의 간절한 호소는 죄수들의 마음 깊은 곳에 교훈을 새겨주었다. 강연을 마치고 강 박사는 해운대로 가서 바다를 배경으로 얼굴을 카메라에 담았다. 당시만 해도 그것이 강 박사의 마지막 사진이고, 세브란스병원 영안실의 영정 사진이 될 줄은 생각하지 못했다. 부산 해운대에서 휴식을 취하고 서울 프레지던트 호텔로 돌아왔으나 밤새도록 컨디션이 좋지 않았다. 감기 몸살 정도로 생각한 그는 약국에서 간단히 처방받은 약을 복용하고 하루 휴식을 취했다.

다음 날인 2011년 11월 1일은 출국하는 날이었다. 한 달간의 일정을 마치고 인천공항으로 향하는 강영우 박사의 발걸음은 무거웠다. 바쁜 일정으로 피로가 누적되었다기보다 신체적 기능에 문제가 생긴 듯했다. 환한 얼굴로 아내와 자녀들을 만나기 위해 공항으로 향하던 예전의 활기찬 발걸음과는 다소 차이가 있었다. 강 박사는 보물 1호인 책가방을 어깨에 멘 채 공항 검색대로 향했고, 그것이 한국에서 볼 수 있는 그의 마지막 모습일 줄은 아무도 몰랐다.

세상과 이별할 준비

워싱턴 집에 도착한 강영우 박사는 존스홉킨스병원에서 정밀검사를 받기로 했다. 안과의사인 큰아들 강진석 박사가 존스홉킨스병원에 의뢰하여 1차 검사를 받았고, 강 박사는 병원으로부터 특별한 징후를 발견하지 못했다는 소견을 들었지만 2차 정밀검사를 의뢰했다. 2차 정밀검사는 2주 후에 받기로 했다.

2011년 12월 7일 2차 정밀검사 결과가 나왔다. 췌장에 종양이 발견되었으며 수술해도 회복 가능성이 10-15%밖에 되지 않는다고 했다. 췌장암은 암 중에서도 가장 치명적이다. 몸무게가 급격하게 줄어들며 매일 체력이 저하되는 것을 느끼게 된다. 강 박사 역시 목소리는 강연할 때와 별 차이가 나지 않았지만 몸무게는 매일 0.3-0.5kg씩 줄어들었다. 존스홉킨스병원의 주치의는 3개월 정도의 시간밖에 남지 않았다는 진단을 내렸다. 강 박사는 수술을 포기하고 주님이 주신 삶을 받아들이며 세상과 이별할 준비를 했다. 2011년 12월 16일, 강영우 박사는 성탄과 새해를 앞두고 사랑하는 아내와 가족과 지인들에게 인생의 소감과 작별 인사를 나눴다.

즐거운 성탄과 2012년 복된 새해를 맞이하시길 기원합니다. 50년 전, 저는 그 예쁜 여대생 누나에게 함께 아름다운 세상을 만들자는 비전이 담긴 이름 석 자 '석·은·옥'을 선물하며 프러포즈를 했습니다. 제가 아내와 함께 유학생의 신분으로 미국에 온 지도 30년을 훌쩍 넘어 40년이 다 되어갑니다. 짧다면 짧고 길다면 긴 세월 속에서 저희 부부의 사랑을 듬뿍 받으며 잘 자라난 두 아들은 한 집안의 가장으로, 미국 주류 사회의 전문가로 각자의 분야에서 아버지인 저보다 훨씬 훌륭한 지도자로 인정받고 있습니다.

2011년 큰아들 진석이는 「워싱턴포스트」(*The Washington Post*)가 선정한 최고의 안과의사에 포함되었고, 차남 진영이는 2009년 1월 오바마 대통령의 입법특별보좌관으로 임명되었습니다. 경사에 경사가 겹친다고 2011년 10월에 차남 진영이는 어여쁜 딸아이의 아빠가 되었습니다.

하나님의 은혜로 저는 참으로 복되고 감사한 평생을 살아왔습니다. 하나님은 저의 실명을 통해 제가 상상조차 할 수 없는 놀라운 역사를 이뤄내셨습니다. 6·25전쟁이 휩쓸고 간 폐허의 나라에서 어린 시절을 보내고, 두 눈도, 부모도, 누나도 잃은 고아가 지금의 이 자리에 서 있을 수 있는 것은 하나님의 사랑과 은혜와 기적입니다.

당시 실명한 중학생으로는 꿈도 꾸지 못할 예쁜 누나와 팔짱 끼고 서울 중심가를 걸을 수 있었고, 세상 방방곡곡을 다니며 수많은 아름다운 인연도 만들었습니다. 하나님께서 마련해주신 아름다운 인연들로부터 받은 게 너무 많아 봉사할 결심을 하게 되었고, 이를 통해 많은 사람에게 감동을 전하는 강연도 하게 되었습니다. 두 눈을 잃고, 저는 한평생 살며 많은 것을 얻었습니다.

강영우 박사는 시한부의 삶을 선고받고 하루하루를 가치 있게 보내려고 노력했다. 받은 은혜와 사랑이 참으로 컸기에 그것을 많은 사람과 공유하려고 했다. 강 박사의 소망은 자신이 이뤄낸 비전과 꿈을 모든 사람과 함께 나누고, 특히 힘들고 불편한 몸으로 살아가는 사람들이 좌절하거나 인생을 포기하지 않고 다시 일어나 꿈을 이뤄가도록 그들에게 힘을 주는 것이었다. 2012년 1월 7일 강영우 박사의 자택 근처에 있는, 40년 넘는 오랜 친구인 손버그 변호사의 사무실에서 25만 달러의 장학금을 로타리재단에 기부하는 행사가 열렸다. 강영우 박사 부부가 20만 달러, 장남인 진석, 차남인 진영 형제가 각각 2만 5,000달러씩 기부한 것이다.

이렇게 명문가를 이룬 강 박사 부부는 2012년 1월 29일 손녀딸 케이티의 100일을 맞아 차남 진영의 집에서 장남 진석 가족과 모두 함께 모여 축하의 시간을 보내기도 했다.

한민족의 긍지를 갖고 명문가를 이루다

2012년 2월 23일 강영우 박사가 세상을 떠났다. 그의 죽음을 누구보다도 슬퍼한 부시 대통령은 다음과 같이 친구의 죽음을 애도했다.

> 강 박사는 남침례대학교에 부시대통령센터를 건립하는 데 많은 도움을 주었습니다. 이 센터는 저와 강 박사의 재임 기간에 주요 4개 원칙으로 삼았던 자유, 기회, 책임, 동정에 기반한 혁신적인 연구소입니다. 귀한 친구 강 박사는 저와 함께 백악관의 장애 정책을 함께 이끌어왔기에 슬픔이 너무 큽니다. 제 아내 로라와 함께 강 박사를 애도하며 석은옥 사모님을 위로합니다.
>
> — 신실한 친구 조지 W. 부시

강영우 박사는 워싱턴 근교 버지니아주 페어팩스(Fairfax)에 안치되었고,

자택 부근이기에 아내 석은옥 여사가 자주 찾고 있다. 석 여사의 헌신과 희생은 남편 강영우 박사를 굳건하게 세우고 두 아들 진석, 진영 군을 훌륭한 지도자로 양육하여 명문가를 이뤘다.

39세에 한창 정치 활동을 왕성하게 하던 루스벨트가 소아마비로 세상을 포기하려고 할 때 엘리너 루스벨트 여사는 "내가 사랑한 것은 당신의 두 다리가 아니다."라며 남편을 헌신적으로 내조했다. 그 후 루스벨트는 미국 역사상 유일하게 대통령을 네 번 연임했으며 미국 대공황을 뉴딜정책으로 극복하고 시각장애인 고아를 동생으로 삼아 선명한 꿈과 비전을 갖고 공부하게 하였다. 남편을 한국 시각장애인 최초의 박사와 미국 백악관 장애위원회 정책차관보로 우뚝 서도록 내조한 석은옥 여사는 엘리너 루스벨트 여사를 닮은 시각장애인의 어머니라고 할 수 있다.

남편 강영우 박사를 떠나보낸 지 1년이 되는 2013년, 아내 석은옥 여사는 50년을 함께한 남편 강영우 박사의 정신을 기리고 미국 인디애나주 게리시 교육청에서 시각장애인 교사로 28년간 봉직한 경험과 시각장애인을 사랑하는 마음을 나누고자 친지들의 후원으로 한국과 미국에 장학재단을 설립했다. 한국의 장학재단이 키운 첫 열매는 이길준 박사이며, 현재(2021)까지 50명이 넘는 한미 시각장애인에게 장학금을 지급해오고 있다. 또한 인디애나주 퍼듀 콩코드 로스쿨과 캘리포니아대학교(UCLA)에 다니는 한인들에게도 장학금을 지원하고 있다.

교육자의 삶을 살아온 강영우 박사와 석은옥 여사는 세상에 희망의 빛을 비추며 제2, 제3의 강영우를 만들어내는 요람을 일궈냈다. 이 요람에서 자라난 인재들이 강 박사가 미처 이루지 못한 시각장애인 복지의 남은 꿈을 앞으로 계속해서 성취해갈 것이다. '인물은 길러지고 명문가는 만들어진다!'라는 강연과 간증의 제목은 강영우 박사 본인의 뜻이요, 더 좋고 아름다운 세상을 만들어가고자 하는 우리 모두의 바람이다.

워싱턴 로타리재단 평화센터에 장학금 25만 달러를 기부하고 관계자들과 함께 기념촬영을 했다. 앞줄 왼쪽부터 석은옥 여사, 강영우 박사, 딕 손버그 전 미국 법무장관. 가운데 왼쪽 둘째부터 강 박사의 차남 진영과 장남 진석

미주 한인 118주년을 맞이하여 300만여 명의 한인이 살고 있는 미국은 청교도정신을 바탕으로 자유민주주의를 표방하는 다인종 사회와 문화요, 기회의 나라이다. 편견과 차별의 벽이 높았다면 강영우 박사의 명문가는 이뤄질 수 없었을 것이다. 미국 이민 사회를 비롯해 전 세계 720만 동포가 팬데믹이라는 극한의 어려운 상황에서, 불가능처럼 보이는 꿈을 이룬 강영우 박사의 삶을 모델 삼아 한민족의 긍지를 갖고 오늘을 견디고 있다. 우리 모두 다음세대를 살아갈 후손들에게 삶의 비전과 꿈을 심어주며 앞으로 힘차게 나아가야 할 것이다.

홍명기

16장 평생 나눔의 삶을 실천한 한인 사회의 큰 별

- 이종운(미주도산기념사업회 고문)

언행일치의
선한 삶

미주도산안창호기념사업회 홍명기 총회장이 2021년 8월 18일 오후 2시 53분, 캘리포니아 로마린다대학병원(Loma Linda University Medical Center)에서 타계했다. 향년 87세. 오랫동안 홍 회장을 봐오면서 늘 인상 깊은 점이 두 가지 있었다. 하나는 한인 사회의 현안과 미래에 관련한 일이라면 한 번도 '노'(No)라는 말을 한 적이 없다는 점이고, 또 하나는 매사에 긍정적이었다는 점이다. 그는 마땅히 해야 할 올바른 일이라고 판단하면 곧바로 추진하는 명쾌한 리더십을 가지고 있었다. 그랬던 그의 갑작스러운 타계는 미주 한인 사회는 물론이고 해외동포 사회와 본국에도 큰 충격이었다.

세상을 떠나기 불과 일주일 전만 해도 그는 의욕에 찬 건강한 모습이었다. 8월 14일 오전, 리버사이드시의 도산 안창호 동상 앞에서 동상 건립 20주년 기념 행사를 주관하고, 미주도산안창호기념사업회 기념관 건립 등 앞으로의 청사진을 제시하며 한인 사회를 고무시켰다. 또한 그날 정오에는 로스앤젤레스총영사 관저에서 열린 제76주년 광복절 기념식 겸 초기 한인 이민 개척자의 후손 100여 명을 위한 오찬 행사(Korean American

Pioneer Descendants Society Annual Luncheon)에 참석하기도 했다.[1] 그는 인사말을 하고 힘차게 만세삼창도 외쳤다. 언론매체를 통해 홍 회장의 활기찬 모습을 지켜본 이들은 그의 갑작스러운 타계를 믿을 수 없었다.

홍명기

그날 모든 언론매체는 일제히 홍 회장의 타계 소식을 전하면서 많은 지면을 할애하여 동포 사회를 위한 그의 헌신과 업적을 특집으로 다뤘다. 8월 19일 자 「미주한국일보」는 "한인 사회 '큰어른' 홍명기 이사장 타계"라는 타이틀 아래 A면(미주면) 1-3쪽에 걸쳐 "충격 금할 수 없어 너무 안타까워, 줄 잇는 애도, 사업가·봉사자·기부가인 한인 커뮤니티 지도자"라는 제목의 기사를 게재해 홍 회장 삶의 족적을 보도했다.

또한 지난 120년 한인 이민 역사를 반추하고 다음세대에 물려줄 소중한 유산으로 『길 위에 길을 내다』를 기획·책임 편저한 이상명 박사와 이를 위해 재정적 후원을 한 미주한인재단LA는 고(故) 홍명기 회장의 업적과 헌신을 후대에 귀감이 되도록 출판 프로젝트에 추가하기로 결정하고 필자에게 집필을 의뢰했다. 필자는 주저했다. '한인 사회를 위한 홍 회장의 헌신적 삶을 글로 잘 표현할 수 있을까, 혹여 누가 되지 않을까' 하는 두려움이 앞섰

---

1 '미주 한인 개척자 후손 소사이어티'(Korean American Pioneer Descendants Society)는 초기 이민의 2-4세대 후손 모임으로서 도산 선생의 막내아들 안필영(Ralph Ahn) 선생이 회장직을 맡고 있다. 홍 회장은 사비로 2007년부터 이들을 위한 오찬 행사를 지원해왔다.

기 때문이다. 그러나 곰곰이 생각해보니 1991년 취재차 홍 회장을 처음 만난 후 도산 안창호 기념사업을 함께하며 동지 또는 선배로 30년이라는 오랜 시간 동안 교류해온 경험을 기록으로 남길 필요성을 느꼈다. 그리하여 이 경험을 중심으로 집필하기로 용기를 냈다.

게다가 성공한 사업가이자 교육자, 정치·문화계 후원자인 그의 삶과 정신은 한인 1세대와 차세대를 비롯한 모든 이에게 귀감과 롤모델이 될 것이 분명했다. 이러한 기대로 두려움을 떨쳐내며, 언행일치의 선한 삶을 산 홍 회장을 보고 들은 대로 조명하고자 한다. 이 글이 조금이라도 차세대를 위한 삶의 귀감이 된다면 더 바랄 것이 없겠다.

미국
유학 생활

1934년 6월 20일, 서울에서 출생한 홍명기는 장남으로 부유한 유소년 시절을 보내며 서구 문화를 자주 접할 수 있었다. 그의 부친 홍찬(1909-64)은 8·15해방 후 종합일간지인 「평화신문」(전 「대한일보」)과 한국 최초의 영화 촬영소인 안양촬영소 그리고 수도극장(전 스카라극장)을 소유한 경영인이었다.

홍명기는 6·25전쟁 중인 1953년 중앙고등학교를 졸업하고 서울대학교 문리대에 응시했으나 낙방했다. 재수할 생각을 하니 창피했다. 이참에 미국에나 갈까 궁리를 했다. 당시 최빈국인 한국에 살던 사람들이 그렇듯 그도 평소 미국은 천국이라는 생각을 가지고 있었다.

부친은 마치 이런 생각을 알기라도 하듯 "큰 무대에서 큰 꿈을 꾸라."라며 미국 유학을 권했다. 그는 1954년 교환 장학생으로 도미하여 콜로라도 주립대학교(Colorado State University)에서 유학 생활을 시작한다. 이국땅에서 그가 처음 당한 어려움은 언어 불통과 인종차별이었다. 그는 "영어가 원활하지 못하다 보니 문학이나 인문 계통은 하기가 힘들었어요. 고교 때 화학을 좋아하고 잘한 편이라 화학공학과에 등록했지요. 부친 사업의 부침(浮沈)을 보면서 미개척 유망 분야인 화학산업에 무한한 가능성이 있다는 점도 고려했습니다. 결과적으로 굉장히 잘한 선택이었어요."라고 웃으며 술회했다.

홍명기는 유학 중 부친의 사업이 어려워지며 재정 지원을 받지 못하게 되자 학비는 물론 생활비를 스스로 벌어야만 했다. 홍명기는 그것을 당연한 일로 받아들였다. "처음에는 섭섭한 마음도 있었지만 지금 생각하면 저에게 독립정신을 일깨워준 계기가 되었기에 오히려 감사하고 있어요." 그는 부친으로부터 받은 500달러를 은행에 입금해놓고 고용센터의 알선으로 목장에서 우유를 짜고 집안일을 돌보는 하우스보이(남자 가정부)로 일하게 된다. 현지인들이 속사포처럼 말하는 영어를 잘 알아듣지 못하는 데다 동양인에 대한 심한 차별을 받고 있었기에 그가 할 수 있는 일이라곤 목장에서 하루 1달러를 받고 소를 몰며 젖을 짜는 것뿐이었다. 이렇게 학비와 생활비를 벌어 겨우 학교를 다닐 수 있었다.

평소 힘든 일이라고는 전혀 해본 적이 없던 터라 새벽부터 저녁까지 소를 돌보는 목장 일은 쉽지 않았다. 우사(牛舍)를 청소하고 젖 짜는 흡입 컵(suction)을 갖다 대기 전에 소의 다리를 사슬로 묶어놓아야 했다. 그렇지 않으면 다가서다가 소에게 차여 다리에 멍이 들기 일쑤였다. 요령이 좀 생겨 괜찮다 싶었는데 이번에는 짜놓은 22–27kg의 우유 컨테이너를 번쩍 들어 트럭에 실어야 했다. 그렇게 몸집이 크지 않았던 그는 컨테이너를 단번에 들어올리지 못해 끙끙댔고 그때마다 우유는 철렁철렁 넘쳐흐르곤 했다. 때로는 절반 이상 우유를 흘릴 때도 있었다. 감독은 그것을 꼼꼼히 기록했다. 2주 동안 일한 임금 14달러 대신 손에 쥐어진 돈은 고작 7달러뿐이었다. 흘린 우유 값 7달러를 뺀 것이었다. 이렇게 일하며 2년간 콜로라도대학교를 다니던 어느 날, 영화 제작 기기 구입차 로스앤젤레스에 온 부친이 "앞으로 내가 로스앤젤레스에 자주 와야 할 것 같다. 통역이 필요하니 로스앤젤레스로 전학하라."라고 했다.

캘리포니아대학교 로스앤젤레스(이하 'UCLA')와 캘리포니아공과대학에 편입학 신청을 했는데 먼저 연락이 온 UCLA에 등록하게 되었다. 당시 UCLA에는 한인 학생이 70여 명이나 되었고 학생회도 활기가 넘쳤다. 박사학위를 공부하는 학생도 있었다. 한인 학생이 고작 3명뿐인 콜로라도대학교와는 비교가 되지 않았다. UCLA에 다니는 많은 한인 유학생들은 파트타임으로 학교와 가까운 베벌리힐스에서 하우스보이로 일하고 있었다. UCLA는 기숙사가 없어 룸메이트와 함께 사용할 아파트를 구해야 했는데 운 좋게도 숙식을 제공하면서 한 달 30달러의 급료를 주는 유대인 집의 하우스보이 일자리를 구했다.

한국에서 부친의 사업이 잘 돌아갈 때는 집사를 두고 살았는데 미국에 와서 하우스보이 노릇을 하자니 서럽기도 하고 자존심도 상했다. "그때 그 집사들에게 좀 더 잘 해줬더라면 하는 생각이 들더라고요. 철이 들어간다고나 할까. 그저 끈기 있게 꾹 참고 열심히 공부했죠. 비자를 연장하려면 이민국에 성적표를 보내야 했고 이민국은 성적이 C 이상이 되어야 연장을 해주거든요. 추방당하지 않기 위해 죽어라 공부했습니다." 홍명기는 주인이 전기요금 많이 나온다고 질책하는 바람에 손전등을 켜고 이를 악문 채 공부를 했다. 또 하우스보이 수입만으로는 학비 등을 충당할 수 없었기에 수업이 끝난 뒤 화학 실험실에서 청소 등 잡일을 하면서 월 70달러를 더 벌었다.

그러던 중 부친이 경영하던 안양촬영소가 부도 처리되면서 가세가 더욱 기울어 모국의 집안까지 돌봐야 할 형편이 되었다. 문제는 4학년 마지막 학기 등록금을 마련하지 못해 졸업을 포기해야 하는 난감한 상황이 닥쳤다는 것이다. 그렇게 힘들게 공부해온 시간이 한순간에 물거품이 될 수 있는 위기였다. 이러지도 저러지도 못해 낙심이 깊어질 무렵 그에게 구원의 손길을 내민 사람이 있었다. 영어를 가르치던 '람사스'라는 여자 교수였다. 홍명기는 그녀가 은퇴 연금을 해약하여 200달러를 보태준 덕분에 간신히 졸업할 수 있었다. 기로에 놓였던 그의 인생이 다시 미래를 향해 나아갈 수 있도록 해준 람사스 교수는 그의 평생 은인이었고, 그는 무엇으로도 갚을 수 없는 그녀의 은혜를 항상 기억했다. 홍명기는 그렇게 1959년 UCLA에서 해당 분야의 한국인 최초로 화학 학사학위를 받았다.[2]

26년의 직장 생활과 유리천장

홍명기는 졸업과 동시에 철강 외장 코팅 재료 개발회사인 '웨스턴 스테이트 라커'(Western States Lacquer Corporation)의 수지 연구원으로 취직(1959)에 했다. 그가 첫 월급을 받고 제일 먼저 한 일은 학비를 보태준 UCLA 람사스 교수를 찾아가 빌린 돈을 갚는 일이었다. 람사스 교수는 "그때 그 돈은 빌려준 게 아니라 내가 당신에게 준 선물이었다."라며 한사코 받기를 사양했다. 스승의 진심 어린 행동에 감동받은 그는 '나도 다음에 성공하면 반드시 스승과 같은 사람이 되리라.'고 다짐한다. 1963년에는 항공기 및 자동

---

2 미주도산안창호기념사업회 제작 영상인 "도산정신을 실천한 홍명기" 중 1화 '맛있는 밥.' 참조. https://www.youtube.com/watch?v=_Yv_CUKWqjE&t=1s

차 마감재를 개발하는 '크라이슬러'(Chrysler, Andrew Brown Co.)로 직장을 옮겼다. 거기서 연구원으로 1966년까지 4년간 일하는 동안 1964년 부친이 타계했다. 홍명기는 31세가 되던 1965년에 권영애 씨와 결혼한다. 동양인에 대한 차별대우는 두 번째 직장에서도 크게 다르지 않았다. 좀 더 나은 수입과 연구 환경을 위해 그는 1966년 콜튼시에 있는 '위태커'(Whittaker Corporation)라는 회사로 이직한다. 세 번째 직장이었다. 그리고 이때의 이직으로 그는 타계할 때까지 인랜드(Inland) 지역에 살게 된다.

위태커는 철강 코팅 원료와 철재 튜브 및 일반산업 코팅 원료를 개발하는 회사였다. 홍명기는 그곳에서 1951년도 노벨상 수상자이자 미국원자력위원회(United States Atomic Energy Commission) 회장, UC버클리대학교 총장을 역임한 글렌 시어도어 시보그(Glenn Theodore Seaborg) 교수와 UCLA 화학과 동문인 에드워드 에이브 라셔(Edward Abe Lasher) 박사와 함께 일하며 최고 수준의 지식을 배울 수 있었다. 1968년 그는 미국 시민으로 귀화한다. 홍명기가 30여 명의 연구원을 관리하며 신제품 개발에 몰두하고 있던 1980년, 안타깝게도 부인 권 여사가 10대의 어린 두 딸을 남겨놓고 병환으로 별세한다. 결혼 15년 만에 일어난 일이었다.

홍명기는 슬픔을 잊기 위하여 제품 개발에 더욱 매달렸다. 그의 노력으로 만들어진 새 상품은 성공했고 회사 역시 크게 성장했다. 그러나 수많은 신제품을 만들어내며 회사에 큰 수익을 창출했음에도 보상은 보잘것없었다. 그는 그때의 심정을 이렇게 술회했다.

> 열심히 일해서 좋은 상품을 만들어놓으면 잘 팔려서 회사는 잘 나가죠. 그만큼 보상도 받게 되리라고 기대하게 마련인데, 특허 한 건에 겨우 1달러 줘요, 딱 1달러. 보너스라는 게 뭐냐 하면 'You have job.'이에요. 게다가 진급도 없어요. 만년 연구 소장이었어요. 입사 동기생이 사장으로 승진하는

것을 보면서 소수인종의 한계를 절감하고는 독립을 생각했어요. 하지만 용기가 나지 않았어요. 학생 때 '한국에 돌아오면 화학 공장 차려준다.'고 하신 부친의 말씀이 생각나더라고요.

26년간 세 군데 직장을 경험하면서 그가 내린 결론은 소수인종이 넘을 수 없는 유리천장이 존재한다는 것! 회사 사람들의 그럴듯한 말과 표정에는 진정한 온기는 느낄 수 없는 백인우월주의와 문화일방주의가 도사리고 있었다. 홍명기는 1981년 중매로 만난 간호사 서영옥(미국명은 로리) 씨와 재혼하면서 보다 안정된 분위기에서 새로운 상품 개발에 집중할 수 있었다. 그는 자신이 좋아하는 연구를 계속하며 창조력을 발휘해 더 좋은 페인트를 만들고 싶었다. 평소 그와 대화를 많이 나누던 부인 서 여사는 생활력이 강한 간호사였다. 남편의 고민과 소망을 알고 있던 그녀는 진지하게 말했다. "당신과 같은 아이디어와 지식을 가지고 있는 사람은 이 세상 어디에도 없다. 나는 당신이 성공할 것을 굳게 믿는다. 가족과 집안 살림은 걱정하지 마라. 당신이 자리 잡을 때까지 내가 더 노력하면 된다. 집안 살림은 내 월급만으로도 꾸려갈 수 있다. 당신은 그저 사업에만 전념하라."

이날의 대화는 그의 인생에서 가장 중요한 전환점이 되었다. 아내의 격려가 그의 삶을 바꾸는 순간이었다.

듀라코트 코팅 회사 창업

용기를 낸 홍명기는 1986년 위태커사를 사직하고 수중에 있는 2만 달러로 특수도료업체 '듀라코트'(Dura Coat Inc.) 설립에 착수한다. 자동차 및 금속 건축 산업체를 위한 코일코팅, 알루미늄 압출코팅, 일반산업 마감재 도료를 생산하는 회사였다. "은퇴할 나이인 51세에 창업을 하다니 정신 나갔느냐, 좋은 직장을 왜 그만두느냐."라면서 주변의 만류가 만만치 않았다.[3] 하지만 그는 '무엇이든 하면 된다.'는 신념을 그대로 밀고 나가기로 결심했다. 폰타나(Fontana)에 있는 한 페인트 공장의 실험실과 시설 일부를 사용하기로 계약하고, 시설 사용료는 매월 생산하는 페인트 갤런당 1달러로 합의했다. 뒤늦게 독립하여 시작한 사업인지라 걱정이 많았다. 그래도 다행인 것은 듀라코트사를 설립할 당시 그가 이미 수지 및 코팅 화학자로 업계에서 명성을 얻고 있었다는 사실이다. 제품의 내구성과 수명을 보장하는 그의 기술은 혁신과 효율 면에서 업계 최고라는 평가를 받고 있었다.

홍명기 사장은 하루 세 시간밖에 자지 않고 전력을 다해 건축용 철근의 내구성과 생산성을 높여주는 고속 특수 코팅제 '세라나멜'(XT-30 Ceranamel Polyesters)[4] 생산에 성공한다.

제2의 도약, 듀라코트사 사옥과 공장 신축

회사를 설립하고 이듬해인 1987년부터 제품 생산을 시작하자 홍명기 사장은 거래처를 직접 찾아다니며 영업에 나섰다. 거래처에서 처음 만나는 사람마다 "한국인이냐?"라고 물었다. 단순한 호기심이나 호의적 질문이 아니라 '한국인이 별것 있겠느냐'라는 무시였기에 모욕감을 참아야 할 때가 한두 번이 아니었다.[5] 이런 상황에서 그는 다국적 기업들이 공급하지 못하는 틈

---

3 미주도산안창호기념사업회 제작 영상 "도산정신을 실천한 홍명기" 2화 '오렌지와 페인트.' 참조. https://www.youtube.com/watch?v=1NLcxXGIN8A

4 절강 마감재 등 까다로운 코일코팅 적용 분야에 내성, 강도, 마모 및 오염 방지를 제공하는 코팅제.

5 "도산정신을 실천한 홍명기" 2화 '오렌지와 페인트.'

새시장을 공략, 소량 주문을 받아 제때 납품하는 시스템 구축에 사활을 걸었다. 1993년부터 시설 사용료로 월 4만 5,000달러를 지불할 정도로 생산량이 늘어났다. 더 많은 주문량을 감당하기 위해서는 공장 신축만이 해결 방법이었다.

한편 업계의 주류 회사들도 그가 만들어낸 신제품에 주목하기 시작했다. 한 경쟁사는 듀라코트사 인기 제품의 생산 기술을 '500만 달러에 이전하지 않겠느냐'고 제안하기도 했다. 당시 500만 달러는 은퇴 후 편안하게 지낼 수 있는 거금이었다. 홍명기 사장은 그 유혹에 잠시 머뭇거렸지만 이내 거절하기로 결심한다. 함께 회사를 키워온 직원 20명의 얼굴이 하나하나 떠올랐기 때문이다. 기술을 팔면 자신이야 편안한 삶을 누리겠지만 직원들과 그들 가족의 장래가 염려되었다. 또 잘나가는 듀라코트사 죽이기가 그들의 목적일 가능성도 배제할 수 없었다.

회사를 설립한 지 10년, 그의 나이 61세가 되던 해, 매출이 늘어 자체 공장을 짓기로 결정하고 부지를 찾기 시작했다. 때마침 듀라코트 제품을 구매해오던 리버사이드 소재 알루미늄 새시 공장 '시에라 알루미늄'(Sierra Aluminum) 사장이 자신의 공장 대지 중 6,100평을 팔겠다는 제안을 해왔다. 같은 단지의 이웃으로서 한쪽은 제품의 공급자, 다른 한쪽은 수요자가 되어 서로의 편익을 담보할 수 있는 윈윈(win-win) 거래였다. 계약은 즉시 성사되었다. 화학 생산 공장 건립에 대해 까다로운 환경 정책을 유지하던 리버사이드시는 듀라코트사의 친환경 미래 비전을 면밀히 검토하고는 3년 만에 시 최초의 화학 생산 공장 건축을 허가한다. 건축 허가증을 발급받은 홍명기는 친환경적 최신식 시설을 갖춘 공장과 사옥을 건축했다.

많은 회사가 다른 주 또는 해외로 이전하고 있을 때 캘리포니아에서 환경 친화적인 제조에 전념한 그는 영업에서 연구개발(R&D)에 이르기까지 직원 75명 규모로 사업을 성장시킨다. 또한 환경보호국(Environmental

2010년 환경보호국에서 받은 국가환경파트너십상

Protection Agency)의 제한 규정을 준수할 뿐 아니라 정부의 기준보다 높은 수준의 친환경적 제품을 생산하기 위해 새로운 코팅 기술을 개발하여 재활용률을 높였다. 그는 시대를 앞서가는 경영인이었다.

듀라코트사는 생태학적으로 우수한 기술을 인정받아 2010년 환경보호국의 국가파트너십상을 받는다. 그는 자신이 수상한 많은 상 가운데 이 상을 가장 소중하고 자랑스러운 상으로 생각한다고 말하곤 했다. 이는 친환경적 경영 방식은 전 인류를 위하고 지구를 살리는 성스러운 사명이라는 그의 경영 철학에 근거한다.

스미토모사와의 독점 계약

홍명기 사장의 성공에는 일본 스미토모 그룹과의 독점 계약이 큰 발판이 되었다. 세계적 기업인 스미토모사(Sumitomo Group)는 창업한 지 얼마 되지 않은 듀라코트사에 철강파이프 안팎의 부식을 방지하고 동시에 생산량을 높일 수 있는 도료를 개발해줄 것을 요청했다. 홍 사장은 4년에 걸친 각고의 노력 끝에 시제품을 완성해 납품했고 스미토모사는 이 제품에 대만족하여 25년간 장기 독점 구매 계약을 제안했다. 그 뒤 듀라코트사는 중국, 한국, 대만, 멕시코, 네덜란드, 인도, 캐나다에 이어 남미와 유럽에 있는 회사와 라이선스 계약을 통해 기술을 제공하는 세계적인 회사가 되었다. 회사를 설립할 당시 6개월 안에 문을 닫을 것이라는 많은 사람들의 예상은 보기 좋게 빗나갔다. 독창적이고 뛰어난 제품이 있었기에 첫해 매출만 해도 150만 달러, 실수익이 120만 달러에 이르렀다.

물론 이렇게 성공하기까지 어려움도 많았다. 다년간 재직한 옛 회사로부터 갖가지 회유와 소송을 받아 밤잠을 설치는 날이 많았다. 옛 직장 동료가 매달 찾아와 특허권 침해 가능성을 빌미로 "사업을 그만두지 않으면 소송하겠다."라고 으름장을 놓는 등 난관이 이만저만이 아니었다. 거래처에까지 손을 써 듀라코트사에 원료를 공급하지 못하게 하여 홍명기는 웃돈을 주고 원료를 조달해야만 했다. 그는 "그래도 전 직장에서 개발한 아이디어는 단 하나도 사용하지 않을 만큼 자존심을 지켰다."라고 술회했다. 이런 난관을 겪은 끝에 그는 승소했다.

그는 "최고의 독창적인 기술만이 살아남을 수 있다."라는 경영 철학을 갖고 있었다. 모방은 수명이 짧으며, 한 우물을 파라는 속담처럼 끈기 있게 자신이 좋아하는 일에 몰두하면 성공할 수 있다는 믿음이 성공의 열쇠였다.[6]

헌츠빌에 제2공장을 세우다

리버사이드시에서 시작한 듀라코트사는 영향력 있는 국제적 기업으로 성장했다. 2002년 10월, 그는 제2의 공장 건설에 착수한다. 빠른 제품 공급과 판매망 확장을 목적으로 앨라배마주 헌츠빌(Huntsville) 1만 4,700평 부지에

---

6 미주도산안창호기념사업회, 「도산화보」(2010.2), 14(대담 최창호).

2010년 10월 앨라배마주 헌츠빌에 세운 듀라코트사 신축 건물

최첨단 친환경 공장을 세운 것이다.

홍명기 사장은 화학 공장 건설에 대한 부정적 선입견을 갖지 않게 할 목적으로 주민들에게 공장 건축 과정을 공개했다. 건물 밖 주변 정원에는 잉어 연못을 만들고 아내의 이름을 따 로리즈 폰드(Lorrie's Pond)라 명명했다. 잉어 연못은 '환경 친화적' 화학 공장을 상징하는 것이었다. 완공된 건물 내부와 제조시설을 본 주민들은 마치 병원에 온 것 같다며 매우 만족해했다. 이곳에서 듀라코트사는 건축 자재와 전자제품 외장, 승용차나 트럭 트레일러 같은 차량의 코팅에 사용하는 첨단 도료를 생산하기 시작했다.[7]

듀라코트사를 글로벌 코팅제 기업 엑솔타에 매각하다

2016년 홍명기 사장은 30년간 일군 듀라코트사를 글로벌 코팅제 기업 '엑솔타'(Axalta)에 매각한다고 발표했다. 1년간 인수합병 절차를 밟아오다가 6월 27일 캘리포니아주 리버사이드 본사에서 최종 합병계약을 체결했다. 듀라코트사를 사들인 엑솔타는 특수페인트 분야의 세계 최대 기업으로 당시 (뉴욕증시) 시가총액이 65억 달러에 달했다.

7 "도산정신을 실천한 홍명기" 2화 '오렌지와 페인트.'

한인 사회에서는 "듀라코트의 매도 가격이 20억 달러"라는 소문이 돌기도 했는데, 이 소문이 맞다면 한인이 설립한 사업체로는 최고가인 셈이다. 그 정도로 듀라코트사의 매각은 홍 회장의 성공신화로 이어지며 많은 화제를 불러일으켰다.

미국 내 특수페인트 시장점유율 1위로 연 3억 달러의 매출을 올리고 있는 듀라코트사의 매각은 한인 사회에 충격적인 뉴스였다. 듀라코트사가 재미 한인의 자존감을 높여준 세계적 기업이었던 만큼 한인 사회의 아쉬움이 큰 것은 당연했다. 1986년 창업하여 건축용 철근의 부식을 막아주는 세라나멜을 비롯해 수백 종류의 산업·건축용 특수페인트를 제조해온 듀라코트사는 한 개인의 소유를 넘어 재미 한인 전체의 자존감을 높여준 한인 사회 소유의 기업이었다. 그런 중에도 "은퇴 이후 자선 활동에 전념할 것"이라는 홍명기 사장의 성명은 한인 사회에 다소 위안이 되었다.

한인의 정치력 신장을 위한 열정과 노력

홍명기 듀라코트사 사장은 미국 한인 사회에서 롤모델로 평가되곤 하는데 그 시작은 한인 이민사에 잊혀지지 않는 아픔인 LA폭동이었다. 미국에서 성공한 기업가로 부족할 것 없어 보이는 그였지만 1992년 4월 29일에 일어난 LA폭동 이후 삶의 방향이 송두리째 바뀌었다 해도 과언이 아니다.

LA폭동은 흑인 로드니 킹을 집단으로 구타한 백인 경찰관들이 무죄로 풀려나면서 촉발된 사건이었다. 폭동 당시 흑인 시위대가 한인타운으로 몰려가 약탈과 방화를 일삼으면서 한인 사회에 막대한 피해가 발생했다. 이에 더해 당시 미국 언론은 폭동 1년 전에 발생한 '두순자 사건'을 집중 보도함으로써 한인과 흑인 사이의 인종 갈등을 증폭시켰다. 특히 미국 내 일부 주류 방송은 한인들을 한·흑 갈등의 피해자가 아닌 원인 제공자처럼 보도했고 그 외 여러 방송도 흑인 소녀 나타샤 할린즈가 두순자에게 총을 맞는 장면을 여러 차례 방영하며 불에 기름을 끼얹었다.[8]

홍명기는 1992년 4월 29일, 사업차 동부에 갔다가 LA로 돌아오는 비행기 안에 있었다. 바로 옆 좌석에 있던 유대계 미국인과 서로 인사를 나누고 이런저런 이야기도 했다. LA공항에 도착한 그는 10번 프리웨이를 따라 귀가하는 도중에 불타는 한인타운을 보게 된다. 그리고 집에 도착해 텔레비전으로 LA폭동 뉴스를 시청하면서 속수무책으로 처참하게 짓밟히는 한인들의 모습에 안타까움과 분노를 느끼며 거의 뜬눈으로 밤을 보낸다. 비행기에서 옆에 앉았던 유대계 미국인의 말이 자꾸 떠올랐다. 홍명기가 한인인 것을 알게 된 그는 "예전에는 유대인이 미국 명문대 수석 졸업을 도맡아 했는데 요즘은 한국인이 대세이다. 그런데 정계나 고위 공직자 중에는 한인을 보지 못한 것 같다."라고 했다. 그의 말은 사실이었다. 또 소수인종 차별은 홍명기가 지난 26년간 직장에서 직접 경험한 바였다.

그날 그는 미주 한인들이 자존감을 갖고 주류 사회에서 떳떳하게 살아갈 수 있는 환경을 조성하는 데 앞장서기로 결심한다. 미주 한인이 자신의 목소리를 제대로 내며 한민족의 우수한 정신과 문화를 드러낼 수 있도록 독려하고, 교육과 차세대 리더 양성을 집중적으로 지원하기로 다짐한 것이다. 홍명기의 이런 뜻을 알게 된 인랜드한인상공회 발기위원들[9] 은 그를 초대 회장으로 추대하기로 의견을 모으고 창립총회를 개최했다.

---

8 Edward T. Chang and Carol K. Park, *Korean American: A Concise History*(Riverside, CA: The Young Oak Kim Center for Korean American Studies, 2019), 74-85.

1992년 6월 1일에 개최된 창립총회는 회원들의 요청으로 선거의 공정성을 기하기 위해 이진화, 김윤호와 당시 기자인 필자를 선거위원으로 선임하여 선거 절차를 진행했다. 만장일치로 홍명기가 초대 회장에 선출되었다. 홍명기 회장은 인사말을 통해 LA폭동에 대한 공분을 말한 뒤 "우리 모두 하나 되어 차세대 한인 정치인을 키우는 데 앞장서자."라고 제안했고 모든 회원은 전폭적인 신뢰를 보이며 박수갈채로 화답했다. 홍명기 회장의 동포 사회단체 참여의 첫 출발이었다.

1993년 그는 발 빠르게 리버사이드 시장과 시의원들에게 한인 사회와 도산 안창호 선생을 알리는 일에 주력했다. 미 주류 사회 인사들과 함께 리버사이드의 유서 깊은 매그놀리아(Magnolia) 길 나무 심기, 낙서 지우기, 다민족 문화 축제와 오렌지 축제에도 앞장서 참여했다. 도산 선생처럼 솔선수범하는 그를 따라 당시 로마린다대학교 의대 교수 차철준 박사를 비롯해 여러 의료인들은 인랜드 지역 한인과 히스패닉 주민을 위하여 무료 의료봉사를 1년 동안 매달 실시했다.

그의 염원인 한인 정치인 만들기 후원은 전 미주 한인 사회로 번졌다. 1993년 1월 3일 한인으로는 처음 당선된 미 연방 하원의원 김창준(미국명 Jay Kim)을 1999년 4선 도전까지 도왔으나 아쉽게도 4선의 벽은 넘지 못했다. 게다가 선거법에 대한 이해 부족으로 여러 한인 기업과 개인이 김창준 선거 후원과 관련해 연방수사국(FBI) 조사를 받기까지 했다. 하지만 한인 사회 정치력 신장이라는 홍명기의 염원과 노력은 오늘날 지방 및 연방 단위의 정치계로 한인들이 많이 진출하면서 빛을 보게 되었고 '하면 된다'는 자신감과 가능성을 높여주었다. 잘 알려진 한국계 미국 정치인으로는 오렌지

---

9 김윤목, 김윤호, 변태영, 이진화, 이경근, 이원영, 유중길, 조치환 등 인랜드 지역 올드 타이머들이 기존의 샌버나디노한인상공회를 해체하고 리버사이드 카운티를 포함하는 인랜드한인상공회로 확대하고자 인랜드한인상공회발기위원회를 구성했다.

카운티 얼바인 전 시장 강석희 의원을 비롯하여 연방 하원의원(앤디 김, 영옥 김, 미셸 박 스틸, 메릴린 스트릭랜드), 가주 상하원의원(데이브 민, 스티븐 최), 로스앤젤레스 시의원(데이비드 류, 존 이) 등이 있다. 홍명기 회장의 응원과 지원은 이들의 정계 진출에 큰 발판이 되었다.

홍명기 회장은 '미주 한인 정치 콘퍼런스 및 차세대 리더십 포럼'을 만들어 보다 효율적으로 한인 정치 신인들의 등용을 도왔다. 연방과 주의회를 비롯해 카운티 슈퍼바이저와 시의원 등으로 진출하려는 재미 한인은 거의 모두 홍 회장의 도움을 받았을 것이다. 재미 한인의 정치력 신장에 그가 쏟은 열정이 이제 열매를 맺기 시작하는데 그가 저세상으로 먼저 떠난 것은 무척 안타까운 일이다.

도산 안창호 동상 건립

1999년 리버사이드 일부 한인들은 리버사이드시와 대한민국 강남구청과의 자매결연을 추진했다. 서울 강남구에는 도산대로와 도산공원이 있고, 리버사이드시에는 20세기 초 도산 안창호(1878-1938) 선생이 정착하여 독립운동을 펼친 삶의 역사가 서려 있기에 두 도시는 도산 안창호로 상징될 수 있는 곳이었다. 6월 1일 한인들은 리버사이드시에 미주도산안창호기념사업회를 설립하기로 하고 추진 소위원회를 결성했다. 필자는 추진 소위원회의 요청으로 듀라코트사의 홍명기 사장을 회장으로 추대하려는 이들의 뜻을 전달하여 홍 사장의 동의를 받았다.

홍명기 회장은 유학 시절부터 미주 동포의 초기 롤모델인 도산 안창호 선생의 삶을 잘 알고 있었다. 리버사이드 오렌지 농장의 노동자로 일하며 교육의 가치를 강조하고 이민자 동포들에게 정직, 성실, 연민의 중요성을 일깨우며 애국애족의 항일 독립운동을 전개한 그를 존경해 마지않았다. 미주 도산안창호기념사업회는 하나의 독립된 단체로 출범하면서 동시에 첫 사업으로 8월 10일, 리버사이드시립박물관 내 '도산 안창호 선생 유품 사진 전시회'를 개최키로 한다. 이때 박물관장 빈센트 모세스(Vincent Moses) 박사가 이 전시회를 적극적으로 도왔다. 8월 20일 홍 회장은 리버사이드의 로널드 러브리지(Ronald O. Loveridge) 시장에게 도산 동상 건립 의향서를 발송하고 면담도 가졌다. 또한 10월 10일에는 캘리포니아 주정부에 미주도산안창호기념사업회를 비영리단체로 등록하는 등 모든 일이 순조롭게 진행되도록 탁월한 지도력을 발휘했다.

한편 리버사이드시가 주최하는 '다민족 축제'에 한인 사회가 태권도팀과 풍물패로 참여하여 시민들로부터 좋은 반응을 얻었다. 시정부와의 우호적인 관계 속에서 동상 건립이 완벽하게 추진되었다. 11월 15일, 대한민국 국무총리를 역임한 강영훈 한국도산안창호기념사업회 회장과 로널드 러브리지 시장, 김명배 총영사, 시의원 등 많은 사람이 참석한 가운데 빈센트 모세스 박물관장 사회로 도산 유품 전시회 개막식이 열렸다. "도산, 애국자 안창호의 삶"(Dosan. The Life of Patriot Dosan Ahn Chang Ho)이라는 제목의 현수막이 박물관 건물 전면에 걸렸다.

그해 11월 16일 리버사이드 시의회가 도산 동상 건립 안건을 의결하자 12월 1일 홍 회장은 동상 위치(3750 Main St., Riverside, CA)를 선정하고 시의회에 통보했다. 그는 외국인의 동상 건립을 탐탁지 않게 생각하는 일부 리버사이드 시민들을 의식하여 12월 7일 리버사이드 국제교류협회(International Relations Council)에 참석해 강연도 했다. 도산 안창호 선생의 업적과 미국에서의 그의 활동을 설명하면서 20세기 초 한인 이민자들이

2000년 7월 8일 김대중 대통령 내외와 환담을 나누는 모습. 왼쪽부터 서영훈 전 흥사단 이사장, 강영훈 한국도산안창호기념사업회 회장, 홍명기 미주도산안창호기념사업회 회장, 안창호 선생의 장녀 안수산 여사

야말로 리버사이드 개척의 선구자임을 강조하는 내용이었다. 한편 당시 김명배 로스앤젤레스 총영사도 리버사이드 도산 동상 건립을 총영사관 2000년도 3대 업무 목표 중 하나로 공식 발표하여 도산 동상 건립의 중요성을 동포 사회에 널리 알렸다. 미주도산안창호기념사업회는 동상 건립 예산을 70만 달러로 책정하고 많은 동포들이 모금에 참여하도록 '1인 1달러 보내기 운동'도 벌였다. 미국에서 한인 동상이 공공 기념물로 건립되는 것은 미주 한인 이민 100년사에 처음 있는 일이었다.

한글과 영문으로 새겨진 '애국자 도산 안창호 동상'(Patriot Dosan Ahn Chang Ho Statue)이 리버사이드 시민광장에 우뚝 선다는 것은 상상만 해도 가슴 설레는 일이었다. 이 동상은 미주 한인의 정체성을 확고히 하고 자긍심을 높여주는 상징물로서 '미주 한인 역사가 곧 미국 역사의 한 부분'임을 널리 알리는 역할을 할 것이기 때문이다. 홍 회장과 임원들은 여러 교회를 방문하고 때로는 구세군처럼 로스앤젤레스 대형마켓 앞에 서서 열정적으로 모금운동에 힘썼다. 4,000여 명의 미주 한인과 다른 해외 지역 동포들이 참여해 모금액이 40만여 달러가 되었다. 모금한 돈은 단 한 푼도 회식비로 지출하지 않기로 결정했기에 모임 후 식사라도 하게 되면 홍 회장은 조용히 계산대로 가서 사비로 밥값을 계산했다.

홍 회장은 모금 활동 못지않게 동상 건립의 목적과 의의를 모국에 널리 알리는 일도 필요하다고 생각하여 김대중 대통령과의 면담을 요청하기로 했다. 이 면담은 조국의 관심을 환기하고 '해외동포와 함께'라는 공동체 의식을 공유하기 위해 추진된 것이었다. 2000년 7월 8일 김대중 대통령 내외를 면담하는 자리에는 홍 회장을 비롯하여 도산 선생의 장녀 안수산 여사와 강영훈 한국도산안창호기념사업회 회장, 흥사단 이사장과 한국도산안창호기념사업회 회장을 역임한 바 있는 서영훈 대한적십자사 총재도 함께했다. 김 대통령은 리버사이드 도산 동상 건립의 의의에 공감하고 "조국을 위한 훌륭한 일에 감사하다."라며 1억 원을 지원했다.

미국을 비롯한 여러 해외 지역의 동포들의 동참으로 미주도산안창호기념사업회는 창립 2년 만인 2001년 8월 11일, 도산 동상 제막식을 가졌다. 강영훈 전 총리, 양성철 주미대사, 이재달 보훈처장, 안수산 여사 등 400여 명의 재미 한인과 러브리지 리버사이드 시장을 비롯해 시의원, 주의회 의원 등 미 주류 사회 인사들이 참석한 감격스러운 자리였다. 동상 제막식에 참석한 척 베리 시의원 등 미 주류 인사들은 이렇게 금방 동상이 세워진 것이 경이롭다고 거듭 치하했다. 그들은 빨라도 3-4년은 족히 걸릴 것이라고 내다본 것이다. 도산 동상 건립이 이처럼 빠른 시일 내에 완성된 것은 전적으로 홍 회장의 추진력 때문이었다.

자신의 본업처럼 동상 건립에 그토록 적극적이었던 것은 홍 회장의 유학 시절과 무관하지 않다. 그는 매주 토요일이면 로스앤젤레스 흥사단에서 도산 선생의 가족을 만나 돈독하고 특별한 유대 관계를 이어갔다. 어릴 때 큰

학생들에게 도산에 대해 설명하고 있는 로널드 러브리지 리버사이드 시장과 홍명기 회장

이모의 영향으로 기독교인이 된 홍 회장은 흥사단 토요 세미나에 가면 설교도 듣고 한식도 먹을 수 있다는 친구의 말을 들었다. 그는 한식을 늘 그리던 터였다. 부친이 당시 집권당인 자유당 소속이고 자유당의 이승만 박사가 안창호 선생과 관계가 별로 좋지 않았기에 홍명기는 흥사단 모임에 참석한다는 사실을 부친에게 비밀로 해야 했다. 그는 사람들의 이목을 피해 이 골목 저 골목을 서성이다가 흥사단 세미나에 참석했다. 훗날 거기서 큰 은혜를 받은 어느 목사의 설교 내용을 다음과 같이 술회하기도 했다.

> 흥사단 글자 중 '사'(士)는 굳건한 기초 위에 서 있는 십자가를 상징하기 때문에 하나님께서 흥사단을 절대 쓰러지게 하지 않으신다. 그 말이 내 마음에 그냥 와 닿았어요. 게다가 세미나가 끝나면 도산 선생의 부인 '헬렌' 여사가 만든 한식이 나와요. 그게 기가 막히게 맛있었거든요. 그러니까 토요일은 자연히 그냥 흥사단에 가게 돼요. 설교 듣고 한식 먹고… 도산의 큰아들 '필립 안' 선생의 영화 얘기도 들었어요. 도산 동상 세울 때 많은 도움을

주었던 대한인국민회 백영중 전 이사장도 그때 만난 흥사단 단우(團友)였어요. 도산 안창호 선생에 대해서 아는 것이 별로 없었던 저는 그곳에서 도산과 흥사단에 대해 많은 것을 배웠어요.[10]

홍 회장은 연설할 때마다 도산 선생의 '무·실·역·행', '덕·지·체' 사상과 근면성실, 애국애족, 독립운동을 언급하며 "농담으로라도 거짓말을 하지 마라. 오렌지 한 알을 따더라도 정성껏 따라. 그것이 바로 애국애족이다."라고늘 강조했다.[11]

도산 동상 건립 후 지난 20년 동안 강영훈, 고건 등 대한민국 전 총리를 비롯하여 많은 공직자와 정치인, 실업인 그리고 일반 여행객과 학생들이 그곳을 방문했다. 교회, 회사, 여러 단체와 개인 여행객이 꾸준히 찾는 도산 동상은 한인 이민사를 배울 수 있는 유익한 장소가 되었다. UC리버사이드(University of California, Riverside)를 비롯하여 리버사이드의 교육구는 물론이고 인랜드, 로스앤젤레스, 오렌지 카운티, 샌디에이고 지역의 각급 학생들은 동상 견학을 통해 미국 내 소수인종의 역사를 배우며 이 역시 미국 역사의 일부임을 깨닫게 된다. 도산 안창호 동상이 있는 리버사이드 시민광장에는 마틴 루터 킹, 세자르 차베스, 마하트마 간디 등 비폭력 평화 운동가와 오렌지 농장 개척자인 엘리자 티베츠의 동상이 함께 있는 곳이어서 리버사이드 시의회는 시민과 청소년을 대상으로 동상 투어를 정기적으로 실시하고 있다.

---

10 미주도산기념사업회 제작 영상 "도산정신을 실천한 홍명기" 1화 '맛있는 밥.' 참조. https://www.youtube.com/watch?v=_Yv_CUKWqjE&t=1s

11 미주도산기념사업회 제작 영상 "도산정신을 실천한 홍명기" 3화 '리버사이드.' 참조. https://www.youtube.com/watch?v=_cA4PYRbj-8&t=299s

‘차세대’와 ‘하나 되기’를 위한 헌신

홍 회장의 연설에는 ‘차세대’와 ‘하나 되기’라는 단어가 거의 빠지지 않았다. 홍 회장의 차세대 사랑은 아주 특별했다. 2014년 5월, 인랜드한인회(당시 회장 곽도원) 주최로 ‘홍명기 회장배 청소년 볼링대회’가 열렸다. UC리버사이드, 라시에라대학, 가주침례대학, CSU샌버나디노, 인근 포모나대학 등의 학생들과 각 교회 청소년 등 150여 명의 젊은이들이 참가해 성황을 이뤘다. 홍 회장은 부인 로리 여사와 함께 이들과 어울려 어린아이처럼 웃으며 사진 찍고 볼링을 하고 피자도 먹었다. 분명코 그 자리에 있던 젊은이들은 가슴속에 홍명기 회장을 자신의 멘토로 새겼으리라. 홍 회장은 기회 있을 때마다 젊은이들에게 다음과 같은 말을 들려주었다.

> 나도 지금까지 순탄치만은 않았다. 미국에 유학 와서 학비와 생활비를 벌기 위해 크게 고생했다. 그런 중에도 열심히 일하며 공부했다. 하지만 무조건 열심히 한다고 되는 건 아니었다. ‘열심히 일하기’(hard work), ‘불굴의 인내력’(perseverance), ‘옳은 판단’(right judgement) 이 세 가지가 중요하다는 것을 말해주고 싶다. 우리의 문화와 뿌리를 지키며 실력 있는 코리안 아메리칸이 되어야 한다. 왜냐하면 미국에서 ‘모범 소수민족’(model minority)으로 만족하며 살아가는 것은 근본적인 해결책이 아니기 때문이다. ‘멜팅 팟’(melting pot)이니, ‘샐러드 볼’(salad bowl)이니 하는 그럴듯한 말은 백인우월주의의 위장일 뿐이다. LA폭동 때 우리는 억울하고 분통 터지지 않았던가. 그러므로 많이 배워서 힘을 길러야 한다. ‘무·실·역·행’과 ‘덕·지·체’, 이것은 도산 안창호 선생의 가르침이다.

홍 회장은 "우리 2세들이 얼굴은 노란색(동양인)인데 속은 흰 바나나(백인) 같은 생활을 하며 노란 피부를 수치스럽게 생각한다."라고 걱정하면서 이들에게 한인으로서의 정체성과 자긍심을 심어줄 수 있는 체계적 연구를 바라고 교육기관 설립을 소망했다. 그는 남가주한국학원 살리기에 일찍이 거금을 쾌척했고, UCR김영옥연구소 설립 기금으로 37만 달러를 지원했다. 그뿐인가. 바쁜 중에도 리버사이드 한글학교의 조촐한 입학식과 졸업식에 거의 빠짐없이 참석하여 차세대에 대한 관심과 사랑을 표했다.

많은 한인 2세들이 정체성의 혼란을 겪고 있다며 늘 안타까워하던 홍 회장은 2002년 밝은미래재단 기금으로 '도산 헤리티지상'(Korean American Dosan Heritage Award)을 제정했다. 그리고 동포 학생을 대상으로 도산 선생에 대한 영문 또는 한글 수필 응모전을 실시하여 입상자를 선정, 도산 동상 건립 기념일에 상장과 장학금을 수여했다. 또한 흥사단이 개최하는 도산 수필 응모 행사도 지원했다. 2002년 9월 5일 로스앤젤레스 윌셔그랜드호텔에서 "우리는 이 땅에서 무엇을 이어갈 것인가?"라는 주제로 범동포 초청 정신문화 강연회를 열기도 했는데, 도산정신의 이해와 실천을 조명한 이 강연회는 김형석, 손봉호, 이만열, 최기영 등 저명한 교수들이 여럿 연사로 참여하면서 성황리에 끝났다.

한편 홍 회장은 자신의 명성에 걸맞지 않게 여러 소모임에도 참석했다. 장학기금 모금 골프대회, 테니스대회, 조기축구회, 독서회 등 소박한 모임에 참석하는 그를 두고 일부 인사들이 폄하할 정도였다. 그는 괘념하지 않으면서 "크다고 꼭 좋은 건 아니다. 작은 것은 작은 것대로 의미가 있고, 사회의 저력이 될 수 있다. 나를 필요로 하는 곳에 내가 함께하여 도움을 준다면 이 세상을 밝게 하는 데 일조하는 것 아니겠나 싶다."라고 말했다. 그의 소박한 생각은 오히려 그가 대인(大人)임을 말해준다. 사람들은 그런 그를 존경하지 않을 수 없었다.

홍명기 회장과의 인터뷰에서 가장 인상 깊게 남은 부분은 한인 차세대 육성에 대한 그의 소신이었다. 그는 한인 사회의 미래가 차세대 육성에 달려 있으며, 현재 한인 사회가 직면한 문제는 차세대가 미 주류 사회의 일원이 되어 한인들의 정치적 영향력을 확장할 때 해결될 수 있다고 거듭 강조했다.

2019년 무릎 수술로 거동이 불편한데도 홍 회장은 인랜드한인회(당시 회장 김동수) 주최로 열린 '3·1절 100주년 기념식 마라톤 대회'에 참석했다. 그는 "원근 각지에서 참여하는 백여 명의 젊은이들이 건강하게 달리는 모습을 지켜보고 싶다. 우리 한인 사회의 건강한 미래를 보는 것 같기 때문이다."라면서 "도산 동상과 미주 한인의 메카인 파차파 캠프(Pachappa Camp)를 왕복하는 3·1절 마라톤 행사에 참여하는 것은 뜻깊고 역사적인 일이다."라고 말했다. 아울러 처음 공연되는 '뮤지컬 도산'을 후원하며 미주 한인 사회의 차세대를 우리의 저력으로 기대할 수 있다고 기뻐했다.

홍명기의 '하나 되기'는 그가 2001년 대한민국 민주평화통일자문회의 미주 LA지역 협의회 회장으로 임명되어 첫 인사말을 할 때에도 강조되었다. "열린 평통을 만들어가자."라고 포부를 밝힌 그는 "한국 상황이 어려울수록 평통 자문위원들이 더욱 단결하여 남북관계의 어려움을 풀어나가는 데 앞장서자."라고 독려하며 통일사업을 하나둘 펼쳐나갔다.[12] '하나 되기'를 강조한 홍 회장은 평통 일을 하면서 느낀 점을 이렇게 술회했다.

> 통일에 대한 생각이 만나는 사람마다 달랐다. 전쟁론을 주장하는 사람도 있고 평화통일을 주장하는 사람도 있다. 누군가는 남한의 퍼주기 때문에 북한이 핵을 만든다고 주장하고, 또 누군가는 말과 피가 같은 동족끼리 나누는 것은 좋은 일이기에 문제될 것이 없다고 주장한다. 우리의 통일에 대한 논

---

12 민주평통LA지역협의회, 『민주평통LA 30년사(1981-2013)』(Gardena, CA: Printron Printing, Inc., 2013), 163.

란은 1945년에 머물러 있다. 이러한 논쟁은 일반인과 별로 다르지 않았다. 진보와 보수 간 고성이 오간다. 이를 두고 외부 사람들은 "평통 너희끼리도 의견을 통일 못 하는 주제에 무슨 남북통일이냐."고 빈정대기도 했다.

홍 회장은 이러한 논쟁으로 한인 사회가 하나 되지 못하는 것을 무척 안타까워했다. 그래서 결코 '하나 되기'를 말하지 않을 수 없다고 했다. 민주평통 자문위원들과 함께 금강산을 방문하기로 한 것도 하나 되기를 간절히 바라는 그다운 염원이었다. 홍 회장은 미주도산안창호기념사업회, 대한인국민회, 홍사단 등 세 단체가 도산을 분모로 '하나' 되어야 한다고 강조했으며 2018년 제1회 도산의 날 행사를 세 단체의 공동 주최로 진행하여 모범으로 보이기도 했다.

다양한 기부 활동

2001년 홍 회장 부부는 사재 1,000만 달러를 들여 '밝은미래재단'(Bright World Foundation)을 설립한다. 또한 리버사이드 도산 안창호 동상 건립, 폐교 위기의 남가주한국학원 살리기, 미주 한인 이민 100주년 기념사업, LA 카운티미술관 내 한국관 설립, 항일독립운동의 성지로 꼽히는 대한인국민회관 복원, UCR김영옥연구소 설립 등에 수백만 달러를 기부한다.

2016년 듀라코트사를 매각한 후에는 밝은미래재단을 'M&L 홍 재단'(M&L Hong Foundation)으로 개명하는데, 베풂의 경험과 그로 인한 소망과 기쁨을 공유하는 행운이 사후에도 계속 이어져 사람들에게 기억되기를 바라는 마음으로 영문 이름의 첫 글자 M(명기)과 L(로리)을 딴 것이었다. 그들의 목표는 소수 민족 및 불우 학생을 위한 학술 연구, 장학금, 건전한 지역사회 발전을 위한 다양한 프로젝트 지원이었다.

홍 회장은 한미박물관 건립 기금 256만 달러, 리버사이드 라시에라대학교 100만 달러, 한국 삼육대학교 100만 달러, 교회 건축을 위해 수백만 달러를 기부했다. 대학, 특히 청소년의 교육 기회를 지원함으로써 공동체의 균형 발전을 도모하고 차세대 양성에 힘쓴 공로를 높이 평가한 로스앤젤레스시와 캘리포니아주 의회는 그에게 감사장을 수여했다.

홍 회장은 세계 도처에 있는 한인 기업인 지원, 국내 청년을 위한 장학사업 및 해외 취업 지원사업 등 모국의 경제발전에 도움이 되는 일에도 앞장섰다. 세계한상대회(世界韓商大會, World Korean Business Convention) 개최가 한 예이다. 그는 '리딩CEO포럼'의 공동의장을 맡아 한상사회공헌재단 '글로벌한상드림'을 설립하고 이사장직을 수행하면서 솔선하여 10만 달러를 기부했다. 이후 리딩CEO포럼 명예공동의장으로 추대되어 세계 한상들 사이에서 대부 역할을 할 정도로 조국의 경제발전을 위해 헌신했다.

홍 회장의 재정 지원과 헌신으로 재미 한인들의 자존감이 크게 높아진 일에는 2004년 6월 11일 로스앤젤레스 다운타운 교차로 '도산 안창호 메모리얼 인터체인지'(Dosan Ahn Chang Ho Memorial Interchange) 명명식과 그해 6월 24일 '도산 안창호 우체국'(Dosan Ahn Chang Ho U.S.A. Post Office) 명명식도 포함된다.

2015년 6월 모교인 UCLA 화학 및 생화학 졸업생 졸업식에 기조 연설자로 초청되어 그해 학과동문상을 수상한 홍 회장은 그 자리에서 치매, 당뇨병, 난치병 예방 연구, 후진 양성과 화학 및 생화학과 인재 양성을 위해 200만 달러를 쾌척했다. UCLA는 이 기부금으로 폴리머 과학과 재료 혁신에 관한 의학 및 과학 연구의 획기적 발전을 촉진하기 위해 2017년 홍명기 석좌

로스앤젤레스 다운타운 교차로 'Dosan Ahn Chang Ho Memorial Interchange' 명명식.
왼쪽부터 안수산, 랄프 안, 가주 상원의원 케빈 머리, 홍명기(2004. 6. 11.)

교수직(Myung Ki Hong Endowed Chair) 2개를 신설했다.

2018 평창 동계올림픽이 확정되자 홍 회장은 "UN에 가입한 193개국 중 하계올림픽을 개최한 나라는 17개이고 동계올림픽의 경우는 12개뿐인데 대한민국이 그중 하나라니 이 얼마나 자랑스러운 일이냐!"라며 "성공적인 평창올림픽을 위해 재미 한인도 모두 하나 되어 응원해야 한다."라고 말하곤 했다. 당시 미주한인재단 이병만 회장이 추진하는 평창 동계올림픽 미주 동포 후원회 조직과 활동에도 적극 참여하고 재정적 지원도 아끼지 않았다.[13]

지난 30년 동안 홍 회장이 기부한 금액은 2,000만 달러를 훨씬 넘을 것으로 추산되며, 인랜드한인회를 비롯해 동포 사회의 크고 작은 단체와 정치인 가운데 그의 후원을 받지 않은 경우는 거의 없을 것이다. 그는 팔순이 훨씬 넘은 나이에도 자신을 필요로 하는 곳이면 마다하지 않고 달려갔다. 인랜

13 평창 동계올림픽 미주 후원회 관련 뉴스 영상. 참조. https://www.youtube.com/watch?v=4aWUdFmUg0U&feature=share

드, 로스앤젤레스, 오렌지 카운티 등을 여러 번 오가는 장거리 운전과 각종 집회에 참석한 수고는 금전으로 환산할 수 없는 헌신이었다.

진정한
노블레스 오블리주

사는 의미를 아는 사람은 어떠한 고통도 참을 수 있고 오늘이 있음 자체를 고맙게 생각한다. 부유한 가정에서 유소년 시절을 보낸 홍명기는 1950년대 미국 유학 시절 부친의 사업 부진으로 재정 지원을 못 받게 되자 학비와 생활비를 스스로 벌어가며 힘들게 UCLA를 졸업했다. 그러면서 그는 독립심을 배웠다. 화학을 전공한 그는 미국에 정착해 26년의 직장 생활을 마치고 독립, '정직과 성실'이라는 도산정신을 바탕으로 특수도료기업을 세워 크게 부를 축적한다. 그리고 미 주류 사회에서 일군 부를 한인 사회에 아낌없이 나눈다. 이 또한 '서로 사랑하는 마음으로 빙그레 웃는 세상'이라는 도산이 외친 구호에서 출발한다.

그는 한인 사회 구성원, 특히 차세대가 자부심을 갖고 미국 땅의 떳떳한 주인이 되도록 하는 일에 이민 1세대로서 자신이 지닌 경험과 자산을 기꺼이 나누었다. 받는 사람이 감동하고 행복해하는 걸 보면서, 자신이 베풀 수 있는 복을 누리게 되어 오히려 더 큰 기쁨과 은혜를 누린다고 했다. 이는 금전적 성공에만 머무르지 않고 기부를 통해 자신의 마음까지 풍요롭게 했음을 의미한다. 그는 궁극적으로 사람과 사람 사이에 관대함이 확장되는 사회를 바랐기에 '자선'(charity)보다 '인간사랑'(philanthropy)이라는 말을 더 좋아했다. 또 벌면 나눌 수 있는 인생이 복이요, 받는 것보다 주는 것이 복이라고 늘 말하곤 했다. 특히 '많은 것을 받은 자는 많은 의무가 있다.'는 노블레스 오블리주(noblesse oblige)를 실천했다.

홍 회장은 2021년 8월 6일 기자회견에서 20세기 초 리버사이드 한인 이민 역사와 독립운동에 깃든 도산정신을 배우고 체험할 수 있는 도산 안창호 기념회관 건립 계획을 발표했다. 리버사이드시와 공동으로 추진될 도산 기념관은 1,200평 이상의 대지에 전시관, 200-300명 규모의 다목적 홀, 장거리 방문객을 위한 숙박 시설 등을 갖추게 될 것이다. 2021년 9월 13일에 열린 고 홍명기 회장 한인단체 연합추모식에서 우리는 그의 이상과 업적을 기리며 그가 미처 이루지 못한 뜻을 완성해야 할 책임과 의무를 확인하고 다짐했다. 홍 회장의 마지막 약속은 전적으로 그로부터 도움받은 우리의 몫임을 절감한다. 우리 젊은이들이 그의 정신을 이어받아 사회에서 크고 넉넉한 베풂의 사람이 되기를 바라마지 않는다. 우리 한인 동포 사회에 홍명기 같은 휴머니스트 재력가가 더 많이 나선다면 세상은 보다 밝아질 것이다. 그의 타계가 가슴 아프다.

사진 출처

1장 **하와이 한인 이민 여성들: 질곡의 삶 그러나 희망** 천연희·심영신·이금례

35 이덕희(Duk Hee Lee Murabayashi) 제공
45 이덕희 제공; 한국학중앙연구원 장서각 소장, "천연희 컬렉션"
49 이덕희 제공; 『그들의 발자취』(하와이한인이민90주년기념사업위원회, 1994)
53 이덕희 제공; 『그들의 발자취』(하와이한인이민90주년기념사업위원회, 1994)
55 신명고등학교 제공

2장 **민주적 시민운동의 길을 연 선구자** 서재필

61 Philip Jaisohn Memorial Foundation 소장
66 독립기념관 소장
75 Wikimedia commons
81 독립기념관 소장
91 Wikimedia commons

3장 **기독교적 나라 건설을 꿈꾼 정치인** 이승만

99 국가기록원(공공누리 공공저작물) 소장
104 이승만, 『독립정신』(1910)
107 국사편찬위원회; "이박사의 환영회 며칠후에 하와이로 전왕함,"
「신한민보」(1924년 11월 6일 자), 1면.
108 이승만기념사업회 제공
110 국사편찬위원회 소장; "상해교민단 주최 이승만 대통령 상해 도착 환영회"
112 이승만, *Japan Inside Out*(일본 내막기, 1941)
115 Wikimedia commons
117 Wikimedia commons
122 일조각 제공; 유영익, 『건국대통령 이승만』(도서출판 일조각)
126 『대한기독교서회 100년사』

4장 **실천적 사랑의 삶을 산 독립운동가** 안창호

145 국회사무처 소장
149 독립기념관 소장
151 Wikimedia commons
155 Wikimedia commons
160 국사편찬위원회 소장; "일제감시대상인물카드"
163 필자 제공

5장 **초기 미주 한인 사회를 이끈 지도자** 이대위

166 상항한국인연합감리교회 제공
177 University of Southern California Libraries, Korean American Digital Archive,
"Several Wedding at Once in San Francisco"
182 상항한국인연합감리교회 제공
192 LA국민회관 소장

6장　선구적 한국 여성의 신앙고백적 삶 김마리아

201　홍성사 제공; 박용옥, 『김마리아: 나는 대한의 독립과 결혼하였다』(홍성사, 2003)
203　홍성사 제공; 박용옥, 『김마리아: 나는 대한의 독립과 결혼하였다』(홍성사, 2003)
210　독립기념관 소장
218　Wikimedia commons
221　독립기념관 소장
225　(사)김마리아기념사업회 제공

7장　항일 언론인, 한국경제사의 선구자 백일규

236　대한인국민회 기념재단 소장
237　최혁 제공; 최혁, "최혁 주필의 숨겨진 역사 찾기," 「남도일보」(2014년 8월 24일 자).
238　최혁 제공; 최혁, "최혁 주필의 숨겨진 역사 찾기," 「남도일보」(2014년 8월 24일 자).
241　의병박물관 제공
244　대한인국민회 기념재단 소장
252　홍선표, 『재미한인 독립운동을 이끈 항일 언론인 백일규』(역사공간, 2018), 53.
254　홍선표, 『재미한인 독립운동을 이끈 항일 언론인 백일규』(역사공간, 2018), 53.

8장　노블레스 오블리주로 축복의 대서사를 쓰다 유일한

259-289　유한양행 제공

9장　다이빙보드에서 새로운 스포츠 역사를 쓰다 새미 리

291-317　Wikimedia commons

10장　한인 디아스포라 교육자 김계용

320-343　필자 제공

11장　생명을 하늘에 맡긴 사람 임동선

345-371　월드미션대학교 제공

12장　새로움과 탈경계의 예술적 이룸을 살다! 비디오아티스트, 전위예술의 선구자 백남준

373-407　필자 제공

13장　이산적 상상력의 작가 김은국

409-439　필자 제공

14장　세계 물리학계의 BTS 이휘소

443　Fermilab Archive
451　Eecc
458　Fermilab
463　Fermilab Archive

15장　빛을 향한 발걸음 강영우

471-499　강영우 박사 가족 제공

16장　평생 나눔의 삶을 실천한 한인 사회의 큰 별 홍명기

501-531　필자 제공

집필진 (가나다 순)

김인수

전 장로회신대학교 역사신학 교수, 전 한국교회사 학회 회장, 전 전국신학대학협의회 총무, 전 미주장로회신학대학교 5대 총장 역임. 장로회신학대학교(M.Div.)를 졸업하고 연세대학교 연합신학대학원(Th.M.), 미국 더뷰크신학교(S.T.M.)와 버지니아 소재 유니온신학교(Ph.D.)에서 수학했다. 신학교에서 약 40년간 한국교회사, 세계교회사, 선교사, 에큐메니커컬 운동사, 아시아 교회사 등을 강의했다. 저서로는 『한국기독교회사』, 『장로회신학대학교 100년사』, 『일제의 한국교회 박해사』, 『예수의 양 주기철』, *History of Christianity in Korea*(한국기독교사), *Protestants and the Formation of the Modern Korean Nationalism*(개신교와 근대 한국 민족주의의 형성) 외 다수가 있고, 번역서로는 『아시아 기독교회사』 I, II 외 다수가 있다.

김창환

풀러신학대학원 코리안센터 학장 및 공공신학 교수, 영국 왕립아시아학회 정회원. 한양대학교 공과대학과 장로회신학대학원(PUTS), 캠브리지대학교(Ph.D.)에서 수학했다. 인도의 유니온성경신학교 방문교수와 영국 세인트존스대학교 석좌교수를 역임했으며 *International Journal of Public Theology*(공공신학 국제 저널)의 초대 편집장을 지냈다. 저서로는 『공공신학과 교회』, *Theology in the Public Sphere*(공공영역의 신학), *In Search of Identity: Debates on Religious Conversion in India*(정체성을 찾아서: 인도에서의 종교적 개종에 관한 논쟁), *History of Korean Christianity*(한국기독교사), *Christianity as a World Religion*(세계 종교로서의 기독교) 등이 있으며 그 외 *A Companion to Public Theology*(공공신학 안내서) 등 14권의 편저가 있다.

김홍신

베스트셀러 작가, 전 국회의원. 충남 공주에서 태어나 논산에서 성장했으며 건국대 국문과를 졸업하고 동 대학원에서 문학박사 및 명예 정치학박사 학위를 받았다. 1976년 「현대문학」으로 등단했고 장편소설 〈인간시장〉으로 대한민국 역사상 최초의 밀리언셀러 작가가 되었다. 〈바람 바람 바람〉, 〈난장판〉, 〈대곡〉, 〈풍객〉, 〈내륙풍〉, 〈칼날 위의 전쟁〉 등으로 한국소설문학상과 소설문학작품상을, 대하역사소설 〈김홍신의 대발해〉를 발표해 통일문화대상과 현대불교문학상을 수상했다. 2015년 장편소설 〈단 한 번의 사랑〉으로 한국문학상을 수상했고 2017년 장편소설 〈바람으로 그린 그림〉을 발표했다. 그 외에도 『삼국지』, 『수호지』 등의 중국 고전 평역서와 『하루사용설명서』, 『인생견문록』, 『인생사용설명서』, 『그게 뭐 어쨌다고』, 『인생을 맛있게 사는 지혜』 등의 에세이를 포함, 총 130여 종의 책을 출간했다. 국회의원으로서 8년 연속(제15, 16대) 의정평가 1등으로 평가받았고 이후 건국대 석좌교수로 후학을 양성하며 집필 활동에 복귀했다. 현재 민주시민정치아카데미 원장, 평화재단 고문, 동서문학상 운영위원장 등으로 활동하고 있다.

남종성

월드미션대학교 학부 학장, 영성연구원 원장, 신약학 교수. 충남대학교(경영학, B.A.)와 서울신학대학교(M.Div.)를 졸업한 후 미국 탈봇신학교에서 신약학으로 석사학위(Th.M.)를 받고 풀러신학교에서 랄프 마틴(Ralph Martin) 교수의 지도하에 논문 "Roots and Tensions: Worship Patterns Developed from the Synagogue to the Jerusalem Church"(회당에서 예루살렘 교회에 이르는 예배 형태의 발전상)로 신약학 박사학위(Ph.D.)를 받았다. 로스앤젤레스 디사이플교회의 담임목사로 17년간 사역했으며(2003-20), 세계복음선교연합회의 총회장(2017-19)을 역임했다. 학문적 관심 분야는 신구약성서의 통합적 연구, 성서해석학 그리고 실천적 영성이다.

박정환

순천동명교회 담임목사, 개교회사가, 미주장로회신학대학교 역사신학 겸임교수. 장로회신학대학교에서 한국교회의 첫 해외 선교지인 '제주도'의 개신교 형성 과정을 연구했다. 현재 교회사가로서 인물 및 개(個)교회사 서술의 관점을 개척, '공동체 구성원 모두의 목소리를 담아내는 역사 쓰기'를 시도하고 있다. 저서로 『무지개 방앗간의 합창』, 『한국교회 첫 선교지』(이하 공저), 『교회사 연구, 이제는 한국과 아시아로』가 있고 논문에는 "초기 제주도 개신교 형성사", "이상재, 기독교 민족운동의 거인" 등 다수가 있다. 장로회신학대학교, 영남신학대학교 등에서 강의했다. 현재 순천동명교회를 섬기고 있으며 미주장로회신학대학교 대외협력위원이자 겸임교수로 활동하고 있다.

박창현

가주목양교회 담임목사, 입자물리학자. 연세대학교 물리학과 졸업 후 동 대학원에서 입자물리학 이론으로 박사학위를 취득했다. 물리학을 공부하는 과정에서 물리학 속에 계신 하나님을 만난 후 서울신학대학교(M.Div.)와 풀러신학교(D.Min.) 과정을 수료하고 베이커스필드 가주목양교회 담임목사로 부임했다. 초대교회를 가장 많이 닮은 교회를 꿈꾸며 캘리포니아 소재 베이커스필드에서 선교적 삶을 살고 있다. 주요 관심은 예수 그리스도의 마음으로 선교적 삶을 살아가는 교회, 하나님께서 창조하신 이 사회를 사랑하며 책임을 다하는 교회, 하나님께서 주신 지혜와 지식으로 하나님을 탐구하고 연구하는 교회, 하나님께서 기쁘게 받으시는 예배를 올려드리는 교회이다. 지금도 틈틈이 취미 생활로 물리학 공부와 물리 계산을 하고 있다.

박현옥

청운대학교 사회서비스대학 학장 및 평생교육원장, 공간디자인학과 교수. 청운대학교 인문도시사업단장을 역임했으며 충청남도, 당진시, 홍성군의 도시 계획, 도시 재생, 향토문화위원회 등 여러 활동을 하고 있다. 연세대학교 생활과학대학 주거환경학과 이학사, 가정학석사, 이학박사 학위를 취득했다. 테크니온-이스라엘공과대학(Technion Israel Institute of Technology)의 도시건축학과에서 박사후연구 과정에서 이스라엘의 주거 관리 및 주거 디자인을 연구했다. 또한 미국 서던일리노이대학교 인테리어디자인학과 방문교수를 역임했다. 한국연구재단에서 공모하는 인문도시사업에 3년 연속 선정되었으며 2019년에는 문화재청 고택종갓집활용사업에 선정되어 각종 지역문화 및 인문학적 사업을 진행했다. 충청남도 서천군의 성원그원나래마을 도시새뜰사업의 총괄 코디네이터를 맡고 있으며 마을 만들기, 공공 디자인, 도시 재생 등 공간디자인 관련 연구 및 현장 자문을 수행하고 있다.

송인서

미주장로회신학대학교 학생인재개발 및 홍보처장, 역사신학 교수, 풀러신학교 역사신학 겸임교수. 고려대학교(독어독문학, B.A.)와 연세대학교 연합신학대학원(M.Div.)에서 공부했다. 이후 도미하여 듀크대학교 신학대학에서 교회사로 석사(M.T.S.)를, 프린스턴신학교에서 교회사(종교개혁사)로 철학박사(Ph.D.) 학위를 받았다. 박사학위 논문으로 "Dynamics of the Sense of Scripture: Luther and Calvin on the Book of Isaiah"(성서 이해의 역동성: 이사야에 대한 루터와 칼뱅)를 썼으며 출간 예정인 *"Baptism" in T&T Clark Companion to Anabaptists*(재침례파 T&T Clark 안내서: "세례") 외 다수 논문을 여러 학술지에 기고했다. 현재 미주장로회신학대학교, 풀러신학교, 월드미션대학교, 베데스다대학교에서 한국어와 영어로 교회사(역사신학) 및 일반 신학 관련 과목을 강의하고 있다.

옥세철

「미주한국일보」 논설위원, 미주성시화운동본부 이사. 서강대학교 졸업 후 합동통신사에 입사, 「미주중앙일보」 외신부장을 거쳐 「미주한국일보」 편집국장과 논설실장을 지냈다. 「미주한국일보」의 시사칼럼 '인사이드'를 25년째 집필 중이다. 미주성시화운동본부 기관지인 「아메리카 홀리」(*America Holy*) 편집인과 LA 홀리클럽 회장 등을 역임했고 탈북자 돕기 NG0인 북한인권협의회 등에서 활동하고 있다.

유석종

전 상항한국인연합감리교회 은퇴목사, 전 「기독교사상」 주간. 감리교신학대학교를 졸업한 후 미국 시러큐스대학교(신문학, M.A.)와 클레어몬트신학교(D.Min.)에서 공부했다. 한국에서는 「기독교사상」 주간과 중앙대학교 신문방송학과 교수를 역임했고 미주에서는 미국인교회(10여 년)와 상항한국인연합감리교회를 섬겼으며 연합감리교회 출판부 한국어 교재 편집인, 캘리포니아-네바다 콘퍼런스의 네바다-시에라 지역(California-Nevada Conference, Nevada-Sierra District) 감리사를 지냈다. 저서로 『애국지사 이대위: 생애와 글 모음』, 『무너진 울타리 다시 세우다: 나의 가족 이야기』가 있고 번역서로는 『현대신학자 20인』, 『대중운동론』 외 다수가 있다.

이상명

미주장로회신학대학교 총장, 신약학 교수. 계명대학교(B.S.)와 장로회신학대학교(M.Div.)를 졸업한 후 미국 클레어몬트신학대학원에서 신약학(M.A., Ph.D.)을 공부했다. 통전적이고 선교지향적 신학교육을 추구하는 한인 디아스포라 신학자이다. *Journal of Asian and Asian American*(아시안과 아시안 아메리칸 저널) 편집장을 역임했으며 학문적 관심은 기독교의 기원과 성서해석, 그레코-로마 콘텍스트에서의 바울 신학사상의 해석과 상황화 신학에 있다. 저서로 『성서 인물에게서 듣다: 구약』, 『성서 인물에게서 듣다: 신약』, *The Cosmic Drama of Salvation: A Study of Paul's Undisputed Writings from Anthropological and Cosmological Perspectives*(구원의 우

주적 드라마: 인류학과 우주론적 관점에서 바라본 바울의 진정한 서신들에 관한 연구)가 있고 공저로 『고엘, 교회에 말걸다』, 『참 스승-인물로 보는 한국 기독교교육사상』, 『4차 산업혁명과 디아스포라 시대의 선교』, 『요한계시록, 하나님 백성의 승전가』, 『이 책을 먹으라: 성경 낭송에 관한 신학적, 목회적, 선교적 이해와 모델』, 『포스트코로나 시대와 교회의 미래』, 『배교의 시대에 예수바라기, 히브리서』 등이 있다.

이성숙

시인이며 소설가로 미주문인협회와 한국산문작가협회 회원이다. 가천대학교 국어국문학과 졸업 후 인하대학교 평생교육원에서 대화법과 전통 예절을 강의했다. 도미 후 미주 「크리스천헤럴드」 편집장을 역임했으며 한국 「대구일보」 칼럼니스트로 한국과 미국의 문화를 비교하는 칼럼을 써왔다. 「한국산문」에 수필로, 「시와 정신」에 시로, 「문예바다」에 소설 〈집으로 가는 길〉로 등단했다. 저서로 두 권의 산문집 『고인 물도 일렁인다』, 『보라와 탱고를』이 있다. 「한국산문」, 「현대수필」, 「좋은수필」, 「문예바다」 등에 작품을 발표하고 있으며 「선수필」, 「The 수필」 등에 다수의 작품이 재수록되고 있다. 「The 수필」의 '올해의 빛나는 수필가 60인'에 2020년, 2021년 연속 선정되기도 했다.

이예진

코리언 아메리칸 2세 작가이자 연구원. 2020-21년 워크 퍼스트 펠로우(Work First Fellow)로 미군의 사회적 계층화 및 노숙자에 대한 연구를 수행했다. 2019년에는 '외국인을 위한 제임스 레이놀드 장학금'(James B. Reynolds Scholarship for Foreign Study) 수혜자 13명 가운데 한 명으로 선정되어 한국 안산에서 구소련 출신 한인 디아스포라 이민자들의 정체성 형성과 초국적주의에 관한 연구를 실행했다. 2019년 다트머스대학에서 정부, 동아시아 연구 및 문예 창작을 전공하여 우등으로 졸업했다. 논문 Faith in the Korean Diaspora: Christianity and Identity Formation Among the Koryo Saram(한인 디아스포라에서의 신앙: 고려인들의 기독교와 정체성 형성)은 아시아 학부 최우수 논문으로 채택되어 윙칫찬상(Wing-Tsit Chan Prize)를 수상했다. 2018-19년 학교 신문인 *The Dartmouth*(더다트머스)의 예술 편집을 담당했으며 다트머스대학 영문학부에서 최우수 '그라임스잉글리시상'(Grimes English Prize)를 수상했다. 또한 2015년 '스콜라스틱 아트 앤 라이팅 공모전'(Scholastic Art and Writing Awards)에서 소설 작품으로 두 개의 전국 금메달을 획득했다.

이종운

수필가 겸 미주도산기념사업회 상임고문. 국립전북대학교 정치학과 졸업 후 공무원, 대한항공 제규 및 교육원 강사와 미국, 일본, 프랑스, 스위스 주재 지점장으로 활동했다. 임원 은퇴 후 도미, 「미주한국일보」 인랜드 지국장 겸 기자를 지냈다(1991-2020). 〈모국어 단상〉으로 제15회 재미 수필 신인상을 수상했다.(2020년) 〈잊을 수 없는 3프랑 38라펜〉, 〈내가 만난 대통령〉 등 다수 수필을 기고했다.

임윤택

미주장로회신학대학교 선교학과 박사원 원장, 선교신학 교수. 트리니티대학(싱가포르)과 미국 웨스턴신학교를 졸업한 후 풀러신학교에서 선교신학으로 박사학위(Ph.D.)를 받았다. 다년간 풀러신학교와 윌리엄캐리국제대학교에서 선교학을 가르치며 수많은 박사과정 학생을 지도했다. 1981년 OM 국제선교회 로고스 복음선교 사역과 멘토링을 활발하게 전개해온 한인 디아스포라 선교 신학자이다. 디아스포라 선교신학, 기독교 문명운동사, 기독교 선교운동사, 문맥화 신학 방법론에 학문적 관심을 갖고 있다. 저서로 『랄프 윈터의 기독교 문명운동사』, 『풀러-세상을 향한 복음의 열정과 사랑』, 『해방 후 최초의 선교사 체험기』, 『디아스포라 설교신학』 등이 있고 번역서로는 『개혁하는 선교신학』(CLC) 외 10권이 있다.

최윤정

월드미션대학교 입학 및 대외협력처장, 실천신학 교수. 한국외국어대학교(B.A.), 장로회신학대학교(M.Div.), 풀러신학교(M.A.)를 거쳐 바이올라대학교에서 상호문화교육(Intercultural Education, Ph.D.)을 공부했다. 네 개의 화두인 '다문화, 디아스포라, 기독교교육, 디아코니아'와 연결된 무수한 창의적 사역을 꿈꾸며 사단법인 휴먼앤휴먼인터내셔널 자문위원과 한국기독교사회복지실천학회 이사로도 섬기고 있다. *International Forum for Migrant Mission*(이주선교 국제포럼)에 발표한 논문 "Christian Multicultural Education for 1.5 and 2nd Generation Korean-Americans"(코리안-아메리칸 1.5세와 2세를 위한 기독교 다문화교육), "Identity Issues of Migrant Children and Christian Education"(이주 아동의 정체성 이슈와 기독교교육)과 두란노 「목회와 신학」에 기고한 "이주 배경 자녀를 돌보는 교회" 외 다문화 관련 논문이 다수 있으며 한국의 다문화 2세 교육을 위한 세미나와 강연에도 열심을 내고 있다.